SAME
The Same Planet
同一颗星球
PLANET

在山海之间

在星球之上

人类世的生态经济学

[加] 彼得·G. 布朗
(Peter G. Brown)

[加] 彼得·蒂默曼 / 编
(Peter Timmerman)

夏循祥　张劼颖　等 / 译

Ecological Economics for the Anthropocene
An Emerging Paradigm

江苏人民出版社

图书在版编目(CIP)数据

人类世的生态经济学 /（加）彼得·G.布朗,（加）彼得·蒂默曼编；夏循祥等译. — 南京：江苏人民出版社, 2023.10
（"同一颗星球"丛书）
ISBN 978-7-214-28279-8

Ⅰ.①人… Ⅱ.①彼…②彼…③夏… Ⅲ.①生态经济学 Ⅳ.①F062.2

中国国家版本馆 CIP 数据核字（2023）第 159284 号

Ecological Economics for the Anthropocene: An Emerging Paradigm edited by Peter Brown and Peter Timmerman
Copyright © 2015 Columbia University Press
Simplified Chinese edition copyright © 2023 by Jiangsu People's Publishing House
Published by arrangement with Columbia University Press through Bardon-Chinese Media Agency（博达著作权代理有限公司）
ALL RIGHTS RESERVED
江苏省版权局著作权合同登记号：图字 10-2018-221 号

书　　　名	人类世的生态经济学
编　　　者	［加］彼得·G.布朗　　［加］彼得·蒂默曼
译　　　者	夏循祥　张劼颖等
责 任 编 辑	张　欣
装 帧 设 计	今亮后声·王秋萍
责 任 监 制	王　娟
出 版 发 行	江苏人民出版社
地　　　址	南京市湖南路 1 号 A 楼,邮编:210009
照　　　排	江苏凤凰制版有限公司
印　　　刷	南京新世纪联盟印务有限公司
开　　　本	652 毫米×960 毫米　1/16
印　　　张	28.25　插页 4
字　　　数	354 千字
版　　　次	2023 年 10 月第 1 版
印　　　次	2023 年 10 月第 1 次印刷
标 准 书 号	ISBN 978-7-214-28279-8
定　　　价	98.00 元

（江苏人民出版社图书凡印装错误可向承印厂调换）

我们应该朝着一条比当前命运轨迹
更富有成效的道路前进

总　序

这套书的选题，我已经默默准备很多年了，就连眼下的这篇总序，也是早在六年前就已起草了。

无论从什么角度讲，当代中国遭遇的环境危机，都绝对是最让自己长期忧心的问题，甚至可以说，这种人与自然的尖锐矛盾，由于更涉及长时段的阴影，就比任何单纯人世的腐恶，更让自己愁肠百结、夜不成寐，因为它注定会带来更为深重的，甚至根本无法再挽回的影响。换句话说，如果政治哲学所能关心的，还只是在一代人中间的公平问题，那么生态哲学所要关切的，则属于更加长远的代际公平问题。从这个角度看，如果偏是在我们这一代手中，只因为日益膨胀的消费物欲，就把原应递相授受、永续共享的家园，糟蹋成了永远无法修复的、连物种也已大都灭绝的环境，那么，我们还有何脸面去见列祖列宗？我们又让子孙后代去哪里安身？

正因为这样，早在尚且不管不顾的20世纪末，我就大声疾呼这方面的"观念转变"了："……作为一个鲜明而典型的案例，剥夺了起码生趣的大气污染，挥之不去地刺痛着我们：其实现代性的种种负面效应，并不是离我们还远，而是构成了身边的基本事实——不管我们是否承认，它都早已被大多数国民所体认，被陡然上升的死亡率所证实。准此，它就不可能再被轻轻放过，而必须被投以全力的警觉，就像当年全力捍卫'改革'时一样。"①

的确,面对这铺天盖地的有毒雾霾,乃至危如累卵的整个生态,作为长期惯于书斋生活的学者,除了去束手或搓手之外,要是觉得还能做点什么的话,也无非是去推动新一轮的阅读,以增强全体国民,首先是知识群体的环境意识,唤醒他们对于自身行为的责任伦理,激活他们对于文明规则的从头反思。无论如何,正是中外心智的下述反差,增强了这种阅读的紧迫性:几乎全世界的环境主义者,都属于人文类型的学者,而唯独中国本身的环保专家,却基本都属于科学主义者。正由于这样,这些人总是误以为,只要能用上更先进的科技手段,就准能改变当前的被动局面,殊不知这种局面本身就是由科技"进步"造成的。而问题的真正解决,却要从生活方式的改变入手,可那方面又谈不上什么"进步",只有思想观念的幡然改变。

幸而,在熙熙攘攘、利来利往的红尘中,还总有几位谈得来的出版家,能跟自己结成良好的工作关系,而且我们借助于这样的合作,也已经打造过不少的丛书品牌,包括那套同样由江苏人民出版社出版的、卷帙浩繁的"海外中国研究丛书";事实上,也正是在那套丛书中,我们已经推出了聚焦中国环境的子系列,包括那本触目惊心的《一江黑水》,也包括那本广受好评的《大象的退却》……不过,我和出版社的同事都觉得,光是这样还远远不够,必须另做一套更加专门的丛书,来译介国际上研究环境历史与生态危机的主流著作。也就是说,正是迫在眉睫的环境与生态问题,促使我们更要去超越民族国家的疆域,以便从"全球史"的宏大视野,来看待当代中国由发展所带来的问题。

这种高瞻远瞩的"全球史"立场,足以提升我们自己的眼光,去把地表上的每个典型的环境案例都看成整个地球家园的有机脉

---

① 刘东:《别以为那离我们还远》,载《理论与心智》,杭州:浙江大学出版社,2015年,第89页。

动。那不单意味着,我们可以从其他国家的环境案例中找到一些珍贵的教训与手段,更意味着,我们与生活在那些国家的人们,根本就是在共享着"同一个"家园,从而也就必须共担起沉重的责任。从这个角度讲,当代中国的尖锐环境危机,就远不止是严重的中国问题,还属于更加深远的世界性难题。一方面,正如我曾经指出过的:"那些非西方社会其实只是在受到西方冲击并且纷纷效法西方以后,其生存环境才变得如此恶劣。因此,在迄今为止的文明进程中,最不公正的历史事实之一是,原本产自某一文明内部的恶果,竟要由所有其他文明来痛苦地承受……"[1]而另一方面,也同样无可讳言的是,当代中国所造成的严重生态失衡,转而又加剧了世界性的环境危机。甚至,从任何有限国度来认定的高速发展,只要再换从全球史的视野来观察,就有可能意味着整个世界的生态灾难。

正因为这样,只去强调"全球意识"都还嫌不够,因为那样的地球表象跟我们太过贴近,使人们往往会鼠目寸光地看到,那个球体不过就是更加新颖的商机,或者更加开阔的商战市场。所以,必须更上一层地去提倡"星球意识",让全人类都能从更高的视点上看到,我们都是居住在"同一颗星球"上的。由此一来,我们就热切地期盼着,被选择到这套译丛里的著作,不光能增进有关自然史的丰富知识,更能唤起对于大自然的责任感,以及拯救这个唯一家园的危机感。的确,思想意识的改变是再重要不过了,否则即使耳边充满了危急的报道,人们也仍然有可能对之充耳不闻。甚至,还有人专门喜欢到电影院里,去欣赏刻意编造这些祸殃的灾难片,而且其中的毁灭场面越是惨不忍睹,他们就越是愿意乐呵呵地为之掏钱。这到底是麻木还是疯狂呢?抑或是两者兼而有之?

不管怎么说,从更加开阔的"星球意识"出发,我们还是要借这套书去尖锐地提醒,整个人类正搭乘着这颗星球,或曰正驾驶着这

---

[1] 刘东:《别以为那离我们还远》,载《理论与心智》,第85页。

颗星球,来到了那个至关重要的,或已是最后的"十字路口"!我们当然也有可能由于心念一转而做出生活方式的转变,那或许就将是最后的转机与生机了。不过,我们同样也有可能——依我看恐怕是更有可能——不管不顾地懵懵懂懂下去,沿着心理的惯性而"一条道走到黑",一直走到人类自身的万劫不复。而无论选择了什么,我们都必须在事先就意识到,在我们将要做出的历史性选择中,总是凝聚着对于后世的重大责任,也就是说,只要我们继续像"击鼓传花"一般地,把手中的危机像烫手山芋一样传递下去,那么,我们的子孙后代就有可能再无容身之地了。而在这样的意义上,在我们将要做出的历史性选择中,也同样凝聚着对于整个人类的重大责任,也就是说,只要我们继续执迷与沉湎其中,现代智人(homo sapiens)这个曾因智能而骄傲的物种,到了归零之后的、重新开始的地质年代中,就完全有可能因为自身的缺乏远见,而沦为一种遥远和虚缈的传说,就像如今流传的恐龙灭绝的故事一样……

2004年,正是怀着这种挥之不去的忧患,我在受命为《世界文化报告》之"中国部分"所写的提纲中,强烈发出了"重估发展蓝图"的呼吁——"现在,面对由于短视的和缺乏社会蓝图的发展所带来的、同样是积重难返的问题,中国肯定已经走到了这样一个关口:必须以当年讨论'真理标准'的热情和规模,在全体公民中间展开一场有关'发展模式'的民主讨论。这场讨论理应关照到存在于人口与资源、眼前与未来、保护与发展等一系列尖锐矛盾。从而,这场讨论也理应为今后的国策制订和资源配置,提供更多的合理性与合法性支持"[①]。2014年,还是沿着这样的问题意识,我又在清华园里特别开设的课堂上,继续提出了"寻找发展模式"的呼吁:"如果我们不能寻找到适合自己独特国情的'发展模式',而只是在

[①] 刘东:《中国文化与全球化》,载《中国学术》,第19—20期合辑。

盲目追随当今这种传自西方的、对于大自然的掠夺式开发,那么,人们也许会在很近的将来就发现,这种有史以来最大规模的超高速发展,终将演变成一次波及全世界的灾难性盲动。"[1]

所以我们无论如何,都要在对于这颗"星球"的自觉意识中,首先把胸次和襟抱高高地提升起来。正像面对一幅需要凝神观赏的画作那样,我们在当下这个很可能会迷失的瞬间,也必须从忙忙碌碌、浑浑噩噩的日常营生中,大大地后退一步,并默默地驻足一刻,以便用更富距离感和更加陌生化的眼光来重新回顾人类与自然的共生历史,也从头来检讨已把我们带到了"此时此地"的文明规则。而这样的一种眼光,也就迥然不同于以往匍匐于地面的观看,它很有可能会把我们的眼界带往太空,像那些有幸腾空而起的宇航员一样,惊喜地回望这颗被蔚蓝大海所覆盖的美丽星球,从而对我们的家园产生新颖的宇宙意识,并且从这种宽阔的宇宙意识中,油然地升腾起对于环境的珍惜与挚爱。是啊,正因为这种由后退一步所看到的壮阔景观,对于全体人类来说,甚至对于世上的所有物种来说,都必须更加学会分享与共享、珍惜与挚爱、高远与开阔,而且,不管未来文明的规则将是怎样的,它都首先必须是这样的。

我们就只有这样一个家园,让我们救救这颗"唯一的星球"吧!

刘东

2018 年 3 月 15 日改定

---

[1] 刘东:《再造传统:带着警觉加入全球》,上海:上海人民出版社,2014 年,第 237 页。

前言　生态经济学未完成的旅程

乔恩·埃里克森（Jon Erickson）

生态经济学开始于一个相当大胆的要改变世界的愿景。这是一个承诺，要在有限世界的生物—物理现实和一个公正社会的道德责任之中，为经济学的研究和应用提供土壤；它还是一个担当，要跨越学科而寻求真理，要消除科学与人文学科——即斯诺（Snow）所谓的"两种文化"中的人为边界；它还是一个政治行动议程，发源于1992年联合国土壤峰会，这次会议宣布生态经济学是一门可持续发展之科学。

1992年，我还在研究生时代就全身心地被吸引到生态经济学的愿景和过程中。我将我的职业生涯投入这一跨学科发展之中，用它来透视嵌入我们社会和生物物理学环境之中的人类共同体的研究及管理。1997年，拿到博士学位之后，我在伦斯勒理工学院（Rensselaer Polytechnic Institute）找到第一份工作，应聘成为一名生态经济学家。我们着手建立了生态经济学的第一个博士项目。接下来的几年里，我协助创建了美国生态经济学协会，担任我们国际协会的理事；作为作者或联合作者发表了所要求的生态经济学的论文和著作，拿到终身教职，然后又升为生态经济学领域的正教授；我和该领域的几位先驱一起工作，包括赫尔曼·戴利（Herman Daly）、约翰·高迪（John Gowdy）以及鲍勃·科斯坦萨（Bob Costanza）；之后又去接掌佛蒙特大学（the University of Vermont）的冈德生态经济学研究所（the Gund Institute for Ecological

Economics)。今天,它已经成为北美生态经济学的研究、应用和教育的主要枢纽之一。

我分享我作为一名生态经济学家的历程,在这里是要表明一种看法。当这个领域在20世纪80年代和90年代初通过创建一个职业协会和杂志而正规化时,像我这样的人应该要被培养、教化和渗透进社会。我没有在职业生涯中期发现生态经济学,也不是在获得终身教职后才将自己转化为一名生态经济学家。我在研究生时期就将自己定义成了一名生态经济学家!早在20多年之前,我就已经相信生态经济学会在经济学中,乃至于更广泛意义上的社会科学和人文科学中,带来重要的范式转换。

本书的前提是,革命已经发生了些许转变。我必定同意。已经有大量的学者、行动者、政策制定者、职业人士,以及各行各业的市民们,开始强烈认同生态经济学(他们许多人甚至像我一样自称为生态经济学家)。我们都踏上了一段未完成的旅程。现在正当其时,我们需要去评估我们已经抵达何处,校正航线,并继续改变世界。

这将是一次殚精竭虑的探索。对我而言,它始于通过反对生态经济学的一些核心方面来评价这个领域。生态经济学首先被框定为扎根于生态学原则的经济研究——正如赫尔曼·戴利在他1968年的文章中所呼吁的"关于作为生活科学的经济学"。今天,我将要提出,在实践和观念中,生态经济学很大程度上变成了生态学家和环境主义者对(作为正统社会科学的)主流经济学在现有议程中的应用。我们期刊中刊发的、会议上展示的,以及被出版社挑选的大部分出版物,都属于被我们在研究院时称为"环境经济学"的范畴——一个应用于环境问题的经济学分支学科。

本书最首要的任务,是通过一种更多地建基于伦理讨论而不是数学形式的话语,将经济学的研究重新嵌入自然科学艰难获得的那些物理学原则中。研究生时期,我深信,我树立的生态经济学家的使命,是要揭露那些错误的假设——它们是所谓新古典经济学的地基,尤其是那些随意就手的理性行动者模型神话,以及设计用来支撑它们的市场效益假设。然后,随着生态经济学家不断上升的地位,我们将要建立一种超越学科边界的经济学——一种建立在生物物理学现实和作为决定者的真实人类("非理性"情绪等)基础之上的经济学;一种并非随时随地都假设"越多越好"的经济学;一种建立在科学完整性和民主话语之上的诚实的经济学。

反而,我时时觉得担忧,我们在实践一种伪善的经济学。尽管我们也跪拜在市场前,祈求它能够成为达到可持续性的一种真正路径,但我们太经常地暴露出我们的行为预测与其他学科中来之不易、可试验事物之间存在的矛盾。这在生态经济学的北美流派中已经成为事实。他们的讨论大部分集中于市场的失败,而忽略了对市场失败更广泛的批评以及非市场制度在驱除大卫·柯藤(David Korten)所说的"自杀式经济学"中的作用。制度确实有用,而这也是生态经济学的欧洲流派力求有所区别的其中一点。例如,我们已经获悉,生态系统服务计划的第一代付费项目,至少在大部分的热带地区,制度对成功的保护都非常关键。将自然的经济效益数量化,而不考虑制度在确保可持续、公平的后果中的作用,则意味着徒劳无功。

我还担忧,许多践行生态经济学的人,已经走上了最多人走过的路:通过一种"使价格合理"的操作来加倍下注于市场效率,使其成为经济学的首要目标。然而,通过将自由市场和支配一切的效率目标置于可持续尺度和公平分配之前,生态经济学的这种流行版本已经简单地变成了为了更公平、更清洁的增长而开出的药方——但仍然是增长!这种"未完成的旅程"更多地与重新确立一种经济发展的愿景有关,这一愿景拥抱伦理、强调生命,并对人类经济提出更加清晰的限制性定义。自然科学必须帮助生态经济学家确定可持续范围的边界条件。伦理讨论和公共过程必须协商公平分配。然后可持续性和正义才能框定受到良好管制的市场计划，使其达到真正的经济效率。

生态经济学同样要达到其他跨学科的追求。如果米尔顿·弗里德曼（Milton Friedman）还活着，我猜想，他将会说，"我们现在应该是行为经济学家，而不是凯恩斯主义者"。世界上关于投资的能量回报率、热力学和无限增长之愚蠢的所有分析，将继续对缺乏人类本性之基础的政策和规划形成有限效果。若干年前，麦迪逊大道广告公司推出了它们的《经济学101》（Economics 101）教科书，并公开与行为科学结盟；政治竞选顾问公司、大众媒体和新闻机构，也都如此。

我们这些决定之下的生物学基础结构，既是对可持续性的一个约束，也是对增长所进行的能量和生态限制。通过确定"我们如何做决定"之类似问题的神经科学，我们已经在解释经济选择的直接原因方面，取得很多进步。在最终原因方面，我们还有更多的工作要去做：去探索"我们为什么要这样做决定"。作为一种生命科学，生态经济学应该在以下方面作出更大的贡献：有关我们行为的进化基础的探索；资源匮乏和治理系统之间的关系；创造出使我们的物种突破当前和未来资源瓶颈的适应性战略。然而，除了少数几个值得一提的例外，我们目前对这一科学前沿贡献无几。

最后，我自己的灵魂追求，导向了生态经济学作为一种社会运动的地位问题。相信我们在基于可持续和正义原则来改组经济学方面的责任，同样能够改组经济，我是不是太过幼稚？不单要指出当前系统的错误，而且要倡导改变，生态经济学家应该在其中充当什么角色？在生态经济学家的专业会议上，很容易就能够找到那些志趣相投的同行，他们都在提出全部正确但可能不容易找到诚实答案的问题。我们已经有许多议题要相互讨论，但不愿意走出我们自己的舒适区，去为了政策圈的改变而明确地表达和游说。我们是否已有主流思想之外的替代方案？我们是否能够为一个研究学术领域提供可信性,并为引导我们极度渴求的经济转型而给出所急需的指引?

本书对生态经济学这一未完成旅程提供了路线图。作者们并不害怕去扔掉那些不再有用的其他路线图,在消费者选择和公民责任做出区分,警告那些仅仅重视被标价之物的经济模型,并寻求人类与地球上其他一切生物之间的正当关系。生态经济学家必须回归,去讲述关于经济的真相。我们必须坚持基于生物物理现实的经济学原则。同样,我们应当跟上行为科学在更广泛社会科学革命上所产生的主要影响。这样,我们才可能挑战其地位本身,而不是上一秒还在抱怨它,下一秒就去为它服务。

我们生活于一个令人难以置信的时代,有责任去讲述真理,以我们的经济决定的生态现实来教育这一代人,并动用科学知识的优势地位来创造不同。20年前,在赫尔曼·戴利的文章中,我发现了我的灵感。你也许将会在本书中获得你的灵感,并加入我们,步入生态经济学这一未完成的旅程。

致　谢

我们想要对在这本草稿的整体进展、批评和审查中帮助过我们的那些人表示感谢:朱莉·安·埃姆斯(Julie Ann Ames)、蕾切尔·布鲁纳(Rachel Bruner)、赫尔曼·戴利、凯特·达林(Kate Darling)、布雷特·多尔特(Brett Dolter)、乔恩·埃里克森、罗伯特·戈丁(Robert Godin)、理查德·豪沃思(Richard Howarth)、布伦达·李(Brenda Lee)、罗伯特·纳多(Robert Nadeau)、理查德·诺加德(Richard Norgaard)、亚历克斯·普瓦松(Alex Poisson)和雷·罗杰(Ray Roger)。我们要向乔恩·埃里克森致以特别的感谢,他的序言将生态经济学置于其革命性的议程之中。

我们同样要感谢加拿大社会科学与人文研究委员会提供的资助,麦吉尔大学(McGill University)对这一项目的慷慨支持,林奇峯(Qi Feng Lin)贯穿整个编辑过程的帮助,以及玛格丽特·福里斯特(Margaret Forrest)在准备草稿时的勤奋工作。

目　录

导言　生态经济学的未完成旅程　001

第一部分　生态经济学的伦理基础的提出　017

　　导言与章节概要　019

　　第一章　将经济重新嵌入现实的伦理学　024

　　第二章　人类世中的经济学伦理　077

　　第三章　支撑生态经济学的正义主张　104

第二部分　测量：理解和测绘我们所处的位置　137

　　导言与章节概要　139

　　第四章　生态经济学关键指标的测量　145

　　第五章　边界和指标　173

　　第六章　重新审视生态系统评估中的人类健康隐喻及其在生态经济学中的应用　217

　　第七章　追随奥尔多·利奥波德的脚步　237

第三部分　涵义：实现生态经济学的步伐　265

　　导论和章节概要　267

　　第八章　迈向宏观生态经济学　271

　　第九章　为生态经济学而生的新公司　295

　　第十章　生态政治经济学与自由　307

　　第十一章　新思潮，新话语，新经济　359

结论　继续生态经济学的旅程　405

本书作者　421

本书译者　428

导言

生态经济学的未完成旅程

彼得·G. 布朗、彼得·蒂默曼

1. 未完成的旅程

一个幽灵在地球徘徊——一种经济学理论的活魂灵,不管它遭到多少攻击,也不管它带来多少损害,都拒绝死去。建基于这一理论前提之上的经济秩序正在将自己撕成碎片,散布于这个星球的每一寸表面。许多指标显示,我们正在目睹生命过程之丰富性的急剧降低,包括日渐加剧的气候变化、自然多元性不断增长的丧失、不断变异并不断扩大的病毒载体,以及影响全球人类福利和幸福的一个不可持续的增长和消费模型的逐渐扩散。标准经济学的幽灵本性,反映在它的无能为力之中:它没有能力去停止,甚至没有能力认识到我们看起来不可阻挡的运动,因而使得地球上生命繁荣所必需的条件正滑向危险的边缘。

为什么这一经济秩序使我们无法挣脱其束缚?当前经济学路径的两个重要因素常常被忽略:(1) 它不仅提供了一个有关市场、交易等如何起作用的解释,它还(尽管以价值中立的说辞)包含一个强有力的伦理公式,即人类就是要寻求幸福;(2)它的核心是一个抽象的理想模型——关于社会系统运行的一套看似科学的声称。除了这些经济学要素可能引起的任何其他话题,他们还保护它,使其免于证实,不容反驳。一旦真正运行的系统的事实或动力学不一样,那么,要么是因为理想模型并没有捕捉到真正的事实,要么就是因为,人类并非在按照理性能动者的指定角色行事,而是一意孤行或非理性的。

在想要击败这种准科学和社会心理学的有毒混合物的所有努力中,生态经济学家可能是准备最为充分的。在它短暂的历史中,生态经济学的主流力量已经将其焦点对准了成为标准经济学基础的这一准科学的缺陷之处(Costanza, 1991, 2003; Daly, 2005; Georgescu-Roegen, 1971, 1986)。这一模型已经逐渐显示出,它建立在19世纪有关科学和科学过程中那些站不住脚的模型及修辞之上(De Marchi, 1993; Mirorski, 1989, 1994; Nadeau, 2006)。这些假设导致它没有能力处理它正在帮助全世界大量生产的那些情境的真实物理维度。由于它主宰了公共政策和类似的话语,这一模型掌握着生命前景的生杀大权。

生态经济学根本性的、原初性的前提就是,坚持将人类经济视为深嵌于地球的生物地球化学系统之中,并且是其中的一部分。能量、物质、熵和进化,以及其他种种,都被标准经济学忽视了。而这一忽视伤害了人性以及与我们共享地球遗产和命运的其他生物的当前和未来福祉。出于对其根本性洞察的忠诚,生态经济学必须首先通过发展这一洞察的物理学理解和基础结构,其次通过勾勒出其在地球历史的这一关键时刻对于人类经济、社会和政治经验的含义,来强调这一情境。

然而我们相信,生态经济学也才刚刚开始认识到其原初前提的激进含义——其"旅程尚未完成"。那些尚未完成的部分是要去考虑,新的物理学理解和人类经验为了相互促进,如何一起要求建立某些类型的伦理学基础。如上所述,标准经济学,尽管其假装价值中立,实际上其伦理学假设和含义还是非常丰富的(或贫乏的),而这些伦理假设和含义从18世纪和19世纪新兴的西方个体主义的资本主义中吸取了基础材料。正因如此,生态经济学的运行也包含许多与它正在努力摆脱的经济模型中类似的假设。

这本文集是要重新访问、重新构造和挑战这些假设中的某些部分。我们从已经在生态经济学中占有一席之地的工作假设开始,它们涉及对经济学与地球生物化学过程之间关系的一个更加必需和适当的理解。我们将其视为为了地球核心和灵魂而展开战斗的一个滩头阵地。我们登陆点的特殊之处,就在于发展生态经济学的伦理的、社会的和规范的基础。而在目前,这些基础的主要内容,都借用自新古典主义的垃圾箱。

本书在热力学、进化生物学、宇宙论和生态学的新理解,以及对经济学及其根本性、操作性建构的更优理解之间,形成了一个连接。在这个意义上,我们想要超越生态经济学对于尺度的关注,清晰地扩大授权范围。而这是尼古拉斯·乔治斯库-罗根(Nicolas Georgescu-Roegen)和赫尔曼·戴利等人著作的中心思想。为完成这一使命,我们必须理解生态经济学自身的非正统本质,以及在其短暂历史中已经浮现的相互冲突的议程。

2. 生态经济学的三类议程

我们认为,生态经济学提出了一个简单却非常宽泛的问题:如果它停留在建基于当前科学之上的世界观,经济学将必须需要什么?生态经济学家们有一个已经存在的议程,它要求按照宏观经济和公共财政的框架进行重要调整。即使当代文化主体,尤其是经济学框架的主要部分保持不变,这些调整依然能够发生。这是第一种,我们称之为外显议程(explicit agenda)。

与此同时，生态经济学可以被视为某种激进革命的、更加强烈并且更加根本性的事物，呼吁我们彻底地反思人类与生命、与世界之关系。只要那些与经济学一同构成当代思想大厦的其他学科也提出这个同样的问题，这一任务就可以达成。这些学科或框架包括法学、治理、金融、伦理学和宗教；和经济学一样，上述学科都提供行为规范——它们会告知我们应该做什么。我们将看到，就像《伦敦铁桥垮下来》这首童谣里唱的一样，我们处于一个"全体垮塌"的境地。这些结构如同一条多米诺骨牌，一旦其中某一部分倒塌，其余部分也会跟着倒塌。这是第二种，我们称之为内隐议程（implicit agenda）。

如果上述两类议程得以实行，有关生命之未来的一种不同的、更加光明的预期就将得以进入视野。过去 200 年间，尤其是第二次世界大战之后的科学发展，已经挑战了主流西方文化中有关人类在地球和宇宙中地位的预测。进化生物学、组织生物学和分子生物学中的发展，平衡热力学与非平衡热力学，量子理论，复杂系统科学，天体物理学，宇宙论，神经科学以及某些神学分支，都不过是对"我们是谁、我们从哪里来、我们要到哪里去"所形成的一种新理解中的某些要素。这一生机勃勃的叙事，不仅对于科学发展，而且对于经济学、金融、法律、治理/政治科学、宗教、伦理学的发展——总之，对于全体人类文化，其影响都是深远而广泛的。这是第三种，我们称之为重构议程（reconstruction agenda）。

2.1 外显议程

以弗雷德里克·索迪（Frederick Soddy）20 世纪早期的作品为基础，生态经济学作为一个看上去自然而不具威胁的研究主体，浮现于 20 世纪 80 年代。其合法性大多来自《增长的极限》（*The Limits to Growth*）（Meadows et al., 1972）报告和尼古拉斯·乔治斯库-罗根（1977）在 20 世纪 70 年代早期的著作。赫尔曼·戴利的《稳态经济学》(*Steady-State Economics*, 1977)吸收了约翰·斯图尔特·密尔(John Stuart Mill)的思想,为将经济置于限制之下这一理论,提供了进一步的合法性证明。生态经济学还在差不多同一时刻从《布伦特兰报告》(*World Commission on Envrionment and Development*, 1987)中获得了力量。

我们可以说生态经济学的外显目标是有关于尺度、分配和效率的三个主题。尺度指的是,经济如何能够被认为是地方和全球生物地球化学过程(既决定了经济的内容,又为其增长设置了限制)中的一个子集。分配或者公平体现于一个既在同一代际内部也在不同代际之间可持续发展的承诺之中(参见 Muller, 2007)。而有效配置,是新古典主义学派的核心目标,得以保留。此外,在经济表现的概念化和测量中,存在着一个对使用物质和能量流的方法论承诺。

在古典经济学中率先关注尺度的是托马斯·马尔萨斯(Thomas Malthus)的著作,而分配则在大卫·李嘉图(David Ricardo)、卡尔·马克思(Karl Marx)的著作中非常重要。甚至在20世纪50年代,理查德·马斯格雷夫(Richard Musgrave)还将分配与稳定化、配置一起囊括在公共财政的重要分支之中。因此,在生态经济学的框架中强调分配,为某些特定的经济学洞见和关注进行修复(而不是革命)的新古典框架工程提供了调节器。

的确,在一些生态经济学家看来,新古典模型的某些工具能够被扩展,用来评估经济与它深嵌其中的自然世界之间的关系。许多生态经济学家认为,他们能够保持支撑着他们已经否定了的新古典模型的伦理观点。这种态度采取的众多形式的其中一种就是将货币价值分配于生态系统服务的运动。在某种意义上,这是对"将外部性内在化"的新古典思想的一种回归。许多人——包括这些作者认为,它构成了一个令人遗憾的撤退,是向大家都知道的新古典经济学的一个分支——环境经济学的撤退。它已经混淆了生态经济学的意义,令其使命踟蹰不前,甚至威胁到其存在。部分基于这个原因,生态经济学有走向灭绝之危险,尽管它可能还会以这个名义存在着。

2.2 内隐议程

立此为据:与现状相比,生态经济学是激进的;然而它也是一个关键的框架,尤其考虑到当下生态危机的情况。它既扎根于对世界的一种科学理解之中,也具有潜力去指引我们一种主要规范性结构(经济学)的行为——一种恰好在损毁地球,且目标是消化生物圈的结构。正如罗伯特·纳多(2006)令人信服地提出的,从本质上来讲,新古典经济学就是没有能力去解决它已经制造了的危机;它反而推动我们向着悬崖加速。有鉴于此,生态经济学的创立者们已经吹响了号角:抛弃新古典愿景的幻想,以世界当前被理解的方式生活于其中。为了始终如一,深谋远虑,我们必须站在当前科学革命的诸多洞察的高度。很明显,不仅经济学,还有很多其他学科,也都建立在过时的、未修改的、形而上的前科学愿景之上。它们可能是思想的孤儿——其智识之父母早已死亡,而它们独自苟活。

这里是对革命旋风的一次预览:当前的财产观念,预设了边界和可分割性,成为许多国家的法律之基础。但是,当前的科学强调地球自然系统的不可渗透之特征。进化论世界观废黜了人性,并从根子上削弱了"作为上帝的礼物,人类所有权从道德上证明是合法的"这一预设(Brown, 2004;Cullinan, 2011)。"所有权",充其量不过是一个减弱了的概念。西方自由主义政治系统建立在"人类行动能够彼此独立"这一观念之上——一个与物质和能量守恒定律严重分歧的观念。后者强调,没有只影响行动者自己的行动。达拉斯(Dallas)的交通拥挤,可能会使达卡(Dakha)附近田地洪水泛滥。在达拉斯燃烧的汽油可能耗尽化石燃料的供应并使其价格飙升,而这些燃料本来被数十亿人指望着去生产廉价的肥料,以获得他们的食物供应。世界的自然系统生活在金融断头台的阴影下。被选定为奢侈商品的源泉,或者有吸引力的"新兴市场",就是对森林以及其中的动植物群落的死刑宣判,更不用说那些从远古时代就靠它们生活的那些民族。然而,主要的金融教科书对以下情况只字不提:金钱与这些森林及其民族之间的关系,或者那些被金钱大规模扰乱的碳、氮和水力循环中的不平衡(Bodie and Merton,1998)。钱财看起来已经逃离了这个世界。形而上的过去基础已经崩溃,而我们的伦理成为它的残余。那些认为我们脱离了这些落满灰尘的累赘物的人,开始信奉一种幻觉:某种行为方式和另外一种行为方式几乎一样。其结果就是,道德与概念的混乱使公共话语失去了精华,并阻止了能够避免毁灭之集体责任的发展。具有讽刺意味地,许多"信徒"耗费大量精力为了教条争吵,保有不少与具备良好根基的经验信念存在严重分歧的观点,并且为其发声。然而,与此同时,来自天主教、犹太教、基督教、巴哈派、贵格会以及其他信仰,还有科学共同体的强大领导权,都将要为生命前景之衰落而负起责任。

  同时,这些传统,以及其他传统,正在重新考虑我们以及与我们一起共享地球的生态共同体的其他部分的关系。人类需要其他物种和存在,能够独立于我们的需要、愿望和欲望而繁荣发展。这与诸如"生态系统服务"等工具性概念几乎无关,或者完全无关——它与我们在自然中的位置的根本性理解有关。我们的需要,部分起源于威尔逊(Wilson,1984)所称的"热爱生命之本性"——我们与有着自己世界和自主权的其他物种的漫长历史(Kahn and Kellert,2002);部分应归于洛夫(Louv,2005)所言的"自然缺失症"(nature-deficit disorder)——我们越来越远离自然和自然过程。然而,意义更加深远的是,动物栖居于其他并且与我们不一样的世界之中——对我们来说,它们始终是"他者",即使我们再怎样与它们共享基因和环境历史。我们要尊重且努力维持和促进与它们的差异——和它们以一种"主体的共融"方式来进行交流（Berry, 1999:82）。因为我们当前对地球生态系统所产生的影响，我们的主要目的，应该是去管理——和削减——这种影响，这样才能为我们的同伴生物提供空间，让它们以自己的条件去生活、呼吸、繁荣，乃至死亡。然而，此时，我们看起来正在出发前往一个星球——当我们调查关于我们的世界时，除了我们自己和我们的目标对着我们咧嘴笑（或哭泣），那里几乎没有别的东西。

2.3 重构议程

科学理解力在20世纪得到了令人瞩目的发展。它提供了一个广阔的革命叙事，被托马斯·贝里（Thomas Berry, 1999）总结为"新故事"。从这一优势地位出发，一个影响广泛的议程开始浮现，它预示并且形塑着人类前景，因为我们意识到我们已经进入了一个新的世代：人类世（Anthropocene）。对于我们所处的环境来说，当前用来确定我们方位的那些叙事已经不再真实。

将我们从自然、神话和"原始"分离出来的观念，在西方文化中牢固而深入地运转着。有关于伦理和隐喻的西方主流概念就肇始于上述这一分离观念。以上帝形象创造出来的人性，在类型上完全不同于其余造物。圣经中有关人类早期所作所为的描述将我们同上帝分离，它导致了人性与自然以相同的方式堕落。我们被赐予对于世俗地球的统治权。正如卡洛琳·麦茜特（Carolyn Merchant）和休·布罗迪（Hugh Brody）分别指出的那样，改变地球这一势在必行之事深深植根于以下观念：人性必须重新取得其在天堂的合法地位（Brody, 2000; Merchant, 2013）。麦茜特争辩说，复归天堂的这一吁求，形成了一个潜在叙事，使全球性的改造自然得以合法化。这一工作与让世界上的非基督徒皈依——他们被定义为异教徒——这一"神圣使命"紧紧联系在一起，而这一使命常常导致对人民和无数其他物种的统治、奴役和剥削（Pagden，2001）。

构成西方传统的另一主要根基的希腊传统，是一种甚至在柏拉图之前（公元前424年—公元前348年）就已经几乎耗尽其自身生态基础的文化。尽管希腊"原始宗教"有着很强的自然主义根基，但起源于其的哲学传统并没有从中摄取营养。这些传统已经严重影响了过去与当代的主流西方文化。传统希腊英雄是尤利西斯，他智赚众神，运用策略打败原始对手，然后通过将自己绑在桅杆上控制了自己的诱惑（Horkheimer and Adorno，2002［1947］）。在这一理性主义潮流中，人性被认为生来就高于其他动物。圣经传统与希腊传统汇流后，我们在其中生活、流动和拥有自我存在的世界，不过是被占有、被使用而不是被热爱、被尊重的某些外物。尽管如此，自然主义的形式，至少直到17、18世纪的欧洲启蒙运动，还依然残留于主流文化的边缘（Thomas，1996）。此外，它们以多种形式在本土甚至主流环境主义中存续——尤其是在约翰·缪尔（John Muir）的遗产中。尽管有着诸如浪漫主义等各种运动的反叛，我们一直想象着一个世界，其中我们是最重要的能动者——自我和世界共同的主宰者。

基于上述理由，西方传统（以其主流表现形式）正在努力抗争，力求与非人类世界形成一种尊重和关系的伦理公式。这些遥远的基础性趋势，为过去5个世纪的科学和技术革命奠定了舞台。这些革命从根本上改变了地球表面的大部分地区，并极大地改变了大气和海洋的化学成分。这些趋势使得人口数量的增长和消费的巨大扩张得以实现，从而使地球的生物物理生命支持系统应接不暇。我们走上了一条悲惨的道路。而更致命的是，我们拒绝正视现实，拒绝清晰地表达出一种与生命和这个世界的替代性关系。

3. 生态经济学的关键意义

"一不做,二不休"这句谚语,很好地描述了生态经济学的处境。一旦你坚持说,经济学必须扎根于热力学,你已经跻身于当代科学整体的谈话当中。这并不是在说,当代科学是没有缺点的,是完整的,是不可更改的,或任何类似的说法。这更不是在说,那些深层次的神秘性,如暗能量和暗物质的本质、量子力学和相对论之间的关系,甚至意识的本质等,已经被破解。然而,它毋宁是说,在这个历史的拐点,科学知识代表了一个不断以进化观念和复杂系统理论为核心而会聚、建立起来的综合体(Kauffman, 1995)。

这,对于我们中居于"巴别塔"的那些人来说,是一个有关救世的提议。这是一块基石,值得尊重的文明之大厦能够在其上建成。正如阿尔贝特·施韦泽(Albert Schweitzer)在《文明的哲学》(*Philosophy of Civilization*)中提出的那样,除非扎根于某种世界观——一种有关宇宙以及安居于其中的人类的理论,否则伦理就是随心所欲的(Schweitzer, 1987 [1949])。当代科学,服从于上述限制,也只能提供这么多。

这本文集想要做的是,用这一视角来展示生态经济学的伦理维度,追寻其理论和实践的意义。它将指出,迈向一个生态经济学的框架,对正义来说是至关重要的;而接受这一意义,将转化我们与生命和世界的关系。

因此,本书所建立于其上的这一工程,寻求在四个方向上去扩展和丰富生态经济学。首先,考虑到我们不仅深嵌于其中而且完全依赖于其上的物理系统正在不断恶化的处境,以及我们对于20、21世纪特别的自然和自然过程的新理解,它提出了一种分析,即对于普遍意义上的生态经济学来说,什么才是最适合的伦理或伦理系统。我们使用"伦理"这个词,不仅仅意味着个体行为的规则与规范,还包括更广泛的环境正义、生态政治和社会关注等议题。三个章节组成了这一部分。首先,是彼得·蒂默曼,对宇宙论、文化、伦理学和交换彼此区分并交织的无数途径所进行的一个生动的、快速应变的回顾。这意味着为思想松绑,促使它们逃离"现行的标准模式经济学之外别无选择"的信条——这得归功于玛格丽特·撒切尔(Margaret Thatcher)。彼得·布朗在第二章中争辩说,对于知识的局限性和人的嵌入性本质的新理解,要求一种扎根于尊重和互惠的伦理学。而理查德·詹达(Richard Janda)和理查德·勒恩(Richard Lehun)负责的第三章,是想要将我们自己对于自由的追求重新置于中心地带。它坚持更为广泛的正义考量,这种正义考量,对我们就生命本身之可能性条件而言的管理员职责,以及我们的每一自由选择都紧密影响着其他每一种生物这一无可争议的当前现实,都施加了压力。

其次,这一工程想要发展生态经济的一套可靠指标。尽管在诸如国内生产总值(Gross Domestic Product,简称GDP)这类指标的充分性上,我们花费了数十年的努力和争议,但经济学的标准模型依然在使用它们——因此遮蔽了正在集聚、不断增加势头的文明的自我清算过程,并使其合法化。然而,我们并不是要加入这一对话,而是在测算方面提供了四个章节。

第一,马克·戈德伯格(Mark Goldberg)和杰弗里·加弗(Geoffrey Garver)就生态经济学指标的发展提出了一种方法论框架。它包括五个要素:语境(context)的考量、尺度(scale)和维度(dimentions)的考量、范围(scope)的考量、可通约性(commensurability)的考量,以及为了甄别并确定导致指标的目标路径中的不同交互系统(interacting systems)的考量。第二,杰弗里·加弗和马克·戈德伯格提出了生态学边界和相关的空间参数——在这个空间中,人类经济必须发挥功能,避免生态系统、经济系统和社会系统的相互依赖发生行动过火、不公正和崩溃等现象。他们排列了政策取向的指标,能够准确地、可信地展示人类的进取心尊重那些边界和参数的程度。在有关测量的第三章中,马克·戈德伯格、杰弗里·加弗和南希·梅奥(Nancy Mayo)通过强调对那些看起来熟悉的人类健康观念进行定义时的诸多问题,指出了使用健康隐喻来判断一个经济系统的成功程度方面所存在的困难。这一部分的第四章,也就是最后一章,林奇峯和詹姆斯·法尔斯(James Fyles),探索了我们当前想法中对成功测算非常关键的人类和环境之间关系的两个相关变化。第一个观念是,人类是生态系统的一个部分,与人类能够从生态系统中分离的常规想法相反。第二个是鉴于人类在生态系统之中这一观点,对生态系统健康这一概念的重新解释。

第三,我们考虑到伦理测算对于微观经济学和宏观经济学的意义。在宏观层面,彼得·维克托(Peter Victor)和蒂姆·杰克逊(Tim Jackson)争辩说,我们正在错失一个令人信服的宏观生态经济学,那就是,它的稳定性与有限星球的生态学限制相一致的一个概念框架。尽管这一方向的发展可期(参见 Jackson,2009;Victor,2008),但我们仍然迫切地需要一个更加充分发展的宏观生态经济学,来防止普遍存在的巨大灾难。在这一部分的第二章,理查德·詹达认为,一个生态经济学的视野,需要我们重新同时思考个体行为和共同宪章。

在第三章,布鲁斯·詹宁斯(Bruce Jennings)批判地检视了所接收到的自由概念——这个概念过于个体主义和原子化,以至于无法在即将到来的纪元中实际地、理性地指导人类规范和自我理解。他想要形成一个能够回应新纪元——人类世——要求的对自由的理解。最后,贾尼丝·哈维(Janice Harvey)描述了两个有关如何促进变化的理论视角。从批判性视角来说,话语理论认为,制度—文化变迁是话语性的、辩证的(Fairclough, Mulderrig and Wodak, 2011; Van Dijk, 2011)。而在另一方面,世界体系理论提醒我们,这些社会建构发生在一个独一无二的历史脉络中,它既限制又促进但最终形塑了体系的变化(Wallerstein,1999,2004)。本书的出版同样是一个话语事件,但它发生在一个我们越来越清晰地意识到我们正处于全球危机的语境之中。它旨在帮助生态经济学走上正轨,同时也希望通过将我们自我理解建立在进化的世界观之上,来改变我们与生命和世界的关系。在这任务中,它加入了一个不断发展壮大的且具备同样渴望的生态学话语集体中。这一章的目的是列出我们如何能够改变进程的大致计划。

最后,这一项目讨论了我们如何朝着一条比当前命运轨迹更富有成效的道路前进。

参考文献

Berry, Thomas. 1999, *The Great Work: Our Way Into the Future*(《伟大的工作:我们进入未来的道路》), New York: Three Rivers Press.

Bodie, Zvi, and Robert C. Merton. 1998, *Finance*(《金融》), Upper Saddle River, NJ: Prentice-Hall.

Brody, Hugh. 2000, *The Other Side of Eden: Hunters, Farmers and the Shaping of the World*(《伊甸园的另一边:猎人、农人以及世界的形成》), Vancouver: Douglas & McIntyre.

Brown, Peter G. 2004, "Are There Any Natural Resources?"(《有任何自然的资源吗?》), *Politics and the Life Sciences*(《政治与生命科学》)23(1): 12-21. doi: 10.2307/4236728.

Costanza, Robert, ed. 1991, *Ecological Economics: The Science and Management of Sustainability*(《生态经济学:可持续的科学与管理》), New York: Columbia University Press.

Costanza, Robert. 2003, "Ecological Economics Is Post-Autistic"(《生态经济学呈后自闭症状》), *Post-Autistic Economics Review*(《后自闭经济学评论》) 20 (June 3): 2. http://www.paecon.net/PAEReview/issue20/Costanza20.htm.

Cullinan, Cormac. 2011, *Wild Law: A Manifesto for Earth Justice*. 2nd ed (《地球正义宣言:荒野法》第2版), hite River Junction, VT: Chelsea Green Publishing.

Daly, Herman. 1977, *Steady-State Economics: The Economics of Biophysical Equilibrium and Moral Growth*(《稳态经济学:生物物理平衡与道德增长的经济学》), San Francisco: W.H. Freeman.

Daly, Herman E. 2005, "Economics in a Full World"(《完整世界中的经济学》), *Scientific American*(《科学美国人》)293：100-107.

De Marchi, Neil, ed. 1993, *Non-Natural Social Science：Reflecting on the Enterprise of More Heat Than Light*(《非自然的社会科学：关于"热多于光"的事业的反思》), Durham, NC：Duke University Press.

Fairclough, N., H. Mulderrig, and R. Wodak. 2011, "Critical Discourse Analysis"(《批判性话语分析》), in *Discourse Studies：A Multidisciplinary Introduction*(《话语研究：多学科导论》), edited by Teun Adrianus van Dijk, London：Sage Publications, pp. 357-378.

Georgescu-Roegen, Nicholas. 1971, *The Entropy Law and the Economic Process*(《熵定律与经济学过程》), Cambridge, MA：Harvard University Press.

Georgescu-Roegen, Nicholas. 1986, "The Entropy Law and the Economic Process in Retrospect"(《熵定律与经济学过程之回溯》), *Eastern Economic Journal*(《东方经济杂志》) 12（1）：3-25. doi：10.2307/40357380.

Horkheimer, Max, and Theodor W. Adorno. 2002, *Dialectic of Enlightenment：Philosophical Fragments*(《启蒙辩证法：哲学断片》), Edited by Gunzelin Schmid Noerr. Translated by Edmund Jephcott. Stanford, CA：Stanford University Press.

Jackson, Tim. 2009, *Prosperity Without Growth：Economics for a Finite Planet*(《谁说经济一定要成长？——献给地球的经济学》), London：Earthscan.

Kahn, Peter H., and Stephen R. Kellert. 2002, *Children and Nature：Psychological, Sociocultural, and Evolutionary Investigations*(《儿童与天性：心理学、社会文化与发展之调查》), Cambridge, MA：MIT Press.

Kauffman, Stuart A. 1995, *At Home in the Universe：The Search for Laws of Self-Organization and Complexity*(《宇宙为家：寻求自组织和复杂性的法则》), Oxford：Oxford University Press.

Louv, Richard. 2005, *Last Child in the Woods：Saving Our Children from Nature-Deficit Disorder*(《林间最后的小孩：拯救自然缺失症儿童》), Chapel Hill, NC：Algonquin Books of Chapel Hill.

Meadows, Donella H., Dennis L. Meadows, Jogen Randers, and William W. Behrens. 1972, *The Limits to Growth：A Report for the Club of Rome's Project on the Predicament of Mankind*(《增长的极限：罗马俱乐部关于人类困境项目的报告》), New York：Universe Books.

Merchant, Carolyn. 2013, *Reinventing Eden：The Fate of Nature in Western Culture. 2nd ed*(《重新发明伊甸园：西方文化中自然的命运》第 2 版), New York：Routledge.

Mirowski, Philip. 1989, *More Heat Than Light：Economics as Social Physics, Physics as Nature's Economics*(《热多于光：作为社会物理学的经济学，作为自然

经济学的物理学》),Cambridge, UK：Cambridge University Press.

Mirowski, Philip, ed. 1994, *Natural Images in Economic Thought*:"*Markets Read in Tooth and Claw*"(《经济思潮中的自然意象："尖牙利爪地解读市场"》),Cambridge, UK：Cambridge University Press.

Müller, Frank G. 2007, "Ecological Economics as a Basis for Distributive Justice"(《作为分配正义基础的生态经济学》), in *Frontiers in Ecological Economic Theory and Application*(《生态经济学理论与应用前沿》),edited by Jon D. Erickson and John M. Gowdy, Cheltenham, UK：Edward Elgar, pp. 72 – 90.

Musgrave, Richard. 1959, *The Theory of Public Finance*：*A Study in Public Economy*(《公共财政的哲学：公共经济研究》),New York：McGraw-Hill.

Nadeau, Robert. 2006, *The Environmental Endgame*：*Mainstream Economics, Ecological Disaster, and Human Survival*(《环境残局：主流经济学、生态灾难与人类幸存者》),New Brunswick, NJ：Rutgers University Press.

Pagden, Anthony. 2001, *Peoples and Empires*：*A Short History of European Migration, Exploration, and Conquest, from Greece to the Present*(《西方帝国简史：迁移、探索与征服的三部曲》),New York：Modern Library.

Schweitzer, Albert. (1949) 1987, *The Philosophy of Civilization*(《文明的哲学》),Translated by C. T. Campion. Amherst, NY：Prometheus Books.

Thomas, Keith. 1996, *Man and the Natural World*：*Changing Attitudes in England 1500 – 1800*(《人类与自然世界：1500—1800年间英国观念的变化》),New York：Oxford University Press.

van Dijk, Teun Adrianus, ed. 2011, *Discourse Studies*：*A Multidisciplinary Introduction. 2nd ed*(《话语研究：多学科导论》第2版),London：Sage Publications.

Victor, Peter A. 2008, *Managing without Growth*：*Slower by Design, Not Disaster*(《无需增长的管理：通过设计而非灾难来减慢速度》),Cheltenham, UK：Edward Elgar.

Wallerstein, Immanuel Maurice. 1999, *The End of the World as We Know It*：*Social Science for the Twenty-First Century*(《我们所知的世界末日：21世纪的社会科学》),Minneapolis：University of Minnesota Press.

Wallerstein, Immanuel Maurice. 2004, *World-Systems Analysis*：*An Introduction*(《世界体系分析：导言》),Durham, NC：Duke University Press.

Wilson, Edward O. 1984, *Biophilia*(《热爱生命之本性》),Cambridge, MA：Harvard University Press.

World Commission on Environment and Development. 1987, *Our Common Future*(《我们共同的未来》),Oxford：Oxford University Press.

第一部分

生态经济学的伦理基础的提出

导言与章节概要

本书的第一部分对生态经济学的伦理基础的再思考进行探索。首先,我会从一个概述开始,来说明我们认为此基础所需的基本要素。接下来,我会继续说明接纳这些要素给我们带来了哪些不同的论述。

概述

我们相信,生态经济学才刚刚开始思考其初始前提的关键意涵——这是一个未完成的旅程,我们从这里开始。未完成之事的一部分就是,基于生态经济学的洞见思考一个新的伦理基础。如果不考虑这些洞见的意涵,这个基础就无法建立起来。由于以下这些原因,这个旅程尚未结束:(1)标准经济学继续迷惑着它的潜在批评家们;(2)通过通常被称为"环境经济学"的那些东西的各种形式,围绕标准经济学的边缘来修修补补,对很多人仍有吸引力;(3)要想与地球危机那些急迫又真实的维度达成和解,是极端困难的——这是许多已经努力面对这些危机的大多数人所面临的困难。

生态经济学的基本的、初始的前提,是将人类经济嵌入被标准经济学忽视了的自然生态当中并作为其中一部分来加以考虑——也就是说(和其他的事物一道),物理世界的动力因素——能量、物质、熵、进化,等等。关键在于,我们现在相信,标准经济学对自然生态的忽视会危及人类,以及其他与我们共享遗产和命运的生物的现在和未来的福祉。生态经济学的一个特有的转向就在于,它将"生物需求有其伦理意涵"这一理解纳入其工作当中。也就是说,生态的事实即是价值,而且,"是(is)"已经变成了"应该(ought)"。德国哲学家汉斯·乔纳斯(Hans Jonas)提出了这个奠基性的论点,"应该"是"是"的延续,不然就不会有伦理或其他的东西;因此,他的"本体论义务"(ontological imperative)是指,任何危及地球上生命的繁盛延续的事情都不应该做。这些就是关于物理世界的一些特质之含义的伦理宣称。思考生态经济学的伦理基础,我们提出三个相互关联的假定:

(1)成员资格(membership):在生命的共同体当中,人类是成员,不是主人。

(2)住所(householding):地球及其上面、里面的生命系统不能仅仅被看作"自然资源"。它们自身的利益值得被尊重和保护。

(3)熵节约(entropic thrift):低熵的源和槽能力(sources and sink capacities),使生命得以可能和繁衍的基础性东西,必须被慎重使用,公平分配。从根本上来说,生态经济学不可避免地是关于公平的。

总之,这些假定应该理解为关于生命和世界正确关系的伦理基础——而且应该成为我们生活的准则。这些假定的不同版本,以及相伴生的伦理,可以在过去与现在、本土与传统的经济系统当中找到。我们从中可以学到很多。

章节概要

彼得·蒂默曼:《将经济重新嵌入现实的伦理学:案例研究》

这一节呈现了一系列的案例研究或者例子,是关于一些按照非标准化的经济理论运作的经济系统,以此来阐明那些不"符合"标准理论的经济元素、实践以及概念。选择这些案例研究还有一些其他的原因。其中最重要的,是强调"标准经济理论在人类历史当中属于反常之物"这一事实。它基于一些非常特定的假设,这些假设是从现代历史非常特定的时期当中汲取的。这是特定时期思想的历史人造物,而不是一个普遍的真理。本章描述的这些另类的案例,包括狩猎—采集的经济实践(印度的纳亚卡),从复杂的可持续性农业系统(巴厘)到那些被扔进所谓历史的垃圾桶里的西方经济方式(亚里士多德学派、中世纪,等等)。他们强调真实的经济实践当中的社会、文化、物理以及理论要素,这些要素贯穿历史,却在当代生活中被清除、轻视,或被标准经济学理论以很狭隘的方式加以分析。这些另类的实践为我们重新思索和建立一种"嵌入"在生态和伦理世界当中的经济学提供了资源。

彼得·布朗:《人类世中的经济学伦理》

布朗提出生态经济学有着深远的伦理意涵。他指出伦理系统一般有至少五个特征,虽然它们可能被重视的程度极为不同,发挥作用的方式也差异极大。这些特征是:一个基础或者论证、假定、结构性的原则或规则、德性,以及一个指导性的隐喻或伦理。首先,为了走向一个合适的基础,他将自己的论述建立在对人类生活的论断上;不过,他将自己对"生活是什么"的理解置于一个更为广阔的情境当中(例如,作为一个人意味着什么)。随后,正如上文所列出的,布朗希望我们接受三个相互关联的假定,包括成员资格、住所,以及熵节约。布朗提及,从这些观点再出发,然后向前推进拟议的原则或规则,可以看到生态经济学有一个隐含的关注结构。这些是经济的尺度或者规模问题,与地球的承载能力、对此能力的公平分配以及分配的效率相关。布朗指出,所有的这些,虽然是有效的,对于生态经济学未完成的旅程而言,都有着更强的、目前尚未探索的伦理意涵。例如,虽然"效率"是生态经济学的核心概念,但是还停留在新古典概念的局限中。一旦对尺度和分配的关注碰到一起,目前这个关于效率的新古典概念,就会有一个更为复杂的、高度修正过的版本开始发挥作用。布朗进一步论述道,更加丰富的伦理视角,诸如"德性"的理念,开始成为生态经济学正在出现的伦理的重要部分。我们要求这样的德性,诸如勇气,认识论上的谦卑,以及,对于因我们的疏忽和统治的企图而铸就的东西所承载的一种赎罪感(以及要求)。不过,最终,我们是无法基于"应该做什么"这样的假设,迈开第一步的。反过来,这必须产生于一个对于我们在更广阔的生命共同体当中的位置的经验性理解。

理查德·詹达和理查德·勒恩:《支撑生态经济学的正义主张》

詹达和勒恩通过将从既存的市场经济当中识别出来的正义主张之集群,同生态经济当中将要识别的正义主张进行对比,并把前两章的见解联系起来。既存的市场经济对于正义可能有种"扁平化"的概念,这样就可以只把个人偏好的总和纳入。因此,它排除了高于我们的主张,也就是那些从这个世界或从我们自身以外而来,可以被称为形而上的主张。如果缺乏形而上的主张,那么就没有外生的原则能够帮助我们修正或调整自己的偏好所产生的结果。形而上的正义主张,以及前现代社会的特质,被启蒙运动以解放之名替代或压缩了。解放现在面临一个它自身创造的僵局。用黑格尔的表述来说,"自由意志"是不考虑他人意志的,它会在占用和耗尽所有的支持生命的能源当中毁灭自己,而不是让自己自由。如果一个正义概念有赖于对实用功能的利己主义的算法,那么生态经济学就不能维持此种正义概念。相反,它必须开始建立利己主义和考虑他人的互动模式,这个模式规划了正义的、可再生地分配地球的生命支持能力的路径。因此,它需要拓展住所及其成员资格的概念,还要注意到,要使熵节约在当下和未来的世代之间公平。

生态经济因此不会只是一种关于获取"资源"的经济,还是一种保卫生命得以在未来繁衍的经济。这具有实践的、实质性的意涵。对于经济行动者的治理需要重新设计,以确保他们对于环境和社会公共利益的创造负责,而不是为股东创造回报。经济交易需要重新构造,从而既能发出反映私人效用的价格信号,还能够发出反映这个交易对公共利益所产生的负担的社会评分。税收领域也将不得不重新设想,将礼物经济的资源引导到现在被集体行动消耗殆尽的环境和社会公共利益中来。同样的,配置经济工具的基本政策框架——成本—收益分析——要被一个全生命周期的计算方案替代,从而确保减缓那些容易侵犯地球边界的项目或活动的效果。然而,任何一个新的正义的模型,都需要产生新的未辨识的和未预期的正义主张。生态经济学应该已经开始着手建立正在产生但尚不充分的正义观念模型,特别是当它应用在既存规范当中的时候。

第一章

将经济重新嵌入现实的伦理学:案例研究

彼得·蒂默曼

> 一幅图画将我们俘获。
> ——路德维希·维特根斯坦(Ludwing Wittgenstein),《哲学研究》

> 美国人并不痴迷石油,美国人痴迷自由——这是当我们想去哪里、想什么时候去时,可以独立和自由地移动的自由。
> ——新保守主义者弗吉尼亚州前州长 乔治·艾伦(George Allen),2008年

> 好人要求他自己联系于总体,邪恶的人要求总体和他联系。后者把自己置于所有事情的中心,前者衡量自己的半径,并且保持在周长内。随后他以共同的中心为方向,即上帝,并且和所有的同心圆保持关联,即造物。
> ——让-雅克·卢梭(Jean-Jacques Rousseau),《爱弥儿》

1. 导言

本章呈现了一系列按照非标准经济学理论运行的经济系统的案例研究或例子，以此来阐明并不"符合"标准理论的经济实践和概念。研究本书选取的这些案例，是为了探索生态经济学当中的一些主题。不过，它们最重要的功能在于强调这一事实：标准经济理论在人类历史上是反常的。标准经济理论基于一系列特定的假设，这些假设从现代历史的特定时期当中汲取而来——它是特定的思维和时间阶段的历史人造物，而不是普遍真理。声称普遍的理论具有纯洁性，是很多历史阶段和运动当中一个重复出现的特点。但没有什么比19世纪西方社会所面对的更有吸引力，因为他们面对的是，作为界定世界之权力的物理和数学开始出现。

如果我们想要取代标准经济理论，重要的事情就是，需要知道这个理论长期以来为何如此地具有诱惑力和有力量。标准或者主流经济学的核心是它的理想品质：它描绘了一个模型化的世界，它还使得人们一旦采取了其基本假说，就可以数学化地描述它的运作——当然它还有其他的作用。在其运作中，它极其有力，给大多数人提供了一个几乎现成可用的、关于一个自组织系统的模型，看起来可以通过自身就可以实现其复杂性（著名的"看不见的手"）。它囊括了而且看似解释了广泛的人类经验，从日常生活中的普通交易到货物、服务、金融等的全球运动。它还体现了一个貌似可信的、也许被贬低了的社会互动的模型。作为一种额外的好处，它还有伦理的和政治的意涵。例如，它拒绝对人们想要把钱花在什么上面做出道德评判，而且它对交易的外在干涉极为严苛。进一步地，可能也是最显著的是，直到最近，它已经被与自由民主制度、资本主义以及一般意义的"进步"联系起来。把自由当中的"自由，无摩擦力的活动"省略掉，奠定了市场如同上帝一般的权力，它冷酷无情地、不偏不倚地进行赏罚——并且声称是普遍的、非政治的（市场、自然），是最有力的政治行动。

当然，理想模型的困难在于它们和现实的关系。现实充满了特例、细节，比起任何的模型都更混乱，也更加"丰富"（Feyerabend,1999）。这并不是要否定模型和建模的价值。不过，如果以对现实的理解为目标的话，一个理想的模型越是偏离现实，它的阐释性就越低（众所周知，新保守主义经济学家米尔顿·弗里德曼[1953]不同意这一点）。同样的，正如下文会简短讨论的，物理系统的理想模型和社会系统的理想模型是不同的（虽然很多人出于好的或者坏的原因会混淆这两者）。就标准经济学而言，过去多年来已经面临很多挑战。对这些挑战，理论家们的回应不过是不同形式的改良、修补，或者只是维护面子。这些挑战包括对模型基本元素的考量，包括对完美信息的假设、行动者的理性、行动者的"需要"的神秘起源以及对不恰切的物理类比，等等。近年来，这些挑战的数量增加到了一个临界点——对不友善的观察者来说——经济学处于一个托勒密（Ptolemy）式的状态。也就是说，它试图通过不断地在本轮（epicycle，周转圆）[①]后面增加本轮来保护一个关于"地心说"的过时版本，从而保护一个越来越不对劲的现象的基础性理解。

生态经济学发起的部分争论是，它为在当前既不能够被说服、也不能被最终强行突破其壁垒的理论经济学系统引进了一个元素：物理学领域。如前所述，物理系统诸模型和社会系统诸模型之间存在着差异。一个明显的差异是，物理系统不会因为修辞而被说服：无论你怎么想或者抱怨什么，重力总在运行；相反，人们可以被说服，去相信一个有诱惑性的社会系统模型，然后会开始依照此模型去尝试改变他们的世界。标准化经济理论的重大危险，不在于它塑造了人们行动的模型，而是，它将人们可能如何行动的元素

[①] 本轮，周转圆。托勒密的宇宙模型里，行星循着本轮的小圆运行。而本轮的中心循着称为均轮的大圆绕地球运行。这种模型可以定性地解释行星为什么会逆行。——译者注

提取出来，然后尽其所能地证明这就是人们在现实中的行动——或者说，如果人们不以那种方式行动，就他们"实际上"正在做的事情的真正本质而言，他们就是做错了，或者被误导了。随着这个理论逐渐地入侵社会世界，越来越多的人开始信服它——并且在一些情况下，极大地从中获益。因此，人们的行动，以及支持行动的社会和文化的世界，随之改变了。人们继续透过标准化经济理论的棱镜来看世界，并如此这般地来改变世界——极尽可能地这样做。但是有可能正相反，他们日常的亲密性、自己的本能，还有他们所见证的许多社会过程，和这个理论都是相互矛盾的；如果真是这样，那对他们来说就更糟糕了。他们是反对模型的罪人，会适时受到惩罚。

不过，对于生态经济学者来说，地球危难的警讯是明显的物理证据，显而易见地说明了标准模型确实存在着反对意见所提及的缺陷。对于那些并不直接关心生态的人来说，危难还有一些其他信号，例如金融系统的各种失败、不平等问题，等等。不过，这些其他警讯可以——而且已经——被一百年或者更久以来这个模型的内部修正或者制造的惶惑所"拯救"了。但是，全球尺度上的物理退化，不可能受制于这种"拯救表面"的措施——反而，质疑了这个信条的其他部分。生态经济学通过将理想模型带回到粗粝的现实中来，而提出这一问题。这就把理想模型带离了它能够沿着自己的光滑轨道运转的领域——这个领域的抽象性，使得它有潜力来孕育关于无限发展、无限空间以及满足无限欲望的醉人美梦。足以讽刺的是，这种世界观可以持续如此长时间的一大原因，是19世纪晚期石油的发现和推广。这给世界"加油"，并且（在一段时间内）消除了现实的摩擦力，以及以往对永久的经济发展的历史限制（Wrigley, 2010）。对矿物燃料的使用在本质上鼓励了人们可以无视时空发展的幻觉，并且驱动了与物理的"自由"相关的机器世界范围的传播（见本章题词中艾伦州长的话）。矿物燃料时代的终结,削减了标准经济模型的合理性,不仅仅是因为经济。

生态经济学通过首先聚焦物理系统以及我们在其中的角色,来质疑标准经济学教条的其他问题——也将我们从它们的桎梏中解脱出来。经济学受到的这一重要的物理挑战,已经成为目前为止生态经济学的首要焦点。不过,既然已经把这个水晶盒子撬开了,我们可以说是通过这本书,在考虑还有什么其他的被错置的、错失的,或者就是被误导的东西。

本章通过描绘一系列将经济"重新嵌入"具体时空、人类关系以及环境当中的例子,来处理这一系列错失或者被误导的东西。与之相反的概念——"脱嵌",最初由安东尼·吉登斯(Giddens,1990)使用,以此来描述现代性的根本性特征:把人、物、景观等从他们的根源和本质联系当中抽出来,从而使得它们可以被商品化——这也是上文所谓的光滑无摩擦力的另一种形式。脱嵌利用了标准经济理论(确实很难说是谁创造了谁),而且对于移除剥削社会和地球的巨车之上的刹车装置非常关键。随后的案例研究,会从历史上来强调这一情况的怪异之处。引用人类学家厄恩斯特·盖尔纳(Ernst Gellner)的一段话,对于我们来说,是所能找到的再恰当不过的导语了:

(在我们的社会当中)一个人购买东西,只对以最低的价钱买到最好的商品感兴趣。但在一个多链的社会情境中并非如此:在部落社会中,一个人从他村庄的邻居手里买东西,他所打交道的,就不只是卖家,还是亲属、合作者、同盟或者对手、可能给他儿子提供妻子的人、同为陪审团成员的人、仪式参加者、村庄的共同保卫者、同为议会成员的人……所有这些多重的关系都会进入经济运行中,限制买卖的任何一方,让他们不只是孤立隔绝地看待一次交易活动当中的得失。在这样的多元标准语境中,不存在被单一的、追求利益最大化的思维所宰制的"理性"经济行动的问题(Gellner, 1989;在卡尔·波兰尼[Karl Polanyi]1944年的著作当中还可以找到类似的材料)。

本章随后的小节回应了并且强化了这一点。后文的案例包括一些经济系统和思维方式——对于是什么构成了人们生活中经济活动的角色,它们提供了丰富的、替代性的思考。这些替代性方案为我们提供了资源,可以在一个更加"嵌入的"生态和伦理世界当中重新建构经济。

思考这些案例的时候,要特别重视以下一点:在历史上,以及非西方的传统中,对于经济学的理解、表述以及伦理评估,是由社会和宗教来赋予意义的,而不是像生态经济学试图做的那样,以物理世界作为起点。在这些传统当中,只部分地涉及物理元素。这些评估包括基本的需求、公平地分配神的馈赠、适度的节制等主题。不过,这些传统有一个特性,对于生态经济学来说有重要的潜力,即这些传统都是在可以被"嵌入性"概念涉及的那些事物中发挥作用的:它们在被物品和服务的流动所强化、展示的深厚的关系网络当中运作。这些网络之外的交换——市场的中性的交换过程——(假如存在的话)是那些外在于家庭、社区和部落的人们的任务。市场对于这些深厚的网络的侵蚀,在历史上曾经是一种极大痛苦的根源,这种苦难被接下来文章中看似奇怪又不断重复出现的斗争所例证,这些斗争总是随着诸如"高利贷"以及"利润"的过程而来。高利贷——对于借贷的资金收取超额的回报——(在《旧约》《古兰经》以及其他经典当中)可被看作是对于同胞的爱的关系的背叛,而不是一种商业行为。

正如贝特森(Bateson, [1972]2000b)简短讨论过,还有更晚近的伯克斯(Berkes, 2012)或许更充分地讨论到的,这些传统的嵌入性,也是文化性的,并通常是精神性的。文化性和精神性的传统通过故事、神话以及符号透露出以下信息:经济学在其中操演的地方系统,仅仅是一个更大的意义系统中的一个较小的子系统。子系统当中的成员如果无法理解或者服从那个较大的系统,是危险的,可能是灾难性的。这种带有威胁的可能性,构成了许多传统的本体论和认识论的关注的基础。表面上看,这些关注似乎是微不足道或者荒谬的。但这些关注将物理类型的威胁("逃逸"过程)与个人的、心理学上的危机进行了连接。也就是说,我们被警告,一旦超越诸多极限,人们不仅仅有着潜在的物质方面的未知后果,还有可能迷失自己的生态位(Livingston,2002)或"在世界中的位置",变得扭曲、被误导,很容易误入歧途(例如,Schelling,[1809]2006;Timmerman,2010;Wittgenstein,[1953]2009)。

在本章当中,我精心选择了一些案例。这些案例粗略地反映了历史的顺序——从狩猎采集社会,到农业的不同形式,再到现代资本主义——不过限于篇幅,我没有对这个轨迹着墨太多。当然,对于卷帙浩繁的社会学、人类学以及历史学研究可以提供的更多细节来说,这些案例只是大致的草图。随着本章的深入,我最终会聚焦于与市场经济的比较以及向市场经济的转型。不过,就基本的概念和实践来说,历史性地看,早期从狩猎采集经济系统到基于农业的经济系统的转型,可能是人类历史上所有转型当中最重要的。

就本章的目的而言,对于生态经济学伦理来说,对这个星球有限本质的承认,尚不如以下承认更为重要:对这种有限本质的再认识,重铸了我们作为一个被限定的、相互依赖的共同体的本质和联结(正如詹达和勒恩在第三章当中讨论的那样,也因而重铸了正义论题)。这就提出了有关后浪漫主义世界当中个体的自我之本质的重要问题。

2. 案例研究

在下面讨论的案例当中,有一些直接或间接地被过去的西方经济理论所影响(例如,柏拉图、亚里士多德以及中世纪经院哲学)。所以,我会从这些理论开始。接下来呈现的例子是方济会的经济学以及一个奇特地与之相关的狩猎采集社会的经济——纳亚卡(Nayaka),它也可以被视为经济系统的"起始点"。接下来是佛教经济学和甘地的经济学(甘地的经济学和前者有某些不同,尽管它部分地依赖前者)。随后,我们会回到一个"西方的"经济系统——伊斯兰经济学,它受到了亚里士多德思想的重大影响,并且发展出了它自己版本的"高利贷"论辩,而这个论辩在近年来又复现了。最后讨论的两个例子来自比较复杂的文化(不像纳亚卡),它们存活并且持续了很多个世纪:美国西南部的霍皮人(Hopi)以及巴厘岛(Bali)。尤其巴厘岛,已经发展出来一个精细的生态系统,其文化基础已经存在了将近1 000年(见 Bateson,2000a)。正如我们即将看到的,巴厘岛的案例提供了一个"透彻的"例子,展现了基于一套完全另类的伦理矩阵之上的可持续的"恒久的"生态系统。霍皮人和巴厘岛的农业领域,可能是所有的案例当中最有趣、最显著的"3E"(即,进程伦理[processing ethics]、经济学[economics],以及生态[ecology]),它们作为本章的结论非常合适。

3. 另类的西方传统:亚里士多德/经院哲学

我们从一段熊彼特(Schumpeter)评论马克思的引文开始[①]:

[①] 除了此处引述的参考文献,本节还基于贝克(Baeck,1994)、古德曼(Gudeman,1986),以及海德(Hyde,1983)的著述。

他处于和亚里士多德同样的困惑中,即:尽管对于确定相对价格而言,价值是一个因素,但是它不同于相对价格或交换关系,并且独立存在于两者之外。商品的价值在于其中凝结的劳动数量这一命题,不可能意味着其他的东西。如果是这样,那么在李嘉图和马克思之间就存在一个不同。因为李嘉图的价值就只是交换价值或者相对价格。这一点非常有必要提出来,因为如果我们可以接受这种关于价值的观点(即,价值是商品固有的一种普遍的特性),大部分我们看起来站不住脚或者毫无意义的马克思理论就不再如此了。当然,我们不能。(Schumpeter, 1950)

维尔弗雷多·帕累托(Vilfredo Pareto)甚至说得更加明确:

在近期出版的一本书里面,说价格是"价值的具体体现"。我们已经有了佛陀的化身,现在我们又有了价值的化身。这个神秘的实体到底是什么……将我们自己和这些形而上的实体纠缠在一起,是没用的,我们可以就谨守着价格。(转引自 Meikle, 1995)

此类嘲讽的例子成千上万。不断重复出现的主题是:前人是困惑的,或者是野蛮的,或者是幼稚的;只有现在,随着新自由主义经济学的出现,对"关于价值的理论"的探寻被抛弃,清晰才统治了一切。抛弃,部分地意味着,驱动我们去探寻价值理论的关键伦理动力,消失在了价格的面纱后面。但正是这些伦理动力,决定了价格是否是"正义的",财富是否被公平地分配。马克思对"劳动价值理论"的著名探寻,不过是漫长的另类传统的又一个版本而已。这些另类传统试图在很多主题下对经济实践的公平和正义进行评估。考虑到篇幅,本章仅仅处理其中的两个主题:使用/交换价值的思考以及高利贷。首先从对亚里士多德的回顾开始。

亚里士多德在《政治学》(1.9.1257,6—13)中对经济学有非常简短的讨论,他第一个对使用和交换价值提出了极具影响力的区分:

> 对于称得上财产的每一样物品,都有两种方式来使用它:两种使用都和这个物品本身相关,但是与其发生关系的方式不同——其中一种与此物的特定性相关,另外一种则不。以鞋为例——一种方式是穿这只鞋,另一种方式是将其作为交换的物品。两种方式都是使用一只鞋,有人用鞋与顾客换钱或者食物,顾客则需要鞋作为鞋子来使用。虽然前者没有使用鞋子的特定性,因为鞋子的存在本身并不是为交换这一目的。

在《尼各马克伦理学》(*Nicomachean Ethics*)第三章和第五章当中,亚里士多德通过论述合适的交换是"互惠的……基于平衡,而不是基于具体的品质"(Aristotle,1132b32—33),处理了公平交换的问题(例如,用一只鞋来换房子是不公平的)。

亚里士多德随后试图确定,在形而上的层次上,"平衡"意味着什么。虽然,他把某种平衡性置于"需求"(chreia,不同于要求[demand])的基础上,但最终无法找到一种方式来测量可通约性。他只是简单地明确了这一点:无论这种衡量方式是什么,肯定不是金钱,金钱履行的是不同的职能(见 Langholm,1979,1984;Meikle,1995)。金钱只是一种用于交换的便利方式(在金钱出现之前就存在交换)。

亚里士多德在《政治学》当中继续讨论了家政学(oikonomike)和理财术(chrematistike)两者之间的重要实践性的区分:家政学——随后成为"经济学",不过在亚里士多德的术语里,指家户管理，包括"对于生命来说必要的东西，以及对家庭或国家的共同体来说有用的东西"（Aristotle, 1256b27—30）。而理财术即"获得财富，并且这就是所谓的正义；对此而言是正当的，这是由于，财富和财产被认为是没有限制的"（Aristotle, 156b27）。

现代经济学（用亚里士多德的话来说）应该是理财术，而不是经济学。有趣的是，他强调其过程的不受限制的特性，因为获得财富是没有限制的。用马克思《资本论：政治经济学批判》里一个著名的短语来说，亚里士多德比较了 C—M—C（商品—金钱—商品）的经济系统，以及另外一种系统 M—C—M（金钱—商品—金钱）。在前一个系统当中，金钱处于正当的位置。后一个系统是"不自然的"，而且（我们可以推论出来）服从于一种癌症失控式的增长（Kaye, 1998）。

这种癌症失控式的增长和高利贷（为金钱索要利息）联系在一起。中世纪经院哲学使用先前的亚里士多德的材料，作为他们对高利贷的质疑和谴责的一部分。除了圣经里（以及随后伊斯兰教）对高利贷的谴责，亚里士多德一直都被认为是这些论述的一般根源（虽然他的影响是不完整的，因为在中世纪早期的大多数时间里，《尼各马克伦理学》"丢失了"，只有在 13 世纪才重现；见 Wood, 2002）。亚里士多德提出，金钱的目的（目标或者最终目的）是作为交换的媒介，只是将金钱纯粹作为金钱来积累，是对金钱本职的阻碍。金钱不应该"生长"利息——它本质上是不育的；用马克思的简写来说，借贷者涉入了：M—M+。自然的东西，会向着它们的重点或者目标自然生长。但是金钱并没有这样的目标，因此是没有终点的："而且'利'这个词汇，意思是钱生出的钱，是用来说钱的繁殖，因为后代像父母。所以在所有获取财富的模式当中，这是最不自然的。"（Aristotle, 1258b1—8）

亚里士多德和随后的中世纪评论家们被新经济增长所困扰。这可以视为是试图对此过程采用生物学的隐喻（虽然，亚里士多德对于生物增长的更为严谨的讨论,看上去和经济增长之间并无交叉;但一次交叉确实在18世纪和19世纪发生了,例如他对于胚胎学的开创性作品)。还有,值得注意的是,在中世纪,大量关于此话题的讨论完全是伪善的:教堂一边谴责高利贷,一边同时使用贷款,在一些情况下还借钱给人。神学留了很多后路(可能最著名的是,商人可以等到他们死了,再通过给教堂捐助,来救赎他们放高利贷行为的罪恶——由此资助了所有的那些辉煌的教堂和绘画,直到文艺复兴末期)。

讨论和含义

也许亚里士多德/中世纪方法中最有趣的方面在于,它们发生在假定的稳态情况中。而"公正的价格"以及高利贷的不正当性,发生的背景则是一个(假定为)恒定的宇宙当中,在这里所有的东西都已经各就其位。增长型经济的一个后果就是,它破坏了关于一个恒定状态的那些想法的"自然性"。(显然,当一场场严重的通货膨胀影响了基本食物或者"试金石"商品那些习惯了的价格,在心理上会让人非常不安。)有趣的是,熊彼特(1934)提出了如下假说,在稳态当中,利为零;而对于资本主义,一定程度上来说,利是固有的——这也是稳态中的反高利贷论述的另一个版本。追问以下问题将很有趣:回到一个无增长的状态或者稳态,是否会带来对于零利的要求,以及是否会回到一个公正价格的理论。

考虑到使用和交换的相对性,看起来生态经济学确实已经认识到,东西的物质性/用途应该是重要的。这就说明了至少"使用价值"和"交换价值"的边界需要重新考量。值得重新细致思考的还有上文引述的关于经济学和理财术的对立:生态学家喜欢说,经济学从生态学的合适位置盗窃了家—法(oikos-nomos,家户的法则);也许生态经济学家可能会说,经济学同样从其最初的家政学里面盗走了它?

4. 圣方济会的伦理/经济学/生态：丰裕的伦理

在基督教世界，圣方济各（St. Francis,1182—1226）被公认为生态的守护神。[①] 方济各激进的教义以及更加激进的生活方式，持续地对我们在世界当中的思考和行动提出了基础性的挑战。

方济各出生在阿西西（Assisi）的一座小山村，是一位总在各大市场之间旅行的布匹商人的儿子。据说方济各得名的原因是，他出生的时候，他的父亲在法国。他的父亲曾经希望他可以进入商业银行业，就像自己一样。不过，作为一个十几岁的青少年，方济各经受了一系列的个人信仰危机，开始消失在当地的山洞中和幽暗的地方，去冥想和祈祷。在某个时刻，他被《圣经》中强调耶稣之贫穷的文字击中——特别是耶稣所言，人不应该去为明天考虑，因为如果信任上帝，那么"上帝会提供"。

方济各一生践行"神圣的贫穷"。这和其他的一些事情，激怒了他的父亲。他父亲想办法让他被逮捕，并且因为精神失常被关起来。在阿西西城市广场，方济各和他的父亲发生了戏剧化的对峙，他剥去了富人的衣服，并且拒认自己的父亲。从此，方济各投身于上帝的仁慈当中，发誓效忠于"贫穷夫人（Lady Poverty）"。贫穷夫人是一个浪漫的词语，它标志着方济各把传统的游吟诗人或行吟歌者作为自己的楷模之一——有许多关于他以及他的门徒在意大利的大路小道上唱歌跳舞的故事。

在接下来的几年，方济各活在绝对的贫穷当中，吃了上顿没有下顿，在大街上乞讨。他逐渐有了一些和自己一样行事的门徒。如上所述，其基本思想在于全然地相信上帝的爱，上帝会为他及其门徒提供丰裕的物资，正如他为田野上的百合花、空中的鸟所提供

[①] 本节基于阿姆斯特朗（Armstrong）、赫尔曼以及肖特（Short）（2002）和沃尔夫（Wolf,2003）。

的那样。方济各和他的门徒发展出来一套工作的原则——例如只获取足够养活自己一天的东西——以此确证他们对上帝的虔信。自愿的贫穷，是进入一个丰裕宇宙的本体论视野。

足够有趣的是，这完全行得通。每天都有"奇迹"发生，有人会突然出现，给他提供食物或庇护所。随着方济各持续这样生活，他的追随者也越来越多。而且，(足够讽刺的是)越来越多的人开始捐献给他。这完全没有考虑到他的关注超越了贪婪和金钱。有一个故事是这样的，一个富有的银行家来到方济各和他的门徒这里，说："我非常尊敬你。你可以告诉我，我能为你做什么吗？"方济各和他的门徒们挤在一起，其中一个人拿出一个还没有花掉的便士。方济各拿着这便士，将它递给了银行家说："好，这是你可以为我们做的——把它拿走吧。"

更有意思的是，随着时间过去，方济各开始谈论和歌唱彻底的贫穷对他看待世界的方式所带来的改变。特别是，就像圣方济各的故事和传说显示的那样，他的绝对贫穷，和他与动物以及整个造物产生越来越多的联结的方式之间，有着深厚的关联。他那首著名的圣歌，唱的就是通过上帝的爱，他能够把万物看成朋友、亲人、姐妹和兄弟。似乎正是没有财富——或者说，也许是他身上散发出来的绝对信任的光韵——打破了人和动物之间的藩篱。这是真实发生的或者只是传说，尚不清楚，不过其象征意义是有力的，也是重要的。

方济各关于丰裕的伦理的全面胜利，转化为一个严肃的管理问题。拒斥富有或者财富——像耶稣那样生活——对中世纪天主教堂构成了威胁。教会获取大量的金钱，建设的教堂遍布欧洲，并且保有大量的牧师。方济各的一生与法国南部反对卡特里派和韦尔多派的改革运动相互重叠，其中很多人也宣导贫穷，攻击教堂的财富。接连几位教皇都发觉他们不得不在教堂内部处理这位特异人士的问题，不过有些神奇的是，方济各从来没有被逐出教会。很多人指责他威胁了教堂;然而,方济各似乎没有直接指责任何人,而是选择成为个人楷模。经过了复杂的内部斗争,教堂同意接受方济各式生活的一系列实践规则。这些规则是方济各在去世之前写成的。许多规则的设计,是他为了对此进行处理——回绝人们持续要捐助他和他的运动所带来的额外的丰裕。

方济各于1226年早早离世后,方济各运动雨后春笋般增长了。至今仍矗立于阿西西的巨大教堂修建起来了,全欧洲人捐赠的金钱持续涌向方济各的教团。在许多年间,这构成了显著的问题。方济各最具挑战性的遗产之一,就是13世纪末期的"精神上的方济各主义者"运动。这个运动要求教堂拒斥其财富。这个运动的一些部分被声明为异端,教皇被迫说明其对于私有财产神圣性的看法(例如,基督是不是有财产),还在《教义宪章》(*Cum inter nonnullus*,1322,权利问题之辩当中这个语言的终极来源)就"可让与性"(alienability)与"不可让与性"(inalienability)发表了声明。这反过来又给文艺复兴早期银行业以及商业繁盛增长提供了合法性,那也正是方济各的父亲从事而方济各义无反顾地远离的事情。

讨论和含义

说来奇怪的是,看起来与方济各经济学最接近的另外一种经济系统,是纳亚卡狩猎—采集社会的"即时回馈"(immediate return)的经济。后者对于丰裕的经济学有着类似的信念。也许,乞讨就是现代社会生活丛林当中的一种狩猎—采集形式。

对于"丰裕的本体论"以及"匮乏的本体论"的关系,我们有可能做出更大的论述。很多社会的特点在于,它们是遵循一种丰裕的本体论来运作的——也就是说,宇宙在本质上是丰裕的。鉴于我们并没有创造我们自己、地球以及地球上的东西,这证据就表明,所有的这些都是某种"礼物"。在丰裕的本体论当中,世界上的东西,都是对我们的慷慨馈赠,我们的角色就是表达感恩、庆祝,并在自己的关系和仪式中模仿这种丰裕的慷慨。这种理念作为唯一的元素，创立了用来模仿和庆祝慷慨的仪式。比如，英属哥伦比亚海岸巡游的鲑鱼是慷慨的馈赠。人们通过把第一次的渔获放回海里，以及不浪费这些礼物等仪式，来确保它们会年复一年地继续洄游。权力也部分地来自对上帝之慷慨的模仿（例如夸富宴）。

如果在丰裕的本体论中出现了匮乏，那是由于丰裕被暂时地收回了，作为对于人类做了一些错事的惩罚（这与纳亚卡的运作略有不同）。匮乏不可能是永久性的——人类忏悔的时候，丰裕就会回来了。一个经典的例子是北部的克里人的狩猎实践中，出现了动物在狩猎中逃脱的情况。狩猎中必须严格遵守一些规则，以示对于动物的尊重，如果猎人疏忽或者不够尊重，动物就会撤离，使得它们自己成为"匮乏"的（Berkes，2012）。总之，在这些案例当中，丰裕是基本的，匮乏是次属的。

在西方社会，可以说从 18 世纪以来，我们从多种不同的本体论转向了一种匮乏的本体论。现代经济学基于一个关于匮乏的假说，它意味着我们必须围绕匮乏的物品和资源进行竞争，而这导致了市场（和其他事情）的产生。在一个匮乏的世界里，自然世界看起来是小气的、抑制的，必须得到"发展（发达）"，以供给我们现在所需的丰裕。匮乏强迫我们生产。在这个进程当中，匮乏是基本的，丰裕是次属的。当然，讽刺的是，我们创造次属的丰裕的驱动力，在现实中却制造了生态的匮乏。

正如我们在有关纳亚卡的小节中将要讨论到的，这种基本匮乏/次属丰裕的观念，既脱胎于对基本馈赠或者说物质丰裕的缺乏信任，又催生了这种不信任。结果就是需要私有财产、保险，以及面临预期出现的匮乏所做的种种自我保护性储备。方济各的激进主张是，对上帝的信任，将使我们看到，这些需求其实是不必要的。

值得进一步关注的是，还有类似的绝对贫穷运动也曾经取得成功。日本的依托恩运动（Ittoen）是一个类似的现代运动，基于与流浪的圣徒对绝对贫困的坚守类似的承诺,以及类似的随之而来的"奇迹般"的成功和对一个社群和哲学的开创(见 Nishida,1969):

> 当人类诞生的时候,我们没有任何财产就来到这个世界,连我们的生命也是被赐予的。没有任何东西是我们真的可以声称属于我们自己的,我们也没有什么立场真的去坚持所谓的权利。因此,一无所有,没有财产,是人类原初的状态。
>
> "Roto",在路边生存;在家庭之外服务,或者干脆没有家庭,也是这种一无所有、没有财产的状态所呈现出来的基础和真实画面。人类之间所有冲突的根源,是欲望(贪婪)以及自我中心。人类开始迷恋财产、社会地位、名声,等等。非常有必要切断这种迷恋和占有,清洗自私的内心,回到我们的本原状态。这就是所谓的"roto"实践,也就是"回到路边"。我们需要清理掉自己身边所有收集而来的物质,把它们还给光(原初的丰裕),还回我们获取它们的地方,然后回到路上,一无所有——不只是漫无目的地漂泊,而是回到我们最初的状态和源头。

5. 纳亚卡人:礼物的伦理

纳亚卡是一个狩猎采集部落,生活在印度南部泰米尔纳德邦(Tamil Nadu)的深林山谷里。他们代表了经济历史的起点状态,在一个他们认为是完全充裕的环境(给他们提供了野番薯、水果以及动物)当中生活和劳动。他们的"3Es"反映了这种认知。他们被人类学家称为"即时回馈"社会(在这种社会当中是没有储备的;另外一个例子是刚果的姆布蒂俾格米人[Mbuti pygmies];见Turnbull, 1983)。要讨论这样的社会,需要对"礼物经济"这一主题的背景作出一些交代。

作为不同于市场经济的另类,"礼物经济"近期受到了显著的关注。由于对什么是"礼物"以及"礼物经济"意味着什么含糊不清(或者说有不同的解释),所以学界对此常常会有一些明显的误解。第一个误解要回到相关讨论的源头。法国人类学家马塞尔·莫斯(Marcel Mauss),利用世界各地(主要是太平洋地区)的人类学调查,以探索礼物馈赠是如何使不同社会得以凝聚、和谐或者运作的。借由互惠这个概念,他将这些"礼物"经济的过程吸纳到市场经济当中——"礼物"是交换的一种形式。由此,莫斯(1925)和其他人(如玛丽·道格拉斯[Mary Douglas])认为,礼物是一个伪装的市场,或者市场的原型,因为礼物当中"隐藏"了在未来某个时候收到等值的互惠礼物的期待。(在当代社会环境里可以作为例子的是,人们会做出复杂的决策,以确保在圣诞节给出的礼物和别人可能送的礼物是"同一档次的"。)

基于礼物作为伪装的互惠这一模型,后来在马歇尔·萨林斯(Marshall Sahlins)这里,礼物赠予得到了更为复杂的论述。萨林斯是《石器时代经济学》(*Stone Age Economics*,1972)的作者,他指出在不同的社会当中,礼物赠予具有不同形式的互惠:"消极互惠"(例如欺骗)、"等价互惠"(以某种形式的对等交换)以及"慷慨互惠"(扩散的礼物)。

前面两种互惠是相当明显的。不过,扩散的礼物的多种方式让这件事变得更加复杂化,还带来了"非互惠性礼物"的可能。非互惠性礼物,即不期待回馈的礼物。我们在圣方济各的例子当中,看到过这种礼物——把所有的东西都给出去,作为对上帝之馈赠的真实写照。印度仪式中似乎也有赠予非互惠性礼物的例子。莫斯注意到这一谜题,但是他并没有发展这一洞见。在这些仪式当中(特别是在佛教传统当中[Ohnuma, 2005]),明文书写的非互惠性礼物是其精髓所在:完全不应该期待从神那里获得回报或者互惠。这正是礼物救苦救难的力量——如若不然,礼物就是被"污染"的。尽管,很多评论者(他们不相信任何形式的非互惠性礼物经济,总是一再试图把礼物纳入一个交换系统)相信,上帝或者神确实会期待作为交换的祈祷或崇拜。如果不涉及探讨上帝意志的神学,这似乎确实和上述情况下礼物所表达的精神相抵触。对于"纯粹礼物"之不可能性所进行的后现代拓展探讨——是由雅克·德里达(Jacques Derrida, 1992)发起的。他指出,所有的礼物关系都包括对于互惠那朦胧阴影的"遗忘"(尽管只是暂时性的)。很多领域对于非互惠性的经典讨论,包括对艺术的或者创意的"礼物",可以参见海德(1983)的著作。

非互惠性礼物模式的本质在于,对于回馈没有期待,对于反应也缺乏控制。在一个互惠模式当中,X 送给 Y 礼物,期待 Y 有所回馈,这有某种社会的或者个人的控制在其中(例如,如果后来什么回报也没有,那么会有相应的后果)。非互惠性模式不是线性的(X 送给 Y,然后 Y 回馈 X),它至少是三角形:X 送给 Y,Y 可能会把 X 送的东西给 Z;而对于 Z,X 是无法控制的。这个三角形是更广泛的循环模式的初始:X 送给 Y,Y 送给 Z,Z 送给 A,A 送给 B,B 送给 C,C 再送给 X。(这就与萨林斯所认为的"扩散的"模式相关——也就是说,一个人从作为整体的系统中获益。)赠予而不期待即时的或者哪怕延迟的一对一回馈,可以说肯定了对于系统作为一个整体的丰裕性的基本信任(我因为每一个人获益而获益,或者经过一些循环,最终会回到我这里来)。皮埃尔·布迪厄(Pierre Bourdieu, 1997)指出,这里讨论的是时间和控制的功能问题。即时的回馈是由于某种控制(参与方是面对面的;期待可以立即实现),而延迟的回馈则受制于时间的变化。这引导了许多理论家进一步对礼物和信任关系的探索(近期的讨论有很多,其中包括卡普托和斯坎伦[Caputo and Scanlon，1999]，以及冈瑟[Guenther，2006]）。

这个讨论把我们带回到纳亚卡的例子。纳亚卡人相信非互惠性的礼物赠予。这基于他们将环境——也就是森林——视为父母（"大母亲"和"大父亲"）的观念。赠予被假定为是正常的——要么是直接给予，要么是因为要求而给予——就好像这些东西是一个家庭共享的。环境是一个"参与者"——也是共享的一方。神（通过萨满）被邀请来参加节庆，这些节庆(所有的纳亚卡人都受邀来参加)强化了所谓的"父母之道"（"Way of Parents"）。

父母之道的一个例子是分享猎人带回来的动物。这动物被所有人分享，没有优先之分（这就和其他一些基于等级的互惠社会形成了对比）。同样的，是谁进行了前期工作并不重要。伯德-戴维（Bird-David，1990）举了一个例子，在河的上游下毒来捕鱼，需要大量前期工作；但是一旦做完了，谁都可以来把鱼带走。

纳亚卡人即便是去参加一些有偿的工作（附近有种植园），所有的薪水都会马上花出去，或者按照别人的要求给出去。所有权是暂时的，基于最初的发现或者是长期的联结（比如从死者那里获取的纪念品）——拥有是一种功能，即允许别人来拿走东西的能力。所以，X 给 Y 一些东西，然后 Y 把东西给 Z；这种情况下，如果 W 想要，他需要回到 X 那里，看 X 是否接受这一请求（伯德-戴维将这种情况称为"围绕 X 的赠予之轮"）。这里也有一些技巧：举个例子，假如有人不想把东西给出去，他们就会把东西藏起来，直到来要的人走开，或者别人不再要求。还有"内部礼物"——夫妻双方的礼物，目的是让别人不能来要走。不过，总体来说，这个共享的伦理运行得相当顺畅。

讨论和含义

很明显，纳亚卡的例子并不能立即适用于一个现代的社会。不过，对于家庭和家长这一隐喻做出更多的细节性探究可能会很有意思。毕竟，至少有一个全球性的修辞，说所有的人类是一家（"人类的大家庭"）。如果要求我们分享责任，这种要求基于的伦理框架是什么？（另外同样值得注意的是，家庭、社区、氏族、祖先等所受到支撑的隐喻之下，涉及不同的复杂伦理。）

做出如下强调很重要：我在本节并没有着重处理，人类学家以及其他人对于狩猎—采集伦理/经济学和农业伦理/经济学之间的关系的复杂讨论（其中之一见布罗迪[2000]）。伍德伯恩（Woodburn, 1982）和其他学者已经对此做出论述，相对于"延迟的回馈"的农业文化而言，狩猎社会"即时回馈"的经济更容易促成一种不同的社会结构（例如，一种激进的平均主义）。不过，涉及"采集者"和过渡社会，或者等级性的狩猎采集社会，情况会更为复杂，例如英属哥伦比亚部落的著名的"夸富宴"。

6. 甘地的伦理/经济学/生态：印度教法的伦理

要进入甘地的 3Es，就需要简短地回顾他的两个主要思想源泉：约翰·拉斯金（John Ruskin）的《给后来者言》(*Unto This Last*, [1860]2004)——甘地把它翻译成古吉拉特语（Gujarati）；还有印度的《薄伽梵歌》(*Bhagavad Gita*, 约公元 1 世纪)。他为了自己的目的糅合了二者（Gandhian, [1926]1980; Zaehner, 1969）。[①]

拉斯金的《给后来者言》在审视经济学（主要是通过密尔）的演变后，对其做出了攻击。拉斯金认为，将人视为自我利益最大化者的模型是错误的。他使用了一些例子来说明这一点，包括为了其他人牺牲自己——母亲为了孩子牺牲一切、士兵为了祖国而死亡，等等。他还用了一个寓言：监工给了两种人同样的工资，一种是在一天将尽时受雇来工作，一种是从黎明破晓就受雇并一直工作（因

---

① 除了此处引述的参考文献，本节还基于达斯古普塔（Dasgupta, 1996）、甘地（1993）、戈什（Ghosh, 2007）和伊耶（Iyer, 1986）的著述。

此,"后来者"干的工作少得多,却给他们同样的报酬,这与所有的经济学原则都相悖)。拉斯金的立场是,由于经济学被教成了"交易经济学"(catallactics,这个词是理查德·惠特利[Richard Whately]在1831年创设的,他拒绝"政治经济学"这一术语,而更倾向于使用能够表示"交易的科学"的一个术语),其结果就是它多半是无关紧要的。拉斯金认为重要的是人在生活中所扮演的角色:一个店员的角色是以好价钱提供好产品;你的高尚是在生活的角色中实现的,无论这角色是什么。他的观点构成了一种19世纪新版本的封建主义。事实上,拉斯金指出贵族已经放弃了其作为穷人保护者的角色,那么新兴的自由商人阶级为其自身利益而产生一种经济学理论,就不足为奇了。拉斯金在不同的场合称自己为"老托利党"以及共产主义者。

甘地将拉斯金的思想与另外一个主要思想源泉《薄伽梵歌》进行了糅合。《薄伽梵歌》是史诗《摩诃婆罗多》的一个插曲,正好发生在一次战争前。有个战士阿诸那(Arjuna)不知道自己是否应该参战,因为数百万人会死于战争,而且对方有很多人是他很近的亲戚。他的战车御夫是由神明克里希纳(Krishna)伪装的,开示他说,作战是他的职责(svadharma——个人真理/法则),就像克里希纳的职责就是维系宇宙运行(即完成更大的法[dharma]——宇宙真理/法则)。作为职责——及其责任——的伦理,阿诸那必须如此行事,而无须渴望或者执着于其结果:这只是他应该做的。只要他做了他应该做的,就可以把结果交给神(克里希纳)。

甘地将这一(以其自身的方式)好战的诗篇重新诠释为一个隐喻:作为自我的战争,为了寻求自己的职责而作战。工作是努力找到自我的一部分。每个人在生命中都有自己的职责,所有的生命都是有尊严的,包括(且尤其是)体力劳动。寻求自我的奋斗是寻求真理这一更伟大的奋斗中的一部分。甘地再次认为自我奋斗也需要以无我的方式来实现——自我寓于这样的寻求过程当中。进一步,这种寻求还必须以非暴力的方式进行,因为暴力是急迫、贪婪以及自我保护的象征。暴力是一种根本性的失败,未能信任有关人的因缘际会的真理。甘地将自己的这种非暴力的寻求称为"萨蒂亚格拉哈"(Satyagraha)——为真理而战。他指出非暴力行为的力量部分在于,非暴力行动者通过准备好承受其他未开化者的暴力,显示出他/她献身于作为一种共同冒险的对真理的寻求。

甘地的经济政策也是如此。他个人拥抱了自愿的贫穷,作为非暴力的另外一种形式:

> 我发现如果要自己拥有什么东西,我就不得不为了守护它而跟全世界对立起来。我还发现,还有很多人没有这些东西,尽管他们也想要;还有如果被饥饿、饥荒驱使的人们,发现我独自一人,不仅仅想要跟我瓜分这个东西,还想要驱逐我,我就不得不寻求警察的帮助……拥有财产对我来说就像是犯罪。(Gandhi, 2008:79)

甘地回到了圣方济各那里:"一个真理的追求者,一个爱之律法的尊崇者,不能为明天保留任何东西。神从来不会为明天储存。"(Gandhi, 2008:91)由于不是每个人都能到达这一境界,更可行的方式是均匀地共享。甘地说:

> 首先,为了把这一理念贯彻到我们的生活中来,我们应当把自己的需求最小化,将印度最穷的穷人铭记于心。一个人只应该赚取能够养活自己和家庭的收入……我们生活当中的小事情,应该受到严格的约束。哪怕只有一个人在生活中贯彻了这种理想,他一定会影响其他人。(Gandhi, 2008:101)

不过,足够有趣的是,作为拉斯金的追随者,甘地认为不应该强迫富人放弃财富。他们应当将其富余的财富予以托管,以使社会其他人受益。这将其与共产主义进行了绝对的区分,而且毫无疑问,使得一众印度资本家成为他坚定的支持者。

对于印度的大多数人口,甘地的解决办法是一种他称为"自治"的方案,基于自力更生和艰苦劳作,以带来所有人的福祉。这个草根方案确实是基于一系列扩张的同心圆,从个体的自治开始,然后是自治的村庄,再然后是自治的国家。甘地相信,自治的国家实现的那一天,英国殖民的管治看起来就不再有任何必要了(当然,殖民统治的结束早于那一天)。

甘地的生态学来自他的非暴力思想,也来自他的佛教、耆那教和印度教背景。例如,关于牛的神圣性,他说:"这让人类超越了其种群。对我而言,牛意味着整个非人的世界。通过牛,人们认识到自己和其他生命是一样的。"类似的,他说:"如果我们还没有变得不明是非,我们会认识到动物有权利,不比人少。"(转引自 Weber,1999)对于自己的哲学,甘地总结道:"生命的目的无疑在于认识自己。如果不学着将自己与其他生命认同,我们就无法认识自己。生命的总和就是神。因此,有必要意识到,神就在我们每个人当中。实现这一认知的工具,就是无界限的、无私的服务。"(Gandhi,2008:41)

讨论和含义

在过去五十年来(见证了苏联的解体、菲律宾的去民主化,以及伊朗的斗争),甘地通过非暴力来进行自我实现的原则,可以说是最强有力的向善的政治力量。从环境的角度来说,甘地对于此类运动有直接的影响,例如印度北部的契普克运动(Chipko Movement),还有反对讷尔默达大坝(Narmada Dam)的斗争,以及许多其他诸如此类的斗争。作为发展中国家非政府组织的一个案例,斯里兰卡的莎沃达雅(Sarvodaya)①,就是甘地的斯瓦拉杰(Swaraj)的佛教版本。甘地主义还强有力地影响了深生态学(Deep Ecology)的发展。对于适当的生态经济学伦理来说,它将同样富有意义。

1960年,在去印度的前一年,舒马赫(Schumacher)写道:

> 只为了维持其自身,而前所未有地极速耗尽地球的能源,同时给随后的每一代人累积了越来越多的无法解决的问题,这样的一种生活方式,只能被称为"暴力"了……简言之,人类紧急的任务是在经济和政治生活当中发现一种非暴力的方式……如果人类想要在这一全军覆灭的战争当中保持安全,非暴力就必须渗透到人的活动的方方面面之中……当今的经济学,声称价值中立,实际上宣扬一种无限膨胀的哲学,完全无视人的真正的、实际的需要,其实是有限的。(Schumacher, 1960)

7. 佛教伦理/经济学/生态学:相依无常的伦理

佛教传统起源于佛祖对于现实本质的觉醒(约公元前500年)——"佛"是指觉醒的人。相对于早期的、当时流行的印度教传统,佛教宣称,自我或灵魂没有一个永久的内核;而觉知到这一点,是认识到"没有什么是永恒的"第一步,无论是自我,还是世界。人类的欲望和与之相关联的不幸,都是因为执着于"某种东西可以不变"这一幻象。对于佛祖来说,世间的法则(普遍的规则)验证了所谓"缘起"法则(paticca-samutpadda)——也就是说,万事万物都是

---

① 莎沃达雅意为"人人幸福",是印度"圣雄"甘地所主张建立的新社会之名。——译者注

相生相灭的。其时间上的交叠合和,即我们所看到的周遭世界。这种世界观所包含的理念在于,相互依存是持续产生的(没什么是隔绝于万事万物之网的)。这导致了近来物理学家和生态学家开始对佛教感兴趣。抛弃某种固定的自我意识(Harvey, 1995)也让西方的哲学家和伦理学家感兴趣。这部分是由于,我们生活在一个后现代、后基督教的世界,在其间固定的自我意识已经被销蚀了(Collins, 1982)。

大部分把佛教和经济学联系到一起的人,都会提及舒马赫的著作《小的是美好的》(Small Is Beautiful, 1973,见下一节"舒马赫:'佛教经济学'")。舒马赫的文章曾经颇具影响力,实际上它和佛教理论或实践关系不大——更多是甘地式和社会学式的(反映了他对于实践中的佛教社会的观察;例如近来军政府之前的缅甸社会)。它聚焦于佛教(以及印度教)称为居士或者俗人的生活规则,基本上是普遍的虔敬。通常认为,居士生活和僧侣生活的关联在于,美德(善缘)从僧侣转化给俗人。俗人履行自己的职责,僧侣也是如此——僧侣为努力开悟进行的禅修,会给整个社区带来福祉(这种转化,可能正是因为众生相互依存)。不过,居士给僧侣的礼物,已经言明了是非互惠性的。

所有这些都无损于以下事实:佛教传统有着非常强烈的生态——社会推动力,打井、种植、保护树木和动物,都是佛教长久以来的实践。早期的佛教传统认可周边文化中的一些较小的民间神灵,而且对于伤害其他的生物有着严格的戒律。有人付出巨大的努力,从这些实践当中推导出来一种"佛教生态学"的理论。不过,从理论的角度来看,它们大多数是肤浅的(实践不一样:例如,泰国的佛教僧侣通过授予树之精灵以神职,来保护森林,使其免受毁坏)。在人类对于其他生物的责任方面,后来的佛教教义更加激进:菩萨作为佛教徒,为了帮助众生,包括最底层的草叶,而放弃了个人成道(其中的一种含义就是,如果说万物相互关联,那么就不可能只有个体成道)。

佛教实践的核心是对于心智的训练,这包括所有的生命体验,对于俗人和僧众来说,这是一样的。本质上来说,心智是对于一个人如何体验世界,给予极其紧密和缓慢的关注。佛教的假设是,开悟的修行者不仅仅能像佛祖一样,看透世间万物的无常;他们也可以看到其日常思想和行动,是满载着贪念、欲望、贪婪以及恐惧的。这些东西构成了痛苦。修行就是为了随着时间而脱离这些苦,从痛苦中得到解脱,走向对于事物实相的"开悟"。这种对于我们所感知的现实的慎思,正是任何可以被称为佛教伦理/经济学/生态学的核心。佛教经济学,如果是指约束和尚、尼姑、商人以及居士的一般规则之外的东西(这些一般规则包括禁止佛教徒参与某些交易活动,如狩猎、制皮等),那么就根植于对我们生活中物品和交易得以出现的无常之网的深入思考。它们是让我们走向执着和痛苦,还是帮助我们开悟?

正如上文所期待呈现的,佛法的教义强烈地批评自私自利和欲望,宣扬要摆脱它们。不过佛教也认识到,不可能每个人在此生都可以完全做到僧侣的实践,也有很多佛经讨论商人和居士的生活。一些社会学家(例如,Ling, 1976)指出,佛祖传教的生涯历经了在印度恒河流域从乡村到城市社会的转变。他最早的寺院就建立在刚刚形成的城市边上。佛教教义要求居士以其方式遵从一系列戒律,其基础是四种"持守",或者说是精神的立场:友善、慈悲、同情,以及平静(Digha Nikaya, 3:223)。这些反过来构成了所谓的"正确的生活方式"(关于一个人该做什么、不该做什么的指令)。这些都为佛教国度的日常生活提供了可以参考的态度,并渗透其中。

讨论和含义

在生态经济学的视角里,佛教传统有两个显著的元素值得进一步思考。首先,如上文已经提及的,佛教将所谓的"过程理论化"推得非常远。在当代理论对话中,几乎所有关于相互依存的探讨,都没有达到佛教的认识水平:其基本图景依然是被外界"诸环境"所影响的相当固定的个体。更加晚近的佛教传统(华严)花费了大量时间来处理现实的相互依存的问题(比如说,我告诉我的学生,全面的手机联网是一件好事,但是你是否真的想让父母在任何时间都知道你在哪里)。如果我们在很多方面都是"半渗透性的",那么重要的问题就是,我们允许什么直接、间接地影响我们,等等(Tucker and Williams, 1997,汇集了对此挑战的一系列生态学的回应)。

佛教的心智传统,可能对深生态学已经产生更多影响的一个方面在于,其对事物的慎思揭示出,相互依存也意味着我们没有能力去宣称我们和环境的界限在哪。例如,在经典的呼吸冥想实践中,学习的一部分就是要去体验在呼吸过程中,自觉与非自觉的来来回回;对于食物和其他事物,也是如此。从这个意义上来说,深生态学者以及其他人认为佛教(还有其他的冥想实践)都体现了地方性的生态伦理,应该被加以"扩大"。

对于发展佛教经济学的当代版本,已经有许多尝试。在我看来,还没有特别有说服力的(综述见 Golden, 2009)。下一节将要讨论的是其中最著名的舒马赫的尝试。

舒马赫:"佛教经济学"

舒马赫是一名经济学家、政策顾问以及散文作家。他最著名的作品《小的是美好的》卖了数百万册,而且推动了"中间"或"适当技术"运动。舒马赫 1911 年出生于波恩。他从早年开始学习经济学,成为一名罗德学者(Rhodes Scholar),并在牛津大学新学院开启了首次英国之旅。在这段时间——20 世纪 20 年代末到 20 世纪 30 年代初期——舒马赫的生活和工作都处于阴影下。其时,他的祖国——德国正艰难应对着一系列经济和政治的危机,而这些危机最终导致了希特勒的上台和纳粹的兴起。二战爆发期间,作为一名敌国侨民,舒马赫被扣留在英国,被迫作为一名农业劳工工作。讽刺的是,这些经验孕育了他对农耕、土地管理以及马克思社会主义的兴趣,而这些都影响了他未来的活动。

在战争末期,舒马赫——现在是英国公民——被任命为一个战略轰炸调查(检视对于德国轰炸的效果)的成员,随后是英国控制委员会在德国的成员。回到英国的时候,他成了国家煤矿委员会的政策顾问,在这个职位上一直做到1971年正式退休。在战后,他的早期兴趣围绕德国重建展开,以及努力建立一个国际金融和交易体系(如世界银行以及国际货币基金组织)。

1955年,舒马赫受邀作为一名短期经济顾问去到缅甸。这个事件改变了他的一生,由此他写就了一篇题为"一个佛教国家的经济学"的文章。文章于1955年发表,题目后来也改为"佛教经济学"。文章基于他在缅甸的经验,而这个国家的核心生活方式,和他迄今为止居住过的世界都截然不同。生活在贫穷当中的人们的幸福,尤其让他感到震惊。在这篇文章及其随后的思想中,他将此归因于一系列的生活方式:对需求的最小化;工作是改善生活的一种手段;以及对人类的一种灵性的理解。改善人们的生活,正是经济学的全部目的。舒马赫对于发展中国家问题——以及甘地主义——的新兴趣,后来将他带到了印度(如前文所提及的)。国际经济顾问协助下的政府所梦想的高科技未来,以及大量人口的极端贫困,两者之间所存在的巨大鸿沟,致使舒马赫推动"中间技术":通过适当地应用技术改进,进一步改善人们已经在做的工作。

《小的是美好的》是由一系列相互交叠的散文组成,极具预见性和洞察力。在此只能引述少许例子。《核能——救赎还是毁灭》一文,不仅仅批评了核能经济学,还通过大量细节指出了无法解决的废料问题。《发展》一文讲述发展中国家的富有精英,在贫困的海洋中成为西化的孤立团体这一新兴问题。《社会和经济问题亟待中间技术的发展》这篇文章,提出了一个问题的诊断以及一个工作的议程,后来很快被中间技术发展团体(the Intermediate Technology Development of Intermediate Technology,简称ITDG)遵循。最著名的篇章当属《佛教经济学》,远在生态经济学被命名之前,它的核心要义就被列出来了。舒马赫明确区分了可再生和不可再生资源,言明了依靠资本而非利益生活之荒唐,等等。对于佛教经济学应该是怎样的,舒马赫提出了自己的版本,即"如何以最小化的手段得到给定的结果"——人类的尊严。

《好工作》(Good Work, 1979)是进一步的补充性演讲和短文集,于舒马赫去世后发表,(和其他的论述一起)构成对世界日益增长的石油依赖症的指责。《解惑:心智模式决定你的一生》(A Guide for the Perplexed, 1977)是舒马赫一个不太成功的尝试。他在晚期转向天主教信仰,随后写出了这本关于哲学和神学的宏大作品。本质上,这是中世纪基督教的一个当代版本,主要基于圣托马斯·阿奎那(St. Thomas Acquinas)的思想。阿奎那认为当代的哲学是"水平的"(只关心物质世界),而"垂直的"进路才是更合适的——它能够帮助人类从纯粹的身体生活、矿物质,经由植物,上升到意识,最后到自我觉醒。这本书的基本观点是,我们需要对每个层次上产生的问题提供合适的回应。

他对于属灵经济学更有趣的洞见,可能当属他最后的文章中所讨论的,"为了好工作的教育"。舒马赫指出,穷人对于昙花一现的物品是节俭的,而对于那些注定永恒的东西是极为慷慨的。

8. 伊斯兰经济学

在阿拔斯时代,哈里发问伊斯兰学者穆罕默德·伊本·伊德里斯·沙斐仪(Muhammad Ibn Idrisal-Shafi'i),

为什么神创造了苍蝇这种如此恼人的生物。他回答道:"以我卑微的见解来看,目的是显示有权者是多么的无能为力。"(转引自 Foltz, 2006)

伊斯兰伦理学/经济学/生态学的视角,回应了其他例子当中的很多主题,包括将宇宙视为丰裕礼物的基本观念;人类对于彼此以及其他生物负有责任;静态的社会观;对高利贷的怀疑,等等。[①]在很多意义上,伊斯兰伦理学/经济学都是当今还在运作的、最具影响力的另类观念。除此以外,它还影响了很多中东国家的经济和政治系统,以及建立"守护领域"(guardian sphere)的诸多努力。在守护领域中,西方资本主义是被阻止的,例如阿富汗的塔利班统治时代。

伊斯兰教由这一基本信仰驱动:所有一切都是神的,对神的崇拜是地球上人类的本职。由于敬畏和崇拜只有唯一的源头,因此"万物皆一体"(Nomani and Rahnema, 1994)。而且从某种意义上来讲,在神之下,万物都是平等的。不过,较之其他的一神教,伊斯兰教远远更为严肃地从这个观念当中汲取其神学:人类是神在地球上的"副代理"——他们管理地球,而且被召任负责直至末日。

伊斯兰教的独特社群"乌玛"是受《古兰经》——它被相信是直接来自神的讯息——约束,深受圣训(先知穆罕默德的言论集)的影响,并受伊斯兰教法(沙里亚[shari'a])的导引。这是一个随着历史阶段演进的传统法制系统,在比较模糊的意义上,受制于相互协商的规则。这些教义从不同的角度反映了一个由城市、沙漠的居民和商人混合形成的 17 世纪社区的社会生态。例如法律,即沙里亚,最初指"通向水之路"——伊斯兰教强烈禁止阻断人们接近水井的通道(因此,它为伊斯兰教的共有财产提供了一个法律基

[①] 除了此处引述的参考文献,本节还基于乔杜里和马利克(Choudhury and Malik, 1992)以及加赞法(Ghazanfar, 2003)的著述。

础——先知说,"人在三件事上是伙伴:水、火和牧场"[圣训转引自Nomani and Rahnema,1994:67])。伊斯兰社区的公园因提供喷泉和流动的水而著称。在伊斯兰教当中,人们对于动物的福祉有很强的感情(先知穆罕默德因虐待马的行为而大惊失色),因此关于这个问题,著述颇丰(Foltz, 2006; Masri, 1989)。

因为穆罕默德来自商业的背景,伊斯兰教并不反对人们赚钱——这可以是神的眷顾的标志——不过它必需被永远当作神的礼物;神有时候会把礼物拿走,作为一种警示(28:71—81[所有的《古兰经》引文都指其章和节])。对神的职责是优先于生意的。浪费/过多(Israf)是被谴责的(Nomani and Rahnema, 1994)。伊斯兰教义中,平均主义同样有类似的强有力的张力:有记载显示先知说过,"你们当中如果有人拥有过多的衣服,应该把它们还给有需求的人;如果有人拥有过多的食物,应该把它们还给有需求的人"(Afzal-ur-Rahman,1974:222)。对于社群所有成员的福祉,伊斯兰有一个很强的保证,至少要达到基本生存的水平。

伊斯兰教有三个特别的方面吸引了伦理学家和经济学家的关注:禁止高利贷、(要求供给穷人的[2:177]①)天课,以及伊斯兰银行系统。在这里我简单地聚焦在第一点和第三点上:天课的争议主要在于一个人的收入当中,应该有多少贡献给穷人;天课应该给什么;以及这样做是否像直接税收一样有效率(例如,天课曾经是按个人来核定的,现在像沙特阿拉伯这样的国家,已经要求企业也要做)。

伊斯兰教对于高利贷禁令的诠释有着复杂的历史(相关的西方另类历史参见第 3 节)。一些伊斯兰历史学家相信,高利贷是伊斯兰教形成之前的一种借贷系统,其中的拖欠债务者会按加倍原则受到加倍再加倍的惩罚——这样就使他们陷入赤贫。其他历史

---

① 作者原文为 2:1777,经参考《古兰经》中、英版经文,第二章共 286 节,在第 177 节中提到的内容与作者此处表述相符,故应为 2:177。——译者注

学家也同样认为,高利贷是一种敲诈性的利息。不过主流的诠释是,它事实上是对任何利息的禁止。一个为人熟知的主题是,努力防止借贷者在(被认为是)受胁迫的情况下借贷。

伊斯兰金融业和银行业(其中有些是20世纪的发明)以多种方式按照这一原则运作。首先(正如中世纪的欧洲),伊斯兰一直未曾染指有些方面的银行业务:为了安全保管而储蓄,随后取出来,获取小的"礼物"作为储蓄的回报;还有换汇(同样也是为了收取一定的费用)。而其他方面则有所不同,焦点是债主和借贷方对于风险和损失的共同分担。相关的伦理论述(Kuran,2004)是,如果不承担一定的预设风险就赚钱,那是不公正的;也就是说,如果让借贷方不仅承担预设风险,还要支付利息,这是不公正的。(当然,这也忽视了银行承担的其他各种风险,包括损失所有的原始资本[Kuran, 2004]。)无论在何种情况下,在伊斯兰教的这一诠释中,债主都应当更多地直接涉入和分担风险(西方的风险投资可能是一个例子,投资人在其中实际上也是强力提前支付的合伙人)。许多伊斯兰版本都是如此设计,以至于将本来各种可能结局的"利息",变成在一段具体时间以后双方协议商定的共享利润。这些变化的形式包括:直接的利润分享(mudharabah);多合伙人共担风险(musharakah);从租用到所有(rent-to-own)的协议(murabahah);以及出租(ijarah)——银行拥有此物或其运营,反过来把它租给企业。这个领域当中最近有一个创新的例子,是无利息房屋抵押(房主从银行那里得到产权,并且将租金偿还给银行)。举个例子,在这种情况下,"银行"可以是一个清真寺的一群伊斯兰债主,也可以是一个真实成立的银行。租金不是固定的,但是会根据房屋的价值变化(例如,更广义的房产市场当中的价值)重新评估,或升或降。这样,银行业也卷入了风险当中。如果房屋所有者拖欠,那么产权的股份就会被分开,房屋所有者通常保留一定的累积权益(Kuran, 2004)。最后应该提及的是,还有一个分布广泛、组织良好的非正式系统,可以完全地取代银行:移民工人和其他一些人所使用的资金调拨信托票据(hawalah)(Tripp,2006)。

帖木儿·库兰(Timur Kuran)语带嘲讽地论述了伊斯兰经济学、伊斯兰教以及钱财的历史与当代实践,他这样总结自己的发现:

> 在伊斯兰教的经济学与其修辞之间……存在着巨大的不一致。我特别明确地展现出,伊斯兰银行业的影响可以说什么都有,但唯独不是革命性的;强制性的天课在任何地方都没能成为消除不平等的有效工具;而且,最后,对于经济道德的重新强调,也没有在经济行为方面产生任何可观的效果。如果以其自身的高标准来衡量,伊斯兰经济学是失败的。当然,这个评估需要如下事实来加以限制:(与其政治和文化影响相比)严格的经济影响并不是衡量伊斯兰教经济学成就的唯一标准。(Kuran,2004:7)

近来的伊斯兰经济学的政治和文化的元素,被描述为对于西方资本主义的个体主义和贪得无厌的驱动的一种批判,而且是一种先知(其生活通常被认为是人类行为的楷模;Tripp,2006)时代的假想出的完美社区的理想化身。不过,像伊朗作家阿里·沙里亚提(Ali Shari'ati)这样的批评家指出,许多《古兰经》的禁令,直到7世纪都是地方性的,并不是适用于所有的时代、所有的地方(Shari'ati,1971)。在政治光谱上,反资本主义的伊斯兰人士提出了许多替代性方案,从呼吁伊斯兰社会主义,到依靠个人的精神的抵抗。

所有这些与生态的关联是多样的。认识到这一点很重要:《古兰经》确实描绘了一个等级性的世界,同时也承认了有其他的遵循其自身沙里亚的社群(如蜜蜂[6:38]);一段圣训也谈及了一个以它们自己的方式赞美神而被放肆破坏的蚁群（Masri，1989）。这些社群不仅仅本质上是珍贵的，还是人类需要解读的"迹象"。这些迹象当中最重要的是，丰富而多样的自然世界仍是有秩序的、有尺度的、均衡的。其秩序、尺度、均衡都与生态伦理形成了强联系：它们都是人类必须要认识到而且"不能去扰乱"的一个"平衡的"环境的组成部分；事实上，神将此与普遍公正联系起来："你们应当秉公地谨守衡度，你们不要使所称之物分量不足。"（55—3—13）

对于伦理、经济学思想与更广义的自然生态之间的联系，20世纪著名的伊斯兰神学家赛义德·阿卜杜拉·茅杜迪（Sayyid Abu A'la Mawdidi，1903—1979）高妙地提出了几点。关于造物和浪费，他这样写道：

> 伊斯兰教说所有的造物对人都有特定的权利。包括：他不应该漫无目的地冒险浪费，也不应该在没必要的情况下伤害它们……对于承担重物的牲口和用于骑行与交通的动物，伊斯兰教明确禁止人让它们挨饿，禁止让它们从事艰苦而无法忍受的劳作，禁止对其进行残酷地殴打。如果没有特别的目的，捕捉和囚禁鸟类是恶劣的……伊斯兰教甚至不赞同毫无用途地砍伐树和灌木。人可以使用它们的果实以及其他产品，但是他没有权利毁坏它们。蔬菜毕竟是有生命的，不过伊斯兰教甚至不允许浪费没有生命的东西。这些规定是如此之多，甚至不允许过多的水白白地流掉。其公开声明的目的是避免任何可见形式的浪费，以及最大程度地利用所有的资源——包括有生命的和没有生命的。

9. 霍皮人

不了解过去,就注定要重复它——对于白人来说,这几乎是不言自明的。然而,霍皮人如果不了解他们的过去,就注定不会重复它——实际上,就没有自己是谁的概念。(Page and Page,[1970]2009)

霍皮人以其根植于环境的、十分实用性和仪式化的精神而闻名。[1] 他们在一个非常严酷的荒漠/平顶山区生活了 900 年,并且持续确认,正是他们的仪式实践和世界观,使得他们可以在不容许半点差错的自然生态当中存活下来。他们的整个生活方式——其神话、历史、生计、经济、仪式,以及故事——都与他们周围的自然世界的循环和需求紧密而深入地交织在一起。过去的 100 年中,大量历史学家和研究者(Loftin,[2003]指出有关霍皮人的论文超过 3 000 篇)广泛的兴趣所宣称的,尽管他们置身于多个州之间,但由于强烈的隐私性以及令人畏惧的环境,霍皮人得以几乎完好地保存其文化。

他们的社会有三个方面值得我们的注意:

(1)他们有一套完全本地化的、以地球为中心的神话以及相关伦理。

(2)他们的伦理同时是生态的和社会的。

(3)他们有一套强有力的礼物经济,延展到他们的宇宙观之中。

---

[1] 除了此处引述的参考文献,本节还基于布兰特(Brandt,1954)、布罗德(Broder,1978)、吉尔茨(Geertz,1990)、塞卡夸帕泰瓦和沃什伯恩(Sekaquaptewa and Washburn,2004)、汤普森和约瑟夫(Thomopson and Joseph,1965),以及沃特斯(Waters,1981)的著述。

霍皮人保留区在一个更大的纳瓦霍保留区内部,它自己位于"四角"之处,即犹他州、亚利桑那州、科罗拉多州以及新墨西哥州交汇的地方。那里大约有 5 000 名霍皮人,生活在绵延于三座平顶山山头的小村庄里。这个地区以失落文明和废弃城市的考古历史而闻名,如阿纳萨奇峭壁(cliffside Anazazi)遗址。[①] 霍皮人的历史和神话讲述了许多其他部落的奇迹与失败。历史上,霍皮人经历很多磨难之后,才迁居到他们的家园。现在他们依靠旱地农业生存,围绕玉米和其他几种作物(如豌豆、南瓜),采用劳动力密集的耕作方式。因此,他们格外重视水的供给,因为水在这里处于非常短缺的状态。预期平均降雨量为每年 10 英寸,而且通常以冬季降雪和山洪暴发等不便利用的方式出现(Page and Page,[1970]2009)。而其他水源都来自零星的泉水和井水。

霍皮社会由达到了一种超乎寻常程度的仪式所联结。虽然很多霍皮人的仪式都是秘密的、禁止外传的(即使是现在,对于录制以及取得这些仪式的资料都有严格的限制),不过其仪式实践还是有相当多的、细节性的描述(Courlander, 1971; Lofting, 2003; Waters, 1963)。整个社会围绕着这些仪式展开——事实上也是基于这些仪式而存续。这些仪式占据了霍皮人的大量时间:以一年为周期,至少有九个主要仪式,而每个仪式都要花费数天,同时进行许多把不同的氏族和村庄共同体联结在一起的社交舞蹈。这些仪式围绕种植和收获庄稼的时间展开。而且毫不夸张地说,霍皮人生活的整个轨迹都是仪式化的。从他们早期童年,一直到死亡以及身后,神话都在他们生活中运行并且起作用。而仪式正是神话的动态体现。

---

① 阿纳萨齐,原文为 Anazazi,也写成 Anasazi。美国犹他州原住民,以建立于悬崖峭壁上的精致住所而闻名。——译者注

地球故事

霍皮人神话的核心基于有关植物(玉米、豌豆、南瓜等)生长的奥秘。当霍皮人抵达这个第四世界,他们遇到了火与死之神,神让他们(还有其他的部落一起)从不同颜色(黄的、白的、红的、紫的,等等)的玉米中选择种植。霍皮人选择了最小的、蓝色的玉米,因为它谦卑但顽强。他们珍视谦逊和努力劳作,而不信任夸夸其谈者(Talayesva, 1942)。

霍皮人的核心意象或者隐喻,是植物在地下尚未发芽时的秘密,以及植物的茎破土而出时的神秘成形(Geertz, 1984)。这些图像渗透在霍皮人的生命当中。例如,一个婴儿一旦降生了,他/她就会被藏在不见光线的地方 20 天,并且用玉蜀黍粉进行洗礼。如一个霍皮长者所言:

> 一个婴儿就像植物一样,是从种子开始生长的。她/他也必须用同样的方式来保护。需要 10 天,种子才能把幼苗送出土壤(它在此时成形);再需要 10 天,合适的叶子才能成形。总共 20 天,不能有阳关照耀到她/他。然后,在第 21 天,母亲把婴儿抱在怀里,和她自己的母亲或者其他女性一起,把孩子带出房子,来到平顶山的边缘,祈祷孩子的健康和幸福。(转引自 O'Kane, 1950)

这个仪式回应了霍皮人作为一个族群的起源故事,即一个"深地球"(deep earth)的故事——它建基于从地球内部突生的重重世界,一个高过一个,最后"破土而出"。当它们穿过天顶的洞,从一个世界升到另一个世界,那些生物就像种子或者胚胎一样,有了形状,被赋予了生命。是谁以及如何塑造形态,有诸如塔瓦(Tawa)、太阳精灵或者蜘蛛祖母等好多不同版本的说法。当霍皮人来到我们现在的世界（第四世界），爬到了植物的茎上，他们依然是穿过上一个世界顶端的洞而爬出来的。这种基本的运动也反映在他们神圣房屋的结构中。这种房屋地面上有一个洞，还有一张梯子抵达屋顶的洞。各类精灵则通过这个途径进出。霍皮人的仪式基本上都从这些神圣房屋的内部开始，在里面进行长时间的秘密活动和教导，有时候仪式会爆发，通过公开舞蹈和其他活动以外在形式表达出来。不过，深层的教导是内部的。换句话说，霍皮土地上所有的事情都是内向的、内部的、地下的，像蠕虫一样。也许并非巧合的是，霍皮人也是母系制的——女性拥有，男性借用。

基本上，几乎所有的霍皮仪式都是为了求雨。这一点以很多种形式表现出来。仪式一开始，潮湿（呼吸）出现了，在仪式每一个阶段都会提及。抽烟（烟从云雾中升起）是一个例子；死去的祖先被召唤，因为他们是"云中之人"。克奇那（kachinas，栖居于仪式当中的面具人）是霍皮人和降雨者的中介。对于霍皮人而言，仪式同时是双重的：首先，这些仪式是为了向神献祭贡品和祈祷，祈求降雨，因此必须带着纯洁的心灵和精神来举行；其次，这些仪式本身复制了宇宙的机制，并且"启动"降雨的环境（Loftin，2003）。此外，仪式当中还要一些特别的精神元素需要考虑。首先，正如已经提及的，克奇那不仅仅是为了扮演精灵而戴上面具的当地人：他们是在仪式当中附身于戴面具者的神灵。此外，仪式并非仅仅再生产了祖先们曾经的所作所为：仪式重新栖居于"很久以前"——它们发生于永恒之中。

和这些仪式相互交织的是，涉及每个氏族、村庄以及霍皮土地的自然特征的那些故事、神话以及实践。不同的氏族——獾、熊、蜘蛛——负责不同的仪式，不同的村庄举办不同的仪式。每个氏族都觉得自己特别接近他们氏族的动物神灵的性格（例如，沙地氏族感到和土地非常亲近；Loftin，2003）。霍皮人的故事详述了当地景观的每一个特征的历史：每一个平顶山和村庄是哪一个氏族、如何以及为什么定居于此的。平顶山周边的景观都已经渗透在意义和故事之中。比如说,远处的旧金山峰在一年的六个月当中,是克奇那的家园,他们是为了降雨才从那里被召唤过来的。在(近处的)大峡谷里,有一个穹顶,里面有一个洞;而这是仪式的终点,因为这是人类现身于第四世界的地方。每一个故事又都诠释了其他的故事:你可以感觉到每一个故事都指向了其他的故事。正如生命始于谷物一样,所以它也以谷物终结:霍皮语言当中的尸体一词是"夸通瓦"(qatungwa),这个词也指一株收获了的谷物。死后——在变成"云中祖先"之前,死者沉降入地下世界,映照地上的仪式,但是他们仍然通过水分、呼吸、雨水以及丰产出现(这时候霍皮人沿着一个未显灵/显灵的主坐标轴移动;Lofting, 2003)的能力,来和生者产生联系。

礼物经济

关于传统的霍皮经济,文献并不多。除了他们的家庭和宗教活动,霍皮人目前基本上融进了美国经济系统中。历史上霍皮人是商人,所以他们的经济范围包括以物易物(Beaglehole, 1937)。不过,他们的传统经济系统大体上看起来符合礼物经济的经典描述。我们在前文讨论过礼物经济——也就是基于互惠的礼物赠予,而不是非互惠性的经济(Mauss, 1925)。这可能是因为他们的环境——虽然以霍皮人的观念来看这环境是慷慨的,实际上并不十分丰裕。这可以和前文描述的印度的纳亚卡人进行比较——他们生活在丰裕的森林环境当中,并且发展出了非互惠性的礼物经济。对于霍皮人来说,情况不一样:他们身处生存的边缘线,因此在某种程度上使回报成了必需。同样还有可能的是,霍皮人是农业人群这个事实,影响了他们的经济视界:农业需要密集的劳作——种植、除草以及挖掘——而不是偶尔的努力。

这一经济最明显的例子是,为神灵献祭贡品以及其他有价的商品,并期待他们能够以降雨作为回报。然而,这种互惠存在漏洞。首先,有很多时候,克奇那呈现的礼物相当于一次山洪暴发:他们会向聚集的人群丢下大量的物品,但不期待回馈。另外,如果神灵没有回报(比如,没能下雨),通常被解释为对践行仪式者的一种审判。要么是某些霍皮人(或者整个社会)以某种方式违反了规则,因此导致雨神按兵不动来惩罚;要么有一些仪式参与者不纯洁;因此,仪式机制没能"启动"。

怀特利(Whiteley, 2004)探索了在19世纪起作用的霍皮礼物系统。显然,正如霍皮社会的其他部分一样,这个系统是仪式化的,而且和更广泛的生态环境不可分割。因为霍皮人制作的所有东西,都是使用当地的原材料,来自本地的动植物——所有的东西都是活生生的而且是相互关联的,而不是那种只发生在交易双方之间的交易关系(正如波兰尼[1944]对于前现代经济系统的著名论断)。它们在整个生态系统网络之中都是关系性的,而正是在这个网络当中,"产品"才得以出现。值得注意的是,作为这一经济的表现形式,许多霍皮礼物都覆盖着一些标记(羽毛、标志、颜色、神圣的枝条)。这些标记表明了,它们在作为其中一部分的灵性经济之中所扮演的角色。马克思之所以广为人知,正是因为他揭示出商品掩盖了凝结于其中的劳动:霍皮人庆祝的是,劳动、材料和神灵一起,共同创造了物品——这才可以称得上真正的关于价值的生态学理论(可进行比较的是,当今关于追溯产品的源头以评估其生态足迹的兴趣)。

结论

霍皮人有意思,不仅仅因为他们已经存续了1 000年,还因为他们有一个非常强大的生态和社会世界——"实然即应然,应然即实然"(is as ought; ought as is)。这一世界观的伦理最打动人的是,它有着广泛的渗透性,融入生活的方方面面。它不是一种"附

加",它就是一种生活方式,一种"身体的逻辑"(转引自 Loftin, 2003)。一位霍皮长者如是说:

> 参与仪式很重要,就像我们现在所见,发动年轻的孩子们,让他们参与进来。他们需要在神圣房屋里,在家里,被告诫,玉米就是霍皮人选择的路。这能够追溯到我们的原初。作为霍皮人,我们已经幸运地存活了这么久。这个复杂的、由不同氏族组成的霍皮社区,生活在同一种关于玉米、关于谦逊的哲学之下。这是一种殊荣。这种文化矗立于此,我想我们可以按照实际情况来持续地教导它,并加强它。(转引自 Wall and Masayesva, 2004)

10. 巴厘的伦理学/经济学/生态学:可持续社区的伦理

正如已经指出的,格里高利·贝特森将巴厘社会描述为"稳定状态"。他所说的稳定状态,是其中的社会冲突,或者潜在的冲突(分裂演化)从一开始就被一系列强有力的文化理念所抑制。[①] 这与贝特森(2000a)、玛格丽特·米德(Margaret Mead, 1999)、贝洛(Belo, 1970a, 1970b),以及其他第一批研究巴厘的人类学家,对于巴厘的人和社会的基本描述都是吻合的。本质上,他们发现巴厘人从出生开始就被训练得十分内省,被(明文规定或者通过示范)教导得以非常正式的、仪式化的和平衡的方式来表达自己。他们的移动以及空间感自有其特点,所有的巴厘人都像是舞蹈者或者杂技者——总是平衡自若。在他们的世界当中,个体、建筑,以及村庄庙宇总是受到巴厘自身富有魔力的宇宙地理学(包括东、南、

---

① 除了此处引述的参考文献,本节还基于巴思(Barth, 1993)、吉尔茨(1991)、霍巴特(Hobart, 1978),以及麦克菲(McPhee, 1970)。

西、北、山、海、上游、下游等各种坐标)的持久而强有力的引导。

然而,巴厘并不是只有内省的个体。正是社区和村庄,通过村规,通过对地方庙宇及其神灵的信奉,以及渗透在其著名的艺术实践中无穷无尽的仪式(艺术实践如音乐、舞蹈、雕塑、插花,等等),整合了每个人的存在。大部分巴厘社会花费极其大量的时间在庆典、节日和仪式上,主要是为了劝慰和安抚数量众多的神以及魔鬼等。这些神灵形象,分别来自本身层次丰富的——甚至是层层叠叠的——巴厘传统,包括本地传统、印度传统和其他的爪哇宗教实践,最后还有伊斯兰教——这些宗教在不同的时间传播到巴厘岛上。很多的这类仪式,还有大量的日常生活——看起来都是为了避免诸多形式的危险。巴厘文化的精致性——其平衡的体态以及艺术感,都与这种不断切近的、内在的危险感觉相互交织。这种危险(有时候被称为"senghara",或者解体、混乱——我们会称为"熵")需要通过集体控制才能加以抵御,并且通过持续地针对相关神灵的仪式来加强。

简短来说,(直到旅游业到来之前)巴厘的主要经济活动是种植大米,历经数百年它看起来都是可持续的。巴厘的景观主要是火山,其中一些火山最近还很活跃,因此稻田主要分布在沿着峡谷的坡地上。这里没有大河,但是有一些小河和溪流纵横交错,很多沿着坡地流淌下来。而星罗棋布的小型水坝、堰、渠则将它们截断和分流。历史上,尽管巴厘由多个不同的国王统治,还遭受了一系列外敌的征服,不过并没有被大规模的单一帝国统治过。相反,权力是广泛分散的,其典型形式是在村和庙一级,由地方农业委员会和组织所做的决策。虽然如前文所提及的,他们很贫穷,但大量的人力和组织资源都持续地花在了"没用的"仪式上。

在 20 世纪 80 年代,已经有人针对巴厘的灌溉经济展开过研究。这个灌溉经济已经(部分地)持续了 1 000 年了。这个系统即是生态的,又是属灵的:灌溉过程的每一个要素都由一个庙宇或者米之女神/水之女神的神龛来掌管。研究发现,对坝、堰、改道——它们就像是复杂管道系统的瓣膜——的控制,都是由农民和庙宇系统本身来联合协调的。不仅上游和下游灌溉的层次,都和季节开始和结束仪式的时间节点相结合,而且庙宇监管人还代表神,通过和农民协会的协商、仪式活动等,来决定每一年谁在何时可以得到多少灌溉用水。年复一年,结果就是,这个"水的庙宇"系统,以一种可以整合大量有益于稻田长久、可持续发展的信息和决策的方式,演变了数个世纪。

兰辛(Lansing,1995,2006;以及在许多的出版物和电影里)探索了这个复杂的适应性系统,以及它是如何管理的:这个系统基于上游和下游水使用者之间的相互有利的一系列制约。约略来说,上游的用户会受到用更多水的诱惑,但是他们真这样做的话,就会受到原本在下游爆发的虫害的威胁——只有同一时间协作灌溉所有的土地,才能抑制虫害爆发。结果是,整个系统都参与进来,持续地相互协同、相互制约。星罗棋布于灌溉系统中的关键点上的,每一个神龛和庙宇——"瓣膜"之处,农民们同时的、持续的祭献和仪式,支撑和强化了这些相互的制约,也确保了农民不会作弊。兰辛(1995)报告了他和同事们与圣达菲学院合作开展的建模演示,本质上证明了这个系统不但具有适应性,而且很可能起源于自我组织。(同样,注意到以下这一点很重要:这个系统最近已经被印度尼西亚实行的绿色革命破坏了,这一革命实际上告诉所有人忽视这些制约,并且在所有时间开展种植。)

讨论和含义

有评论指出,考虑到管理系统长期的生态可持续性,与伦理和宗教要求之间的相互影响,巴厘系统是最合适的案例。它不仅仅在理论上行得通,而且我们已经积累了丰富的人类学资料。兰辛(2006)和同事还在持续这项工作,同时还在世界上其他地方寻找类似的长期生态系统管理和伦理实践相互交织的案例。

11. 结论

正如在本书导言中讨论过的,标准经济学肇始于19世纪。它迷人的魅力,一部分在于其物理—数学的抽象性,成为以下这样一种组合:一种想要与自然科学等同的社会科学的驱动,大量需要被管理的新"大众人"的到来,以及"对最大多数人的最大利益的伦理观"与一种个体人权伦理观的模糊杂糅。我们还可以在这一组合加入以下的马克思主义分析:随着资本主义的扩张,劳动与其产品的异化,以及作为结果的对商品起源所进行的遮蔽(Hudson and Hudson, 2003)。随着时间的推移,另外一个要素的贡献,显得越来越强大,即化石燃料的使用消除了空间中运动所花费的力气和摩擦力——这是上述物理—数学抽象性在物理上的表现和强化。

本章的案例研究阐述了一个不同的世界——一个"更深的"世界,其中的经济交易嵌入在特定的空间、特定的关系以及鲜活的历史当中。交换富于理解;产品与其源头和制作者紧密相关;事物(礼物、相互交易,等等)的流动回应并且帮助了宇宙的持续。在有关利益和高利贷的神秘辩论下面,是直觉——有时候不仅仅是直觉:那些脱嵌了的力量(移动和增殖的金钱)是危险的,因为除了其他问题,它还可能摆脱防守。它可能就像酸液池一样,以一种最初只是在中性交换不断变化、逐渐渗透的领域当中得以暗示的方式,溶解着深度的生活联结。对于"中性交换"的那些极度痛苦的、禁忌的、仪式性的替代选择,是对这一力量的释放所做出的防御,而这种力量最终的目的,可能是对所有范畴、校验标准和局限的一个总体的、灾难性的消融。这些范畴、校验标准和局限,可以比拟为细胞的半渗透性的膜,其完整性在于有能力决定许可什么、不许可什么,以及当防守溶解、被水攻陷后,什么是可以放弃的——或者,换个隐喻来说,脱嵌,相当于去掉了刹车系统。

通过重新将物理的领域引入经济学,生态经济学开始了"重新嵌入"经济关系和过程这一任务,要在一个自然和人性都消失在全球交换网络中的世界里,重新引入"使用价值"。这个尚未完成的旅程当中,仍需解决的问题是:对于更广泛的社会科学来说,这意味着什么?对于更具体的"重新嵌入"的人类模型来说,这又意味着什么?标准经济学模型中脱嵌的抽象,以及发端于这些抽象的现代性(和后现代性),早已深远地影响了上述这些问题(Jameson, 1991)。现在,我们发觉自己正身处绝境:为了使这个模型运作得更有效率、更有效果,人类每天都在被劝说,按照这个模型的要求,将自己视为亡命之徒,并且按要求行事。生态经济学需要打破这个催眠的、霸权的掌控,而本章的一个贡献(希望),正是为了对这个目标有所贡献。

参考文献

Afzal-ur-Rahman. 1974, *Economic Doctrines of Islam. Vol. 4*(《伊斯兰经济教义》第4卷), Lahore, Pakistan: Islamic Publication.

Allen, George. 2008, *Radio Interview by Laura Ingraham*(《劳拉·英格拉哈姆电台采访》), Accessed September 15, 2008. http://thinkprogress.org/politics/2008/09/15/29200/george-allen-oil/.

Aristotle. 2011, *Aristotle's Nicomachean Ethics*(《亚里士多德的尼各马可伦理学》), Translated by Robert C. Bartlett and Susan D. Collins. , Chicago: University of Chicago Press.

Aristotle. 1998, *Politics*(《政治学》), ed. C. D. C. Reeve. , Indianapolis: Hackett Publishing Co.

Armstrong, Regis J., J. A. Wayne Hellmann, and William J. Short, eds. 2002, *Francis of Assisi: Early Documents. Vol. 1: The Saint*(《阿西西的方济各:早期档案》卷1《圣人》), New York: New City Press of the Focolare.

Baeck, Louis. 1994, *The Mediterranean Tradition in Economic Thought*(《经济学思想的地中海传统》), London: Routledge.

Barth, Fredrik. 1993, *Balinese Worlds*(《巴厘世界》), Chicago: University of

Chicago Press.

Bateson, Gregory. 2000a,"Bali: The Value System of a Steady State"(《巴厘:稳定状态的价值系统》), In *Steps to an Ecology of Mind*(《迈向心智的生态学》), Chicago: University of Chicago Press, pp. 107 – 127.

Bateson, Gregory. (1972) 2000b, *Steps to an Ecology of Mind*(《迈向心智的生态学》), Chicago: University of Chicago Press.

Beaglehole, Ernest. 1937, *Notes on Hopi Economic Life*(《霍皮经济生活笔记》), New Haven, CT: Yale University Press.

Belo, Jane. 1970a,"The Balinese Temper"(《巴厘性情》), in *Traditional Balinese Culture*(《巴厘传统文化》), edited by Jane Belo, New York: Columbia University Press, pp. 85 – 110.

Belo, Jane, ed. 1970b, *Traditional Balinese Culture*(《巴厘传统文化》), New York: Columbia University Press.

Berkes, Fikret. 2012, *Sacred Ecology. 3rd ed*(《神圣生态学》第3版), New York: Routledge.

Bird-David, Nurit. 1990,"The Giving Environment: Another Perspective on the Economic System of Gatherer-Hunters"(《给予的环境:理解狩猎—采集社会经济系统的另一种视角》), *Current Anthropology*(《当代人类学》) 31 (2): 189 – 196. doi:10.2307/2743592.

Bourdieu, Pierre. 1997,"The Work of Time"(《时间的工作》), trans. Richard Nice, In *The Logic of the Gift: Toward an Ethic of Generosity*(《礼物的逻辑:迈向慷慨的伦理》), edited by Alan D. Schrift, New York: Routledge, pp. 190 – 231.

Brandt, Richard B. 1954, *Hopi Ethics: A Theoretical Analysis*(《霍皮伦理学:一个理论分析》), Chicago: University of Chicago Press.

Broder, Patricia Janis. 1978, *Hopi Painting: The World of the Hopis*(《霍皮绘画:霍皮的世界》), New York: Dutton.

Brody, Hugh. 2000, *The Other Side of Eden: Hunters, Farmers, and the Shaping of the World*(《伊甸园的另一边:猎人、农人以及世界的形成》), Vancouver: Douglas & McIntyre.

Caputo, John D., and Michael J. Scanlon, eds. 1999, *God, the Gift, and Postmodernism*(《上帝、礼物以及后现代》), Bloomington: Indiana University Press.

Choudhury, Masudul Alam, and Uzir Abdul Malik. 1992, *The Foundations of Islamic Political Economy*(《伊斯兰政治经济学的基础》), Basingstoke, UK: Macmillan.

Collins, Steven. 1982, *Selfless Persons: Imagery and Thought in Theravāda Buddhism*(《无私的人:上座部佛教的意象与思考》), Cambridge, UK:

Cambridge University Press.

Courlander, Harold. 1971, *The Fourth World of the Hopis*(《霍皮人的第四世界》), Albuquerque: University of New Mexico Press.

Dalai Lama. 2009, "Exclusive Interview: 'I Am a Supporter of Globalization' by Joerg Eigendorf"(《约尔格·艾根多夫独家采访:"我是一个全球化的支持者"》), The Office of His Holiness the Dalai Lama. Accessed September 30, 2014. http://www.dalailama.com/news/post/362-exclusive-interview-i-am-a-supporter-of-globalization.

Dasgupta, Ajit Kumar. 1996, *Gandhi's Economic Thought*(《甘地的经济思想》), London: Routledge.

Derrida, Jacques. 1992, *Given Time: I. Counterfeit Money*(《给予时间:第一部分伪币》), trans. P. Kamuf. , Chicago: University of Chicago Press.

Feyerabend, Paul. 1999, *Conquest of Abundance: A Tale of Abstraction Versus the Richness of Being*(《征服丰裕:一个抽象对抗存在之丰盛的故事》), Chicago: University of Chicago Press.

Foltz, Richard. 2006, *Animals in Islamic Tradition and Muslim Cultures*(《伊斯兰传统和穆斯林文化中的动物》), Oxford: Oneworld.

Friedman, Milton. 1953, "The Methodology of Positive Economics"(《实证经济学方法论》), In *Essays in Positive Economics*(《实证经济学论文集》), Chicago: University of Chicago Press, pp. 3–43.

Gandhi, Mohandas Karamchand. (1926) 1980, *M. K. Gandhi Interprets the Bhagavad-gita*(《甘地诠释薄伽梵歌》), Delhi: Orient Paperbacks for the Navjeevan Trust.

Gandhi, Mohandas Karamchand. (1927) 1993, *An Autobiography: The Story of My Experiments with Truth*(《甘地自传:我追求真理的历程》), Boston: Beacon Press.

Gandhi, Mohandas Karamchand. 2008, *The Essential Writings*(《著作精选》), Edited by Judith M. Brown. , Oxford: Oxford University Press.

Geertz, Armin W. 1984, "A Reed Pierced the Sky: Hopi Indian Cosmography on Third Mesa, Arizona"(《刺向天空的芦苇:关于亚利桑那第三平顶山的霍皮印第安人宇宙志》), *Numen*(《精灵》)31(2): 216–241. doi: 10.2307/3269955.

Geertz, Armin W. 1990, "Reflections on the Study of Hopi Mythology"(《霍皮神话研究反思》), in *Religion in Native North America*(《北美原住民的宗教》), edited by Christopher Vecsey, Moscow: University of Idaho Press, pp. 119–135.

Geertz, Hildred, ed. 1991, *State and Society in Bali: Historical, Textual, and Anthropological Approaches*(《巴厘的国家与社会:历史的、文本的以及人类

学的方法》), Leiden, the Netherlands: KITLV Press.

Gellner, Ernest. 1989, *Plough, Sword, and Book: The Structure of Human History*(《犁、剑与书:人类历史的结构》), Chicago: University of Chicago Press.

Ghazanfar, Shaikh M. 2003, *Medieval Islamic Economic Thought: Filling the "Great Gap" in European Economics*(《中世纪伊斯兰经济思想:填补欧洲经济学的"巨大空白"》), New York: RoutledgeCurzon.

Ghosh, B. N. 2007, *Gandhian Political Economy: Principles, Practice, and Policy*(《甘地的政治经济学:原则、实践和政策》), Aldershot, UK: Ashgate.

Giddens, Anthony. 1990, *The Consequences of Modernity*(《现代性后果》), Stanford, CA: Stanford University Press.

Golden, Timothy Allen. 2009, *The Relevance of Buddhist Economics: Capitalism, Morality, and the Global Financial Crisis*(《佛教经济学的相关性:资本主义、道德和全球金融危机》), Dept. of Economics, Lingnan University. Accessed, December 2014. http://p2pfoundation.net/Literature _ Review _ of _ Buddhist _Economics

Gudeman, Stephen. 1986, *Economics as Culture: Models and Metaphors of Livelihood*(《经济学作为文化:生计的模型和隐喻》), London: Routledge & Kegan Paul.

Guenther, Lisa. 2006, *The Gift of the Other: Levinas and the Politics of Reproduction*(《他者的礼物:列维纳斯与再生产的政治》), Albany: State University of New York Press.

Harvey, Peter. 1995, *The Selfless Mind: Personality, Consciousness, and Nirvāna in Early Buddhism*(《无私的心灵:早期佛教的人格、意识与涅槃》), Richmond, Surrey, UK: Curzon Press.

Hobart, Mark. 1978, "The Path of the Soul: The Legitimacy of Nature in Balinese Conceptions of Space"(《灵魂的路径:巴厘空间观念中的自然的合法性》), in *Natural Symbols in South East Asia*(《东南亚的自然符号》), edited by G. B. Milner, London: School of Oriental and African Studies, University of London, pp. 5 – 28.

Hudson, Ian, and Mark Hudson. 2003, "Removing the Veil? Commodity Fetishism, Fair Trade, and the Environment"(《除去面纱?商品拜物教、公平交易与环境》), *Organization & Environment* (《组织与环境》) 16 (4): 413 – 430. doi:10.1177/1086026603258926.

Hyde, Lewis. 1983, *The Gift: Imagination and the Erotic Life of Property*(《礼物:想象与财产的情欲生命》), New York: Vintage Books.

Ittoen. n. d., "What Is Ittoen"(《Ittoen 是什么》), Accessed September 10, 2014. http://www.ittoen.or.jp/english/.

Iyer, Raghavan, ed. 1986, *The Moral and Political Writings of Mahatma*

Gandhi(《甘地的道德与政治书写》),Oxford: Oxford University Press.

Jameson, Fredric. 1991, *Postmodernism; or, the Cultural Logic of Late Capitalism*(《后现代;或者,晚期资本主义的文化逻辑》), Durham, NC: Duke University Press.

Kaye, Joel. 1998, *Economy and Nature in the Fourteenth Century: Money, Market Exchange, and the Emergence of Scientific Thought*(《14 世纪的经济与自然:金钱,市场交换与科学思想的出现》), Cambridge, UK: Cambridge University Press.

Kuran, Timur. 2004, *Islam and Mammon: The Economic Predicaments of Islamism*(《伊斯兰与贪欲:伊斯兰教的经济困境》), Princeton, NJ: Princeton University Press.

Langholm, Odd Inge. 1979, *Price and Value in the Aristotelian Tradition: A Study in Scholastic Economic Sources*(《亚里士多德传统中的价格与价值:经院经济学来源研究》), Bergen, Norway: Universitetsforlaget.

Langholm, Odd Inge. 1984, *The Aristotelian Analysis of Usury*(《高利贷的亚里士多德学派分析》), Bergen, Norway: Universitetsforlaget.

Lansing, John Stephen. 1995, *The Balinese*(《巴厘人》), Fort Worth, TX: Harcourt Brace.

Lansing, John Stephen. 2006, *Perfect Order: Recognizing Complexity in Bali*(《完美秩序:认识巴厘的复杂性》), Princeton, NJ: Princeton University Press.

Ling, Trevor Oswald. 1976, *The Buddha: Buddhist Civilization in India and Ceylon*(《佛陀:印度和斯里兰卡的佛教文明》), Harmondsworth, Middlesex, UK: Penguin.

Livingston, John A. 2002, *Rogue Primate: An Exploration of Human Domestication*(《离群灵长动物:一个对人类驯化的探索》), Toronto: Key Porter Books.

Loftin, John D. 2003, *Religion and Hopi Life. 2nd ed*(《宗教与霍皮生活》第 2 版), Bloomington: Indiana University Press.

Marx, Karl. (1867) 1990, *Capital: A Critique of Political Economy. Vol. 1*(《资本论:政治经济学批判》第 1 卷), London: Penguin.

Masri, Al-Hafiz B. A. 1989, *Animals in Islam*(《伊斯兰的动物》), Petersfield, UK: Athene Trust.

Mauss, Marcel. 1925, "Essai sur le don"(《礼物》), *L'Annee Sociologique*(《社会学摘要》), n. s., 30: 30-186.

McPhee, Colin. 1970, "Dance in Bali"(《巴厘的舞蹈》), in *Traditional Balinese Culture*(《巴厘传统文化》), edited by Jane Belo, New York: Columbia University Press, pp. 290-321.

Meikle, Scott. 1995, *Aristotle's Economic Thought*(《亚里士多德的经济学思

想》), Oxford: Clarendon Press.

Nishida, Tenko. 1969, *A New Road to Ancient Truth*(《古老真理的新路径》), Translated by Makoto Chashi and Marie Beuzeville Byles, London: Allen & Unwin.

Nomani, Farhad, and Ali Rahnema. 1994, *Islamic Economic Systems*(《伊斯兰经济系统》), London: Zed Books.

O'Kane, Walter Collins. 1950, *Sun in the Sky*(《天空中的太阳》), Norman: University of Oklahoma Press.

Ohnuma, Reiko. 2005, "Gift"(《礼物》), in *Critical Terms for the Study of Buddhism*(《佛教研究关键术语》), edited by Donald S. Lopez, Chicago: University of Chicago Press, pp. 103 – 123.

Page, Susanne, and Jake Page. (1970) 2009, *Hopi*(《霍皮》), Tucson, Arizona: Rio Nuevo.

Polanyi, Karl. 1944, *The Great Transformation*(《大转型》), Boston: Beacon Press.

Rousseau, Jean-Jacques. 1763, *Emile*(《爱弥儿》).

Ruskin, John. (1860) 2004, "The Roots of Honour, Chapter 1, Unto This Last"(《荣誉的根本,第一章,给后来者言》), in *Selected Writings*(《选集》), edited by Dinah Birch, New York: Oxford University Press, pp. 140 – 153.

Sahlins, Marshall. 1972, *Stone Age Economics*(《石器时代经济学》), Chicago: Aldine-Atherton.

Schelling, F. W. J. (1809) 2006, *Philosophical Investigations Into the Essence of Human Freedom*(《对人类自由本质的哲学考察》), Translated by Jeff Love and Johannes Schmidt. Albany: State University of New York Press.

Schumacher, E. F. 1960, "Non-Violent Economics"(《非暴力经济学》), *Observer*(《观察者》), August 21.

Schumacher, E. F. 1973, *Small Is Beautiful: Economics as If People Mattered*(《小的是美好的:一本把人当回事的经济学著作》), New York: Harper & Row.

Schumacher, E. F. 1977, *A Guide for the Perplexed*(《解惑:心智模式决定你的一生》), New York: Harper & Row.

Schumacher, E. F. 1979, *Good Work*(《好工作》), New York: Harper & Row.

Schumpeter, Joseph A. 1950, *Capitalism, Socialism, and Democracy. 3rd ed*(《资本主义、社会主义与民主》第3版), New York: Harper & Row.

Schumpeter, Joseph A. 1934, *The Theory of Economic Development: An Inquiry into Profits, Capital, Credit, Interest, and the Business Cycle*(《经济发展理论:对利润、资本、信贷、利息和经济周期的探究》), Translated by Redvers

Opie, Cambridge, MA: Harvard University Press.

Sekaquaptewa, Emory, and Dorothy Washburn. 2004, "They Go Along Singing: Reconstructing the Hopi Past from Ritual Metaphors in Song and Image" (《他们吟唱前行:从歌曲和意象中的仪式隐喻重建霍皮的过往》), *American Antiquity*(《古代美国》)69（3）: 457-486. doi:10.2307/4128402.

Shari'ati, Ali. 1971, *Fatima Fatima Ast*(《法蒂玛是法蒂玛》), Tehran: Husainiyah Irshad.

Sullivan, Gerald. 1999, *Margaret Mead, Gregory Bateson, and Highland Bali: Fieldwork Photographs of Bayung Gedé, 1936-1939*(《玛格丽特·米德、格雷戈里·贝特森与海兰·巴利:Bayung Gedé 的田野摄影, 1936—1939》), Chicago: University of Chicago Press.

Talayesva, Don C. 1942, *Sun Chief: The Autobiography of a Hopi Indian*(《太阳酋长:一个霍皮印第安人的自传》), Edited by Leo W. Simmons., New Haven, CT: Yale University Press.

Thompson, Laura, and Alice Joseph. 1965, *The Hopi Way*(《霍皮的方式》), New York: Russell & Russell.

Timmerman, Peter. 2010, "Boundary Matters: Buddhism and the Genetic Prospect" (《边界是重要的:佛教与遗传学前景》), *Worldviews: Global Religions, Culture, and Ecology*(《世界观:全球宗教、文化和生态》)（14）（1）: 68-82. doi:10.1163/156853510X498069.

Tripp, Charles. 2006, *Islam and the Moral Economy: The Challenge of Capitalism*(《伊斯兰与道德经济:资本主义的挑战》), Cambridge: Cambridge University Press.

Tucker, Mary Evelyn, and Duncan Ryuken Williams, eds. 1997, *Buddhism and Ecology: The Interconnection of Dharma and Deeds*(《佛教与生态:佛法与行为的关联》), Cambridge, MA: Harvard University Press.

Turnbull, Colin M. 1983, *The Mbuti Pygmies: Change and Adaptation*(《姆布蒂族俾格米人:变迁与适应》), New York: Holt, Rinehart, and Winston.

Wall, Dennis, and Virgil Masayesva. 2004, "People of the Corn: Teachings in Hopi Traditional Agriculture, Spirituality, and Sustainability" (《玉米之民:霍皮农业传统的教义、精神以及可持续性》), *American Indian Quarterly*(《美国印第安季刊》) 28（3/4）: 435-453. doi: 10.2307/4138926.

Waters, Frank. 1963, *Book of the Hopi*(《霍皮之书》), New York: Viking Press.

Waters, Frank. 1981, *Pumpkin Seed Point: Being Within the Hopi*(《南瓜种子点:在霍皮人中间》), Athens: Ohio University Press.

Weber, Thomas. 1999, "Gandhi, Deep Ecology, Peace Research and Buddhist Economics" (《甘地、深生态、平和研究与佛教经济学》), *Journal of*

Peace Research(《和平研究杂志》)36（3）：349－361. doi：10.2307/424698.

Whiteley, Peter M. 2004,"Bartering Pahos with the President"(《与总统交易 Pahos》),*Ethnohistory*(《人种历史学》)51（2）：359－414.

Wittgenstein, Ludwig.（1953）2009,*Philosophical Investigations*(《哲学研究》), Edited by P. M. S. Hacker and Joachim Schulte, Translated by G. E. M. Anscombe, P. M. S. Hacker, and Joachim Schulte. 4th ed., Chichester, West Sussex, UK：Wiley-Blackwell.

Wolf, Kenneth Baxter. 2003,*The Poverty of Riches：St. Francis of Assisi Reconsidered*(《财富的贫穷：重思阿西西的圣方济各》), Oxford：Oxford University Press.

Wood, Diana. 2002,*Medieval Economic Thought*(《中世纪经济思想》), Cambridge, UK：Cambridge University Press.

Woodburn, James. 1982,"Egalitarian Societies"(《平等主义社会》),*Man*(《人类》)17（3）：431－451. doi：10.2307/2801707.

Wrigley, E. A. 2010,*Energy and the English Industrial Revolution*(《能源和英国工业革命》), Cambridge, UK：Cambridge University Press.

Zaehner, R. C. 1969,*The Bhagavad-Gītā：With a Commentary Based on the Original Sources*(《薄伽梵歌：基于原始资料的评注版》), Oxford：Clarendon Press.

第二章

人类世中的经济学伦理

彼得·G.布朗

> 我们可以将当前的人类处境简单地总结如下：20世纪中，人类的辉煌已经造就了地球的荒凉；而现在，地球的荒凉，正在成为人类的命运。从这里开始，对于所有人类的制度、职业、项目和行动的首要判断，将由它们在何种程度上禁止、忽视或培养一个共同促进的人类—地球关系来决定。
>
> ——托马斯·贝里

在这一章中，通过把我们的道德和形而上学的信念重新根植于对这个世界的科学理解之中，尤其是重新根植于我们如何理解人以及知识的本质之中，我提供了一种重新开始的尝试。伦理系统一般有至少五个特征，包括基础或者正当性，前提，结构性的原则或规则，德行以及指导性的修辞或精神气质。它们的重要性以及功能可能非常不同。

1. 基础

正如大多数西方的伦理传统一样,我将自己的论述置于对人类生活的肯定之上。不过,我将对"生活是什么"的理解置于一个更深广的语境中。在此之外,我想要在肯定的同时来深层次地质疑解放工程(emancipation project)——这一工程的推动力,最初于17世纪和18世纪在欧洲形成,驱动我们能够在实践中合法地将自己从自然中解放出来,根据我们的意愿使用"更少的"人力去达成我们自己的目的,并改变人类自我的本性以符合当权者的渴望(Horkheimer and Adorno,2002)。这个概念在以前的西方文化当中找到了肥沃的土壤,如希伯来圣经中关于"天选"的思想,即人类有别于其他的生命形式。这一思想在犹太教—基督教共有传统,以及希腊的思想渊源中都可以找得到。柏拉图的《理想国》和亚里士多德的《伦理学》及《政治学》等作品中,就曾建议,人类的自我需要设计,如智者以及受过良好教育者所理解的那样,以服务于社会的总体需求。

我认为,我们应该将这一解放工程理解为伟大洞见和自由的源泉,同时也是对一种巨大的、不公的、也许是致命的狂妄自大所进行的释罪。这种傲慢合法化了对世界上很多民族的奴役和毁灭,也摧毁了大自然(经由数十亿年进化而来的)的生命和非生命系统,并且最终将我们自己囚禁于有关"我们是谁"的一个错误概念之中。

幸运的是,当今的科学为我们反思自己和生命以及世界的关系提供了一个崭新的起点。在过去的两个世纪,特别是二战后,对于理解宇宙,以及我们在其中的位置,取得了里程碑式的进步。与此同时,仍旧留下了很深的谜团,如组成宇宙关键部分的暗物质的性质;以及狭义和广义相对论的定律所描绘的,量子水平上东西如何与宏观的现象相关,诸如此类。不过,处于历史的此时此刻,我们要问的是非常简单的问题:生命是什么?生命是如何存在的?在20世纪,我们对这些问题有了更多的阐述。这是从埃尔温·薛定谔(Erwin Schrödinger)1945年发表的《生命是什么?》这一影响深远的文章开始的。他将这些问题置于物理学的领域,更确切地说,置于当前的热力学的理解当中。他为人文学科提供了踏脚石,来解决20世纪最重要的科学之谜:像生命有机体这类远未达至平衡的系统,是如何开始并在一个充满熵的宇宙当中维系自身的?薛定谔(1945)、普里高津(Prigogine, 1968)、施奈德和凯(Schneider and Kay, 1995),还有其他一些人既有能力回答这些问题,又能将答案与宇宙的起源和进化联系起来。现在他们的答案在科学文献当中虽然还不是那么普遍,但已经被广泛地接受了。

如果一个人尊重生命及其繁荣,就必须尊重那些使得生命成为可能的东西。作为整体的宇宙,地球,以及与人类共同进化的其他生命形式,都应该被尊重。不足为奇的是,这一想法可能会将人导向世界上各种宗教的许多结论(虽然这些宗教的强烈的二元性——特别是犹太教、基督教和穆斯林传统——也将我们带进了迷途)。使今天的人类世界以及背后驱动它的经济力量得以可能的,是物质的力量,也正是这种力量使我们变得渺小。因此,对于我们的危险来说,我们将其视为我们相异的事物。宇宙的美丽和宏大,我们只能管窥一二。人类的意识和精神是这个宏大系统中不可分割的一部分。如果我们能够逃离自我的统治,就可以体验这种同一性,这也是宗教教义和冥想的普遍目标。科学研究已经确证,我们活在一个持续创生的世界里,一个年轻的宇宙正在这里不断地发展出新的特性和可能。从某种意义上来说,宇宙和我们一样,在不断学习。不能尊重这些现实是愚蠢的,会削弱我们每一个人,也减损了生命的繁盛。如果想要为自己以及和我们共享遗产和命运的其他生命形式一起建构一个健全而安全的未来,我们必须要回答以下三个问题：

(1) 人的本质是什么？
(2) 对于我们所知的，我们知道什么？
(3) 我们应该做什么，不应该做什么？

这几个问题的答案，是相互交织的。一旦出现，它们将会构成我们与生命以及世界之关系的一种新理解之要素。

通过罗列生态经济学所必须依赖的一些前提，本章是一个初步尝试，想要为上述新理解建立起道德基础。随后我会追溯这一理解是如何发展出这一学科的伦理基础的其他四个要素：前提，原则或者规则，德行，以及总体性的精神气质。

1.1 人的本性是什么？

人的概念必须成为生态经济学的奠基石之一。"理性人"——冷静地寻求自身利益的最大化，并假定其他每一个人也皆如是，是新自由主义经济学的奠基石。这一带有神话性质的人的形象，多年来已经被反复地挑战——最近的挑战者是行为经济学以及心理学。尽管对于改变主流思维来说，这些挑战还远未成功。人的这一概念是(启蒙时代被设想出来的)理性和诸如边沁(Bentham)和密尔等思想家的享乐主义所形成的不完全混合物。在新自由主义的版本当中，这一思想包括一个个体主义的关于"良善"的理念，在其中，悲悯与同情、共同体和联结，很大程度上都被剥除了。其中突出的，是一个自利的消费者，在匮乏的条件下，忙于在不同的物品中做出选择，以满足个人的偏好，不管多么短暂、多么轻率。

1.1.1 嵌入性的、可穿透的人

来自进化生物学、认知科学、量子物理以及系统论的持续的发现，将帮助我们回答这些问题：人类是谁，我们渴求什么？例如，量

子物理提供了一个与新自由主义经济学不同的关于人类自我的概念。因为量子水平上的事件是无法由人的感官所直接感知的,我们通常不会意识到,所有的物理事实都是通过量子和场的互动而产生。然而,从我们最先进的科学知识的角度来看,这是我们存在于物理现实之中的基础。正如罗伯特·纳多所言,我们称为"自我"的部分,是从一个行动的无缝之网——也就是整个宇宙——当中突生的,也嵌入其中;任何我们与这个存在的原点所分开或者脱离的感觉,都是幻觉,不符合物理现实的真实属性(Nadeau, 2013)。

系统论告诉我们,我们通常理解的概念上的个体,在现实中是不存在的。人类生活在一个复杂的且与其他生命形式交互关联的环境当中,相互交叠(Wheeler, 2006)。我们生活在一个诸如细菌和病毒这样的搭便车者和共生者云集的世界当中。大部分活动都发生在意识的层次之下。这些系统影响着,有些时候还支配着我们的行为。例如,我们的免疫系统每时每刻都在辨识、再辨识着"什么是我们,什么不是我们"。从当代系统科学的角度看,人类的自我对于初始条件十分敏感,并受制于多重的反馈循环,会产生十分不同的主观行为的结果。例如,数量甚巨的诸种因素——气候、同其他生命形式的突然碰撞、一次疾病——都能改变我们的行动路线。就能量和物质而言,我们是关系性的、可穿透的。我们生活在一个共享符号意义的世界当中。有意识的推理并非我们行动的最初驱动力——而且我们认为是自己的知识的东西,大都是缄默的、具有活性的。自我突生于大脑、身体、环境、文化和宇宙当中,并且与它们纠缠在一起。[①] 举个例子,如果我们从一开始就理解到,人类的自我是完全嵌入的,我们对于毒素的政策可能就会非常不同。我们将不会必然地把世界理解为一个可以剥削的地方,而是"我们是谁"

[①] 这个关于自我的描述来自温迪·惠勒(Wendy Wheeler)的《全体造物》(*The Whole Creature*, 2006)一书,做了一些修改;同时也大量汲取了我和罗伯特·纳多的通信内容。

的一部分。我们的文化当中对于自我的想法,很大程度上阻碍了我们去正确地理解在生物物理世界当中的嵌入性。

1.1.2 市场如何制造人

一旦我们认识到人类自我所固有的嵌入性特征,那么我们对于自我同样受周遭的制度和文化假设所形塑,也就不会感到惊讶了。正如斯蒂芬·马格林(Stephen Marglin)所言:

> 市场组织了物品和服务的生产,但与此同时,市场也生产人:它们按照"在市场当中什么是成功",形塑了我们的价值观、信念以及理解方式。市场因此存在于一种与经济学学科的共生当中,将人塑造得符合这个学科的假设,就像经济学家用只可能出现于教科书中的自我调控之市场形象塑造这个世界。新经济需要新的经济学,需要超越计算的、自利的个体,而考虑到共同体、悲悯和宇宙。[1]

要逃离"市场文明"的致命支配,我们需要一个关于人的全新概念,可以反映出我们在本体论意义上以及文化上的嵌入性。

作为这一重新概念化中的一个元素,我们可以考虑正在浮现的对于大脑的理解,以及对于大脑在意识和行为中所扮演的角色的认识。大脑是一个复杂的、适应性的系统,这使得大脑具备可塑性。人类行为方面的许多特征,无论其强化的源泉是什么,都是通过神经通路的建立和逐渐固化才得以可能的。我们现在使用越多的神经通路,未来就会更多地被我们使用——它们是习惯的生物性基础。这些通路与大脑的快乐中枢联系越多,提高它们使用率的激励就越强——至少在一定程度上,这是广告人很久以来就懂

---

[1] 这个想法受惠于斯蒂芬·马格林(2010)。

得的一个原理。人类以及动物的行为(例如,人们花多长时间在电脑上),事实上会改变他们的大脑是如何构成的。理解大脑如何运作,可以帮助我们理解,为了塑造消费者的民族①,我们时代的解放工程已经如何进行了极大的改良,而与此同时,市民身份的概念已经消逝在遥远的记忆中了(Curtis,2002)。

1.2 对于我们所知的,我们知道些什么?

根据当代科学,世界是确定的、可预测的有关思想,最多也就是近乎现实而已。这种思想是科学革命以及欧洲启蒙运动的遗产。然而,认为世界是由可量化的、稳定的部分组成的这种观点,已经被19世纪和20世纪中强调关系和系统的科学修正。事实上,系统论已确立为当今科学理解宇宙的基础(Kauffman,1995)。

1.2.1 不确定性的重要性

构成宇宙的系统有着多元的、互动的反馈循环以及既脆弱又强健的初始条件。宇宙自身是一个复杂的适应性系统,用怀特海(Whitehead,1978)的话说,是"对于新奇的创造性进步"。因此,均衡,或静态、可预测的状态——这是新古典经济模型的核心要件——是罕见的,也许甚至只是一种妄想。总体的现实,正如赫拉克利特(Heraclitus)所言,是变化。那些令人惊讶的事情,我们应该不必感到惊讶。在一个复杂系统的世界里,想要将某个单一的变量——如GDP——最大化,必定会带来混乱和不稳定,因为随之而来的就是它会扰乱其他变动的、进化的系统。例如,国际上对于经济增长的承诺,正在给气候系统造成不稳定,即便气候系统通常不在主流经济学的话语里面,更糟糕的是,宏观经济政策也不会考虑到它。

---

① 原文为"nations of consumers"(消费者的民族),疑为"notions of consumers"(消费者的观念)之误。因为"notions of consumers"与下文的"concept of citizenship(市民身份的概念)"正好配对出现。——译者注

1.2.2 知识是近似的和暂时的

抽象推理的能力,是人类最强大的适应能力之一,不过也有许多短处。以一张魁北克地图为例来说。一幅地图可以尽可能多地告诉我们这个省份当中的土地和水的情况。地图越是接近它试图描绘的规模和复杂性,那么描绘的精确性就越高。因此,最理想的魁北克地图就是和魁北克本身一样大。不过,如果是这样,它就不是特别有用了。因此,很多东西在地图上都被减去,而且通常会缩小比例。同样的,我们的抽象舍去了大量的细节,即使得到了抽象带来的好处,但我们需要知道的很多东西都丢失了。我们的感官系统自然地编辑繁复的、嘈杂混乱的世界:我们通过完形(gestalts)运作。完形越是简化,就变得越危险。

1.2.3 智力是致命的吗?

我们需要思考智力的适应性优势的一个问题。诺姆·乔姆斯基(Noam Chomsky)如此总结恩斯特·迈尔(Ernst Mayr)对此问题的论述:

> 他大致的(论点)是"智力是一种致命的变异"。他对此作出了很好的论述。他指出,如果看一下生物的成功,本质上是由存在的数量来衡量的。成功的有机体是那些迅速变异的,如细菌,或者是那些卡在一个固定的生态位中的物种,如甲虫。它们都做得很好,而且能够在环境危机当中存活。不过,如果你顺着我们称为智力的维度往上看,它们是越来越不成功的。到了哺乳动物这里,它们的数量就很少了,无法和昆虫相比。再看人类,人类的起源也许在10万年前,只有非常小的种群。我们可能是被误导了,因为现在人类数目庞大,但这不过只是数千年来才有的情况,从进化的角度看,是没有意义的。
> (Chomsky, 2011)

从这个视角看,我们智力的卓著之处在于,它既是高度适应的,与此同时又是相当稳定的。人类是有创造力的物种:新的产品、发现、科技充斥着我们的时代。但同时,我们没能检视解放工程的潜在假设。我们在这个工程中是很有洞见的,但是我们对于这个工程本身缺乏见解。这一类追问被阻滞,部分是因为它们触及宗教这个富有争议的领域——16世纪和17世纪,这个领域在欧洲发动了毁灭性的宗教战争。当前,一些两败俱伤的战争以及武装冲突都有着许多共同的源泉,都是宗教群体和民族群体悲剧性地彼此斗争。这些战争的一个结果是,人们试图在17世纪和18世纪把宗教从政治当中分离出来。这成为随后自由社会成功的关键。[1] 在当今社会,一些试图建立"世俗社会"的渴望,仍然在遵从同样的策略。然而,这种分离不是没有过代价,并且仍在付出代价。它使得对于我们在宇宙中的位置的一种肤浅叙事得以发展,而这种叙事建立在一种没有扎实根据但在经验上被实体化了的地方感之上。在北美,驯化(清偿?)这片大陆,以及改进我们的物质条件,成了优先的任务。看起来,关注技术(也就是手段),比反思结果本身,更令人渴求、更安全(Lowi, 1966)。我们的文化从深层次上排斥任何自觉的思辨。一个悲剧性的结果就是,我们拥抱了一个堕落的物质主义。现在,它正在腰斩生命的前景。

西方的哲学工作一直没有得到自我纠偏。这并不是说,在19世纪晚期和20世纪,没有哲学家试图揭示解放工程的局限性和危险性。这些哲学家包括柏格森(Bergson, 1911)、施韦泽(1987)和怀特海(1978),不过他们都被边缘化了。占据舞台中央的是,康德学派(主张权利以及强的相关责任)和功利主义者(主张人类幸福的最大化是唯一的行为标准)之间那些比较没有威胁性的狭窄争论。这一争论主导了英语世界中的伦理学以及大部分社会和政治

---

[1] 对于这些思想最著名的哲学辩护见约翰·洛克(John Locke)的《政府论(下篇)》(*Second Treatise on Government*, [1690] 1980)和《论宗教宽容》(*A Letter Concerning Toleration*, [1685] 1983)。

哲学。争论发生在主要的解放工程中,但没有人意识到,它发生在解放工程内部。在人类世的这些早期岁月,我们的挑战是,通过展示智力是可以自我纠正的,而且是高度适应性的,来证明迈尔和乔姆斯基是错的。对于人类世中正在突现的这个无底洞,我们能否形成某种集体的回应?有希望的是,以当今的科学为武装的全球性叙事能够出现,为这一集体回应提供基础,塑造形状。如果我们无法成功,生命的前景确实将变得黯淡无光。

1.2.4 我们应该做什么,不应该做什么?

当代科学对于经济和政治自由主义的一个核心观点提出了质疑:每一个人都自由按照其意愿行动,只要这个行动不会伤害他人。这一思想的两个重要来源是约翰·洛克的《论宗教宽容》和约翰·斯图尔特·密尔的《论自由》(*On Liberty*,[1859]2011)。洛克认为我们的宗教信仰是内心的事务,因此应该超越国家的合法干预范围,因为国家的首要任务是外在的——保证"生命、自由和财产"。密尔则认为国家没有权利干涉他称为"纯粹自主的行动"——虽然已有证明,即使是密尔,对这个术语的诠释也是有争议的。不过,不论这两位哲学家的血统如何,作为经济和政治自由主义的基础,他们的思想所蕴含的假设都是有问题的。

洛克认为一个人的所思所想是私人的。这一思想被转化为,一个人可以依其所想要的来生活。而且,一些人已经注意到,在凡勃伦(Veblen)传统中,消费性物品在20世纪已经成为社会身份的主要标志。当我们把政治自由主义的这些基础性原则和化学、地球系统科学的基本原理联系起来,会产生两个恼人的意涵。首先,在普通的化学反应当中,物质既没有被创造,也没有被毁灭。这意味着,比如说在多伦多的一次交通堵塞中,燃料在燃烧时释放出来的碳,直接影响了人们的利益,以及世界生态系统的组成。第二,燃烧燃料的过程不可避免地产生废热(多数都会散射到宇宙当中),造成地球可用能源储藏的净损失。

我们必须看到,我们如何生活,会对于其他人构成潜在的危害。没有什么行动是只影响我们自己的。经济和政治自由主义的理论及道德基础从一开始就是有缺陷的。我们别无选择,唯有认识到,正如梭罗所言,"我们的整个生活都是惊人地道德化的。正邪之间永远也不会有瞬间的休战"(Thoreau,2004:210)。因此,关键问题是,我们要审视自由的思想(Fischer,2004;亦见本书第十章)。一旦我们将其置于对这个世界的科学理解的语境当中,它们意味着什么? 它们和正义的关系是什么? 在一个各种限制的世界中,只有一个人使用其应得份额的低熵源和槽的时候,才可能是合法地践行自由。对此做出的恰当的理解是,真正的自由住在一个适度的房间里,而这个房间位于公正的大楼之内。因此,我们必须像亚里士多德那样去理解"正义",它既是作为特定的美德,也是作为一个统摄性的概念,维持了其他道德的平衡。

2. 前提

接下来,我们可以看到,生态经济学依赖至少三个简单而且相互交织的前提。我将它们称为前提,因为在科学范式中,它们是不证自明的。

2.1 成员资格:逃离解放工程的潜流

西方的传统已经成为全球性的霸权。它还包含一种"例外论":人类是独特的,以一种神奇的方式不属于自然,因此也不受到自然的约束、控制和局限。这导致了许多荒谬的想法,例如认为我们可以使用化合物来控制"害虫",而且只影响它们,影响不到我们自己。从科学的角度看,人们全然地嵌入世界,也是世界的造物。人类和所有的地球生命相联系;和这个星球上所有的生命一样,人类也和地球自身一起在进化着。认识到我们和地球上的所有其他人、所有其他生命共享遗产和命运,认识到生命对于物理和化学进化的依赖,必将让我们扩大道德的共同体。想要主宰世界及各个族群的态度,必须要替换为对所有成员的尊重和互惠。人类是生命联合体的成员,而非其主宰(Leopold,1949)。所有人和生命形式的繁盛,才是重要的。

当然,我们是有着巨大多样性、复杂性和规模的人类共同体成员,我们在这些共同体当中享有义务和权利。如我所界定的,"成员资格"这一概念体认识到了这一点。而成员资格也试图重新引导我们对于自然世界的态度——正是自然世界使得人类世界成为可能。成员资格还引导我们为了自然本身,以尊重和敬畏的方式对待自然。例如,它试图避免以下的想法:伦理首先局限于人与人之间,以及人与神之间——就像在诸如《十诫》的文本当中那样。这些思想的内化,可能对于西方文化"成功"地获得全球性霸权,起到过重要作用。不过,如汉斯·乔纳斯(1984)指出的,对于回应长期的、宏观尺度的危机,如全球气候变化,这些限定的道德戒律只能提供有限的指引。对于一个地大人少的世界来说,它们是好的,但是对于指导人类世来说,远不足够。

当代科学已经完全推翻了两千多年来以一种功能失调的方式支持西方文化的本体论二元主义(Singer,1985)。新的(或者说重新发现的)"关系性的"本体论,无需刻意去合理化其对于人类所属其中的、所有生命的共同福祉的关心(Bateson,2002;Kohn,2013)。同样被抛弃的思想,还有"伟大的存在之链"——它认为有一个价值等级,造物主在最上面,石头在最下面。这一认知图式是落后的。以我们所知,心智渗透在自然世界中,也是将近14亿年进化的产物——而不是它的起源。印度的热闹城市,蜘蛛和蛇盘踞的、满是腐朽木材的废弃农屋地下室,那些滴滴答答流进鳟鱼潜伏的池塘的水,银河,还有宇宙广阔无垠之所及——这些都是我们的共同体。

所谓的西方优越性其实是一种自负,它合法化了屠杀、奴役、帝国,对于珍贵的低熵的利用和清偿,以及对于局部和全球的吸收槽的填充。这个全球性病理的近期显现,乃是世界经济系统——它们由作为首要受益者的精英们所把控,并且以暗杀、恐怖、隐秘的军事操作为支持(Henry,2003)。所有文化中的所有人,都有着平等的对于繁荣的道德主张,而这种主张被其他物种在地球上地位的主张所约束和增强。我们并不是被老天选中的物种,或者被选中的族群。如果你喜欢的话,这才是新的解放。

2.2 住所

自然资源这一观念,需要得到根本性的修正。当人类将自己视为自然共同体当中的一员时,那么"地球以及其他生命的存在只是为了供我们使用"这一观念就是荒谬的(Brown,2004)。世界不是满足人类欲望的资源集合,也不是这些满足过程不可避免地产生的废物流的合法弃置处。相反,地球应该被视为所有物种彼此之间及与地球的生物物理系统之间,以一种促进生命繁盛的方式相互接触的共同社区。最终,这种繁盛应该被允许、也应该被促进,持续其超自然的旅程,走向创新。

将地球视为资源的集合和垃圾接收处,这一观念必须被"地球是生命的住所"这一思想取而代之。这个住所不需要一个所有者。然而,它确实代表了许多传统社区非常熟悉的一个互惠、尊重的世界和所在。随着时间流逝,每一种事物都是其他事物的资源。在这种观念当中,只有当其有益于生命共同体的繁盛,私有财产才可以合法地存在。如果采用这一理解,那么这就是私有财产合法化的一个"全物种"版本——约翰·洛克在《政府论(下篇)》中,将私有财产论证为一种合法手段,其目的是促进所有人的存续这一神圣意旨(Locke,[1690]1980)。

2.3 熵节约

低熵的存储和流动,以及高熵废弃的槽,必须被审慎地、带着敬意地使用。就像所有其他的远未达至平衡的系统一样,生命是依赖低熵的——低熵是一种基本的善。低熵是对支持人类和自然社区之繁盛的地球能力的保护,使得所有的生命成为可能。宽泛界定的话,能量是一种基本的善,支持了其他所有的物品。它使得自动生发、远未达至平衡的有机生命得以存续和繁衍。上述理论改写了 20 世纪知名哲学家约翰·罗尔斯(John Rawls, 1971)所提出的原初物品概念,将诸如收入、财富还有机会,都放到了次级地位。因为它们都依赖于能量。在生态的政治经济当中,浪费生命赖以生存的资源,是一个根本性的道德错误(Odum, 2007)。要建立和维系远未达至平衡的系统,地球的能力是有限的。这意味着人类合法利用能量和槽,也是有限度的。为了未来世代的人类,也为了生命本身的繁盛,我们必须保存能量。

彼得·巴恩斯(Peter Barnes, 2001)、乔舒亚·法利(Joshua Farley, 2010)等人的著作激发了研究者们对于重新恢复公共之物的可观兴趣。奥斯特罗姆(Ostrom)的《公共事物的治理之道》(*Governing the Commons*, 1990)等著作,描绘了一些成功的公共财产系统。对于这类成功的公共财产系统的一个理解,就在于它们展现了在熵的高速公路上,一个休息点或者暂停处(其持续时间可能长达一千年),它们保持了低熵资源在存储和流动之间的平衡,避免了填充它们的槽。它们是适度的大师。

也许,关于熵节约的最清楚的例子是,一种生活在当前的太阳能流当中的文化,它填充槽的速度不超过自然系统处理废弃的速度。不过,熵节约思想并未给这个问题提供一个明确的答案:离未来多远,才是符合道德考量的? 当谈到人类对未来的责任时,将当前值打折扣的想法,是许多新古典主义分析的核心要义(Nordhaus,

2008；Stern，2007）。不过,当地球的生命支持系统处于生死存亡的关头,这一想法根本无法回应上面的问题。

成员资格以及住所思想,为界定我们的责任建立了参考的坐标。对于能量的资源和槽,我们到底应该节约到什么程度呢？指令应该如下:我们需要足够节约,让生命共同体当中的其他成员也能够存续和繁荣。易洛魁人为我们设定了一个正确的基调,他们有一种思想——凡事都要将第七代人铭记于心。我们是历史形成的人类和自然共同体的成员。这个共同体已经存续了几千年,使得我们的存在成为可能,也界定了我们是谁。我们现在活着的人,不过是一个信托财产的保管人,没有明确的开端,也没有可见的终结。

也许会有一些技术手段,让我们可以逃离在太阳能量流中的生活。举个例子,假以时日,一些提取和使用矿物燃料的技术,能够可靠地获取存留在地壳中的巨量的烃类化合物储存。可能还将有一些使用这些资源的方法,让它们在燃烧的同时避免使槽过量负载。这些经验性的问题,只有留待未来解答了。伦理要求我们必须基于可靠的知识来行事,而不是像那些技术乐观主义者宣传的那样,基于可能发生的不切实际的梦想之上。当前对于矿物能源的饕餮享用,很明显违反了我们对于生命共同体繁盛的最低责任。

3. 原则

生态经济学关注的问题具有明确的结构（Daly，1996）。这些关注包括:与地球的承载能力相关的经济的尺度或者规模,对这些能力的公平分配,以及分配的效率。这些问题为在环境经济学的范式内思考伦理提供了焦点。

作为生态经济学的首要洞见,与地球生物物理系统相适宜的经济规模或尺度,必须在形成和执行经济政策中得到明确强调。这至少有两个维度:(1)维持生命的低熵资源;(2)不要在槽内倾倒其无法处理的高熵废弃物。正如尼古拉斯·乔治斯库-罗根、埃尔曼·戴利以及其他同一传统的研究者所强调的,第一点是一个基本的考量。它需要对低熵的存储和流量进行谨慎地使用和恢复。第二点,要求认识、理解并尊重以下事实:对于社会生产的高熵废弃流,自然的处理能力是有限的;而且大气和水资源可能会过度负载二氧化碳、含磷物质、氮,等等。如果无法在地球资源和槽的"弹性的限度"当中运行,那么经济可能会带来巨大的、甚至是灾难性的不稳定,不再适于生命的繁衍。

尽管基于分析的原因,对问题的尺度进行区分是有用的,但这在实践中会具有相当大的误导性(Malghan, 2010)。对地球弹性限度的侵犯和超越,极大地取决于购买能力(或者是缺乏这个能力)。5亿左右的富裕人群,是目前造成气候变化的主力。这些人总是在违反黄金规则。而数十亿极度贫困的民众对于气候变化的贡献微乎其微,尽管贫困常常会激发地方性的生态退化。在一些国家,财富拥有者总是通过收买政治程序或者使用控制力,来阻止本已急需的气候相关立法。

生态经济学的核心关注点之一,是对于代际公平的思考。一代人是没有权利把未来世代的生存所必需的资源耗尽或者把槽填满的。从道德上来讲,时间中的位置无关紧要。我们有责任给下一代留下一个至少和我们发现的世界一样好的世界。在当代科学叙事中,空间中的位置也与道德无关。今天活着的所有人,都是一小群人类的后裔——我们都有着同样的DNA。我们有能力进行复杂的符号性思考,并参与随之而来的文化叙事。在我们的时代,我们共享着共同的、突现的、全球的叙事——当然,也有着共同的(可能是悲剧性的)命运。世界上的诸多文化及其物理环境,选择了不同的能力、肤色、习俗,等等。从生物和文化进化的结果来看,虽然我们有着诸多差异，但没有证据表明哪一个族群应该比其他族群得到更多的资源。

在进化的传统当中，最好从生命繁衍这一角度来考虑公平分配的问题。我们可以从阿马蒂亚·森（Amartya Sen, 1999）关于能力和功能的著作开始。森特别省悟到，西方解放工程将建立在欧洲优越性假设之上的帝国合法化了。不过，在其他两个紧密联系的方面，他还是与西方解放工程难分难舍：(1) 新古典模型的人类中心的个人主义；(2) 对自然世界的一种工具性的、短视的理解。因此，森示意了正确的方向，但生态经济学的重建议程还需要对公平分配的问题做出根本的反思——这是一个超越了解放工程的范围之外的基础。

关于气候变化，亨利·舒（Henry Shue, 1993）提出如下四个有关公正的问题：

(1) 为了避免未来的全球变暖，谁来支付代价？

(2) 为了无所阻挡或者不可阻挡的全球变暖而做出调整，谁来支付代价？

(3) 要让前两个问题得以公平协商，需要什么样的财富和权力作为背景条件？

(4) 在为了防止气候变化失控而设的上限范围内，（如果这一过程仍然对我们开放）我们未来有哪些排放权利？

生态经济学的重建议程暗示说，公平分配问题的分析，必须在一个更广泛的语境中进行重新思索。诸如"谁""支付""代价"这样的词，就必须在不同的语境当中考虑。让我们从"谁"开始：在进化框架当中——生态经济学在其中找到了发源地，我们没有任何理由说，只有人类的繁衍才是重要的。相反，所有生命的繁衍都应当是经济和其他政策的首要考量。且不管再分配的框架,被生态经济学摆上桌面的挑战是,我们必须言明生命共同体中所有成员对于地球的生命支持能力所享有的公平份额。

关于成本和代价的思考,也必须置于一个更宽广的语境之中,应该包括金钱,但是又远远不止金钱。我们的考量必须基于对地球的生命支持系统的使用。合乎逻辑的起点就是对低熵资源和槽的使用——在当今的使用,也包括在过去和未来的使用。毋庸置疑,工业化国家的人们在气候变化这件事上,对南方国家欠债太多。这个欠债部分可以通过技术转移和资金来偿还。不过,这两种情况下,对于熵节约的基本设定都需要摆在最前面、最中心的位置。如果转移给肯尼亚用来对付干旱的资金,是从采掘和燃烧矿物燃料而来的,那么我们就是自相矛盾了。使用金钱,不管为了任何目的,包括对欠债的补偿,都需要在地球生命支持系统的限制之内进行,都有责任保护和促进一个生命繁盛的地球。

效率是生态经济学的核心概念。不过,生态经济学中的效率概念是嵌套性的,比新古典主义的效率概念,要更为复杂,也大为不同。一旦对于尺度和分配的考量得以实现,源自新自由主义但经过高度改造的效率概念就开始发挥作用了。从根本上讲,效率是一个派生的概念,一般都基于不明确的假设。不过,在各种情况下,它都是为了达到某个目的或者目标,可以做到的事情。要忠于自己的目标,生态经济学必须拒斥新古典模型的基本思想——即效率是为了个体偏好的最大化。相反,通过培养、支持有着本章第4节中所述德行的人们,与此同时,维系、保护、促进其他生物的福祉以及它们赖以生存的条件,我们才达成效率。当前经济政策的目标是建构和推动消费者,从而将消费最大化。从根本上来讲,我们要替换这一目标。取而代之的是,建构生态公民(ecological citizen)必须成为经济政策的核心目标。

4. 美德

生态经济学的基本假定和原则需要培养一系列新的美德。本节提供一些例子。

4.1 勇气

此处探讨的伦理在当代文化中是不合时宜的。支持和遵循这一伦理的人,会被视为被放逐者、扫兴者,或者是外部煽动分子。这是需要勇气的。如易洛魁人所言:"你的皮要足够厚才行,要有七层——你要能扛得住愤怒、冒犯的行动和批评……需要把个人利益抛到一边。"[①]

就像公民权利运动的成员一样,我们也能够预料到,自己会是不合拍的人。然而,对于新的人类—地球关系的呼唤,已经从零星的声音变成了合唱,虽然很微弱但总在不断增长。对于人类的计划以及前景进行彻底的重新扎根,非常关键。对于生态经济学提出的挑战,我们不能仅仅简单地从我们试图颠覆的世界观当中扩展术语,如自然资本、生态服务的概念,或者界定得并不完善的"可持续"这一概念,就可以随便应付得了。彻底的重新思考,需要用语言、结构、实践以及指导性原则,来为我们当前的系统赋予生气;而一个紧迫的行动议程,则需要动员和直接的行动等。

4.2 认识论上的谦逊

不确定性和不可预测性应该是认识论上谦逊的基础。所有的人类知识都是部分的、临时性的,这已经成为科学事实,对于行动来说有着深远的意义。这一事实应该引导我们,要非常小心地应

---

① 易洛魁联邦宪法,28 条。http://www.indigenouspeople.net/iroqcon.htm. 杰拉德·墨菲(Gerald Murphy)拟定,国家公共电信网络(NPTN)虚拟发布服务部发布。

对管理复杂系统的冲动,同时要认识到,必须要将当前超过生态能力的水平,有秩序地拉回来。在《水伦理学》(Water Ethics)当中,我和杰里米·施密特(Jeremy Schmidt)提倡一种"悲悯的后撤"——一种协同努力,去降低人类对地球的生命及其生命支持系统的冲击(Brown and Schmidt, 2010)。

4.3 赎罪

对于在统治自然世界以及其他人类族群的过程中已经铸成的错误,我们需要赎罪。生态经济学的主张是,人类的事业已经发展得过于庞大。有很多测量可以表明这一点,其中的一些测量在本书第二部分将有所讨论。所有的测量都传达了同样的基本信息:地球的生命支持系统是有限度的;我们正在接近极限;而这些限度可能已经超过了它们自我再生的能力。我们需要准备好应对整个系统的崩溃,例如,正在发生的海洋的酸化、南极洲冰原的消融,以及气候系统的不稳定化。生命的繁盛正在沦陷,而恶化的速度正在极速加剧。一旦我们认识到人类和其他的本土生命形式一样,与地球关系是互惠的,那么恢复我们人类给地球的生命系统造成巨大破坏这一责任,就越来越清晰可见,成为中心焦点(van Hattum and Liu, 2012)。为我们过去缺乏尊重和责任的行为赎罪,必须为新的、重新扎根的启蒙运动之子赋予新的特性。

我们必须注意,不能再掉进过度管理和强行压制复杂的人类或者自然系统这一陷阱。我们目前的很多麻烦正是因为这种态度。相反,我们必须使重建自然和社会成为可能,还要在它们重获繁荣的时候(总是带着敬畏地)袖手旁观。对于复杂系统的治理,我们应该有一个议程。而生态经济学的重建议程的立场,既参考这种思想,又与之相异。我们建立伦理的第一步,不应该是基于对"我们应该做什么"所做的假定。相反,它应该来自对我们在广泛的生命共同体中所处的位置的一种经验性的理解。

如果是这样的话,赎罪行为就更像是一个助产士,而不是外科医生。让已经破坏的或者毁掉的生态系统重获生机,由此让我们的地球回归绿色,这样的行动就达成了赎罪。未来,在所谓的发达国家,赎罪需要人类消费的大幅削减,而在其他一些地方则是增加消费;而在所有的地方,要求生育方面的实际减缓。女性的教育,以及生殖健康服务的获得,对于推动人道的但急切需要的人口下降,都很关键。当然,并非每种文化都欠相同的债,完完全全不同。不平等的碳排放以及北方帝国主义所遗留的问题,相当巨大。

4.4 公平的份额

我们必须公平地对待所有的生物,留给它们应得的份额,使得它们可以保持繁盛。海洋生物保护区域、拉姆萨尔湿地(Ramsar Sites),以及类似的保护区,都是朝这个方向迈进的微小一步。人类的事业应该被安排进生命共同体的结构当中,在空隙中生存。一些小小的举措已经出现。例如,芝加哥荒野联盟(Chicago Wildness Alliance)致力于保护自然河道以及其他生态系统,并将其与芝加哥城市/郊区景观整合起来(Chicago Wilderness, 2014)。虽然这些举措都在正确的方向上,不过它们都太微小了。如果地球上的生命要繁荣,那么就必须给予足够的空间使之成为可能。当前全球经济消费的增长,预计为每年两到三个百分点。这样到2100年,经济总量就会相应地比今天大七到八倍(Garver, 2009)。同样的,到本世纪中叶,人口预计会增长到90亿(或者更多),将会无法和成员资格、住所及熵节约兼容。在未来两到三个世纪,我们的后代将会生活在一个海平面大量上升——可能是急剧上升——的世界,食物生产的模式也会改变。以深思熟虑的速度来减缓人类在地球上的足迹,对我们和生命共同体的其余部分,都是有益的。

4.5 尊重

我们必须尊重这一切。正如世界上大多数或者说所有的宗教都认识到的,我们应该明白自己是宇宙的一员,是一个无限叙事当中的有限行动者。我们只是这个故事中一个微小片段的监理人。当我们无端地改变地球的时候,如为北美的汽车和卡车车队(及其相伴生的土地使用模式)供应燃料,我们对与自身息息相关的能源没有表现出尊重(Santayana, 1905)。另一方面,当我们以适度的家庭规模、低碳的生态足迹等方式,在地球上行迹轻微的时候,我们就展示出了尊重。

美德的状况应该是一个经济学的指标。在我们的文化当中,经济是中心的也是普遍的制度,消费是建构和表达自我认同的主要力量。因此,这种文化中产生的人所具有的特质,和人类世中想要其他生命繁盛所需要的特质南辕北辙。对于一种经济,一个重要的检测应该是它产生了什么样的公民。在这个背景中,首要的目的应该是培育和维持上述的美德(Madiraju and Brown, 2014)。要将这些美德放在最首要、中心的位置,就需要对宏观经济做出重大反思,如本书第八章所罗列的。同样值得注意的还有一系列试图逃离那种不顾一切增长之霸权的运动,如去增长运动、中转城镇,以及发端于南美洲安第斯区域的"好生活"运动。

5. 精神气质

西方有关进步的思想,可以说深深地根植于迄今大约 300 年的解放工程当中。这种思想让我们有一种预期,未来总是会比现在更好。它形成了我们文化中一种统摄性的思想(当然,受到了很多种诠释),而且奠定了一种乐观主义感觉。今天,进步往往被理解为大量人口所增长的消费,但是这样一种进步正在毁灭它自己的可能性。自从《布伦特兰报告》之后变得炫目起来的可持续性话语,已经揭示了自身的无能。不过,要逃离解放工程的霸权,这甚至都不能算是迈出了谨小慎微的一步。正是一种对力量和世界观的容纳,导致我们堕入其中的危机。可以这样理解,它是对于另一种精神气质的失败寻求。它与现状的妥协性的友好关系,让我们浪费了至少两个关键性的十年。

生态经济学提供了一条从解放工程逃离的出路——既是结束市场对人性和自然的同等暴政的邀约,也是为我们在持续演进更新的宇宙中的成员身份而欢庆。生态经济学的吸引力就在于,它通过呼吁我们彻底地再检视自己和生命、世界、宇宙之间的关系,让我们重新展望生命共同体的未来。我们活在宇宙的青春期——充满能量和机会。通过接受生态经济学的邀请,我们能够带着谦卑和尊重,找到自己的位置。在这个问题重重的时代,这才是解放的意义。

我要感谢朱莉·安·埃姆斯、玛格丽特·布朗(Margaret Brown)、霍利·德雷斯尔(Holly Dressel)、约翰·富勒顿(John Fullerton)、杰夫里·加弗、贾尼丝·哈维(Janice Harvey)、布鲁斯·詹宁斯、苏珊娜·穆尔(Suzanne Moore)、罗伯特·纳多、亚历克斯·普瓦松、杰里米·施密特、朱莉·肖尔(Julie Schor)、格斯·斯佩思(Gus Speth)、丹·汤普森(Dan Thompson),还有劳拉·韦斯特拉(Laura Westra)对于本章多个草稿的评论。还要感谢我在麦吉尔大学的同事马克·戈德伯格、汤姆·内勒(Tom Naylor),还有我们共同授课的班上的同学们。

参考文献

Assadourian, Erik. 2010, "The Rise and Fall of Consumer Cultures"(《消费

文化的兴起与衰落》),in *State of the World* 2010:*Transforming Cultures*;*From Consumerism to Sustainability*(《2010 年世界状态:使文化转型;从消费主义到可持续性》),edited by Linda Starke and Lisa Mastny, Washington, DC:Worldwatch Institute, pp. 3 - 20.

Barnes, Peter. 2001,*Who Owns the Sky? Our Common Assets and the Future of Capitalism*(《谁拥有天空? 我们的共有资产与资本主义的未来》),Washington, DC:Island Press.

Bateson, Gregory. 2002,*Mind and Nature:A Necessary Unity*(《心智与自然:应然的合一》),Cresskill, NJ:Hampton Press.

Bergson, Henri. 1911,*Creative Evolution*(《创造性进化》),translated by Arthur Mitchell, New York:H. Holt and Company.

Brown, Peter G. 2004,"Are There Any Natural Resources?"(《有任何自然的资源吗?》),*Politics and the Life Sciences*(《政治与生命科学》)23(1):12 - 21. doi:10. 2307/4236728.

Brown, Peter G. , and Jeremy J. Schmidt. 2010,"An Ethic of Compassionate Retreat"(《同情性撤退的伦理》),in *Water Ethics:Foundational Readings for Students and Professionals*(《水伦理学:学生和专业人士的基础读物》),edited by Peter G. Brown and Jeremy J. Schmidt, Washington, DC:Island Press, pp. 265 - 286.

Chicago Wilderness. 2014,"Chicago Wilderness"(《芝加哥荒野》),Accessed September 17, 2014. http:// www. chicagowilderness. org.

Chomsky, Noam. 2011,"Human Intelligence and the Environment"(《人类智能与环境》),*International Socialist Review*(《国际社会主义评论》)76. Accessed December 30, 2014. http://www. isreview. org/issues/76 /feat-chomsky. shtml.

Curtis, Adam(director). 2002,*The Century of the Self*(*documentary series*)(《自我的世纪》系列纪录片),London:RDF Television. DVD, 235 min.

Daly, Herman E. 1996,*Beyond Growth:The Economics of Sustainable Development*(《超越增长:可持续发展的经济学》),Boston:Beacon Press.

Farley, Joshua, 2010,"Conservation Through the Economics Lens"(《透过经济学棱镜看保护》),*Environmental Management*(《环境管理》)45, 26 - 38.

Fischer, David Hackett. 2004,*Liberty and Freedom:A Visual History of America's Founding Ideas*(《自由权与自由:美国的奠基思想的视觉历史》),New York:Oxford University Press.

Garver, Geoffrey. 2009,"The Ecor:An International Exchange Unit for Fair Allocation of Ecological Capacity"(《Ecor:一个对生态资本公平配置的国际交换单位》),Paper presented at Conference on the Human Dimensions of Global Environmental Change, Amsterdam. http://www. earthsystemgovernance . org/

ac2009/papers/AC2009 - 0158. pdf.

Hamilton, Clive. 2010, "Consumerism, self-creation and the prospects for a new ecological consciousness"(《消费主义、自我创造以及一种新生态意识的前景》), *Journal of Cleaner Production*(《清洁生产杂志》)18(6): 571 - 575.

Henry, James. 2003, *The Blood Bankers: Tales from the Global Underground Economy*(《血银行: 全球地下经济的故事》), New York: Four Walls Eight Windows.

Horkheimer, Max, and Theodor W. Adorno. 2002, *Dialectic of Enlightenment: Philosophical Fragments*(《启蒙辩证法: 哲学断片》), edited by Gunzelin Schmid Noerr, translated by Edmund Jephcott, Stanford: Stanford University Press.

Jonas, Hans. 1984, *The Imperative of Responsibility: In Search of an Ethics for the Technological Age*(《责任原理: 现代技术文明伦理学的尝试》), Chicago: University of Chicago Press.

Kauffman, Stuart A. 1995, *At Home in the Universe: The Search for Laws of Self- Organization and Complexity*(《宇宙为家: 寻求自组织和复杂性的法则》), Oxford: Oxford University Press.

Kohn, Eduardo. 2013, *How Forests Think Toward an Anthropology Beyond the Human*(《森林如何思考: 迈向超越人类的人类学》), Berkeley: University of California Press.

Leopold, Aldo. 1949, *A Sand County Almanac and Sketches Here and There*(《沙乡年鉴》), New York: Oxford University Press.

Locke, John. (1685)1983, *A Letter Concerning Toleration*(《论宗教宽容》), edited by James H. Tully, Indianapolis, IN: Hackett.

Locke, John. (1690)1980, *Second Treatise of Government*(《政府论(下篇)》), edited by C. B. McPherson, Indianapolis, IN: Hackett.

Lowi, Theodore. 1969, *The End of Liberalism: Ideology, Policy, and Crisis of Public Authority*(《自由主义的终结: 意识形态、政策与公共权威危机》), New York: Norton.

Madiraju, Kartik Sameer, and Peter G. Brown. 2014, "Civil Society in the Anthropocene: A Paradigm for Localised Ecological Citizenship"(《人类世的公民社会: 一个地方生态公民权范式》), in *Power, Justice and Citizenship: The Relationships of Power*(《权力、正义与公民权: 权力的关系》), edited by Darian McBain, Oxfordshire: Interdisciplinary Press, pp. 135 - 148.

Malghan, Deepak. 2010, "On the Relationship between Scale, Allocation, and Distribution"(《尺度、配置与分配的关系》), *Ecological Economics*(《生态经济学》)69(11): 2261 - 2270.

Marghlin, Stephen. 2010, "Policy Statement: Premises for a New Economy:

An Agenda for Rio + 20"(《政策陈述：新经济的前提：里约 + 20 的议程》), Conference on the Challenges of Sustainability, Stephen Marglin, co-convener. United Nations Division for Sustainable Development, New York, May 8 - 10. PDF

Mill, John Stuart. (1859) 2011, *On Liberty*(《论自由》), Accessed December 30, 2014. http://www.gutenberg.org/ebooks/34901.

Nadeau, Robert. 2013, *Rebirth of the Sacred: Science, Religion and the New Environmental Ethos*(《神圣的重生：科学、宗教与新环境思潮》), Oxford: Oxford University Press.

Nordhaus, William D. 2008, *A Question of Balance: Weighing the Options on Global Warming Policies*(《平衡的问题：权衡全球暖化政策意见》), New Haven, CT: Yale University Press.

Odum, Howard T. 2007, *Environment, Power, and Society for the Twenty-First Century: The Hierarchy of Energy*(《21 世纪的环境、权力与社会：能量的等级》), New York: Columbia University Press.

Ostrom, Elinor. 1990, *Governing the Commons: The Evolution of Institutions for Collective Action*(《公共事物的治理之道：集体行动制度的演进》), Cambridge: Cambridge University Press.

Prigogine, Ilya. 1968, *Introduction to Thermodynamics of Irreversible Processes*(《不可逆过程热力学简介》), New York: Interscience Publishers.

Rawls, John. 1971, *A Theory of Justice*(《正义论》), Cambridge, MA: Harvard University Press.

Santayana, George. 1905, *Reason in Religion (Vol. 3): Life of Reason, or, the Phases of Human Progress*(《宗教中的理性》(第 3 卷)：理性的生命或者人类进步的阶段》), New York: Charles Scribner's Sons.

Schneider, Eric D., and James J. Kay. 1995, "Order from Disorder: The Thermodynamics of Complexity in Biology"(《无序中的秩序：生物学中的复杂热力学》), in *What Is Life: The Next Fifty Years. Reflections on the Future of Biology*(《生命是什么？下一个五十年：对生物学未来的思考》), edited by Michael P. Murphy and Luke A. J. O'Neill, Cambridge: Cambridge University Press, pp. 161 - 172.

Schrödinger, Erwin. 1945, *What Is Life? The Physical Aspect of the Living Cell*(《生命是什么：活细胞的物理观》), Cambridge, UK: The University Press.

Schweitzer, Albert. 1987, *The Philosophy of Civilization*(《文明的哲学》), translated by C. T. Campion, Amherst, NY: Prometheus Books.

Sen, Amartya. 1999, *Development as Freedom*(《以自由看待发展》), New York: Knopf.

Shue, Henry. 1993, "Subsistence Emissions and Luxury Emissions"(《生存所需之排放与奢侈的排放》), *Law & Policy*(《法律和政治》), 15(1): 39 - 59.

Singer, Peter, ed. 1985, *In Defence of Animals*(《捍卫动物》), New York: Blackwell.

Stern, Nicholas. 2007, *The Economics of Climate Change: The Stern Review*(《气候变化的经济学:斯特恩评论》), Cambridge: Cambridge University Press.

Thoreau, Henry. 2004, *Walden: A Fully Annotated Edition*(《瓦尔登湖:全注释版》), edited by Jeffrey S. Cramer, New Haven, CT: Yale University Press.

Van Hattum, Rob, and John D. Liu (directors). 2012, *Green Gold* (*documentary film*)(《绿色金子》纪录片), Hilversum, The Netherlands: VPRO. Online video, 49 min. http://tegenlicht.vpro.nl/afleveringen/2011 - 2012/Groen-Goud.html.

Wheeler, Wendy. 2006, *The Whole Creature: Complexity, Biosemiotics and the Evolution of Culture*(《全体造物:复杂性、生物符号学与文化的进化》), London: Lawrence & Wishart.

Whitehead, Alfred North. 1978, *Process and Reality*(《过程与现实》), edited by David Ray Griffin and Donald Wynne Sherburne, New York: The Free Press.

World Commission on Environment and Development. 1987, *Our Common Future*(《我们共同的未来》), Oxford: Oxford University Press.

第三章

支撑生态经济学的正义主张

理查德·詹达、理查德·勒恩

1. 导言

建构一种在地球的生态边界内运行的经济,这一工程事关正义。正义涉及对"什么是恰当的"做出宣称,并由此对个人和集体行为做出合适的说明。[①]伦理关涉好的品格和做法,以及合适的行为。正义要考虑道德问题。它既是伦理的子集,又是伦理的框架。因此,当人们能够讨论普遍的经济学和具体的生态经济学的伦理基础(即努力去鉴别能够描述某种经济特征的好的行为模式)时,相关的正义研究就为确定治理的形式、责任的模式,以及识别资源公平分配的规范奠定了基础。

现存的经济出问题了。过去的和当前的世代,都已经掠取了太多资源,因此无论是在规模上还是在速度上,环境和社会外部性都危及了未来生命的繁荣——包括人类和非人类。说明这一点,

---

[①] 对于正义的基本形式的经典论述可见于亚里士多德的《尼各马可伦理学》(*Nicomachean Ethics*)第五章(见 Aristotle,2011)。

就是在宣称一种反对现存的经济的正义宣称。同样,它也是在思索一种更加公正的经济。因此,任何想要建立生态经济学的努力,都需要检视如下的问题:现存的经济试图宣称的是什么样的正义?反对现存的经济,有哪些正义的主张?以及,生态经济可以主张什么样的正义,从而替代当今的经济?

1.1 寻找统一伦理的幻觉

上述三个问题立即在概念上为我们提出了一个困难的挑战。就我们希望和期望找到的答案的种类而言,要接近这些问题,开始理解它们,转变我们的期望,也非常重要。换言之,我们总是希望找到一个基础来说服别人,从而获得共识,并且固守那些现成答案。因此,要对上述问题形成答案,我们通常是寻求那些最能得到集体赞同的直觉或者证据。我们告诉自己,要是可以找到这样的黄金论述,所有人都会自愿地遵守就好了!我们通过集体意志的施行,就能够让现存的经济向可以在地球边界内运转的生态经济改变。例如,我们想象可以做出清晰的论述,表明:(1)现存的经济非常狭隘地聚焦于追求消费和增长;(2)因为它没有考虑到自然的反对性宣称,这是不公正的;(3)对于我们将自己视为自然的管理员这样一种土地伦理的固守,就变得很具有社会吸引力了。有时候,不那么雄心壮志,我们只是希望,至少发现一些有吸引力的观点,可以让一些理智的人能够遵从,当面临一个错乱的世界的时候,他们可以用来指引他们自己的决策。在这个脉络当中,我们或许希望可以找到一些指引,来回应吃肉、拥有汽车、住郊区或者坐飞机,是不是符合伦理等诸如此类的问题。

遗憾的是,我们不会走那么远,寻求那种可以融入公共讨论的公正和伦理,并且产生集体的、自觉的、理智的共识。我们想要推动的那种讨论,基于个人选择和忠诚。但个人选择和忠诚,现在已经完全被将消费和财产提升为一种权利的选择概念所殖民了。因此,这种观念本质上拒绝任何限制或降低消费或占用的呼吁。此外,我们在自由主义伦理中会采用的那些论述——无论它们是结果论的(关注我们行动的后果),还是道义论的(关注我们拥有的责任),都仅仅被看成存在于一个可能的伦理菜单上,任由个人从中挑选。举个例子,在自由主义伦理话语当中,一种标准的做法是将论述置于某种类型中,如行动结果论(act consequentialism)、优先主义(prioritarianism)、洛克的自由意志论(Lockean libertarianism)、规则结果论(rule consequentialism)、能力论(capabilities),以及纯粹道义论,这样才能探讨,如何从这些不同的立场出发,在自由主义内部进行不同的论述(例如,见 Schlosberg, 2012)。借用罗尔斯(1993)的术语来说,如果有人想要生产一个更加宽广的、汇聚道德的"重叠共识",不仅能够囊括自由主义的各种版本的论述,还能囊括自由主义之外的东西(宗教立场、基于激进社会批判的马克思主义立场、基于对自然的道德优先性的深生态学立场),那么这样做的结果,不过就是给思想市场又贡献了一种思想而已——在思想市场上,个人可以选择自己倾向的立场。所提出的解决方案——也就是一个将产生共识的论述——成为生产共识的过程中另一个需要考虑、吸收的立场,也因此成为达成共识的一个新阻碍。

假如我们面临的是一个毫无阻碍和局限的社会努力领域,在其中,对某种思想接受与否,取决于最终它们是否能够被自由地选择或者保留,那我们就等着这些论述本身固有的吸引力——其强项或者弱点——发挥作用就好了。更实际一点来说,即便我们承认,论述本身固有的合理性,是无法决定实际上什么能获得社会共识的,我们仍然可能坚持阐明自己设想的合理社会的理想,并为之辩护。然后,我们还会在政治上反击任何的阻碍力量,因为它们阻碍了我们认为正确和真实的东西赢得胜利。

1.2 本章提出的问题

要克服我们现在面临的、关乎生物圈的集体行动的问题,上述的方法都完全不够。可以说,长久以来,涉及社会物品的公平分配,要克服相关集体行动所出现的病症,这些方法都已经被证明是不够的。简言之,我们面对的,是对于全球协作的需要。寻求并发展出单独一套每个人都能遵守的伦理承诺,并不能解决这个问题。我们必须按以下的方式提出问题:鉴于深刻的伦理分歧,鉴于对保护消费和分配的个体偏好的承诺是可变却一贯的;以及近期内不可能获得一套统一的规范以产生集体行动,那么,要从现存的经济当中突现出来,生态经济需要一个什么样的具有合法性的正义基础呢?

可以加以思考的是,对此问题可能有两种初步的反对。首先,比较强硬的反对会认为,这个问题是不恰当的。因为它没能设想一种可能,即通过非民主的方式压制伦理多样性的可能。第二,比较温和的反对可能也会声称此问题是不恰当的,因为传统的自由民主的公正理论已经足够灵活,可以吸纳林林总总的社会观念。而且,无论如何,对这个有关生态公正的问题,所有答案都要面临民主的审查。因此,在提出本章的计划之前,下文首先对这两种反对进行简短的讨论。

1.3 强硬的反对

根据强硬反对的看法,如果围绕一个普遍的生态框架不能产生民主的共识,那么最终就会采取非民主的方式来达成它。问题不是处理伦理立场的多样性,而是压制它们。因此,对于生态危机,我们应该期待威权主义解决方法,(举个当下的例子)这种方法可能源于中国(Beeson，2010)。[1]

事实上，上述假设是没有任何必然联系的。一方面，对一个单一的规范框架，要生产共识并且以寻求非民主的方式告终，这是不可能的。只有我们肯定了必须要有一套单一的伦理——且不论要达到它是不可能的——而且会从威权主义方式当中寻求资源，这种情况才会发生。此外，对于威权主义的深度批判揭示出，它是无法产生一套单一的伦理的——虽然有"地位高者责任重大"这种迷思。特别是，它无法产生一种对全球系统的协同管理办法。威权主义所天然容易发生的腐败，它所面临的赢得和汇集财富的动机，都远不足以保证其强加的伦理可以尊重地球边界。另一方面，因为威权主义政权构成了伦理多样性的全球语境的一部分，正义的框架以及问责的标准，都需要安排一个网络，以确保公共环境物品的供应和保护，都能够在这个多样性的语境运转。

1.4 温和的反对

根据温和反对的看法，威权、非民主的方法不会产生一个合法的生态经济；因此，任何一种框架的提出，无可避免地都只有依靠民主来产生(Burnell，2009)。[2] 到最后，这一方案尽管针对传统论

---

[1] 还可以参见希尔曼和史密斯(Shearman and Smith，2007)的著作。在其中作者如此论辩，如果没有对民主的全面检讨，民主在环境问题上的失效很容易导向集权主义。另外可参考里奥·希克曼(Leo Hickman)在2010对詹姆斯·洛夫洛克(James Lovelock)所做的采访："捏造数据是对科学的犯罪。"(Guardian, March 29, 2010)采访中引用了洛夫洛克的发言："我们需要一个更加集权的世界。我们已经变得有些不知羞耻了。在一个平等的世界，每一个人都有发言权。这都很好。但是有些情况下——典型的例子是战争——你不能这么做。当然，他们也应当非常负责。但是，这样的事情在现代民主当中不可能发生。这是其中的一个问题。民主之外还有什么其他的选择？没有。不过，即便是最好的民主也同意，当大战迫近，民主必须暂停。我有这种感觉，气候变化可能是和战争一样严重的问题。也许暂停民主一段时间是有必要的。"(Hickman, 2010)

[2] 亦可参看赫尔德和赫维(Held and Hervey, 2009)以及斯蒂尔(Stehr, 2013)的作品。斯蒂尔写道："很明显，戴蒙德的决定主义社会理论，给气候研究留下了深刻的印象。但作出得出的结论是错误的，即只有科学家指导的极权政治国家，可以在气候问题上做出有效的、正确的决策。"历史已经教导过我们，反过来才有可能。因此，今天的中国不能作为一个范例。气候政策必须和民主兼容；否则，对于文明的威胁将远远大于我们所处的物理环境的改变。简之，对可能随着气候变化而来的社会威胁，要废止民主治理而选择其他方案作为有效反应，那么其他的方案应该是更好的民主，以及在世界范围内对个体、群体和环境运动的赋权，增进其知识的深广。

述做出了相反的抗辩,实际上还是等于传统论述的一个版本,继续受制于自由民主的审议。

温和反对的声音做出如此阐述,也是从这一假设出发:我们试图产生一种单一的规范框架。民主唯一无法达成的事情,就是声称必须民主。如果这种温和反对改变方向,仅仅肯定民主就是从社会多样性中产生具有合法性的结果,那么它就没法阐明我们集体行动语境中一个关键特征:想要达成全球集体行动的集体决策,我们并没有一个单一的民主论坛,民主也确实没有一种垄断形式——更别说对民主的统一理解了。

即使有人保证,全球性的民主制度能够产生全球的集体行动框架(尽管考虑到现存的民主制度比较容易抓住的结果,这也是令人存疑的),温和的反对也不会解决问题。首先,并不存在这样的全球性制度。事实上,我们发现自身处于一个治理的环境当中,在这里多种政体必须并驾齐驱、相互协作。这些政体不仅仅包括民族国家,也包括企业以及其他的非国家的行动者。第二,即使全球国家系统被视为当作最接近的、可获得的备选方案,来替代全球民主制度,迄今为止的证据也表明,它还无法产生所必需的协作程度。这并不是说国家系统必须被消除或者超越——它同样是一种幼稚且缺乏多维度的分析。这里想说的是,我们需要的是一种方法,让多元正义框架在协作中有模式可循——尤其是在设法让多元正义框架能够相互交织、在一定程度上相互操作化时产生的缺陷和不足,也有章可循。而不是寻求一个单一的、我们都愿意遵循的正义理论。

1.5 元理论(Metatheoretical)进路的必要性

要产生上述的正义模式,就意味着需要一个"正义的元理论进路"。如果必需的集体行动可以大致上产生,其唯一的希望是部署一个全球性的社会网络,从而能够协调人的行为;以及,如果这一社会网络从定义上讲就需要在多个伦理的"纲领"之间运作,那么为了这个网络的运转,一种元理论模型就是必需的。

一个可以用来说明这个的隐喻是"群智商(swarm intelligence)"。无论民主的或是其他类型,自我组织的系统,其集体行为都是通过共同的信号运作来互动的。群,可以是蝗虫那样的,给环境带来灾难;也可以像蜜蜂,帮助维系和再生产其生态系统。元理论正义的模型,其贡献在于分辨现存的伦理纲领之间信号传输的缺陷,这些缺陷产生像蝗虫一样的行动。使用"模型"而非"理论"一词,是因为这个分析并不想提供另外一种让大家遵循的理论。相反,它想要生产的是一种总体的、宏观的评估,来针对现存的经济行为中互动信号正在制造的正义缺陷进行评估。元理论对于理论来说,就相当于信号对于行动。元理论关心的是对多元正义框架之间的互动做出导向。价格机制是我们当前依赖的首要信号系统。因此,价格机制的正义缺陷是这个模型的起点。辨识这些缺陷,最终是要辨识出来一个更加充分的信号传输功能系统,能够反映人与自然的馈赠关系,以及协调受托人角色。

1.6 论述的大纲

生态经济学内含的元理论立场是这一章的立足点。[①] 在解释了元理论进路是什么之后,本章开始应用元理论模型,来评估现有经济的正义缺陷。这些思考将我们指向了可以称为建造正义模型的第二次"哥白尼革命"。这一建模过程要求我们去发现,如何才能给现存的经济引入一个信号传输功能,让我们能够充当整个领

[①] 见齐泽克(Žižek, 2006)。任何一种经济都声称要达至正义。它是对于住所(我们共同的住所或家园,我们所栖息的星球)的集体资源管理。只要对于基础的分配、生产、发展和治理是正当的,在住所及其资源当中所产生的结果,就确认是合法的。我们确实会观察到,在同样的住所领域里,生态和经济展现出两种立场。一种是对于我们所栖之地的逻各斯(logos,科学和知识);另一种是我们所栖之地的诺谟(nomos,习俗和法律)。两种立场都引发了各自的理论(定理:要留意观看出现的东西)。因此,逻各斯和诺谟的两种立场(生态经济学,也可以是经济生态学)表明了一种元理论——一种关于理论的理论。

域的管理员或者受托人的角色,而不是可用的(且正在消失的)低熵资源的收集者和剥夺者。下面,本章试图找到一种可以与元理论相匹配的"受托人"的路径,能够在现有经济语焉不详的背景下,克服其正义缺陷。针对我们试图寻求的"受托人"的方法论,本章的结尾部分提出一个正义的主张:从现存的经济向生态经济的转型,本身就展示出,在转换我们与主体性及与自由的关系中所遭受到的戏剧性挑战。

2. 一种元理论的正义进路

要给生态经济建立一个正义的基础,我们需要一种关于诸多正义理论的理论,而不是另外增加一种有关正义的理论。这是因为,我们需要把当前实际上指导我们的各种有关正义行为的不同规范,与我们从科学中所收集到的下述信息进行调整和联系:比如我们在地球系统及其边界中的位置、所造成的破坏,以及转向的能力。生态经济学的挑战在于,如果仅仅遵从一种特定的正义模型,是无法轻易支撑它的。它必需被各种正义模型支撑。任何一种单一的理论或者正义模型,都试图将各种正义的主张进行组织和评级,以产生正义的最大社会集合。两次世界大战和大屠杀之后,正义负债累累。随后,后启蒙(后现代)的正义概念开始提出质疑,即单一的、总体的关于正义的理论是否可能(Horkheimer and Adorno, 1982)。此外,要在各种重叠的、对立的社会正义主张当中,产生尊重地球生态系统的全球性集体行动,我们同样面临着挑战。

在最开始,要把元理论进路和规范多元主义(normative pluralism)区分开来。规范多元主义包括:分辨出正义概念的所有部分子集;将它们视为在彼此的联系中相互运作的;承认个体会在这些正义子集中协商出自己的方式;有时候会在他们发现自我的多元规范要求中遵从多元概念(Kleinhans and Macdonald, 1997)。

尽管这种回应可以作为建立生态经济学之正义基础的绪论,但它本身还不足以完成这一重任。我们面临的是,要克服由个体选择对地球的集合影响所提出来的集体行动问题。我们关于正义的多元概念,并不能自动地与减少、消除这些影响保持一致。相反,我们缺乏一套共同的行动信号,去反映集体物品中所置入的价值。在运转中相互冲突的正义概念的多元主义,事实上会阻碍上述信号的产生。

我们以气候变化为例,来说明全球经济应该如何以上述信号为导向。在发展中国家,获得和部署发达国家已经利用的资源、技术以及生产模式,就是一个事关正义的问题(Sen, 2009)。世界上不同的地方在生活标准方面的分裂,以及与此相伴生的在基本需求提供方面的能力不足,产生了势不可挡的正义主张。然而,正如中国近期的经验所示,发展的道路常常以温室气体排放的增长和环境的退化为标志。发展中国家主张,减少环境影响的重担,应该落在那些曾经利用资源最多的国家身上:在气候变化上,他们欠了债。而主要发达国家则主张,今天的人不应该为历史上曾经做过的事情负责:他们并没有欠什么债(见 Posner and Weisbach, 2010)。这些就是相互冲突的正义概念。它们在概念多元主义中共同存在,是一个需要解决的问题,而不是对于(如果你愿意这么说的话)社会生活之富足的贡献。

元理论的进路要比多元论走得更远。它试图分辨特定正义概念的强项和不足之处,去看它们揭示了什么、遮掩了什么,它们让什么成为可能,又阻碍了什么。特别是,在实施正义的某一特定形式的时候,作为其结果或者连带后果,它因此产生了什么样的非正义。通过上述质疑,元理论的进路将坚持要解释任何正义概念在达成社会后果中的部署。

元理论的进路可以根据正义的三个维度来建立模型:(1)形而上的(从无到有赋予正义原初的神圣性);(2)主观的(我们自己

的价值归结为正义的);(3)常规的(社会赋予正义的)。第四个维度——解放的正义,通过前三者而运行。它使我们有能力从建立在任何其他维度中的固化的正义束缚中解放出来,给予我们自由。解放主张从正义的主观维度浮现出来。不过,由于它们是对既有不足够正义的否定,不能简单地被前三种维度所映射。因此,它们增加了第四个维度,贯穿前三者,又与它们存在着张力(见图3.1)。形而上的、主观的以及常规的主张,在水平的方向上勾画了正义的可能的构成。而解放的维度在垂直的方向上划定了我们与构成性主张的关系:可能是形成它们,从而跨越我们肩上的正义的重负(这是积极的解放主张),也可能是试图通过向它们屈服而承受这重负(消极的解放主张)。

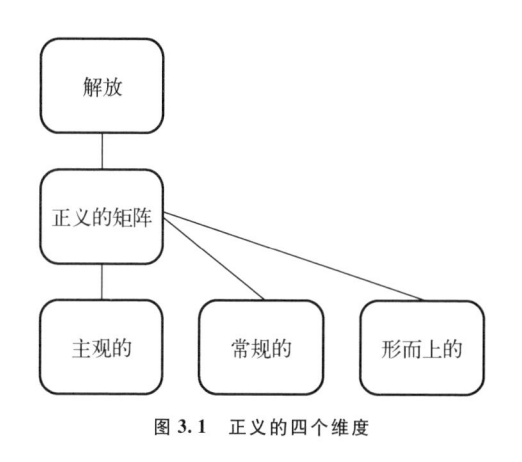

图 3.1 正义的四个维度

例如,无论是通过积极的或者是消极的解放主张,我们都可以对自己的选择给地球边界造成的后果,采取一种管家式的关系。积极的解放主张,试图将我们自己和后代从既有选择所施加的正义负担中解脱出来,并通过发动社会转型来完成这一结果。消极的解放主张,则会试图把我们自己和后代带进一种我们和他者(即生命的条件)之间的关系所必需的庇护之下,并遵从这些要求。

解放的主张已经成为当今正义模型的核心。它们都明显地既镶嵌在发展中国家当中,也镶嵌在上述的发达国家中。这两类国家,都坚持把经济发展置于最优先的位置,从而试图最大限度地超越我们的选择所面临的局限。阿马蒂亚·森(1999)将这种理念描述为"以发展为自由"。

我们接下来将分析四个维度之间的互动和张力,特定的正义主张通过它们而成为一个"正义矩阵"。矩阵与正义(正当)共享一种特质,即能够提供一种结构、支持,或者说架构,其中可以容纳某种主张。其目的是,将所有正义之缺陷的可能来源,绘制成地图,从而履行正义。因为这些正义的缺陷可以作为一种主张而被论述,对我们的集体行动施加影响。因为这个矩阵中的正义的维度,并不是来自任何实质的正义理论导向,而是试图将"正义主张是如何提出的"进行定位,所以它们必须经受的考验就在于,它们能否完整地描述情况。因为这些维度包括自我构成、社会构成,以及随后发生的非人类的主张——还有努力打破前述所有约束所产生的正义主张,所以,这个矩阵的设计将不言自明地反映所有可能的主张。

元理论的分析,不能仅仅通过重新宣称那些已经被抛弃的正义理论,以及断言所有的正义主张在理念上都是平等的,就能够恢复正义的宏观平衡。这样,就把对所有的主张进行测绘和分辨的努力,变成了对它们进行分等级和排序——简言之,就是重建一种新的正义理论。不过,元理论分析确实揭示了,现存的经济所看重的正义主张,与正义矩阵中的主观维度最为一致。也即是说,是各种相互竞争的观念的市场或者说战场。这是如何形成的?下一小节将转而论述对此的一种内在批评。

3. 现存的经济中未曾言明的正义考量

如第二章所述,一种经济,并不是本质上必然要依据交易和市场交换原则才能运作。不过,现存的经济呈现出一种自我再生产和自治的特质,声称它自己只不过是在疏导经济行动者本身的天性。正是就这个角度而言,正义矩阵当中,现存的经济与主观主张的结盟最为紧密。因为在它的理解中,经济行动者本质上是为了追求自身的利益,甚至交换礼物也是为了某种好处。如此,现存的经济能够达到的唯一一种正义,就是每个行动者都要为他们自己做出确认。① 它不认为其他的正义主张是现实的,或者在社会当中是可复制的。这是一个交易和契约的世界。由此,这种经济容纳的仅仅是正义概念的集合,因为它聚集的是所有个体在交易中寻求的、在契约中达成的结果的确认。它达成的是交换的正义。

交换的正义在两种思想当中得到完善:自由与效率。所有人都有追求自身利益的自由,并且只要个人自身利益的增长不会让其他人受到伤害,那就是有效率地取得了成果。一种有效率的经济,能够成功地聚集和调和所有个体的自身利益(或者至少在名义上为造成的伤害做出了补偿)。但由于没有其他形式的正义可以与真实的、现存的主体性协调,就这个意义而言,这仅仅是因为其他形式的正义都是不可能的。黑格尔说:"凡是合乎理性的东西都是现实的;凡是现实的东西都是合乎理性的。"这句格言在此被转变为:正义是由追求自身利益的理性行动者所产生的现实结果。事实上,被现存的经济确认为个体利益之集合的正义,本身就暴露出令人诉诸问题的特质。其征兆是,正义被排除在这个等式之外。正义的概念没有给下面这个更加简单的等式增加任何价值:追求自我利益的行动者产生了经济的实际结果。其正义就是效率。现有经济的一个重要特征就是作为一个自治的社会领域,成功地闭合了其正义的证明。那个格言变成了"正义就是正义所是的东西"。这也只是换了一个说法,来说明正义的考量已经无关紧要,

---

① 见亚当·斯密(Adam Smith)的《道德情操论》(1812)。在9—13段,斯密说得很清楚,同情心不过是一种投射,投射了我们自己换位思考的情感,特别是在对死亡之恐惧的背景下。这就使得我们可以深刻地或者根本上为他人行动的理念变得没有实质意义了。

它让位给了残酷的现实。对正义集合的增加,也就成了简单地获得更多经济已有的东西;经济的增长,也被称为福利的增加。对正义的单一衡量标准就是效率,增加其集合就是增长。

不过,交换的正义与分配的正义是分开的,这是自亚里士多德开始的老生常谈。参与交易的多方达到的二元的矫正正义(corrective justice),并不会递增地、自动地集合到分配正义的几何比例(geometric proportions)当中。矫正正义可以与分配正义共存,但是并不必然如此。因此,一种经济如果将其正义的考量局限于交易中个体行动者的二元主张所产生的结果,它将不会在分配正义当中有任何清晰的立足点。事实上,从这个角度而言,经济领域变得可以从社会领域当中分离出来。对社会领域进行政治投资,是为了创造少许的分配正义来调整经济结果。不过,经济的有效产出是前提,而且只是由社会规则来调节,以产生更大的公正性,即公平。从这个意义上而言,经济领域相对于社会领域,处于优先地位。

传统的亚里士多德的正义范畴,包括矫正正义、分配正义,以及公平,都可以在正义矩阵的维度中得到表示。亚里士多德的每个范畴都参与了其中的每一个维度,虽然公平往往集中于形而上的维度,矫正正义集中于主观维度,而分配正义集中于常规维度。亚里士多德构想的矫正正义和分配正义,本身并不能填满整个正义的概念空间。在对矫正正义和分配正义的规范的追求中,总体上可能仍然无法产生充分的正义。因此,不得不给它们加上公平的概念,作为一种普遍的调节。不过,现存的经济所致的正义,只会是压缩一系列可能的正义考量。因为它将正义缩减为效率(尤其考虑到帕累托原则,效率是矫正正义的一个版本),并且把正义其余的部分都留给了"公平"。也就是说,前者(效率)的优先级是高于后者(公平)的。其结果是,公平和分配正义一同溃败了。随之而来的情况是,形而上的概念被空置。这很大程度上是因为,它和神学、非理性被归为了同样的东西（见 Horkheimer and Adorno, 1982）。正义要取决于我们被赋予了什么（被"赋予"的东西里有地球），诸如此类的观念，都被归为私人的信仰。亚里士多德的三个维度的正义，变成了扁平化的两个维度的正义。简而言之，在现存的经济当中运作的正义概念，让正义一系列可能的成果变得狭窄而封闭。

从正义矩阵的内部来看，当前的市场经济依赖的正义概念，把"公平"简化为，生产分配的常规维度（公平）和主观（效率）的维度。而元理论的进路，通过将正义主张置于矩阵中，定位它与其他可能的主张的关系，可以帮助说明，在具体的系列主张当中，有什么东西漏掉了：也就是说，伴随着形而上的主张而来的各种强关系。[1] 尤其是，元理论的进路有助于揭示，那些与主观主张之间已经产生张力，以及试图从中寻求解放的形而上主张，已经被我们目前的正义矩阵结构给封闭了或者压得扁平了。这些思考在第一章当中已经有所说明。第一章展示出，另类的经济概念如何优先考虑那些从我们自身外部而来的正义主张——来自神、自然，或者我们在总体当中的位置。

在扁平化的正义矩阵结构之中，那些并非从主观维度和常规维度之内形成的形而上的正义主张虽然能够保持出现，但遭到了压制。它们被集结进了其他的主张组合，并在某种程度上为这些组合定向，但是它们本身并不发出信号。举个例子，有些人试图修护或者保护地球，因为过去或者未来的世代对我们是有权利的。但这些人倾向于尽量地在分配或者效率的语言的框架内，来表述他们的主张。因此，提出可持续发展的主张，通常是为了发展所需资源的机会能够得到公平分配。为实现此目的而提出来的办法，通常是对于已经造成的环境破坏当中的产权进行市场交易。在与

---

[1] 有关正义和承担责任之间的关系，见巴特勒（Butler, 2005）。

现代性相关的正义概念当中,要直接代表地球的利益而表达出主张,是非常困难的。

在这样的背景下,生态经济学的一个任务就是清楚地阐明,在更彻底分辨的正义概念基础上运行的经济,会是什么样子。对于此任务而言,"生态经济学"这一术语是有希望的。不过它常常没能朝这个方向迈进,特别在当它像"环境经济学"那样,将自己局限于找到内在化的办法,从而将经济产生的外部性再带回经济中。那些将外部性内在化的努力,在逻辑上源自为了现存的经济而提出的不攻自破的正义主张(也就是,内在的批评):如果现存的经济是为了产生效率,但是由于它对公共物品(生态系统服务)的供给,不足以支持经济的运作,因而没能成功,那么经济内部就存在"市场的失败"。这样的结果当然是一种悖论,因为它等于是说整个市场没能成为一个市场。

如果不去寻求一个更加彻底分殊的正义概念,那么一个可能的解决办法就是,通过为"生态系统服务"定价,从而让市场能够像市场一样运作。这样,就可以保存现存的经济的效率逻辑,同时纠正市场的失败。价格仍然是一个可以依赖的信号,可以用来协调环境(或者是协调任何其他社会物品)当中的众多偏好和伦理投资。这是因为,对于选择和价值来说——无论它们有多么不可通约,价格是一个普遍的、可交互操作的方案。将外部性内在化,本身并不能产生根本性的正义批判,它只能让经济秉持其自身的标准,无法挑战价格在经济中作为行动信号的垄断地位。

要深化经济中至关重要的正义思考,内在批评的起点仍然是有希望的。尽管现有的经济自称是一个自我再生产的、有效率的(公平的)后果的集合,但是,经济以其自身原则运作的失败(即前述的市场失败),增加了以下可能性:现有经济当中,有一组道德考量是未加言明的;正义主张的一些信号,都被消音了,或者根本不存在。这就提示我们,要重新思考"生态经济学"这一术语,作为对市场矫正的超越。这也是我们在本书中采取的立足点。

4. 逾越地球边界:迈向正义理论的第二次哥白尼革命

当前的正义矩阵的结构,给予主观主张以优先地位,同时将形而上主张扁平化。这种构造可以追溯到启蒙运动(见 Horkheimer and Adorno, 1982)。正义理论的第一次哥白尼革命,发端于康德。他将人类置于中心,作为衡量一切的尺度。对人类主体的辨认,决定了知识的基础;人类的能动性,决定了正义的概要(Kant, 2003)。科学领域的哥白尼革命重新定位了我们在宇宙中的位置。与此不同,康德的正义理论革命将我们带离宇宙。在这一点上,启蒙运动成为一项超越任何人为的、古老的知识局限的工程:只有那些人类主体本身固有的知识局限——即使可争论的,才可以被接受。人类的主体性作为知识的基础,以及人类的能动性作为正义的尺度,都被斯宾诺莎(Spinoza)整合进了"知识就是力量"这一等式,并自此被不断重复地论说。被神话化的自然的种种神秘,可以作为科学法则来揭示;对权威和命运的从属可以被超越。自由的发问以及自由的选择,是启蒙运动的标语。解放是其主题。自由市场是其结果。

正义理论的目标开始变成了抛弃压制自主精神的枷锁,并为启动解放而建立模型。这种类型的正义理论,存在着两种主要的当代模式。占主导地位的自由主义模式,是为了使得对资源的利用、占用、消费以及用它来生产的自由成为可能。只要任何妨碍这种自由的东西都能够通过(尤其是国家在保护权利中所部署的)纪律、权力以及权威的抗衡来追究责任,那么正义就达到了。另外一种,是已经声誉受损的社会主义对立模式,是为了将我们从剥削、对生产的私有控制、不公平的分配以及部分人的过度消费当中解放出来。这是为了让所有人都可以控制和分享生产工具。当纪律、权力和权威可以作用于自由主义模式的以往结果,以达到再分配的目的,正义就达到了。两种模式都试图控制并利用人对自然的掌控,从而将已被激活的能动性的疆域最大化。

在这方面,有两类老生常谈。占主导地位的自由主义模式,将大多数的正义资源都投入个体能动性的解放当中。社会主义模式则将大多数的正义资源投入集体能动性的解放当中。它们辩证地相互交织。主导模式假定,如果个体的能动性被解放,那么就会有一个强化的、被激活的集体能动性作为正义的回报。而社会主义模式假定,如果集体的能动性被解放,那么个体能动性就会被强化、被激活。二者都以对方的不足为前提,但二者都没有正视解放本身的不足。对于通过解放而产生出来的无能为力,二者都不曾想要建立解决问题的模型。二者都简单地将无能为力作为一种外部要素,留待未来的世代解决。

现在,我们面临如下事实:持续了多个世纪的解放任务,已经产生了一种形式的成功,那就是人类对自然的掌控。事实上,齐泽克论述过,我们已经将作为一个范畴的自然消灭了,因为,至少生物圈已经不能再被视为一个独立于人类能动性的因果领域了(Žižek,2008:433—443)。然而,这种掌控也无法解决其自我毁灭的能力。解放的科学让我们确定,我们已经逾越了地球上的生存和繁盛所必需的界限,但是尽管如此,我们解放了的能动性依然高歌猛进,不断增加着恰恰产生了这一结果的剥削和消费。

现有经济为了跨越地球边界而建构起来的正义基础,所揭示的是什么呢?没有什么比正义模型的第二次哥白尼革命更为我们所需了。现在,我们的主体性成了非正义的源头,需要被克服。而正义理论的第二次哥白尼革命,可以再一次地重新引导我们自身的主体性与正义之间的关系。就像哥白尼革命,它会让我们离开中心的位置,再把我们放回被启蒙运动扯远了的宇宙叙事之中。正义理论现在所型塑的是,如何矫正在对解放的经济能动性的追求中所导致的非正义。它会认识到,如果经济还在目前的规模上运作,要欢庆经济主体的自由,就会在现在和未来让他者不自由——因为这改变了生命的生物地球化学过程。特别是,我们的解放工程所积累的外部负担,其时间的规模超过人类寿命。对于现在做选择的人类主体来说,解放的能动性所带来的非正义,就如同鬼魅或幽灵一样(Derrida, 1994)。它是过去的阴影,也会是盘踞在未来的遗产,但是没人将它看成当今活生生的存在。然而,正是因为人们允许非正义只是作为鬼魅而存在,它最终会在当今爆发,成为一种压倒一切的、不可逾越的重负。化石燃料是很久以前死去的生物的鬼魂,如今却在被释放、被燃烧。认识到这一点,并不算太难吧?

可以认为,建立正义理论模型的第二次哥白尼革命也许已经展开了,因为宇宙和生物的进化已经彻底地改变了我们对其意义的理解(见 Chaisson, 2006; Wilson, 2004)。我们现在想做的是,重新捕捉理解人类嵌入性的那些古老智慧。在本书中,蒂默曼重现了在解放工程取得优胜的过程中被湮灭了的一些正义概念。不过,在超越启蒙运动遗产的尝试当中,否定启蒙的遗产,是自相矛盾的,最终也会是不成功的。当我们辨别当前经济在正义方面的不足,我们不仅是继续地与将留给很多世代的启蒙遗产共存,我们还在应用那些启蒙运动使之可能的知识。这个遗产不属于任何特定的大陆或者文化,但它现在是全人类所持有的、共享的。

因此,第二次哥白尼革命不算是第一次革命的替代,更多是对其的重新定位。循此隐喻,哥白尼改变了我们的视角,让我们得以重新理解太阳系的中心到底是什么,也让我们能够更好地认识到自己所处的位置与周边宇宙的关系。那么,基于哥白尼学说的后续的学习,就重新定位了我们的太阳系在其所处的整个宇宙中(数以亿计的银河系)的意义和中心性。正义理论的第二次哥白尼革命,也将重新定位我们对于自由的追求,将其中心地位置于与更广阔的正义考量的星系(正义矩阵)的关系之中。它既涉及我们对生命本身之可能性条件的管理,也涉及当前无可置疑的现实——我们每一个自由选择,都会波及每一个其他的物种。

这些最终的断言应该是有附加的语境的。当启蒙工程根深蒂固的时候,我们在其中践行自由的环境,看似不可思议的广大,有能力容纳无穷无尽的人类干预。此外,我们看上去可以顺理成章地如此想象:存在着一个个人自主的领域,在其中,每个人自己的选择被认为对他人是完全没有影响的。甚至无关到让"我的自由终于你的自由起始之处"这一准则看上去毫无可以质疑之处。也就是说,是否有任意一个点,我的自由可以与你的自由断开?要证明这一准则言之有理,通常列举的例子包括,我的某种经济偏好——如购买或者消费某种小商品,对你的自由是没有影响的,因此这就导致出现了一个受保护的权利领域。

人类的能动性会产生环境灾难,这一理念确实潜入了启蒙思想的社会思潮之中,至少在18世纪的马尔萨斯时代如此。因此,环境容纳人类行动的能力是有限度的,这一限度开始为人所认知,但看上去过于遥远。同样的,个人选择给他者带来的外部性,也越来越清晰地呈现为"市场的失败"。然而,这些都被当成了普遍原则的例外情况——在这一普遍原则当中,相互分立的个人选择,可以集合成自由的交易,其中包括心智的交会——这就是有效的契约之思想。不过,马尔萨斯的警告,以及对于规管外部性逐渐增长的努力,已经分割出来,成为一种更加明显和更加激进的后启蒙思潮。人类的行动不仅仅影响环境,现在还对其负有责任。外部性并非自由交易的例外,它们正是从所有的交易当中产生的。情况并非一贯如此。它是我们可能不知不觉地就想要努力掌控自然而采取浮士德式交易的结果。

因此,现有经济的运作当中有一个深刻的正义缺陷。要为这个单一的正义衡量标准负责的,是自由选择的能力。自由选择的践行是如何阻滞未来的世代,是如何侵犯生命得以运行的安全空间的,尚未得到清晰的解释。我们在践行自由选择的过程中导致了非正义。要从现在的经济转换到生态经济,一个前提条件是就要对此问责。这就特别要求我们,要留意交易中的各种信号,不仅仅留意到我们将不得不提供而允许我们的选择能够进行的资源的信号(价格),还要留意到我们因为尊重地球边界而不得不放弃的资源的信号,以及留意我们在毁坏中途进行恢复而不得不投入的资源的信号。每个交易都不得不随身带着,不仅仅是价格信号,还有其环境和社会成本的信号。

和前述的元理论进路一样,我们应该拒绝如下诱惑:为生态经济学建立一个新的、单一的正义理论,以此来取代以往建立正义理论的大量努力,这样后者才能支撑起在自由民主制度下运作的市场经济。事实上,如果对地球边界的尊重被神圣化,成为取代自由或者解放的新的根本原则,这也有可能并确实会导致不公正。如果纯粹是因为惧怕毁灭而寻求正义,可能会导致某种盲目性。这样就会一叶障目。以阻止灾难之名,什么都可能做。我们可以逃离这一悖论的陷阱,所采取的方法不是逃离宇宙法则——完全无路可逃,而是启动对人类能动性的重新定位。用布鲁斯·詹宁斯的话来说,要将人类的能动性定位为关系性的、嵌入性的。仅仅让我们所有人都采取这样的立场——我们也不会这么做,是不可能达到这个结果的。但是,可以通过启用和强化那些可以让我们沿此方向前进的行为的信号来达到这一点。生态经济学的正义模型试图使经济担负起责任,产生和地球边界相符的结果,但它同样认为,经济应当为其他的合法主张负责,包括那些从人类的能动性、交互主体的需求和关系中产生的主张。

此外,生态经济学的正义模型的中心焦点是,让经济向生态经济转型。这就意味着,为既有的、超出地球边界的做法所积累的债务负责。例如,工业化国家向地球的碳槽排放的碳已经满溢了,在碳排放方面欠下了巨大的债。要管理和清偿这个欠债,同时关照新债的积累的公平方案,就成了生态经济学治理的核心关注点之一。生态经济学还意味着我们的治理模式,将要设法解决现有经济行动者对转型的抗拒。它最终意味着,要为即将产生——且已经正在产生——的不可避免的生态赤字负责。这些赤字产生于,我们对生态经济应该如何的想象与它实际上可能产生的结果之间的鸿沟。

向生态经济的转型需要新型的经济行动者,他们有着更强的信号传递能力,能够驾驭有关公正的经济结果的多元指标。这一转型还需要一个对地球资源进行高度差异化分配的公平模型。这一转型所必需的受托人的形式表明了,一个聚焦于上述所要求的经济能力形式的"受托人"概念,将处于正义模型的中心地位。这一"受托人"的概念将不得不承担责任,向不可通约的多种经济主张解释正义,并做出公正裁决。这不仅仅是避免(对)地球的某一种边界(的维护)却侵害到其他的边界[①],也避免了对地球边界的维护侵害到其他深入人心的正义主张,比如每个人都有权利尽可能地获得最高的报酬这一主张。

5. 从市场经济转型到生态经济何以是一种从理论到元理论的转型?

追求增长的资本主义市场经济,与聚焦于个体能动性的解放之上的自由主义正义模型绑定在一起。它忽略了我们对环境的管理人职责,以及这一经济对诸多外部性的系统性创造。社会主义的正义模型,虽然颠覆了解放的对象,但是仍然与对自然的驾驭过程捆绑在一起。当今,资本主义和社会主义在一种全球经济——不仅仅在中国,还有巴西、印度、俄罗斯中的汇聚——显示出来的

---

① 括号内的内容为笔者所加。——译者注

信号是,以往正义相互对立的意识形态核心已经失去了其力量(Hardt and Negri, 2000)。随着共产主义的没落,正义矩阵的坐标轴已经从个体的解放与集体的解放这一对立,转向了积极(自我肯定)的解放与消极(考虑他者)的解放这一对立。资本主义全球化了,但是这并不是如弗朗西斯·福山(Francis Fukuyama, 2011)所断言的"历史的终结"。个体(小资产阶级)的解放超过集体解放,这一公认的胜利,以更大的说服力揭示出,面对自我肯定的小资产阶级的自由遗产,考虑他者、自我否定等消极解放主张的不足。

生态经济学既不是资本主义,也不是社会主义。它是一种努力,要把我们对于管理着的住所——现在是我们的整个环境——所已知的和未知的东西,都加诸统治着自由选择的理念之中。我们试图根据科学知识的轮廓,和我们对生命及其繁盛所施加影响的不确定性,来驾驭那些自由选择。将经济安放于生态之内的努力,就是元理论的,而不只是因为它的跨学科意义(联结社会科学和自然科学)。在一种更为激进的意义上,它需要将如下问题理论化:多种思想实体如何可以互动、交互操作。[1]

对于以上论述,可以用一个例子说明。设想一个石油公司的主管解释说,诸如大气中的二氧化碳、其他温室气体的排放等超越地球边界的问题,即使是如它被强调的那样具有重要性和合法性,也必须让位给现实的经济问题。鉴于日益增长的能源需求,以及可再生能源投产速度缓慢,我们将会在未来 50 年继续增加全球化石燃料的消费。作为回答,气候科学家的回应是,考虑到如何处理与日俱增的能源需求,这个问题具有同样的重要性和合法性;如果想要让温室气体保持在稳定的水平上,在未来 50 年,我们不允许增加化石燃料的消费。按照现在的情况,这两种话语相互交叠,而且市场的话语将不战而胜。生态经济学试图结合两种话语来创建

---

[1] 尤其可以参考拉图尔(Latour, 2013)。他使用了一个雄心勃勃的框架,说明有思想的实体之间如何结成网络,同时又可以对彼此保持晦暗不明。

正义的原则。根据这些原则,科学话语不仅仅有能力战胜市场话语,还要考虑到,当一种话语战胜另一种话语的时候,我们损失了什么。

从元理论的视角,如何看待这个辩论?石油公司主管的正义主张,主要处于主观维度(效率势在必行)之内,还依赖一些常规维度(自由契约)和对解放价值的隐性参考(满足人类的能源需求)。气候科学家的正义主张则主要处于形而上维度(生命是神圣的),几乎没有立足于常规维度(鉴于气候规范十分有限,以及全球治理的差距),另外还有一对势均力敌的积极解放的主张(将未来世代从我们强加给他们的不公平的负担当中解放出来)和消极解放的主张(我们必须将自己约束地球边界内)。在既有的正义矩阵中,石油公司主管胜利了。在很大程度上,这是因为我们所制定和接受到的唯一的价值信号,涉及价格及其与供需的关系。在传统经济对于效率和公平的描绘中,生命的神圣和我们对未来世代的亏欠(主要是形而上维度),是从属于主观维度和常规维度的。这些价值在交易的信号当中甚至并未反映出来。

问题由此转换成,在地球边界危如累卵之处,当前的正义矩阵是否以及如何重新配置,才能给予形而上维度一定的相对优先性。在最谦卑的角度,元理论的进路说明了,如果抗衡的主观正义主张被征服,正义就不得不需要交付给因此被牺牲主张的那些人。如果更有野心一点,元理论的进路提出了一个问题:在现存的经济当中,那些目前缺失的正义主张,是否有足够的信号来反映。

6. 信托原则如何在正义的元理论概念当中运作

要重新配置正义矩阵,我们必须转变我们如何想象自己与他者以及与这个世界的关系。这就要求出现一种新的与时间、资源的使用和交换的关系,来使当前正式的法律使用黯然失色。法律规范本身也必须做出实时转变,以对正在临近地球边界指标的那些警告做出反应。所有的行动者都必须被激活,对这些信号做出集体的响应。信托关系,可以用来为这个必需的转型建立模型。

信托关系并不包括那种能够牺牲某些正义主张的、自我再生产的规范。相反,它要求所有的参与者,甚至法庭,都可以在表述的过程及其结果中,来构想这个关系,因为它是在危急关头决定的:正是我们遭遇自己创造的正义重负的时候。实际上,危急关头产生于权威的实时运作,而并非与固定的规范联系在一起。这是因为,身处危急关头,就要体认到任何一种结果的不足之处。就受托人需要坚持的照护标准来说,所有受到信托的实时资源必须有效地、可用地来处理所有主张。虽然说,实际上受托人会依赖一些特定的知识和衡量标准来测算相关影响,但无论是信托的过程还是信托的结果,都不可能完全自动化。受托人和受益人由此卷入以下关系中——对关系的复制会让他们双方都面临风险,能够否定整个互动的合法性。举例而言,医生和病人的关系就是如此。我们所有人与未来世代的关系也是如此。

与有界限的法律规范相反,信托关系必须捆绑所有参与方的资源,包括处于能够即刻辨认的需求范围之外的参与者。信托关系表现了迥然不同的正义主张或时刻,它也是一种手段,使得作为关系的差异性,在必要的张力中得以维系。受托人的职责不仅仅是履行一些指定范畴内的责任,它是超出这个界限的结果。尽管指定的范围也会不时受到质疑,但是,会在法庭对于信托不足的复核当中定期地得到维系。

因此,法律对于信托形式的承认,最接近以下的方法论:以正式的、有界限的法律为代价,来保持彼此不可通约的那些主张之间的差异。它是法律内部一种生产性的悖论。不过,如果法律屈从于诱惑,为信托规则划定狭窄的范围,它很容易就被消解了。

再次回到石油公司主管和科学家的例子。要将解决不同话语之间冲突的办法置于信托语境之中,我们就要在两组主张中对正义做出区别与表现。举例来说,这就意味着,责令这位主管(或者与之同盟的社会利益方)为了减少消费而投入资源;责令这位科学家(或者与之同盟的社会利益方)一方面通过可持续手段来更快地满足能源需求,另一方面帮助确认那些要予以排除的不可持续性消费。

对信托原则的清晰表述,是生态经济学的正义基础的中心任务。这是因为,它允许市场的后果根据我们所知的每一次交易对生命繁荣所具有的意义做出调整。因为我们现在确切地知道,每一次的交易确实到底产生了(通常是)消极的、(有时候是)积极的社会外部性和环境外部性,因此可以说,每一次交易都捆绑了信托责任。如果这一信托责任必须得到满足,我们每一个人都必须通过其他信托人来获得信号,从而知晓我们自己的选择正在生产的责任范围。这样一来,我们的每一个选择本身就带有信托的性质。

7. 现存的经济的危机何以促成向生态经济的转型

如果我们必须让生态经济中的所有交易都承担起尊重生命繁盛之信托责任,那么转型正义的难题就出现了:既有的市场经济中做的所有投资,如何在一代人的时间内,带着正义转向生态经济?哈贝马斯(Habermas)关于合法化危机的论述,聚焦于资本主义在承受矛盾方面具有的近乎无限的延展性(Habermas,1974)。这一立场与更早的马克思的论述相反,其论述指出资本主义的危机会产生克服资本主义的条件。现在,历史显示出,资本主义是有韧性的,可以转换其形式和功能。这一节的工作假设是,出于这个原因,生态经济学试图穿透和浸染资本主义,而不是克服它。

一般而言,转型正义的问题是以回溯性的方式来处理的:假如给你一个巨大的、过去的非正义——比如说种族隔离,和一个新的社会秩序,正义要如何才能达成(例如,真相与和解委员会、清理、审判、制度改革)?① 然而,生态经济学面临的转型正义是前瞻性的:假如既有的市场经济在生态上不可持续,那么今天对于未来所造成的非正义要如何处理?

这一版本的转型正义问题有两个潜在的前提。首先,它假设我们对"生态经济将会是什么样的"有一个明确的理解——也就是说,这是一种在地球边界内可持续运行的经济。不过,它并不假设,对于允许生态经济得以形成和持续的那些社会和制度安排,我们有一种充分的理解。第二,就我们对地球边界已有的且不断扩展的侵犯而言,鉴于我们当前所具有的科学知识,它假设向生态经济的转型在本质上并非是对现有经济实践的增量式改革。这也就是说,如果可以假设,既有市场经济运作的方式非常接近于生态经济的达成,只需要规管的调整;或者说,经过一段很长的时间,向生态经济的转型可以逐渐实现,那么,问题将不再聚焦于经济整体的直接的转型正义了。相反,问题的焦点就成了对于规管政体的增量式调整,以及对于政策实施的管理。

下面对第二个前提做出说明。如果我们反过来假设:通过给所有的环境外部性都标上价码,来创建碳排放市场以及所有生态系统服务的类似市场,既有的市场经济就可以在地球边界内持续运行,那么更为严格的转型正义问题就会变成如下:上述市场的设计应该如何才能达成? 当这些市场真正形成的时候,什么样的正义主张将必须得到解决? 这些正义主张包括:强调对累积的外部性所具有的既共有但又各自不同的职责(也就是说,那些已经而且正在生产外部性的人,是否有必要补偿那些还没有生产的人);共同承担被逐步淘汰中的经济过程所造成的沉没成本和搁浅资产(也就是说,那些社会负担是否就完全压在它产生的地方);确定执

---

① 例如,可参看转型正义国际中心(the International Center for Transitional Justice)的作品(ictj. org)。

行的合理时间线(也就是说,什么才是合理规划的范围,能够让现存经济的行动者在其中适应新的成本)。面临增量性的改变,这些问题都与转型正义相关。不过,我们的情况并非如此。

存在着一个节点,面临增量式变化的转型正义问题会累积,从而变成面临系统性变化的转型正义问题。因此,举例而言,对于破坏臭氧层物质做出规定的《蒙特利尔议定书》(*Montreal Protocol*)所引发的、所致力解决的转型正义问题,只针对经济中一个分散部门。对氯氟碳化合物和氢氯氟碳化合物的逐步淘汰,只影响冷却剂、溶剂的制造和其他一些范围狭窄的过程。《蒙特利尔议定书》所要求的调整,对于这些部门来说是非常之大的,但已经被市场经济整体给迅速吸纳了。因此,《蒙特利尔议定书》本身并没有引发系统性的改变。与之相反,鉴于温室气体排放来自对能源的生产和消费,整个经济都依赖于能源设施,联合国气候变化框架公约(United Nations Framework Convention on Climate Change, 简称UNFCCC)都将经济视为一个整体,提出并致力解决转型正义问题。即使是这样的观察,也不能确保联合国气候变化框架公约能够引起面对系统性改变的环境正义问题。举个例子,这仅仅能说明,将不得不施行碳税或者温室气体税,这样才能在价格信号中产生增量性的改变,从而使既有的市场经济避免以气候变化为代价来安排其资源的使用。

不过,联合国气候变化框架公约确实展现了面对系统性变化的转型正义的某种印记,并且反过来提供了一个迹象:向着生态经济更多的实质性转变——靠成功执行联合国气候变化框架公约是无法实现的——确实代表了系统的改变。鉴于《蒙特利尔议定书》不得不克服氯氟碳化合物和氢氯氟碳化合物抽租方发起的战略行为和集体行动(例如,曾有一个时期,有工业资本投入,用来否定臭氧耗竭,并且有组织地来诋毁那些支持《蒙特利尔议定书》的科研)。考虑到预防性原则的成分—收益分析,应用起来非常简单:

对大多数人的潜在危害,胜过少数人的既得利益。与上述例子不同,现有的消费模式(以及事实上对未来消费之繁荣的共同希望)中的范围甚广的(理性的和非理性的)社会投资,都普遍认为受到了联合国气候变化框架公约过程的威胁。此外,想将对生物圈累积的、显著的破坏推迟给未来世代,这样的集体意志表明,我们正在制造一个非常迫近的未来危机。而这样的集体意志基于以下隐含的计算:只要我们能够,我们每个人都应该努力从现存的经济当中抽租。最后,据说越来越多的人又开始老调重弹,认为我们现在不需要设法解决正在逼近的灾难,因为在未来,我们可以找到并安排更加低廉的技术方案,来逆转气候变化。拿未来作赌注,为过去开脱,表明了在相关性意义上,我们不相信经济当前的转型会是增量性的。也就是说,我们不接受现在减缓气候变化的预计代价,因为我们假定这会损害我们从现存的经济当中获益的能力。简言之,我们正在传递的信号是,对于吸收和避免气候变化的代价,既有的市场经济目前无能为力,我们因此期待或者追求系统性的变化——尽管这种变化是反乌托邦式的。

从市场经济向生态经济的系统性变化,将会包含与现有市场经济的连续性。这个假设看起来可能是矛盾的,但是如果仔细观察,其对立的假设——与现有市场经济的非连续性——则是不可能的。也就是说,支持市场经济的制度性和规范性安排,以及通过市场经济而共享的、普遍化的(确实是最显眼)消费参与,并不会在向生态经济转型过程中某些离散的节点上消失。例如,即使既有市场经济经常出现能源危机或者食品危机,它还是会在这些危机当中运作,并且建立从中获益的交易。迄今,只要在经济增长还不是至关重要的时候,市场经济已经有能力将所有环境外部性内部化。已经证明的是,市场经济没有能力,远离外部性的产生而进行一个全方位的转型,因为那些外部性与经济增长密切相联。

然而,系统性变化将伴随着现存的经济的(达到显著程度,并能够起刺激作用的)危机。正是因为增量性的变化无法管理,现有市场经济展示了自己的无能为力,无法将自己控制在地球边界之内。在采取系统性变化之前,当现有经济遭到社会性破坏的那个临界点,这种无能为力自己就会展现出来。也就是说,只有在全社会对市场经济生产的后果产生普遍幻灭的时候,生态经济才会产生。这里面临的悖论是,消费者会紧紧抓住市场,而公民会摆脱它——但是消费者和市民是同样的一群人。

管理工作——或者说在系统性变化的语境中行使受托人的职责,牵涉力图履行一项永远也无法完全实现的责任。也就是说,因为我们不能且不应该在现有经济和生态经济之间进行割裂,那么我们的任务将是,在市场经济的危机之中,也在危机之外,去做可践行正义之事。我们无法简单地假想生态经济的最终状态,并且要求以它来取代市场经济。

正是这种转型——这种中间状态——而不是最终状态,构成了受托人职责的焦点和资源。这项责任属于,那些仍旧依赖自己作为消费者的主体性以及相关主张的遗产的人。这项责任也属于,那些试图克服这些问题的人,属于那些在未来能够不再依赖这些东西的人。从生态经济的产生这一有利位置看,将受托人的资源赋予那些遗留的正义主张问题,是纯粹的浪费。不过,作为一个正义问题,这是无法避免的。将受托人资源赋予那些现在就试图超越消费者主体性的人,天然就笼罩在失败的阴影之下。将受托人资源赋予未来,则意味着使未知的需求可以得到满足。

虽然我们在这里假定,向生态经济的增量性转变,可望而不可即,但鉴于对系统性变化的需要,管理工作现在部分地包括,辨别何种类型的增量性转变可以协助系统性变化,或至少与其最为和谐。因此,举例来说,生态系统服务的成本计算不会产生向生态经济转型所必需的变化,因为它还是会将对于地球边界的破坏置于成本—收益框架中,而不是为交易本身设立限制。既然如此,它不会在法律规范和制度安排之内增强市场经济的能力,使其能够控制在地球边界内继续前行。另外一个例子是,建立和扩展现有经济行动者自身的受托人职责,去思考、揭露他们自己对地球边界的破坏,并对此负责。受托人的管理工作还包括,去分析现有经济当中何种过程和制度最有可能走向早期的系统崩溃(例如,可能是农业或者是能源部门),并因此成为雄心勃勃的改革所瞄准的可能目标。①

受托人管理工作还包括,预想能够在系统性变化中新生的法律规范和制度安排,并且在现有的市场经济当中辨认其萌芽形式。随后,受托人任务就变成了帮助培育或者加强这些萌芽形式。举个例子,我们可以稳妥地设想,对于地球边界是否被侵犯、侵犯到何种程度,生态经济将要求严格的测量办法和反馈机制,确保缩减这些集体侵害活动的规模。即便可持续发展的各种指标还不能执行此功能,我们都应该有所准备,将其制度化,目的是让它们可以在未来有需要的时候,以精确得多的方式执行这项功能。

最后,也是最麻烦的,受托人管理工作还包括,现在就开始研究侵犯地球边界的含义——不仅仅从避开这种侵犯的角度,还要从为侵犯发生时将产生的所有正义主张建立模型的角度。在这一点上,坎昆(Cancun)和德班(Durban)气候峰会的意义非同凡响。因为,宣布成立的新基金中最大的份额给了"适应"(虽然承诺是否能够兑现,是另外一个问题)。而对地质工程所进行的投资,是另外一个标志。

由于力所不能及,减缓气候变化已经在制度性地付诸东流了。我们将继续增长消费,直到超过限度,使地球变成极度不宜居的地

---

① 例如,可以注意加拿大环境与经济全国圆桌会议(Canada's National Round Table on the Environment and the Economy,简称 NRTEE)。它争议性地试图找出此类机会,转向寻求如何从气候变化当中获得繁荣,见《气候繁荣:加拿大的气候变化之经济风险和机会》(*Climate Prosperity: The Economic Risks and Opportunities of Climate Change for Canada*; NRTEE,2011)。虽然报告正在被废除,环境与经济全国圆桌会议确实曾在 2012 年发表过一个最终系列,包含四个报告,表明为了应对气候危机,经济需要有重大的变化。

方。因此,从这个角度来说,我们已经开始担负起受托人的任务。转型正义最鲜明的问题是担负起为那样的后果进行计划的重任。这既是因为,我们不能对这样猛烈的后果视而不见,也因为,只有这样的后果进入我们的视野,向生态经济的成功转型才有可能达成。

参考文献

Aristotle. 2011, *Aristotle's Nicomachean Ethics*(《亚里士多德的尼各马可伦理学》), translated by Robert C. Bartlett and Susan D. Collins, Chicago: University of Chicago Press.

Beeson, Mark. 2010, "The Coming of Environmental Authoritarianism"(《环境威权主义的来临》), *Environmental Politics*(《环境政策》)19(2): 276 – 294. doi: 10.1080/09644010903576918.

Burnell, Peter. 2009, "Should Democratization and Climate Justice Go Hand in Hand?"(《民主和气候争议应该携手吗?》), *Böll Thema*(《伯尔主题》)2: 17 – 18.

Butler, Judith. 2005, *Giving an Account of Oneself*(《叙述自己》), New York: Fordham University Press.

Chaisson, Eric. 2006, *Epic of Evolution: Seven Ages of the Cosmos*(《宇宙简史》), New York: Columbia University Press.

Derrida, Jacques. 1994, *Specters of Marx: The State of the Debt, the Work of Mourning, and the New International*(《马克思的幽灵:债务国家、哀悼活动和新国际》), New York: Routledge.

Fukuyama, Francis. 2011, *The Origins of Political Order: From Prehuman Times to the French Revolution*(《政治秩序的起源:从前人类时代到法国大革命》), New York: Farrar, Straus and Giroux.

Habermas, Jürgen. 1974, *Legitimation Crisis*(《合法化危机》), Boston: Beacon Press.

Hardt, Michael, and Antonio Negri. 2000, *Empire*(《帝国》), Cambridge, MA: Harvard University Press.

Held, David, and Angus Fane Hervey. 2009, *Democracy, Climate Change and Global Governance: Democratic Agency and the Policy Menu Ahead*(《民主、气候变化与全球治理:民主机构与预政策菜单》), London: Policy Network. http://www.policy-network.net/publications_detail.aspx?ID = 3406.

Hickman, Leo. 2010, "James Lovelock:'Fudging Data Is a Sin against

Science'"(《詹姆斯·洛夫洛克:"伪造数据是对科学的犯罪"》), *The Guardian*(《卫报》), March 29. http://www.theguardian.com/environment/2010/mar/29/james-lovelock.

Horkheimer, M., and T. W. Adorno. 1982, *Dialectic of Enlightenment*(《启蒙辩证法》), translated by John Cumming, New York: Continuum.

Kant, Immanuel. 2003, *Critique of Pure Reason*(《纯粹理性批判》), translated by Norman Kemp Smith. Revised 2nd ed, Basingstoke, UK: Palgrave Macmillan.

Kleinhans, Martha-Marie, and Roderick A. Macdonald. 1997, "What Is a Critical Legal Pluralism?"(《什么是批判法律多元主义?》), *Canadian Journal of Law and Society*(《加拿大法律与社会杂志》)12: 25 - 46.

Latour, Bruno. 2013, *An Inquiry into Modes of Existence: An Anthropology of the Moderns*(《对于存在模式的追问:现代人类学》), Cambridge, MA: Harvard University Press.

National Round Table on the Environment and the Economy. 2011, *Climate Prosperity: The Economic Risks and Opportunities of Climate Change for Canada*(《气候繁荣:加拿大的气候变化之经济风险和机会》), Accessed January 8, 2015. http://collectionscanada.gc.ca/webarchives2/20130322143042 /http://nrtee-trnee.ca/climate/climate-prosperity .

Posner, Eric A., and David A. Weisbach. 2010, *Climate Change Justice*(《气候变化的正义》), Princeton, NJ: Princeton University Press.

Rawls, John. 1993, *Political Liberalism*(《政治自由主义》), New York: Columbia University Press.

Schlosberg, David. 2012, "Climate Justice and Capabilities: A Framework for Adaptation Policy"(《气候正义与能力:适应政策的框架》), *Ethics & International Affairs*(《伦理与国际事务》)26(4): 445 - 461. doi: doi:10.1017/S0892679412000615.

Sen, Amartya. 1999, *Development as Freedom*(《以自由看待发展》), New York: Knopf.

Sen, Amartya. 2009, *The Idea of Justice*(《正义的理念》), Cambridge, MA: Harvard University Press.

Shearman, David J. C., and Joseph Wayne Smith. 2007, *The Climate Change Challenge and the Failure of Democracy*(《气候变化的挑战与民主的失败》), Westport, CT: Praeger Publishers.

Smith, Adam. 1812, *The Theory of Moral Sentiments. 11th ed*(《道德情操论》第11版), London.

Stehr, Nico. 2013, "An Inconvenient Democracy: Knowledge and Climate Change"(《不方便的民主:知识与气候变化》), *Society*(《社会》)50(1): 55 -

60. doi：10.1007/s12115 - 012 - 9610 - 4.

Wilson, Edward O. 2004, *On Human Nature. Revised ed*(《论人类本性》修订版), Cambridge, MA：Harvard University Press.

Žižek, Slavoj. 2006, *The Parallax View* (《视差之见》), Cambridge, MA：MIT Press.

Žižek, Slavoj. 2008, *In Defense of Lost Causes* (《为败局辩护》), London：Verso.

第二部分

测量：理解和测绘我们所处的位置

导言与章节概要

生态经济认可并承诺保存人类经济的环境和社会基础。要向生态经济转型,必备的步骤就是要重新思考人类在生物物理环境当中存在和行动的相关理念和目标。我们通过在心智中开发和维持一些模型,来创造一种有关所处的生物物理环境的条件以及我们与它的关系的意识。在当今的现代世界,对于环境的这一描述,是由科学建模来完成的。尽管,从古至今,社会中还存在其他的描述现实的方式,就像彼得·蒂默曼在第一章当中说明的那样。标准经济学也曾断言,价格代表了一种理想的测量或者"标尺"——任何无法据此标尺被测量的东西,都(暂时)隐匿在外部的黑暗里。生态经济学提倡另外的道路,就包括要呈现其他的尺度,把当前世界上经济思想和实践未能包含或者未能充分包含的那些方面囊括进来。方法上的转变,将伴随着或者促进着世界观的转变。

当前广泛共享的环境科学模型——也就是有关现实的科学模型——持续地通过从环境反馈回来的感官反应来更新。我们在环境关注方面的巨大尺度,还有基于事实推理的科学方法,意味着这种反馈大部分需要通过量化的方式来获取。量化方法在西方社会的兴起,始于中世纪晚期和文艺复兴,导致了随之而来的科学技术的进步(Crosby, 1997; Frangsmyr, Heibron and Rider, 1990)。今天,量化的工具涵盖从简单的计数到复杂精细的检验和统计技术,有时甚至生成海量的、深奥的数据。

处理量化数据的挑战在于将其转化为有用的信息。然后使用这些信息，增进知识、指引人类的行动。换句话说，我们如何用一种有意义的方式来解释和使用手上的数据？量化数据分析的步骤，从形成问题框架，到研究设计，再到真实的数据收集和分析，最后以现有的知识加以诠释和综合分析，这些步骤都需要研究者作出的有效判断。需要人为判断，这一维度使得量化数据分析所涉及的技巧和技术，宛如一项艺术。

测量和评估生物圈的状况——一个复杂的系统——使得量化数据分析进一步复杂化了。它涉及诸多问题，包括对于检测的关键参数的认定、管理多重的时空尺度、对测量的阐释，以及对复合指标的建构和使用。使用测量系统来检测和控制人类对于生物圈的影响，就需要对临界值作出认定。这个行动不会没有伦理意涵。事实上，罗克斯特伦等（Rockström et al., 2009）创造的"地球边界"这一概念，就是这样的一个例子，它为我们对环境困境的反应提出了框架，作出了指引。

对环境的抽象建模，以及对环境数据的量化，不应该让我们远离以下事实——人类个体和经济都深嵌在生物物理环境之中。当我们依赖科学的方法以及其还原论倾向来描述和理解环境时，需要始终认识到：人类的存在与环境不可分割——我们需要空气、水和食物。因为人类社会是环境的一个子系统，前者的状况与后者联系在一起，所以，最终我们关心的是二者的共同境况。

有一个可能的方法是通过"健康"这一概念来想象这种联系。健康的概念广泛存在于人类的语境中，至少，通过自己健康或者缺乏健康的经验，大多数人都会对其有所理解。从大约1990年开始，健康的概念开始日益被应用于生态的诸多系统中，特别是有关"生态系统"的概念化。这一概念也正是在那一时期于科学共同体中获得了一席之地。使用健康来描述诸如生态系统之类的复杂系统的运行，从直觉来看，很有吸引力。不过，从严格的科学角度来看,它是有问题的。健康是指一种(感知到的)存在状态,建立在从一系列量化的、质性的指标得来的信息进行诠释的基础之上。不过,由于语境的差异和人为的判断,并不存在一个确切的、普遍的健康的定义。换句话说,健康是一个认知性而不是一个界定性的概念,因此需要小心的、审慎的研究方法。这就是说,当我们使用生态系统健康作为一个科学概念的时候,我们必须谨慎认识到生态系统进化而产生的多重可能性,并对此保持开放。

章节概要

马克·戈德伯格和杰弗里·加弗:《生态经济学关键指标的测量》

两位作者提出了一个测量的方法论框架,以支持生态经济学相关指标的开发。他们还探讨了开发和诠释复合指标的问题。对于生态经济学当中用来精确测量过程和评估影响的指标来说,关键是,理解哪些过程或者要素(通常称为"驱动因素")构成了指标的值,或者与之相关。要充分领会这些过程以及相互关系,我们必须遵循严正的科学原则,这样,测量过程才能得到精确值。也就是说,测量必须同时是有效的(测量其意欲测量的),以及可靠的(得到的值的变化范围必须足够小,以提供一个有意义的解释)。这些原则既适用于测量关键过程,也适用于测量其驱动因素。对于所提出的测量方法框架以及指标,作者讨论了其构成要素:伦理、正义和治理的语境;所考量的参数的范围;时间和空间尺度;形成一个复合指标时,构成指标的不同测量方法间的通约性;测量本身的特性和目的;不确定性问题以及从中获取指标的复杂系统之间的互动。他们讨论了将迥异的变量相互混合作为指标来使用所固有的问题,并建议要非常谨慎地使用指标,并且要在有限的条件下使用。

杰弗里·加弗和马克·戈德伯格:《边界和指标:向着全球生态限度制约下的正当关系的经济所取得的概念化与测量进步》

在前面的章节中,加弗和戈德伯格探讨了要在新的生态经济中进行治理,为此设计一套新的指标背后的复杂考量。特别是,有关尺度、分类以及人类经济的效率的问题。两位作者使用罗克斯特伦等(2009)阐发的安全操作空间以及地球边界的概念,还有布朗和加弗(2009)阐发的人与生物圈之正当关系的前提作为论述框架。他们聚焦在治理的问题上,认为地球边界呼唤着一个使用更为精炼的指标的治理政体。他们提出,有十个特征是这些经济和生态治理的指标需要处理的。他们详细讨论了地球边界的三个方面,包括温室气体的大气浓度、氮负荷以及生物多样性,以此来阐明指标开发的过程。作为结论,两位作者倡导以一种迭代性的方法来开发和使用指标,因为这样才能跟得上对地球系统的不断演进的理解,符合动态的治理环境。

马克·戈德伯格、杰弗里·加弗和南希·梅奥:《重新审视生态系统评估中的人类健康隐喻及其在生态经济学中的应用》

在本章中,作者讨论了健康这一概念从人类到生态系统的应用。他们解释了,为什么在两个领域当中,使用科学的术语和方法都不能充分地界定或者评估健康的状态。他们展示出,人类健康的概念是难以把握的,尝试对其做出的多种界定,都存在严重的缺陷。重要的是,由无数的特性和领域所组成的人类健康概念,是无法被任何个体所单一地测量的。而且,对于怎样对人类健康做出单一的界定也没有共识。健康,已经超出了由医生测量的生理和病理参数所反映的内部症兆,甚至也超越了残疾的外部化的症兆。它甚至可以包含"幸福"的概念,以及一个人是如何"感觉"他的健康状况的。此外,健康是一个进化的过程,个体会随着时间以不同的方式改变着。简言之,在其整体性方面,人类健康是没有办法在某个特定的个体身上进行测量的。

因而,作者总结,拿人类健康的比喻来界定生态系统的健康,是错误的。而且,只把医生作为诊断者和治疗者,肯定是不对的。生态学家像医生一样,诊断并矫治病理问题,当然是对的,也是必要的。生态学家已经开发出无数的指标,来测量生态系统的诸多特性。生态系统和人类的情况一样。我们不太可能开发出来一套有限的指标,用它们来测量,就能够声称一个生态系统是"健康的"。更为重要的是,对于生态系统的功能和状态做出评估,并不需要一个关于生态系统健康的明确定义。尤其是,合并了基础指数的那些复杂指数,并不能测量复杂生态系统当中的所有维度。而且,要使用复杂的指标,必须有基准测试。基于此类指数声称生态系统是健康的,可能会充斥着谬误。作者总结道,为了补救的目的以及陈述政策,在生态经济学中使用这些指标——特别是监控人类活动在地方的、区域的和全球等各层次的生态系统和物种的影响时,我们需要做出审慎的选择:究竟要用指标来测量什么?

林奇峯和詹姆斯·法尔斯:《追随奥尔多·利奥波德的脚步:生态系统中的人及其对生态系统健康的含义》

在本章中,作者追溯了奥尔多·利奥波德(Aldo Leopold)将人类作为生命共同体中的普通成员、公民的构想,以及将土地的本质特征视为"土地健康"的思想,并且思考了这两种思想是如何走向他著名的"土地伦理"的。利奥波德的土地伦理推动人们超越与土地的关系,从经济的关系拓展到包含"完整、稳定以及美"。作者将其思想应用于生态系统和生态系统健康的领域,将人类理解为生态系统的一部分,并思考,这样看来生态系统健康的意涵是什么。带着这些思考,作者回到利奥波德的著述,研究他在《沙乡年鉴》(*A Sand County Almanac*, 1949)当中的文章。在《强大的堡垒》("A Mighty Fortress")一文中,利奥波德讲到了他的林地,在经历了很多树木疾病之后变成了一片富饶的野生动物栖居地。这篇文章强调了生态系统及其复杂本质的多元视角。这种多元性反过来激励着人类去学习丰富性和健康概念的意义。换句话说，本篇回应了上一章的论点：只用医学科学是无法充分地描绘健康这一概念的。在结论部分，作者提倡说，要用艺术和人文思想，对感知现实和人类行动的科学和理性模式做出补充。

参考文献

Brown, Peter G., and Geoffrey Garver. 2009, *Right Relationship: Building A Whole Earth Economy*（《正当关系：建立一个整体的地球经济》），San Francisco: Berrett-Koehler.

Crosby, Alfred W. 1997, *The Measure of Reality: Quantification and Western Society, 1250 – 1600*（《测量现实：量化与西方社会，1250—1600》），Cambridge, UK: Cambridge University Press.

Frangsmyr, Tore, J. L. Heilbron, and Robin E. Rider, eds. 1990, *The Quantifying Spirit in the 18th Century*（《18世纪的量化精神》），Berkeley: University of California Press.

Leopold, Aldo. 1949, *A Sand County Almanac and Sketches Here and There*（《沙乡年鉴》），New York: Oxford University Press.

Rockström, Johan, Will Steffen, Kevin Noone, Asa Persson, F. Stuart Chapin, III, Eric F. Lambin, Timothy M. Lenton, Marten Scheffer, Carl Folke, Hans Joachim Schellnhu- ber, Bjorn Nykvist, Cynthia A. de Wit, Terry Hughes, Sander van der Leeuw, Hen- ning Rodhe, Sverker Sorlin, Peter K. Snyder, Robert Costanza, Uno Svedin, Malin Falkenmark, Louise Karlberg, Robert W. Corell, Victoria J. Fabry, James Hansen, Brian Walker, Diana Liverman, Katherine Richardson, Paul Crutzen, and Jona- than A. Foley. 2009, "Planetary Boundaries: Exploring the Safe Operating Space for Humanity"（《地球边界：探索人类的安全运行空间》），*Ecology and Society*（《生态与社会》）14（2）: 32.

第四章

生态经济学关键指标的测量

马克·戈德伯格、杰弗里·加弗

1. 导言

生态经济学关注的是,将新古典经济学所忽略的生态和其他约束条件整合进经济系统中。在本章中,我们探讨制定测量方法、发展指标过程中根本性的方法论考量,使其可以应用于监测经济活动的过程和环境的状态,从而决定这些约束条件是否已经达到。

指标就得有用。首当其冲的是要清晰地界定为什么要测量它们。在科学研究中,这可以称为研究性学习或者调查项目的"目标"。然后要确保所用的测量方法实际上测量了它们想要测量的东西(即效度),而且是持续一致的(即信度)(Koepsell and Weiss, 2004)。对语境的考量影响着目标框架的制定,通常也直抵问题的核心。何种过程成为指标之基础的,何种其他因素和过程(通常称为"驱动因素")与之相联系,对它们的理解同样也很重要。举个例子,埃利希和霍尔德伦(Ehrlich and Holdren, 1972)指出,尽管在特定情况下其他因素也很重要,但是人口规模、富裕程度和技术仍然是环境影响的基本驱动因素。空气污染及其对生态系统的影响是一个很好的例子(Lovett et al., 2009),其中清晰的是,燃烧有关的污染物主要归咎于人类活动。不同过程之间的相互关联通常比较复杂,需要系统分析方法或其他技术来帮助解析这些错综复杂的关系。

从地方到区域再到全球,不同测量中的挑战被很多生态过程对尺度的依附关系所加重。许多地方性过程会扩大升级,从而在全球水平上产生重要的聚集效应。举个例子,每个地方人群释放的温室气体,虽然随着地理不同有所变化,但集合起来就导致了区域和全球尺度上的气候变化及其他后遗症。反过来,这些区域的或者全球尺度的变化,又导致了对全球各个地方不同生命系统的影响(Intergovernmental Panel on Climate Change, 2007)。要测量对生态系统和物种的影响,同样被它们的适应性给弄得更加复杂了。还有,要比较有着不同特征的生态系统的标尺(通约性),也存在重要的挑战。生态系统的异质性("一座森林并非只是一座森林")造成了多元性,但也给测量的诠释造成了困难,也影响了一个测量对其他系统的概化能力。尤其是,我们还没能充分理解此生态系统的自然历史,或者缺乏在不同生态系统间进行比较的基准。生态系统的异质性及其之间的互动,都使得合适指标的开发更加复杂,尤其是这些重要的、有效的且可以复制的指标。

后面的几节会提出一个测量的方法论框架,以支持生态经济学相关指标的开发。这个框架有五个元素:(1)语境的考量;(2)尺度和维度的考量;(3)范围的考量;(4)通约性的考量;(5)对于互动中的不同系统的考量。如此,我们就可以辨识出并瞄准通向指标的路径。我们还将从方法论角度,探讨一个准确的测量由哪些东西构成,以及对包含其他初级指标的复杂指标进行诠释所产生的大量问题。

2. 语境考量

从生态经济学的目标来界定,语境考量关心的是指标和所期望的结果之间的关系,包括那些基于伦理和正义的考量所衍生出来的标准。将指标应用于治理语境中的相关问题非常重要。指标的开发必须不仅仅要考虑伦理和正义标准,还需要考虑一些实践性的问题,包括它们在治理当中的应用,还有它们所采用的方法、交流的方式。

有一学派提出,生态系统的状态可以用"生态系统健康"这个概念来界定(Costanza, 1992; Costanza and Mageau, 1999; Jørgensen, Xu and Costanza, 2010; Rapport, 1992; Suter, 1993)。遗憾的是,我们在第六章中表明,这个通过类比人类健康发展而来的概念,由于难以测量所有关键领域,所以它事实上是模糊的,并且在实践中用处有限。健康虽然是一个重要的概念,但无法被单独测量:它包含多维度的指标,难以被轻易界定或测量。事实上,乔根森(Jørgensen, 2010b)指出:"很明显,我们现在无法找到一个或几个可以普遍应用的指标……正如引进生态健康评估时,一些人天真地所想的那样。"因此,尽管他们已经提出"生态健康(是)对于系统的适应力、组织和活力的一个综合的、多尺度的、动态的、有层次的测量"(Costanza and Mageau, 1999),我们认为这些对于适应力、组织和活力的建构并非能够被简单地界定,也无法被轻易测量,就能够描绘(生态系统)全部的功能。对这三个特定的性质所作出的断言,或者实际上任何普遍的组合,并不意味着健康。

想要评估人类—地球关系的语境基础,生物学和热力学的指标(例如,[Jørgensen et al., 2010, 12—14]所提到的八个范畴当中的那些指标),更为宏观的指标如人类对净初级生产力和生态系统的占用的指标①,还有社会和经济的指标,肯定都具有相关性,但是它们并不能界定全部的功能。地球在很多不同空间和时间尺度上发生作用,界定这些功能的过程是数不清的、高度相互关联的,还有很多内嵌于其中的反馈回路。在某种意义上,这虽然复杂,但应该很明显。此外,生态系统的异质性以及"自然的"长期变化,让找到可以比较的规范变得困难。

鉴于这些挑战,那些由生态经济学的原则而产生的目标,也许提供了一个语境,能够让指标必须处理的那些复杂性的范围得到合理的安排。举个例子,本章和下一章当中探讨的"地球边界"的概念(Rockström et al., 2009a,2009b),为获取指标提供了一个框架,让指标可以基于以下目标而取得:维持人类经济,避免将把地球的状态变成不适合包括人类在内的许多物种生存的地方。

3. 范围考量

范围考量,关注的是我们所寻求指标的参数的范围。举个例子,如果用"正当关系"这一伦理(Brown and Garver, 2009)来限定其语境,那么除了环境参数,可能还有必要检视一大批人类和社会方面的参数。

因此,范围的问题和语境的问题息息相关。大体上,指标的伦理语境和基于正义的语境,将使得对生态系统和生物地球物理系统的检视,不仅仅包括生物的、物理的和化学的参数,还有人类彼此之间关系的参数,以及人类和生态系统及地球之间关系的参数。

---

① 乔根森等(2010,12—14)分辨出来评估"生态健康"的八个水平的指标,基于如下:(1)特定的指标物种的存在与否;(2)有机体纲目的比例;(3)与营养水平有关,或者与毒性有关的有毒化学成分有关的特定化学合成物(如磷)的存在与否,或者它的浓度;(4)营养水平的浓度,例如,浮游植物的浓度会被用来作为湖泊富营养化的指标;(5)过程率,诸如与富营养化相关的初级生产率,或者与森林健康有关的森林生长率;(6)复合指标,包括 E.P.奥德姆(E.P.Odum)的贡献以及多种指数,例如生物总量,或者生物总量的生产率;(7)整体指标,例如生物多样性、适应性、缓冲能力、抵抗力,以及氮转换率;(8)"超总体性的"热力学指标,例如放射本能(生态系统当中能够获取并使用的能量)、能量以及熵。

4. 尺度考量

尺度考量指的是指标的空间和时间尺度。尺度是开发指标要考量的一个根本性因素：有些问题是全球性的，例如气候变化；不过，在不同的地理位置、不同的时间，气候发生的变化不一样，每个地方的驱动因素也不一样。其他有些问题在地方上发生，但可能会在一个区域内的多个地方中出现。例如，酸雨是一个区域性的问题，但是它对湖泊的影响可能是地方性的；蓝藻可能在本地的湖泊和其他水体内大量产生，但是可能会在特定的流域内蔓延。因此，考虑在不同的尺度上，什么指标是合适的、有用的，以及不同的尺度上的指标如何相互联系，都很关键。全球总体环境状况的相关指标可能在一些语境当中是有用的，但是可能没必要用它们来评估某个特定生态系统或者一个区域内部的状况。

尺度还跟时间有关：有一些进程随着时间缓慢变动，或者会有延迟的反馈，而有些进程则更加迅速（Rockström et al., 2009a, 2009b）。有些进程通常在地质年代尺度上发生作用，但是现在在数百年间甚至是几十年间就显现出变化。对这些进程进行鉴别，也是重要的。举个例子，大气中的二氧化碳增加，往常是千年间才发生的事情，但在过去几十年已经出现了急剧的变化。很明显，进化是一个缓慢的过程，但是物种多样性的消逝正在以快了许多的速度发生着。

在地方生态系统的尺度上，乔根森等（2010a）提出的八组生物的和热力学的指标可能特别有用（见前面的注释），但还是不够完备。在这个尺度上，可以通过如下维度来描述一个生态系统：内部平衡、无疾病、多样性或复杂性、稳定性或适应力、活力或生长范围、系统组成部分之间的平衡，以及生态完整性（"系统组成部分之间的相互联系"；Jørgensen, 2010a）。对于每一个坐标系，都需要找到特定的指标,而且,对指标的选择需要随着语境而改变。对功能("系统的总体活动")的测量可以加进来。还有其他依据生态系统类型的指标也可以加进来。不过,认为这些指标可以包含全部的功能,是不正确的。

在全球尺度上,有关地球功能的指标是那些近期找到的指标,它们有助于建立"地球边界,可以为人类建构一个安全的运行空间,尊重地球系统的功能"(Rockström et al., 2009a, 2009b)。我们将在随后的章节当中更深入地探讨这个问题。这些边界与如下现象相关:气候变化、海洋酸化、平流层臭氧、全球养分循环、大气气溶胶荷载、淡水使用、土地使用变化、生物多样性损失以及化学污染。很明显,地球系统与更小尺度的系统以复杂的方式进行着互动,其中有复杂的反馈环路将它们连接起来。

另外一个例子是人类对净初级生产力的占用(Human Appropriation of Net Primary Productivity,简称 HANPP,即人类占用)——它与地方、区域和全球尺度都有重要关系,以及这种占用与物种—能量曲线(species-energy curves)的交互作用——它将物种的生存和一个区域内可用能量的总产量联系起来。举个例子,通过检视人类占用的净初级生产力对于总可用能量的影响,赖特(Wright, 1990)对预计灭绝或者濒危的物种的百分比,作出了一个估算。后来发现,这一估算与观察大体上是一致的。

5. 通约性考量

通约性考量关心的是,不同的测量方法是否可以被化约为一个共同的测量。生机勃勃的珊瑚礁与 50 股埃克森美孚公司股票的价值是不可通约的。这是以金钱来为"生态系统服务"估价的相关争论的核心问题。在金钱的价值得到界定的新古典经济学的标准框架中,这种估价承载了太多的包袱。事实上,科斯坦萨等人

(1997)被广泛引用的文章,将金钱的价值指派给了生态系统。尽管这是尝试着在当前的政策争论中为生态经济学争取一席之地,但很明显,这样做与生态经济学的伦理及其隐含的基本原理不可兼容。另外还有一个例子,"野生的"昆虫被估计价值570亿美元,因此其结论就是说这个价值的"数目论证了,要对这些服务的保护进行更多的投资"(Losey and Vaughan,2006)。很明显,当考虑到所有的昆虫或者特定昆虫灭绝的相关问题,以及这一估值隐含的假设"昆虫就像其他商品一样,可以用570亿美元或者其他数额的成本来进行替换",我们就会发现这一估值及其结论——以及任何为生态系统或者物种所进行的估值,都非常荒谬。如果所有的蜜蜂灭绝了,地球会变成一个完全不一样的地方(有一些研究表明,某些特定的杀虫剂、新烟碱,可能导致了蜜蜂退化;Henry et al.,2012;Whitehorn et al.,2012),没有任何金钱能够取代它们和它们的根本性功能。多少钱都不行!那么,在考虑有关"正当关系"的指标的时候,一个挑战就是要避免这种不可通约性问题;另外一个挑战是,在使用涉及对相互间不可通约的指标做出考量的决策工具的时候,要发展出一些方法才能达成想要的目标(Martinez-Alier et al.,2010)。

可通约性带来了以下这些问题:是否以及如何评估总体中的不同生态系统;社会议题应当如何评估;以及包含不可通约的多个指标的计分卡(scorecard)指标是否提供了有用的信息。与这些问题相关的是控制变量或指标的问题:要对一个生态系统或者地球的机能做出结论,是否有一些指标比其他指标更加重要呢?这些指标是否可以用于发展出有效的政策,而不太可能适得其反或者干脆失败?和通约性相关的问题,还有生态系统进化的非线性本质,它使得将不同指标通约到共同衡量标准上更加复杂了,也使得至少前瞻性地使用一些指标,更加复杂了。最后,通约性考量的范畴,还包括基准和参照点的问题。基准和参照点广泛应用于人类健康要素的评估以及诸如生态系统恢复的评估,然而,要在其他领域中应用它们,可能存在问题。

不可通约性的诸多议题可以通过以下提问来进行阐明:如果我们的目标是,要理解生态系统机能的状态,并且据此安排一些可能改善生态机能、减缓环境问题的行动,复合的指标是不是比几组指标更加有用?复合或集成的指标表示了复杂的参数集合:要么是在一个测量单位中——就像金钱或生态足迹,利用衍生的机能来计算有生产力的土地的公顷数;要么作为没有单位的指数,如可持续社会指数(Sustainable Society Index);要么就是作为有着无法诠释的维度的指标(任何有着不同的单位并组合起来的数量,可能是用乘法、加法或者是用更复杂的方式得出的。这样得来的指标,对其做出诠释就算不是不可实现,也相当困难)。复合指标的例子如下:

- 货币价值
- 国内生产总值、国民生产总值,还有世界生产总值(以货币单位来表示,如美元)
- 生态足迹(http://www.footprintnetwork.org/en/index.php/GFN;以真实的或者虚拟的有生产力的土地,包括近岸海域的公顷或英亩数来表示)
- 真实过程的指标(http://www.rprogress.org/sustainability_indicators/genuine_progress_indicator.htm;以货币单位来表示,如美元)
- 物质流计算当中使用的多种指标(以质量单位来表示[生物量、矿物的质量,等等],人均质量单位,或者总体的百分占比)可持续社会指数(http://www.eoearth.org/article/sustainable_society_index#2.1___definition_of_sustainability)

- 可持续经济福利指数(http://www.neweconomics.org/gen/newways_about.aspx)
- 可持续表盘(http://www.iisd.org/cgsdi/dashboard.asp)
- 环境表现指数(http://epi.yale.edu)

很多这样的复合指标会采取单独的项目(如空气质量、人口增长和其他复合指标),乘以一个假设的权重系数,然后把结果加权。乔兰兹、勒米特和帕特森(Jollands, Lermit and Patterson, 2003)开发出一个通用的指数算法。我们认为这种算法有严重的问题,还有其他的方法也是。它们把异质的、以不同的单位测量的数量,以一种实质上是任意的方式组合起来。下文将详述我们对此方法的担忧。

5.1 复合指标的局限

尽管复合指标正在被广泛地使用,但其中的大部分——如果不是全部,在诠释的时候都存在着严重的问题,包括但不限于如下:

1. 混合异质的数量:要诠释生物的、物理的、统计的,或其他特定项目的复合指数,通常是不可能的,因为"苹果和橘子"是不能混在一起的。空气质量是7,加上性别平等的5,是什么意思呢?也就是说,这样做,对指数意欲测量的东西,还没有构想清楚。另外,如果没有基准或者设定参考值,除了以一种非常笼统的方式,那就没有其他办法来诠释复合指数。诸如总结说某种上升的指数是"好的",某个下降的指数"不好"(或者反之)。当然,我们无法用这些指数来做任何政策决定。比较不同时间的变化,或者进行区域之间的比较,一般都是有可能的,不过比较的意义有点含混不明,因为很难从中领会这个复杂指标中的哪一个元素产生了变化。如果没有单个元素的细节信息,就很难知道哪一个元素发生了变化。就将指数合并在一起的基本原理来说,这就从整体上回避了问题的实质。

2. 合并信息:将元素相加或者相乘,或者使用更为复杂的数学函数(无论是否加上权重),都包含一些通常并没有公认的假设,对其含义也缺乏清晰的认识。关键的问题是,真正正在测量的是何种建构?要如何诠释它?此外,指数值的不确定性(例如,统计抽样的可变性、测量当中的谬误)还可能被忽略掉了,或者没能被辨识出来。还有其他技术问题,涉及如何选择将不同组件聚合起来的函数,以及如何确定一个数学函数是否优于其他函数。

3. 解释变化中的模糊性:一个复杂指数中的变化,无论是时间上的还是空间上的,都无法被简单地归因到某个特定元素的变化。举个例子,在可持续社会指数当中,22 个指数都会在从 0 到 10 的量表上重新计分,然后用一些假设的权重来加权,得到每个范畴各一组五个总结性的值("个人发展""健康环境""良好平衡的社会""对资源的可持续利用""可持续世界")。不同范畴得分相加,得到一个最终的累积值。这样的指数是无法进行解释的。例如,如果一个元素增加的程度与另外一个元素减少的程度一样,那么结果就没有变化。如果确实有变化出现,那么简单地检查它们的和,就无法确定哪里发生了变化。

有一个简单的例子:如果两个独立变量相加或相乘,那么不可能区分它们的和或积中的任何特定值的含义。例如,如何诠释一个计算"x_1+x_2"为多少的指数?如果 $x_1=4$, $x_2=5$,或者 $x_1=5$, $x_2=4$,那么得到的是同样的结果,即 9。即使 9 的意义可能在两个例子中大相径庭。

4. 政策中的应用:使用复合指标无法解决特定的问题和方案。除非这些指标开发出来就是为了测量某个重要的概念,而这个概念具备表面效度或者建构效度。举个例子,我们假设,可以通过把单独的污染物(如挥发性有机物、大肠杆菌、金属、浑浊度)的浓度相加来界定"水质量"。如果我们测量水质量是为了防止人类的健康问题,那么对于这一指数的诠释可能会模糊不清。因为,有一些元素关系长期的健康影响(如金属、挥发物),而其他元素关系短期的效果(如大肠杆菌、浑浊度)。把这些相异且可能相关的数量相加,无法形成清楚的解释。因为我们不可能给这个指数找到一个基准,也就是说,决定"安全"的临界值是多少。

另一方面,公共健康政策中发展出了许多复合指数,不过,它们主要用于针对普通人群的沟通,以减少他们感染成特定疾病的风险。举个例子,加拿大空气质量指数(Stieb et al., 2005; http://www.hc-sc/.gc.ca/ewh-semt/air/out-ext/air_quality-eng.php; http://www.ec.gc.ca/cas-aqhi/default.asp? Lang=En)和紫外线指数(http://www.epa.gov/sunwise/doc/what_is_uvindex.html),前者是为了在日常生活中提醒人们,降低低劣空气质量而造成的急性健康风险;后者是为了减少因为大量照射紫外线而引起的皮肤癌和白内障等长期风险。这些指数一般不是为了发展环境政策。举例而言,空气质量指数,衍生于真实的臭氧、微粒和其他污染物的浓度;而与其相关的健康影响,则是诸多政治和经济条件限制下,可以用来产生调节"可接受"的限度和行动(这个指数曾经被用于估计疾病的负担[Stieb et al., 2005],不过其主要的用途是教育和预防)。

一些学者建议,在政策的框架里,复合指标或许是有用的:

> 如果使用者不够小心或者不够通晓情况,综合指标的代价就是,他会无从知晓数字是怎么来的;它们是如何集合起来的,不确定性、权重和假设是如何卷入的,等等。这并不是说使用者"失去了"更加细节性的信息——一般情况下,人们都能够看到任何综合指标是如何建构起来

的这些细节。问题是,决策者太忙了,没有时间处理这些细节。综合指标的吸引力正在于,它帮决策者处理了这个工作。即便是综合指标有这种优势,也没有哪一个指标能够回答所有的问题,总是需要多个指标的(Opschoor,2000)。正如我们需要聪明地、全盘通晓地使用这些指标(Costanza,2000)。

这段评论低估了复合指标的问题,尤其是因为它如此草率地忽视了忙碌的决策者会误用这些指标的问题。一个复合指标,除非是有基准的,并且能够在其意欲测量的建构当中得到理解,否则就不可能在决策过程中得到合适的使用。因为它测量的到底是什么东西,尚不明确。在这个基础上,怎么可能作出合适的决定?如果要在决策过程中有价值,复合指标必须被分解成单独的组成部分,那么,为什么不一开始就用独立的组成成分呢?一些政客和官员确实无法处理一组一组的指标,但这并不能够证明,复合指标的使用(或者,更有可能是误用)就是合理的。

决策者在诠释多组指标的过程中产生的问题,部分是因为他们看不到收集这些指标的原因和明确的目的。因此,决策者身陷数字的泥沼,这些数字不可诠释,而且出离语境。提前具体说明问题是什么、需要测量什么,维持了这些指标的语境。

6. 测量过程的考量

前文关于复合指标的探讨,很自然地导向了测量和诠释相关问题的讨论。正如我们指明的,使用者必须非常清楚为什么要测量某些东西;在科学项目的开发中,我们称之为"操作性目标"(operational objectives)。不应该仅仅因为有些东西可以被测量或者可以被获取(比如,通过行政的数据库就可以获取这些数据的情况),就去测量它们。有句重要的格言这样说:"不是所有有价值的东西都可以计算,也不是所有可以计算的东西都有价值。"(标语挂在普林斯顿大学爱因斯坦的办公室里。)

我们的目标自然地指向了意欲测量的某种特定的建构。这通常由目标主导,但可能会受到知识和技术的限制。温度,是一个被界定得很好的建构:它界定了一个系统的平均动能,它与热量是成比例的,而且由一个最低值标定(绝对零度)。它具有表面效度(有关效度和信度概念的详细描述见框4.1),也就是说,对于它测量什么,专家们形成了共识。它还有内容效度和建构效度:我们能够从物理理论来理解它正在测量什么。测量一个具有完全相同温度的系统,无论实际上使用什么样的工具,变化都非常小(这称为信度、可变性,或者不确定性)。一个或多个无偏差的工具重复测量之后,均值会趋于"真实的"温度。因此,对于温度的测量兼具信度和效度(这两个概念加在一起,通常被称为准确性)。因为温度是有效、可信的,我们可以觉察出其随时间的小小变化趋势,而且在很多实例当中,它都可以充当标记性指标。有效和可信的指标,不只在科学中,在生态经济学项目中,都是至关重要的。

当然,一项测量的信度和效度能达到何种程度,极大地依赖于测量工具本身的精确性(图4.1)。对于具体的案例,我们需要对工具做出审慎的选择,考虑这个测量需要有多精确(在量子实验中,你将永远不会用到汞球管温度计;要测量周边环境的温度,你将永远不会需要用到那种来测量十亿分之一精度的设备)。

全球变暖的案例非常有启发性。要展示全球变暖正在发生,我们必须要确定,不能使用测量误差来解释温度的时间趋势。也就是说,全球环境温度的测量均值随时间产生的变化,事实上是大于测量误差的(Brohan et al., 2006)。全球温度的年度平均值是通过遍布全球的监测器估算出来的。因而,记录的温度代表的是一个小区域的温度。对较小数量的监测点上获得值来估算均值,带

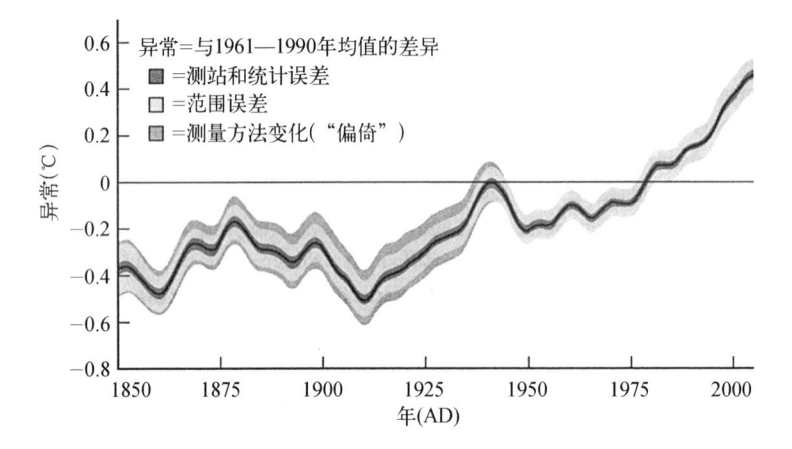

图4.1 HarCRUT3全球温度异常时序缓和后的年度分辨率。黑色实线是最佳估值。内部的深灰色的区间是测站、采样和测量误差导致的95%不确定性范围。浅灰色区间是由于覆盖范围有限,增加的95%的误差。外部的深灰色区间是由于偏倚误差,增加的95%误差范围。基于布罗昂等(Brohan et al., 2006)重制

来了"栅格均值"(gridbox mean)的不确定性,指的就是抽样误差。因为成本和可行性,并不是地球上的每个部分都被覆盖到了(即覆盖误差)。在每一个测站的测量都会有不确定性(即测站误差)。最后,因为测量方式的变化,大尺度中的温度会产生不确定性(即偏倚误差)。

对每个特定监测器数据进行月度的或者年度的平均,全球温度均值就建立起来了。要理解明显长期的、单调的温度增长是否超过和超出了误差范围,就需要对全球记录做出分析。这一分析需要考虑/解释上文提到的测量误差和覆盖误差。这样一来,我们的目标就变成,决定全球平均气温的增长是否大于相关测量误差的总和。图4.1显示了合并多种误差的分析结果,在其中,观察到的趋势大于测量误差。因此,地球从1850年开始变暖这一结论得到了确认(Brohan et al., 2006)。(对这些数据的正式的统计分析,和对此图的考察都指向了同样的结果。)

当然,这个特定的例子无法说明区域温度变化的情况。事实

上,我们知道北部区域的暖化要快于赤道附近(Intergovernmental Panel on Climate Change, 2007)。因此,全球平均温度是一个有限的全球变化指标,它掩盖了显著的空间差异。然而,作为一个物理的指标,全球平均温度还是很重要,因为它反映了增长的气候强迫给大气增加的额外的能量。这些气候强迫主要来自人为致使的温室气体排放增加。

全球变暖的这个例子很明确地展示了,通过分析测量结果随时间的变化来判定趋势的重要性。这个例子还展现了测量和统计之间的密切关联。古气候记录表明,当前温室气体的浓度远超于过去60万年的存量。持续增长的温室气体排放,会让全球变暖,可能导致极地冰盖消融,这样的担忧确实存在。这样的非线性、不可逆的变化(一个"引爆点")可能带来巨大的灾难,导致农作物衰败、地球上大多陆地居民遭遇洪灾。那么我们可以这样认为,通过仔细考察古气候的记录,事实上是可以找到一个"基准"的。有人建议,二氧化碳接近350ppm可以作为一个基准(Rockström et al., 2009a, 2009b)。我们已经远超这个基准了(2014年12月,约400ppm; http://co2now.org)。趋势是每年增长差不多2ppm。不久以后这个世界就朝着预计450—500ppm进发了。

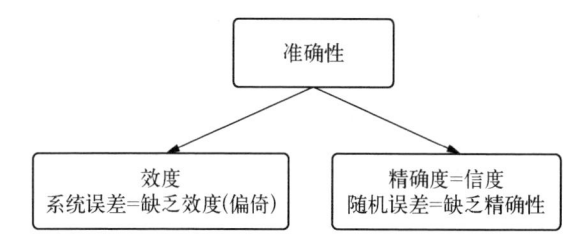

图 4.2 准确性的范式

7. 模型与预测

科学的测量方法通常用于发展模型,用来预测没有数据的情况,比如预计未来或者其他情形。所有的模型都有一个有效的范围,没有哪个统计模型或者物理模型是完美、精确的。问题在于,模型是不是有用。很显然,要将它们应用于生态经济以及政策当中,关键是要认识到它们的局限性。所有的模型都需要确证其有效性。

模型和测量之间的差异,需要辨析清楚:测量是某种建构的实时表现(例如,某个水域当中某种污染物的浓度)。而在没有测量的地方,模型可以发展出来以预测浓度(例如,一个空间预测模型),或者加上一些附加信息,来预测随时间变化可能达到的浓度。要正确地诠释这些模型,所有用以建立这个模型的假设都必须得到非常清晰的说明。只有进一步地进行测量,显示出这个模型是(或者不是)正确的,模型的价值才得以显现。有时候,模型可以作出大体准确的预计,但是其估值可能不是百分之百准确(一般都是这样)。在这种情况下,很可能是这个模型整合进了正确的科学,但是可能缺乏细节,因此其数量上的准确度没有预期的那么好。

在可以开发的模型的不同类型之间进行区别,也很重要。虽然不可能讨论所有使用过的模型的类型,但我们可以列举一些例子,或许能够给读者一些概念,来理解它们是如何使用的。回到有关全球温度的例子,我们可以发展统计模型,来预测随着时间变化,在未来某个具体的年份(比如,2100年)中的预计全球温度会是多少。这种模型可以利用所有可获取的历史数据(输入),并且会努力寻求"最适用的"函数以描述这些数据(输出)。最简单的函数之一,就是一条直线。不过,实际上它并不是反映数据的最佳线条。因为在1970—1980年前后,温度的变化速率急剧增加了(所谓的曲棍球图)。不过,如果找到了准确的函数(如果我们假设随着时间变动,趋势保持不变),那么我们就可以预测函数随着时间变化的值,得到一个对2100年的预测温度(这个预测也会包含相关的统计可变性)。显然,这是一个粗糙的模型,因为它假设导致温度变化的条件在未来始终保持不变。

气候建模研究者已经开发出来远远更为精确的模型,称为全球循环模型(global circulation models)。这些模型利用已知的物理学,包括多种反馈机制,整合了通过不同组合情况下人为排放温室气体浓度所引发的各种可能的变化。并不是每一种模型都会达到同样的预测结果,因为每一个模型都内嵌了不同的假设。此外,因为计算的复杂性,一些模型可能会让其中的物理学比其他模型里的更简单一点。这些模型还在持续地更新,以便将新的物理学、新的信息包括进来,并用过去的数据加以测试。

将预测和观察进行比较,可以测试模型的有用性。通用循环模型,已经被用来"反向预测"20世纪的温度。也就是说,通过使用20世纪的排放估值(输入),运行模型,看它们是否能够预计到已经观测到的全球温度组合(预计值和观测值的比较)。事实上,结果表明,几乎所有模型的均值都符合观测到的温度。这个对有效性的确证给了我们信心,让我们相信模型对未来的预测将会提供可信的数据。它提供了一定范围内的变化,但是不能确保未来会遵循这些预测(Intergovernmental Panel on Climate Change, 2007)。

并不是生态经济学的所有指标都需要应用于预测。不过,显然它们需要评估非周期性和空间的变化趋势,并有可能用来调节经济行为。因此,知晓这些指标在信度和效度方面的特性,很是关键。

8. 复杂互动系统的考量

作为界定任何指标的一部分,我们都必须小心对待其诠释的过程。因为这个指标可能是从互动系统内部或之间的复杂过程中得到的。测量总是存在着局限,可预见性也是一样。复杂系统受到不可预测的行为影响,因此会产生不可预测的结果。这不光是测量的局限,这是复杂系统的本质性行为。这一认识和如下说法恰恰相反:"有一个客观的真理,就在那儿。如果我们有足够的时间和金钱,我们可以做到足够的测量、建立足够好的模型,我们就可以对未来进行精确建模。"复杂系统理论包括"不可消减的不确定性"观念。因此,对于界定指标、指标所基于的模型,还有对它们的诠释,都需要加倍小心。下一章讨论的预防性原则(precautionary principle),为设定政策时处理不确定性提供了一种方法,特别是当它与政策决定相关的时候。

我们在下一章当中讨论的很多指标在本质上都是全球性的。但是其基础过程发生在地方和区域尺度上,而且有很多复杂的反馈循环。我们将讨论以边界值的形式对人类经济进行设限的概念。这些被提议的边界值,是为了让地球为人类安全运行。为了能够将这些边界变成不应被逾越的规范性价值,必须能够有一种自上而下的方法,以便在小的地理尺度上设置限制。

两个例子就足够了。再一次用气候变化来举例。我们知道与人有关的碳排放发生在地方尺度上,而国际协定则基于分配给各个国家的定额。为了显示不同部门和排放之间的关联,还有温室气体的大气浓度(大体上全球是一致的)和排放等级之间的关联,我们已经进行了大量的工作。因此,大气温室气体浓度的全球目标,可以通过实现各个国家的排放目标来达成。

磷循环也是一个有用的例子。这是一个关键的指标(见第五章),而且磷也是农业中的重要营养元素。磷的过度使用以及径流,已经导致了它在很多水系中的大量累积,包括在西北欧国家中(Ulén et al.,2007),来自密西西比河径流的墨西哥湾、其他流向墨西哥湾的水系,以及有农田径流的湖泊中。这导致了营养化、缺氧状态,以及藻类过盛——如有毒的蓝绿藻(Ulén et al.,2007)。在生态经济学当中,磷是一个有用的指标,因为它在地方水系当中的积累水平,可以和使用其他农作方式而避免了这一问题的地方的水平进行比较。而且,这些限度可以按比例增加,从而建立一个全球的磷边界值。

生态经济学的目标是认识到人类活动在地球之中的嵌入性。要想成功实现这一目标,就必须在全球范围内限制磷的使用,以减少对生态系统的破坏。只有评估区域的模式(对于墨西哥湾而言,这涉及了数千平方公里),才能有效地设定限制并且加以执行。这要求精确的测量,还要求彻底地了解磷进入生态系统的途径。这需要复杂的模型,要么基于经验数据(统计模型),要么基于机制模型。这些模型的合法性,是使用它们的必要条件。不过,一旦到位,它们就可以用来设定和执行区域和地方的限制。当然,设定限制还不够。我们还需要替代性的农业模式,这样减少排放才有可能实行,以及找到缓冲径流的办法。我们还需要努力减少人口,因为人口是一个主要的驱动要素。为了实施这些新的农业政策,我们还需要教育项目和一些可能的激励措施。

9. 结论

我们已经讨论了,要在生态经济学中和政策制定中能够得到适当的使用,指标所需要具备的一些关键特性。特别是我们展示出,必须要有明确的目标,这样才能确切地理解应该测量什么,以及为什么测量它。我们同样讨论了与测量过程相关的诸多议题，我们也讨论了通过语境、尺度和维度、范围以及通约性等考量，一些能够被用来界定需要测量何种指标的要素。作为这个过程的一部分，我们需要考虑变量之间的相互关系，并努力认识到可能对测量的诠释产生影响的复杂性。我们指出，必须遵循严谨的科学原则，以确保测量过程是准确的（有效的、可信的）。测量本质上具有可变性，其变化的程度将会受到环境的影响，但确切地鉴别误差，能够帮助我们增进对它的理解。对于使用复杂指标，我们极其地谨慎，因为它们极少能测量有意义的建构。因此一般来说，对它们的值所作的诠释，可能会意义不明。这些原则既适用于关键过程，也适用于它们的驱动因素。

> **框 4.1　和测量有关的问题**
>
> 任何指标的使用，完全由目标决定。没有明确的目标，诠释是困难的；开发具体的测量在逻辑上也是不可能的。对于任何指标来说，最显而易见的标准是，它首先要是有效的、可靠的（Koepsell and Weiss, 2004）。一般而言，这意味着，指标能够测量它意欲测量的东西，而且不确定性的程度是已知的。因此，一个人不仅要决定测量什么、如何测量数量，还需要评估与测量相关的误差的水平。
>
> 效度有很多方面。我们在这里呈现一些主要的概念。一个测量的表面效度（face validity）是指，它是否明显地测量了它意欲测量的东西，比如测量物理数量。专家们都同意，一个特定的指数能够测量其意欲测量的东西。这种类型的效度通常适用于物理和特定的生物学测量。但是通常，即使在物理学当中，有着确定诠释的测量，也是从其他测量衍生出来的。熵，作为热力学的一个基本概念，是导出量，不过理论已经发展到使之成为基本量。

我们可以说,对熵这样的测量,对应的是建构效度（construct validity）的概念。建构效度指的是,关于一个指数意欲测量的理论建构,在多大程度上可从这个指数来进行推论。另外一个例子是,背痛有很多的致病源,在每个人身上发作的情形也不同。有没有一种办法,可以测量背痛多大程度上影响了一个人的日常生活?有一个已经使用了很多年的指标是"罗兰-莫里斯腰背疼痛及残疾问卷"（Roland and Morris, 1983a, 1983b）。它包含 24 个问题,如下:

罗兰-莫里斯腰背疼痛及残疾问卷

我因为背部问题,大多数时间都待在家里。

我频繁地更换姿势,为了让背部感到舒适。

因为背部问题,我比平时走路更慢。

因为背部问题,我不能做以往可以从事的家务劳动。

因为背部问题,我上楼梯要用扶手。

因为背部问题,我更经常地需要躺下来休息。

因为背部问题,我从安乐椅起身的时候,需要抓住一些东西。

因为背部问题,我尽量让别人帮我做事。

因为背部问题,我穿衣服比平时慢。

因为背部问题,我只进行时间较短的站立。

因为背部问题,我尽量不弯腰或者屈膝。

因为背部问题,我发觉,从椅子上起身存在困难。

我的背部几乎一直是疼痛的。

因为背部问题,我发觉,在床上翻身存在困难。

因为背部问题,我的食欲不是很好。

因为背部的疼痛,我穿袜子（或者长筒袜）有困难。

因为背部问题,我只能短距离行走。

因为背部问题,我睡得不够好。

因为背部的疼痛,我需要别人帮忙穿衣服。

因为背部问题,我一天大部分时间都是坐着的。

因为背部问题,我避免繁重的家务劳动。

因为背部的疼痛,我对人比平时更加易怒,脾气更坏。

因为背部问题,我上楼比平时更加缓慢。

因为背部问题,我大部分时间都待在床上。

每一项都涉及"背痛表现"的机能化建构。背痛的程度,也可以通过询问评估疼痛水平的问题来进行测量。罗兰-莫里斯问卷通常给回答"是"赋值1,给"否"赋值0。把24个问题的答案分值相加,给每一个问题同样的权重,就得到了一个指数,最低为0(没有问题)到最高为24(每一个评估的机能都存在问题)。因此这个指数是对于评估之时某个人的问题的简单计算(没有单位)。当然,一个人总是可以自己来估算独立的指标。

这个复合的指数当然不能用于诊疗决定。不过,对于承受着背痛之苦的人来说,它非常重要,而且对于在不同组别病人间来评估治疗和区别,也非常有用。的确,在两组人群之间比较这一复杂指数的均值,会得出一个统计推论:是否这一群体的背痛比起另一群体有更多的机能问题。这样的评估不会说明具体的机能问题是什么——只有对每一项做出评估才能提供上述信息。及时对一个群体做出评估,就能够回答由于背痛带来的长期的身体机能问题。这一指数具备建构效度。不过,它并不是唯一可以用来测量背痛或者机能的指数。什么时候使用这个指数或者其他指数,都取决于你想要回答什么问题。

建构效度有许多正式的定义。例如,美国环保局(the US Environmental Protection Agency,简称EPA)将其界定为"一种测量方法准确地呈现一个建构,并且产生一个有别于对其他建构的测量所产生的观察结果的程度"(www.epa.gov/evaluate/glossary/cesd.htm)。前述例子符合这一定义。

罗兰 莫里斯问卷包括若干相互关联的项目,组合而成一个复合指数。每一个项目对应一个背痛影响的机能,这些机能之间有着些许的不同。不过主要的概念是测量背痛影响的机能。这就称为内容效度(content validity)。EPA 对其的定义是,"在一个测量工具或者测试中,项目充分测量或呈现调查者想要测量的特性之内容的能力"(www.epa.gov/evaluate/glossary/cesd.htm)。

效度还涉及其他方面(如,校标效度[criterion validity],sis.nlm.nih.gov/enviro/iupacglossary/glossaryc.html)。不过这里没有必要进行更进一步的讨论。

不过,这里对信度(不确定性或者可变性)的问题相当感兴趣。信度的问题与测量误差相关,但是也与统计变异性有关。任何测量过程都存在固有的误差,测量理论的一个关键的理念就是要发展出最小测量误差的工具。在测量温度的例子中,我们在正文中讨论了"测站误差"和"偏倚误差"。这些误差描述了遍布全球的、不同的温度监测器、跨越时间的测量过程存在的固有误差。的确,如果这些误差过大,那么全球温度的任何实际的增长都会难以辨识。因此,信度可以定义为,测量过程中固有的变异性。

信度还存在其他的形式。如果由不同的个体来评估某个特征,那么,因为过程中出现的微小改变,每个个体对于一个具体案例的评估可能会随时间而改变。这称为"评分者间一致性"。如果有许多不同的评分者,就算是使用相同的标准,在不同的评分者之间还是存在变异性。这称为"评分者间信度"。

在统计学中,信度的概念通常称为"统计变异性"或者"统计误差"。统计误差是指抽样的变异:如果我们随机选取的是另外一群人,对某个特定人群的研究结果就会不一样。如果我们有足够的资源,可以反复进行一个研究,这些研究结果的平均值就可以反映最佳的估值。这些估值的变异程度即抽样误差。这个概念和测量误差之间存在着明确的关联。如果测量中的误差是未知的,它们就会被归入统计变异性当中。不过,如果测量误差是已知的,那么就可以从总的可变性当中划分出来。本质上,统计变异性是指那些不能被轻易解释的变化。事实上,统计学的一个目的就是解释这种变化。(根据IPAT公式[Ehrich & Holdren, 1972],如果可以获得数据,那么就可以从这个角度来看待动因识别。)

效度和信度这两个概念通常被认为关系密切。而且通常被合称为准确度(见图4.3)。另一方面,"准确度"这一术语通常用来表示效度。

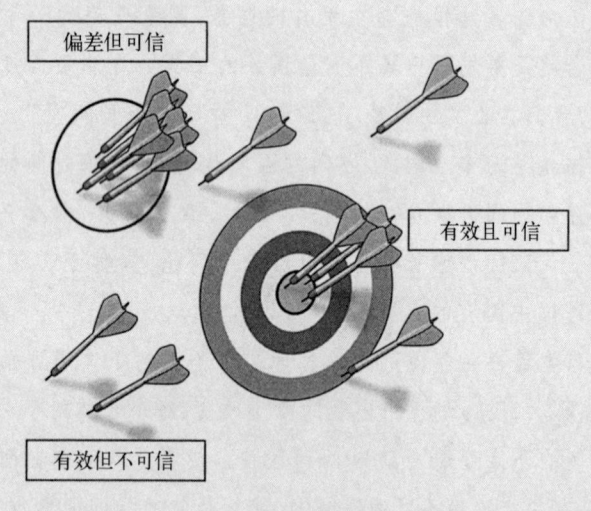

图 4.3 信度和效度的区别

参考文献

Brohan, P., J. J. Kennedy, I. Harris, S. F. B. Tett, and P. D. Jones. 2006, "Uncertainty Estimates in Regional and Global Observed Temperature Changes: A New Data Set from 1850"(《区域与全球观察的气温变化的不确定性估计:1850 年以来的新数据集》), *Journal of Geophysical Research: Atmospheres* (《地球物理研究杂志:大气》)111 (D12): D12106.

Brown, Peter G., and Geoffrey Garver. 2009, *Right Relationship: Building A Whole Earth Economy* (《正当关系:建立一个整体的地球经济》), San Francisco: Berrett Koehler Publishers.

Costanza, Robert. 1992, "Toward an Operational Definition of Ecosystem Health"(《迈向生态系统健康的可操作定义》), in *Ecosystem Health: New Goals for Environmental Management*(《生态系统健康:环境管理的新目标》), edited by Robert Costanza, Bryan G. Norton, and Benjamin D. Haskell, Washington, DC: Island Press, pp. 239 – 256.

Costanza, Robert. 2000, "The Dynamics of the Ecological Footprint Concept"(《生态足迹概念的动力学》), *Ecological Economics* (《生态经济学》) 32: 341 – 345.

Costanza, Robert, Ralph d'Arge, Rudolf de Groot, Stephen Farber, Monica Grasso, Bruce Hannon, Karin Limburg, Shahid Naeem, Robert V. O'Neill, Jose Paruelo, Robert G. Raskin, Paul Sutton, and Marjan van den Belt. 1997, "The Value of the World's Ecosystem Services and Natural Capital"(《世界生态系统服务和自然资源的价值》), *Nature* (《自然》)387 (6630): 253—260. doi: 10.1083/387253ao.

Costanza, Robert, and Michael Mageau. 1999, "What Is a Healthy Ecosystem? "(《什么是健康的生态系统?》), *Aquatic Ecology* (《水生生态系统》)33(1):105—115. doi: 10.1023/A: 1009930313242.

Ehrlich, Paul R., and John P. Holdren. 1972, "Critique on 'the Closing Circle' (by Barry Commoner)" (《对〈闭环〉[巴里·康芒纳作品]的批判》), *Bulletin of the Atomic Scientists* (《原子科学家公报》)28 (5): 16, 18 – 27.

Henry, Mickaël, Maxime Béguin, Fabrice Requier, Orianne Rollin, Jean-François Odoux, Pierrick Aupinel, Jean Aptel, Sylvie Tchamitchian, and Axel Decourtye. 2012, "A Common Pesticide Decreases Foraging Success and Survival in Honey Bees"(《一种普通杀虫剂降低了蜜蜂的存活和采蜜的成功》), *Science* (《科学》)336 (6079): 348—350. doi:10.1126/ science.1215039.

Intergovernmental Panel on Climate Change. 2007, *Fourth Assessment Report, Climate Change* 2007: *Synthesis Report*(《第四次评估报告,气候变化 2007:综合报告》), edited by The Core Writing Team, Rajendra K. Pachauri and Andy Reisinger. Geneva: Intergovernmental Panel on Climate Change.

Jollands, Nigel, Jonathan Lermit, and Murray Patterson. 2003, "The Usefulness of Aggregate Indicators in Policy Making and Evaluation: A Discussion with Application to Eco-Efficiency Indicators in New Zealand"(《政策制定和评估当中复合指数的有用性：在新西兰应用到生态—有效性指数的讨论》), Australian National University Digital Collections, Open Access Research, http://hdl.handle.net/1885/41033.

Jørgensen, Sven Erik. 2010a, "Eco-Exergy as Ecological Indicator"(《生态放射本能作为生态指数》), in *Handbook of Ecological Indicators for Assessment of Ecosystem Health*(《关于评估生态系统健康的生态指标的手册》), edited by Sven Erik Jørgensen, Fu-Liu Xu, and Robert Costanza, Boca Raton, FL: CRC Press, pp. 77 – 87.

Jørgensen, Sven Erik. 2010b, "Introduction"(《导言》), in *Handbook of Ecological Indicators for Assessment of Ecosystem Health*(《关于评估生态系统健康的生态指标的手册》), edited by Sven Erik Jørgensen, Fu-Liu Xu, and Robert Costanza, Boca Raton, FL: CRC Press, pp. 3 – 7.

Jørgensen, Sven E., Fu-Liu Xu, João C. Marques, and Fuensanta Salas. 2010, "Application of Indicators for the Assessment of Ecosystem Health"(《评估生态系统健康的指数应用》), in *Handbook of Ecological Indicators for Assessment of Ecosystem Health*(《关于评估生态系统健康的生态指标的手册》), edited by Sven Erik Jørgensen, Fu-Liu Xu, and Robert Costanza, Boca Raton, FL: CRC Press, pp. 9 – 75.

Jørgensen, Sven Erik, Fu-Liu Xu, and Robert Costanza, eds. 2010, *Handbook of Ecological Indicators for Assessment of Ecosystem Health*. 2nd ed, (《关于评估生态系统健康的生态指标的手册》第 2 版), Boca Raton, FL: CRC Press.

Koepsell, Thomas D., and Noel S. Weiss. 2004, "Measurement Error"(《测量误差》), in *Epidemiologic Methods: Studying the Occurrence of Illness*(《流行病学方法：研究疾病的发生》), Oxford: Oxford University Press, pp. 215 – 246.

Losey, John E., and Mace Vaughan. 2006, "The Economic Value of Ecological Services Provided by Insects"(《昆虫提供的生态服务的经济价值》), *BioScience*(《生物科学》)56(4): 311—323. doi: 10.1641/0006—3568(2006)56[311:TEVOES]2.0.CO;2.

Lovett, Gary M., Timothy H. Tear, David C. Evers, Stuart E. G. Findlay, B. Jack Cosby, Judy K. Dunscomb, Charles T. Driscoll, and Kathleen C. Weathers. 2009, "Effects of Air Pollution on Ecosystems and Biological Diversity in the Eastern United States"(《空气污染对于生态系统以及美国东部生物多样性的影响》), *Annals of the New York Academy of Sciences*(《纽约科学院年鉴》)

1162(1):99—135. doi:10.1111/j.1749—6632.2009.04153.x.

Martinez-Alier, Joan, Giorgos Kallis, Sandra Veuthey, Mariana Walter, and Leah Temper. 2010, "Social Metabolism, Ecological Distribution Conflicts, and Valuation Languages"(《社会代谢、生态分配冲突与评价语言》), *Ecological Economics*(《生态经济学》)70(2):153—158. doi:10.1016/j.ecolecon.2010.09.024.

Opschoor, Hans. 2000, "The Ecological Footprint: Measuring Rod or Metaphor?"(《生态足迹:测量竿或隐喻?》), *Ecological Economics*(《生态经济学》)32(3):363—365. doi:10.1016/S0921-8009(99)00155-X.

Rapport, David J. 1992, "Evaluating Ecosystem Health"(《评估生态系统健康》), *Journal of Aquatic Ecosystem Health*(《水生生态系统健康杂志》)1(1):15—24. doi:10.1007/BF00044405.

Rockström, Johan, Will Steffen, Kevin Noone, Asa Persson, F. Stuart Chapin, III, Eric F. Lambin, Timothy M. Lenton, Marten Scheffer, Carl Folke, Hans Joachim Schellnhuber, Bjorn Nykvist, Cynthia A. de Wit, Terry Hughes, Sander van der Leeuw, Henning Rodhe, Sverker Sorlin, Peter K. Snyder, Robert Costanza, Uno Svedin, Malin Falkenmark, Louise Karlberg, Robert W. Corell, Victoria J. Fabry, James Hansen, Brian Walker, Diana Liverman, Katherine Richardson, Paul Crutzen, and Jonathan A. Foley. 2009a, "Planetary Boundaries: Exploring the Safe Operating Space for Humanity"(《地球边界:探索人类的安全运行空间》), *Ecology and Society*(《生态与社会》)14(2).32. http://www.ecologyandsociety.org/vol14/iss2/art32/.

Rockström, Johan, Will Steffen, Kevin Noone, Asa Persson, F. Stuart Chapin, III, Eric F. Lambin, Timothy M. Lenton, Marten Scheffer, Carl Folke, Hans Joachim Schellnhuber, Bjorn Nykvist, Cynthia A. de Wit, Terry Hughes, Sander van der Leeuw, Henning Rodhe, Sverker Sorlin, Peter K. Snyder, Robert Costanza, Uno Svedin, Malin Falkenmark, Louise Karlberg, Robert W. Corell, Victoria J. Fabry, James Hansen, Brian Walker, Diana Liverman, Katherine Richardson, Paul Crutzen, and Jonathan A. Foley. 2009b, "A Safe Operating Space for Humanity"(《一个人类的安全运行空间》), *Nature*(《自然》)461:472—475. doi:10.1038/461472a.

Roland, Martin, and Richard Morris. 1983a, "A Study of the Natural History of Back Pain. Part I: Development of a Reliable and Sensitive Measure of Disability in Low-Back Pain"(《背痛的自然历史研究[第一部分]:开发一个可靠及灵敏的腰部疼痛障碍测量》), *Spine*(《脊柱》)8(2):141-144.

Roland, Martin, and Richard Morris. 1983b, "A Study of the Natural History of Low-Back Pain. Part II: Development of Guidelines for Trials of Treatment in Primary Care"(《背痛的自然历史研究[第二部分]:开发初级护理中的治疗试

验指南》), *Spine* (《脊柱》) 8 (2): 145-150.

Stieb, David M., Marc Smith Doiron, Philip Blagden, and Richard T. Burnett. 2005, "Estimating the Public Health Burden Attributable to Air Pollution: An Illustration Using the Development of an Alternative Air Quality Index"(《评估可归因于空气污染的公共卫生负担:使用替代性空气质量指标的发展的例证》), *Journal of Toxicology and Environmental Health*, Part A (《毒理学与环境卫生杂志》) 68 (13—14): 1275—1288. doi: 10.1080/15287390590936120.

Suter, Glenn W., II. 1993, "A Critique of Ecosystem Health Concepts and Indexes"(《对生态系统健康概念和指标的批判》), *Environmental Toxicology and Chemistry* (《环境毒理学与化学》) 12: 1533—1539. doi: 10.1080/15287390590936120.

Ulén, B., M. Bechmann, J. Fölster, H. P. Jarvie, and H. Tunney. 2007, "Agriculture as a Phosphorus Source for Eutrophication in the North-West European Countries, Norway, Sweden, United Kingdom and Ireland: A Review"(《在西北欧国家、挪威、瑞典、英国和爱尔兰,农业作为富营养化磷来源:一个综述》), *Soil Use and Management* (《土壤利用与管理》) 23: 5—15. doi: 10.1111/j.1475—2743.2007.00115.x.

Whitehorn, Penelope R., Stephanie O'Connor, Felix L. Wackers, and Dave Goulson. 2012, "Neonicotinoid Pesticide Reduces Bumble Bee Colony Growth and Queen Production"(《新烟碱杀虫剂对大黄蜂蜂群增长和蜂后生产的削减作用》), *Science* (《科学》) 336 (6079): 351—352. doi: 10.1126/science.1215025.

Wright, David Hamilton. 1990, "Human Impacts on Energy Flow through Natural Ecosystems, and Implications for Species Endangerment"(《人类通过自然生态系统对能量流的影响,以及对物种危害的影响》), *Ambio* (《人类环境杂志》) 19 (4): 189-194. doi: 10.2307/4313691.

第五章

边界和指标：向着全球生态限度制约下的正当关系的经济所取得的概念化与测量进步

杰弗里·加弗、马克·戈德伯格

要避免在互相依赖的生态、经济、社会系统当中造成过度、不公以及崩溃，人类经济运行的空间在生态方面的边界是什么？相关的参数是什么？什么政策导向的指标会准确地、可靠地展示出人类的事业需要尊重这些边界和参数的程度？在这一章当中，这些问题构成了发展和持续改进高质量经济指标的实质性框架。这些指标可以作为灯塔，重新引导人类经济，走向一种充满尊重的、持久的与地球生命系统的关系——这种关系基于第二章介绍的成员资格、住所以及熵节约的理念。和赫尔曼·戴利的生态经济学（1996）一致，这些指标应该处理经济的总尺度、分配，以及效率的问题——尺度是一个外在的限制性条件，分配和效率的问题必须在其中加以安排（Daly and Farley, 2011）。"正当关系"（Brown and Garver, 2009）以及"安全运行空间"（Rockström et al., 2009）的理念构成了这里提倡的框架的基础。

作为起始，有三个总体的考量值得强调。首先，这个框架是围绕着贯穿时间范围和空间尺度的生物地球化学系统中复杂且通常是非线性的、混乱的行为而建立起来的。正如上一章所解释的那样,这个基于系统的框架对如何处理适合经济边界和指标的不确定性和测量参数,提出了重要的挑战。第二,它要求在尺度指标以及分配与效率的指标之间做出区分。诸如"安全运行空间的地球边界"这样的概念,特别适用于前者。而诸如"正当关系"的概念为后者提供了标准,这些标准与尺度、地球边界相关的标准既重合,又超越。与安全运行和正当关系的理念一致,成员资格、住所以及熵节约的概念,应该引导生态界限内的与分配和效率有关的规范性选择。第三,这里设想的经济指标,是有关人类事业情况的那些盛行的、正在出现的指标的替代性选择。这些人类事业要么明确地,要么隐含地,但都致力于经济的增长,视其为通往健全的经济路径中的必备要素。传统的可持续发展的理念,反映在增长驱动的里约原则(Rio Principles)、"里约+20"峰会的成果文件《我们期望的未来》(The Future We Want),以及联合国环境项目的绿色经济报告中。[①] 与可持续发展的理念相反,这个框架坚持说,一定要认识到系统的临界值,以及其他人类—地球系统关键要素限制,以此作为讨论发展指标的不容商议的起点。

1. 边界的简介

2009年9月,一个国际的研究团队,在斯德哥尔摩适应力中心(Stockholm Resilience Centre)的约翰·罗克斯特伦的引领下,提出了一个创新的生态框架,指导人类事业达到这一愿景(Rockström et al., 2009)。这个框架围绕人类"安全的运行空间"的"地球边界"的概念而建立。这些被构想出来的边界,作为全球生态限度的标准。一旦超出这些界限,人类会面临"有害的风险,甚至是大陆与

[①] 里约原则第十二部分陈述:"各国应该协作,以推动一个支持性的、开放的国际经济系统,能够导向所有国家的经济增长和可持续发展,能够更好地应对环境退化的问题。"《我们期望的未来》,是2012年6月举办的"里约+20"峰会的成果文件,为国际社区对持久经济增长的承诺提出了超过二十条的参考。

全球尺度上灾难性的环境变迁"(Rockström et al.,2009:1)。地球生态系统的条件在过去的1万年都相对稳定,这使得人类文明得以扩张。而边界与我们对下述问题的临界值所作的估计有关:地球生态系统的关键过程中不可逆的、非线性的变化,或者是我们不希望的、累积起来的人为负荷或破坏。罗克斯特伦和他的同事,基于气候变化、海洋酸化、大气臭氧耗竭、大气气溶胶荷载、土地使用、淡水使用、化学污染、物种多样性损失以及养分(例如,氮和磷)循环,提出了9个地球边界。他们对这些方面都作出了初步的估计,除了化学污染和大气气溶胶荷载。虽然其基调是人类的安全和存续(因此可以争论说,它与"人类是所有生命共同体当中的成员"这一理念存在矛盾),地球边界扎根于以下认识:人类对于地球生命系统存在着根本性的依赖。

我们或许可以把提议的地球边界当作灯塔,它们从安全运行空间的标准规则中投射出光芒,指导人类与地球关系的基本方面——也就是,人类事业与生物圈的互动。人类事业包括全球人类活动的总体;而大气、全球生物和非生物元素的总体和它们的特征,一起组成了地球及其大气圈,支持了地球上的生命(Huggett,1999)。其他相关的边界也是可能的,例如,全球人类生态足迹的限度,足以让人类活动获得持久的供给,同时可以维系一个可接受的生物多样水平(Ewing et al., 2010;Wackernagel and Rees,1996)。另外一个略有不足的尝试是(Bishop, Amaratunga and Rodriguez, 2010),想为人类占用建立一个类似的边界,能够测量人类通过其他手段获取或者占有的生物量生产的数量(Haberl et al.,2007)。

所有上述边界的共同特质是,它们给予生态考量以首要的重要性,而且对于人类和地球上的其他生命来说环境灾难性后果的可接受风险,它们反映或表明了某些规范性的观念。此外,这些边界还与动态互动的人类—地球系统的临界值有关,或者说,与由人类活动形成的总体生态影响达到了不受欢迎的水平有关。这些系统临界值是不可能很确定、很精确地找到的,因为系统所拥有的非线性动力学,其中的变化可能会突然地、无序地发生;而且,远在反馈能够显示出其后果影响之前,系统就可能越过了一个无法回头的临界点了。对于地球的许多边界来说,这种不确定性太高了,以至于它们当前是否有用都成问题。同样,人类造成的生物多样性的缺失,还有人为的污染物累积,在不同的地方或区域,都有着相当大的变化。在哪个点上,这些影响的集合会对生态系统构成一个灾难性的、全球性的重大破坏,都难以琢磨。实际上,有一些提议的边界,比如营养荷载、生物多样性损失,其可行性受到了质疑。因为它们在全球的层次上和区域或者地方的层次上不一样,很难被概念化或者建立模型(Nordhaus, Shellenberger and Blomqvist, 2012)。不过,其他的一些边界具有明确的全球性意义,特别是气候变化这一边界。这些边界的范畴放在一起,全面反映了地球生态系统的一组互动性的系统特征,它们为人类前景的生态概貌建立了一个框架。

规范性的边界,与临界值或者集合的限度,既有联系,但又有所区别。规范性的边界是人类经过精心研判而建构出来的,因为到达这一点,超出系统临界值或者集合压力的风险,就不可接受。因此,这些边界在支撑起科学的巨大复杂性,与人类独立或集体运作的规范性竞技场之间,搭建了一座桥梁。举个例子,所提出的大气二氧化碳水平的安全边界,设定了一个安全限度,避免达到一个无法回头的临界值点。而这个设定,乃是基于对全球温度上升的无数交互相关后果的坚实的科学理解,例如海平面上升以及生物多样性的大量损失(Hansen et al., 2008)。临界值是没有办法确定的,但是边界反映了在临界值内安全运作的选择。

在使用多个边界来表示人类对地球的集合生态影响的时候,必须考虑边界与边界之间的交互关联。罗克斯特伦研究团队注意到,"多个地球边界之间的互动可能会让一个或者多个边界的安全值发生变化"(Rockström et al., 2009:24)。他们提出的每个边界,都建立在其他边界没有被逾越的假设之上。他们提议,如果这一假设不能够满足,边界很可能需要调整,来缩小人类的安全运行空间(Rockström et al., 2009)。边界彼此之间的关系,可能会揭示出为边界进行某种排序的道理,尤其是考虑到不确定性的水平,以及其中一些边界在全球尺度上的可行性。即便有一些边界在概念上比其他的更为可靠,边界之间的互动也有重要的意义。例如,和土地使用有关的考虑,归根结底是基于土地使用在其他边界上的效果,特别是生物多样性、气候变化以及营养荷载(Nordhaus, Shellenberger and Blomqvist, 2012)。海洋酸化也是如此,它与大气二氧化碳水平的增加直接相关,两者考虑的总体后果是气候变化。这些关系对于指标的发展和建构都有所影响。例如,在影响之间决定相对优先级别的时候,要考虑到它们对于全球生态系统最紧急的压力的贡献。

罗克斯特伦团队的生物物理学边界空间,可以用来推演出更直接聚焦于人类领域的社会政治维度的附加限制条件。早在20世纪70年代早期,就有研究(Ehrlich and Holdren, 1972)提出,环境影响是一个函数,其自变量是人类的人口规模、富裕程度以及技术,这就是著名的 $I = P \times A \times T$,或者 IPAT 公式。在这里面,I 是影响,P 是人口,A 是富裕或者消费,T 是技术。理论上,每一个地球边界都可以被理解为 I 这个变量的一个固定的限度。而它反过来限制了 P、A、T 变量。如果 P 增加,要让 I 保持不变,那么 A 或者 T 必须降低。

如果人口是焦点,那么,承载能力就是边界概念的一个变体。人口的总量已经对地球的过程产生了巨大的影响:作为一个物种,人类占据了地球动物总量的大约5%(McNeil, 2000),在2011年数量达到了70亿(United Nations Population Fund, 2011)。不过,联合国预计,到2050年,地球人口总量会在83.4亿到109亿之间(United Nations Population Division,2013)。戴利和恩尔利希(Ehrlich)(1996)区分了两种承载能力:第一种是在既定的技术能力下,生物物理上可以维系的最大人口数量;第二种是"社会承载能力",在多种社会系统以及相关的资源消费模式里可以维系的最大人口数量。被定义为最大人口规模的全球承载能力,其实是难以估计的,尤其是它会随着地理区域而发生变化,也会随着相应的区域社会经济系统而变化。通过分析人口对每个边界的压力,以及在管理A和T变量的可行选择的既定情况下,分析这些边界受到尊重的情况下所能允许的最大人口数量,地球边界的概念也许可以有助于集中这一努力。

全球限度或者边界这一概念,提出了一些值得注意的考虑。地球边界概念以全球为焦点,不应该预先排除这种可能性:对有些(如果不是全部)边界的范畴而言,地方限度或者区域限度比起全球限度来说,可能更为重要,或者是更加容易决定和应用的。如果认为全球的限度或者边界是均匀分布的,在任何情况下都将是一种误导。因为对于集合的负载或影响,还有这些负载和影响的生态后果而言,地方的、区域的贡献,不可避免地在空间和时间上都是多元的、异质的。此外,边界或者限度的概念,可能暗示说:只要还没达到这些限定,一切都没有问题。然而很可能还没有达到那个限度,严重的、不受欢迎的生态或者人类福祉退化,就已经发生了。

2. 指标的简介

要在治理和其他的语境中有用,边界就需要通过可测量的指标来表示。决定指标的概念框架时,重要的问题是,要考虑指标测量什么,以及为了何种目标而测量。对这些问题的回答,相当于是测量、收集与指标相关的信息的潜在原因。例如,一个经济指标,只有其传达的信息与所阐明的经济目标相关的时候,才是有意义的。因此,如果全球经济至高的目标是确保连续的增长,那么世界各国组合的 GDP 大概可以表示有意义的、有用的信息。相反,布朗和加弗(2009)构想了一种经济,以保护和增强生命共同福祉的完整性、适应性以及美。如果为了测量上述目标在多大程度上得以实现,并且对达到这个目标的支持性政策有潜在用处,那么,这一组指标就相当不同于 GDP 了。

本章的前提是,对于经济是否按照其应该的方式运行的指标,"人类事业的安全运行空间的边界"这一理念构成了其总体语境的一部分。也就是说,从地球边界理念衍生出来的指标,对于确定人类的运行空间是否"安全",或许是有帮助的。这里所提及的,包括一些次全球性(subglobal)的指标,也就是在全球边界的可行性存疑的地方,或者是区域的、地方的影响可能比集合的全球影响更为显著的时候,所使用的指标。这是一个以人类的安全运行空间为取向的概念,成员资格原则可能没有得到明确的尊重。因此,布朗和加弗(2009)加上了"正当关系"理念,表明了对于经济还需要额外的目标和指标,例如与生命和生命系统的繁盛相关的目标,以及"正当关系"理念本身所固有的人类之间、物种之间、代际之间的公平这一目标。布朗和加弗(2009)援引了利奥波德的土地伦理,来界定正当关系,最近的版本如下:"当一件事有助于保存生命共同体之完整性、适应性以及美,那么它就是正当的。"(Brown and Garver, 2009:5)正当关系,指的是一个"指导系统,能与科学的现实和持久的伦理传统保持和谐运作"(Brown and Garver, 2009:4)。从本质上,它完全抓住了成员资格、住所以及熵节约的理念。

同样,思考如何使用一个指标也非常有必要。地球边界这一概念的作者们,不只是创造了一个基于边界的预警系统。他们对于此概念在治理系统当中应用的可能性,同样有着明确的认识,包括使用它们来发展一些对于人类活动的调节限度或激励性框架。不过,要实施基于相互联动的全球边界之上的治理路径,目前还缺乏一个合适的制度架构;只有克服这一缺陷和其他的挑战,地球边界才能在全球或者次全球的水平上扮演有意义的角色(Galaz et al.,2012)。指标或许还可以用来设定研究议程,包括那些试图增进指标自身的精确性、消减其不确定性的研究,也包括将指标应用于特定环境的研究。第一类研究的一个例子是分析人类发展指数(Human Development Index,简称 HDI)的研究,它们对比大范围应用的人类发展标准,强调一些还没有被人类发展指数很好地捕捉到的方面(Ranis,Stewart and Samman,2006)。第二类研究的例子,包括魁北克可持续发展委员会对于魁北克生态足迹的计算(Lachance,2007),还有对传统的、有机的意大利葡萄酒的生态足迹进行比较的研究(Niccolucci et al.,2008),以及一个关于奥地利人类占用和鸟类多样性之间关系的研究(Haberl et al.,2005)。指标还可以用来作为沟通信息的工具,或是关于指标本身的信息,或是关于其潜在目标的信息(Schiller et al.,2001)。以广泛的沟通为目的来使用的指标,一个著名的例子就是无处不在的——通常也是误导性的——使用 GDP 来传达信息。GDP 所表明的是,在地方、国家以及全球层次上,当前占主导地位的坚持增长的经济的状态。在本章所描绘的分析性框架的应用过程中,思考一个指标在治理、研究、沟通以及其他领域的适用性,非常重要。

有关人类事业与生物圈的关系的指标,它们所传递的信息不仅仅有赖于这些指标的目的、潜在的应用性,也取决于需要发展并利用指标的测量、数据和假设的特点。正如第四章详尽解释过的,通过检视其语境框架、其应用的时空尺度、其信息试图传递的范围,其传达的信息与负载着价值的总体目标之间的通约性,以及它们在政策应用当中的有用性,我们可以深度分析这些指标的特征。

同样,正如第四章所讨论到的,指标的信度和效度,或者说准确性,也需要加以考虑。如果一个指标没有测量其意欲测量的东西(即校标效度),那它就是没有价值的。如果指标得不到精确的测量,那么,我们也不能有效地使用它来确定空间或者时间趋势的重要性,因为它自身的变化可能大过实际上的变化。正如第四章解释的,在两个方面,复合指标都有其固有的局限性,会使得解释复杂化。GDP 是一个经典的复合经济指标。它测量了某个经济体的商品和服务的总产值,通常以年度为单位(Costanza et al., 2009)。这是一个复合的指标,因为它将涉及广泛范围内的商品和服务的不同类型的全部交易,都化约为单一的金钱价值的测量。如果 GDP 仅限于作为一个总体经济活动的指标,不涉及其他东西,那么它可能相对无害。不过,如果将 GDP 用作全国人民福祉的具有决定性意义的测量,它就不可靠了。它忽略了很多非市场的交易,例如家务劳动,也无法区分能源和资源流动,还将那些对环境有负面作用的经济活动作为积极的贡献囊括进来。举个例子,为了解决墨西哥湾英国石油公司石油事故造成的损害所产生的成本,比起石油本应进入市场所产生的收益,对 GDP 的贡献更多——如果把法务、清理开销,还有其他与灾难相关的经济活动也算进去——"艾克森-瓦尔迪兹"号油轮石油泄露就是如此(Ogle, 2000)。前文提到的人类发展指数和生态足迹,还有包括在"生态健康"范式当中的繁复的指标,也都是复合指标,产生了在多个语境当中进行诠释的重要问题。下一个章节会集中地讨论。

3. 安全运行空间及正当关系作为经济指标的语境性框架:直面尺度、分配和效率

"安全运行空间"和"正当关系"概念放在一起,为开发经济状态和经济趋势的指标提供了一个语境。虽然它们在很大程度上是互补的,也是重叠的,但它们范围并非完全一致。与人类安全运作

空间相关的地球边界,为指标提供的主要是有关尺度的基础(尽管边界上的压力及其导致的影响在全球的分布都很重要)。正当关系不仅为人类活动的生态局限提供了指导(如尺度),还包括其他的标准。而这些标准更加关系开发与分配、配置有关的指标,诸如涉及在人类之间、人类与非人类生命之间的公平分配问题。

罗克斯特伦等发展了一个方法论以修补地球边界的概念,避免不确定性区间的存在。在这个区间中,"引爆点"(或者说状态的改变)可能已经被突破。这可能会导致让人类文明及其他生命在全新世走向繁盛的条件发生不可逆的偏差。他们试图把边界设置在这个不确定性区间最谨慎的一端,对 9 个地球指标当中的 7 个,所提出的边界如下(Rockström et al., 2009):

· 对于气候变化,大气中二氧化碳应该限制在 350ppm,净辐射强迫在每平方米+1 瓦特/(不确定性区间:350—550ppm,每平方米+1—+1.5 瓦特)

· 对于海洋酸化,在海洋水表面上,文石的前工业化水平保持在 80%(不确定性区间:70%—80%)

· 对于平流层臭氧损失,将损失限制在不超过前工业水平的 5%(不确定性区间:5%—10%)

· 对于氮磷循环干预,将磷向海洋的流量限制在不超过因为自然风化而产生的流量的十倍(不确定性区间:大于 10—100 倍),将人为从大气中移除的氮量限制在不超过每年 35 兆吨(这个数量的 25%会被地球生态系统自然修复;不确定性区间:25%—35%)

· 对于地球淡水使用,将淡水提取限制在不超过 4 000 立方公里每年(不确定性区间:4 000—6 000 立方公里每年)

· 对于土地使用的改变,将地球上无冰土地表面转

化为农业用地的比例限制在15%（不确定性区间：15%—20%）

·对于生物多样性，将灭绝的物种的比例限制在每年每百万物种中不超过10个（不确定性区间：10—100个灭绝物种）

对于大气气溶胶（颗粒）荷载或化学污染，这些作者没有提出边界，而且至今也都没能清晰地呈现任何一个。罗克斯特伦团队无法给大气气溶胶设置一个初始边界，因为气溶胶的特性复杂，而且它们影响气候、人体健康以及破坏环境的过程，都存在着不确定性。同样，化学污染对人类和生态系统的功能也都存在广泛的直接影响。它会作为一个缓慢的变量，影响其他边界。不过，罗克斯特伦团队没有对其边界做出估算，不仅因为化学物质过于巨大的数量（例如，仅仅在美国就有超过8万种）和广泛变化的影响，还因为化学污染对于其他边界的影响存在着不确定性。

根据地球边界的研究者，大气二氧化碳浓度、生物多样性损失、人类对地球生态系统添加的氮磷，这几项边界已经被逾越了（Carpenter and Bennett, 2011; Hansen et al., 2008; Intergovernmental Panel on Climate Change, 2007b; Rockström et al., 2009; United Nations Environment Programme, 2009）。2013年，根据普遍的报告，二氧化碳的大气浓度已经达到400ppm，与长期趋势一致（Dlugokencky and Tans, 2013）。净辐射强迫是大约每平方米1.6瓦特，每百万物种当中每年物种灭绝的数目估计在100到1 000种之间，人类每年处理的氮，达到了大约140兆吨（Rockström et al., 2009）。考虑到地球边界方法关心的问题，研究者在随后的分析中对气候变化、氮循环以及物种多样性的边界给予了特别的关注。罗克斯特伦研究团队所做的一些最初估算必须进一步考虑到，对不同边界施加压力的驱动因素及其结果在时空分布上的复杂性。

与地球边界相关的不确定性区间,反映出罗克斯特伦研究团队总结的区间,要么包含一种代表人类—地球系统中突生的、非线性变化的界线,如大气温室气体导致的气候变化;要么包含一种地区影响的积累,以至于导致了全球影响的危险水平,如土地使用变化或氮负荷。这些不确定性区间反映出,对于人类活动在何种限度上会导致这些变化,还有第十四章中讨论的那些不可消除的不确定性,科学知识都有不足之处。当涉及全球生态系统中跨越地球临界值的诸多后果时,这些作者解释说,是边界,而不是临界值,反映了对于可承受之风险的程度的标准判断,解释了不确定性的存在。这些作者描述了地球边界的概念框架,提出"一个强预防性的方法,通过把边界的离散值设置在不确定区间当中更低、更保守的一端"(Rockström et al., 2009, Supplementary information:7)。这个预防性的原则指出,"当面临严重的或不可逆的环境威胁,不应该拿缺乏绝对的科学确定性作借口,以此来延迟采用阻止环境退化的手段"(Saunier and Meganck, 2009:229)。在地球边界的语境中,这意味着在设置边界的时候采取一种保守方案。本章当中所设想的经济指标的基本特性,与此预防性原则的具体应用紧密相关。尽管要对这个预防性原则达到全球共识,涉及的挑战可想而知(Galaz et al., 2012)。

从总体上来看,这些边界一个关键性的共同特征在于,它们都关乎人类活动对于全球生态系统重要方面的集合性影响的规模。地球边界概念背后的核心关注点是,人类的活动不断累积,造成了对地球极限的超越,以至于"颠覆了关键的生物物理系统,引发了突然的或不可逆转的环境变化,这会危害到人类的福祉,甚至是灾难性的"(Rockström et al., 2009:3)。因为有这样的特征,这些边界有别于在环境法规中设定环境限制边界时通常使用的简化方案。在这些简化方案中,环境控制取决于,从具体来源或很多类别的来源减少特定污染物的排放或释放,其在技术上和经济上的可行性——而不是首先取决于生态系统在生态方面产生的极限。

针对边界概念所提出的相关批评,不止一个作出过如下警告:过度普遍地依赖临界值的概念,可能会支持对那些直逼临界值的行为的合法化——这是悬崖的边缘——而其他的标准可能会让我们离它远远的(Schlesinger, 2009)。"正当的关系"这一伦理,对于边界概念而言是一种补充,就是为了应对这一担忧,因为它关注各个时期中生命共同体的完整性、适应力和美。正当的关系所反映出来的科学事实是,地球本质上对于物质的输入是封闭的,但对于来自太阳的能量是开放的——这些特征从根本上界定了地球支持生命的能力。正当关系的伦理现实,从成员资格、住所以及熵节约的原则衍生而来。这些原则为管理人类事务提供指导,从而能在边界以内的任何一点上维持完整性、适应力和美。

地球边界的概念,是使得正当的关系得以存在的生态限度的一种表述。从这个意义上来说,正当的关系和安全的运行空间的原则,大体上都与生态经济学的原则一致,特别是"经济子系统的生物物理限制"(Rockström et al., 2009:6)。此外,两种原则都认识到,朝着耗竭生命状态而转变的地球临界值,在本质上是没有商量余地的,以至于"生态和生物物理的边界,应该是不容讨价还价的,社会和经济的发展(应该)限制在地球边界范围内的安全运行空间当中"(Rockström et al. 2009, supplementary information:5—6)。不过,正当的关系并不是围绕着给人类福祉造成威胁的地球环境压力的外沿来制定的,相反,它寻求积极的、繁荣的、互惠的人与地球关系(Berry, 1999)。目前尚不清楚,如果地球边界作为基础的所有参数都处于"安全"限度内,所出现的情况,是不是与生命共同体之完整性、适应力和美都得到保持所出现的情况一样。因此,要达到一系列更加精微的生态和社会的后果,基于地球边界的指标必须要留出一定的额外改进的空间。

如果说地球边界基本上是有关人类影响的集合的规模,那么遗漏了什么呢?分配的准则,包括对于分配正义的考量,并不必然反映在集合规模的指标中。正当关系具有伦理基础,提供与分配有关的规范性准则,因为它"包括所有生命共同体对地球生命支持能力的公平分配"(Brown and Garver, 2009:17)。从这个意义上讲,正当的关系包括物种之间、人类之间以及世代之间的公平理念。这些理念在安全运行空间的理念中并没有得到明确的表述,尽管它提议的一个边界是针对生物多样性损失而设置的。事实上,正当的关系包含"福祉"以及"在生命共同体当中得以实现的能力"二者共享的意义,它超出了公平的意涵。

地球边界的概念还缺乏开发"效率指标"的规范性准则。效率是指,在尽可能少地使用某种东西的情况下,得到一定量的另一种东西。效率的概念取决于潜在的人的观念以及相关的"善"的概念。第二章当中呈现的成员资格、住所和熵节约的原则,需要一种关于效率的理念。这种理念与金钱成本最小化、金钱收益最大化的理念不同,而是与传统经济中的效率有所关联——以生态极限为界,经济必须在其中运行。正当关系原则所包含的规范性目标强调的是,一个对于生命有所增益、繁盛的系统中个体的充足(而非财富的最大化或者无限的积累)。从正当关系的角度来看,经济效率的一种测量是:经济以最低限度地危及生态边界的集合规模的方式来供给人类事业的能力(例如,工业生产所产生的温室气体浓度更低)。另外一种测量是,在供给方面以最低影响来达到公平的能力(例如满足所有生命的基本需求,同时避免过度或者浪费)。举个例子,因此,基于正当关系原则开发的经济效率指标,既可以解释贫困,也可以解释过度。

4. 对于基于规模、基于分配以及基于效率的经济指标,需要测量什么?

前述讨论中介绍的三种类别的指标——集合规模的指标、分配的指标以及效率的指标——构成了基础,来决定编制指标时需要哪些相关变量。细致回答这一问题需要考虑的是,打算在什么样的语境中使用这些指标。第 5 节会呈现这一讨论,讨论有关治理的重要语境。

一般而言,集合规模的指标有赖于一系列的测量,这些测量显示了支持经济运行的物质、能量的存量及流量的时空分布,以及土地和水的使用。人类对这些流量的利用,可以是直接的,如多种形式的开采(对矿物、矿物燃料、水以及生物质),也可以是间接的,如土地使用的变更(Haberl et al., 2007)。那么,我们必须通过系统的方法将这些物质和能量流与地球边界挂钩,但这一领域还需要相当大量的研究(Galaz et al., 2012)。正如上面提及的那样,地球边界以及相关生态参数的系统复杂性,还有对它们进行估计所涉及的不确定性,都是相当可观的。

与经济的集合规模相关的测量,可以视为与之前讨论的 IPAT 或者 IPATE 框架当中的 I 变量相关。在这里,I 独立地或共同地代表着边界。在有限的生态世界中确保充分的(但是不过度的)繁荣,意味着给生命共同体所有当下的、未来的成员提供"有界限的能力"让他们繁荣,这取决于地球支持生命的有限能力,以及代际内、代际间和物种间对此能力的公平分配(Brown and Garver, 2009; Jackson, 2009: 45—47)。为了得到集合规模的指标所需要测量的那些参数一旦确定下来,有关分配和效率的指标就可以发挥作用了。参考 IPAT 或 IPATE 框架,分配或者效率的问题首先与 P、A、T、E 变量的组合有关,对于一个给定值的 I 来说,上述组合可以是无限的。如罗克斯特伦等(2009)指出的,要保持在安全的运作空间里面,有无数种可能的路径。

虽然正当的关系可以作为分配或者效率的一个标准,但它超越了分配和效率。例如,地球上所有生命或许从生态环境的大饼当中分到了公平的份额,每个份额的大小也不超出地球的生态能力。不过,其中的关系可能仍然以某种称不上正当关系的方式而失调。这首先可能是治理或者其他应用中的"如何"问题,这里的指标概念可能会变得越来越难以把握。因此,比起集合规模的测量,支持分配和效率的指标所必需的测量没有那么清晰的边界。因为它们取决于伦理的标准,例如与正当关系一起,构成了人之间、物种间、代际内和代际间的基础公平性。不过,公平与正义,并不必然意味着平等。一种不平等的分配方式,反而有可能能够实现生命共同体中所有成员的那些极其多样、合理的需求和欲望。第三章呈现了一个丰富的领域,我们可以从中汲取公平和正义问题的解决之道。在生命共同体成员的个体层次上,区别不同正义主张的度量和指标,可能是无法进行收集或者应用的。不过,为了给人类划定一个安全的、公正的空间,有一种尝试是把地球边界和提议的社会边界结合起来。这一尝试揭示了与分配和效率问题相关的社会福祉的范畴:特别是食品安全、收入、水与卫生、健康照护、教育、性别平等、公平、发声、工作机会以及适应力(Raworth, 2012)。

5. 对于基于地球边界与正当关系的经济指标,治理作为一个关键的语境性准则

前文提议的地球边界有一个特别吸引人的特点,即它们具有在治理领域应用的潜力,尤其是不同层级的政府都有可能把它们转化为监管限制或其他政策,由此将人类的活动限制在边界以内。

罗克斯特伦等(2009:28)明确指出这种潜力,论述道:"地球边界的框架……表明了在全球的、区域的以及地方的尺度上,都需要创新的、合适的治理方案。"在这篇文章的补充信息当中,罗克斯特伦等还将地球边界这一方案,与主要关注如何限制人类对环境的影响的那些规范性框架进行了比较。这些方案主要包括:(1)"可容忍的窗口"方案——发源于德国,目的是订立温室气体排放策略;(2)"关键负荷"方案——在欧洲用来设定空气污染的限度,这个限度基于污染物对生态系统产生负面作用的关键水平;(3)"最小安全标准"方案,它在考虑到相关生态系统的非线性和临界值的情况下,为诸如物种种群规模、栖息地和水质量等环境变量设定界限。其他的例子还包括《蒙特利尔议定书》《美国清洁水法案》中的每日最大负荷总量项目。能够应用于治理,是基于地球边界概念的指标之语境框架的关键方面。

将地球边界这一概念转化为监管或规范性的项目或标准,其可能性面临着重大的障碍(Galaz et al., 2012)。从某种意义上来说,比起那些将经济目标和政治限制优先于环境考量的环境标准,这里所提议的地球边界更强硬(Garver, 2013)。正如前文所界定的,这些边界的根本本质意味着,如果没能成功地将它们应用为禁令或者规范,将导致无法接受的灾难风险。因此,地球边界概念所包含的治理,是出于"必要"而不是出于"方便"的治理,而且这种治理反转了不同要素的等级,将生态限度优先于经济或者社会政治要素。社会经济的目标——例如满足人类的基本需求,还有其他与人类福祉相关的、更为灵活的社会和心理需求(Jackson, 2009),例如降低不平等的反社会水平、促进参与、最大限度地减少暴力冲突——能够得以实现的条件应当是,将限制人类活动的集合规模及其生态影响作为首要目标。

另外一个挑战是,从全球到地方的各个层次,地球边界都意味着,我们需要一个比人类共同体中以往出现过的任何治理系统都更具综合性的治理系统。举个例子,现有涉及与地球边界相关的项目和要求的国际环境制度,都很碎片化,相对而言也不够灵活。而想要地球边界这一方案在治理中获得有意义的实施,就需要整合性的研究和政策发展;同时随着地球边界研究的进展,还需要具备固有的灵活性和适应性(Galaz et al.,2012)。所有边界也都会面临第四章当中主要描述过的有关测量的多种挑战,特别是那些涉及土地使用(在这些地方,卫星图可以帮上忙)、氮磷循环、淡水使用以及生物多样性缺失的边界。[①] 典型来说,与这些边界相关的参数需要在小的地理尺度上得到精确的测量,然后再在全球尺度上集合,因此我们要对跨尺度中难以捉摸的动态性问题给予适当关注(Dirnböck et al.,2008)。对于这些边界而言,最为相关且最有用的指标,以及治理最首要的目标,可能都是地方或者区域尺度上的,虽然这些边界的集合是全球性的(Nordhaus, Shellenberger and Blomqvist,2012)。由于生态系统的分布不同,人口数量、地理差异还有其他因素,即便是更具一致性的全球现象,如气候变化、海洋酸化,以及平流层臭氧耗竭,不同地球区域对这些环境恶化的贡献或应对可能也不同,再次显示出了地区差异。此外,边界还与相互耦合的人类和生物物理系统相关——它们并非总是遵循线性的、可预测的模式,它们会包括引爆点、突生的特性、混乱的行为,以及随机事件(Galaz et al.,2012; Kotchen and Young,2007)。要直面反映在地球边界当中的人类—地球关系的这些特性,我们制订的治理框架就需要创新的、有适应性的方案,超越对稳定的、可预测的规则和政策的通常渴望。

另外还有一个挑战,就是要认真考虑在治理中应用这些边界所采取的时间进程。对于估计的地球边界,我们该怎么做:全速冲向边缘,在最后一分钟悬崖勒马,还是缓缓前行,在离边缘还有很

[①] 如前文提到的,与化学污染和大气气溶胶荷载相关的挑战就是如此,以至于其边界还没有被提出来。

远的地方就停下来？当前的经济框架认为我们根本无需担心,因为当我们接近边缘的时候,相关商品的价格会增长到足够高,我们便不得不另寻技术,把节奏慢下来,在堕入深渊之前停下来。就好像有一个力量场,我们越是接近,把我们推走的排斥力就越大。这个框架存在一个关键的问题:价格反映了对于某种特定的稀缺性的认知,相对于未来而言,更偏向于当下;它们并非基于生命支持能力的真实稀缺性之上,而这种生命支持能力反映在以地球边界为基础的范式中(Victor, 2008)。传统的框架还倾向于假定,对于价格背后的成本,人都全然知晓并能够做出计算——也就是说,每个参与者都具备完全的知识,而且每个人都在做理性的决定。

因此,对于基于地球边界的指标来说,治理语境之下的伦理框架必须考虑到,人类交易中潜藏的知识是不完整的,而且从个人到全球机构各个层级上的"决策者"也并不是平等地共享着这些知识。人类也会做"非理性"的决定,因为他们并不能接触到所有相关的信息,而且,某种程度上的不确定性也是不可避免的。因此他们必须脑补这些空白,基于假设——或者,也许更常见的情况就是,基于异想天开采取行动。也许更为重要的是因为,当下时刻对个体而言的好东西,和对于未来更广泛的社群而言的好东西,发生了冲突,非理性的决定就此出现。

如图 5.1 所示,治理系统需要作为能够"在人类行动和生物物理过程之间进行调节"的过滤器来运作(Kotchen and Young, 2007: 150)。在这个结构中,治理过滤器"包括由人类创造出来用以指导行动的系列权利、规则和决策程序,其中包括可能对生物物理系统造成破坏性影响的行动",也包括其他一些机制,比如为了至少对某些影响能够有所适应的保险项目。传统上,自然资源管理重点在于对生物物理系统作出规管,以确保人类的福祉(保护人类不受生物物理系统的反复无常影响)。而人类世的到来,更有必要将此治理过滤器更多地应用于人类行动了,这样可以减少人类对生物物理系统的影响(保护生物物理系统不受人类影响;Kotchen and Young, 2007)。地球边界的概念恰好符合这个治理过滤器的描述。①

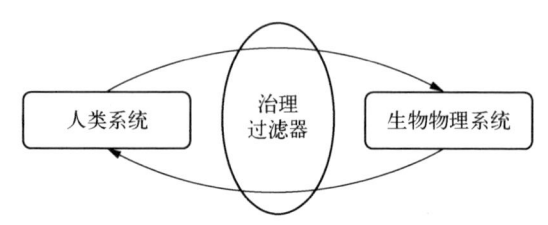

图 5.1　相互耦合的人类与生物物理系统中的治理过滤器(Kotchen and Young, 2007)

正如当前所提出来的,地球边界是一种初步的估算,还需要进一步改进(Rockström et al., 2009)。对于两个缺乏初始估算的全球变量(化学污染和大气气溶胶)来说,要应用边界概念,就算不是不可能的,也显得非常困难。边界并不是"可持续发展的线路图",而是一个总体性的封套,"在里面,为了人类的福祉和发展,我们可以灵活地选择无数的道路"(Rockström et al., 2009:7)。从这个意义上来说,正如本章前文所述,他们提议类似于使用 I = f(PATE) 框架来制订治理选择。在这个框架里,人类影响有一个固定的限度,即"I"(可以独立地或联合地表示地球边界),允许对人口(P),富裕和消费(A),技术(T)和伦理(E)的决策有一个灵活的范围(Brown and Garver, 2009)。

罗克斯特伦研究团队还认识到,未来有必要研究标准设定中的风险评估和预警原则的应用。这是因为人类健康和福祉中认为可接受的通常较低的风险(尤其是不可见的、致癌的、低风险但高幅值、不公平的以及非自愿的风险),与环境决策中认为可以接受

---

① 人类世这一术语是 2000 年铸就的,用来描述至少起始于 18 世纪工业革命开端的时代。从那时,人类对于地球生态和地质的大规模的、长期的影响开始在全球显著起来(Crutzen and Stoermer, 2000)。所提出的地球边界,其发展部分地参考了"全新世相对稳定的环境,当前大约始自 1 万年前的间冰期阶段,这个阶段使得农业和复杂的社会,包括当前社会,可以发展和繁荣"(Rockström et al., 2009:3)。

的通常较高的风险之间,存在着明显的差异,必须加以区分(Rockström et al.,2009,supplementary information)。不过,他们最初的估算,至少预先提供了一个基础,以评估各个边界的治理语境在未来的发展,包括针对不同边界独立地和共同地评估。这里特别关注了气候变化、氮循环以及生物多样性的边界。

表 5.1 提供了一个框架,将地球边界的概念转化到政策应用中,并且以治理的语境中气候变化、氮循环和生物多样性的边界来举例说明。进行这个转化的过程中,在政策和监管环境中现成且有用的那些参数,必须要确立为全球、区域/国家以及地方尺度上的不同指标。此外,在不同的地理尺度上建立指标,必须从治理的视角以及生态的视角出发,意识到尺度间的动态关系。如前文所述,当对全球尺度上的边界的可行性存疑的时候(Nordhaus,Shellenberger and Blomqvist,2012),或者因为别的原因,认为区域的/地方的边界或指标更为合适的时候,那么聚焦于次全球尺度,就显得更加重要了。同样重要的还有,辨认出哪些关键政策领域或选项以及还有经济部门,需要在不同尺度上进行瞄准。表 5.1 列出了可以作为治理选项的范例模型或现有的框架。

表 5.1　前工业时期以来人类经济的全球生态限度中的边界趋势以及不确定范围

过程或因素	界限	不确定范围	前工业	当前(2012)
气候变化:CO_2/辐射强迫	350 ppm, +1 w/m²	350—550 ppm, +1-1.5 w/m²	280 ppm, 0 w/m²	390 ppm, +1 w/m²
土地使用:全球无冰土地表面转化为农田	15%	15%—20%	数据不可知	12%
海洋酸化	2.75 (80%前工业)	2.41—2.75 (70%—80%)	3.44	2.9
平流层臭氧	~278 多布森单位(少于前工业5%,极外平流层臭氧)	少于前工业5%—10%	290 多布森单位	280—290 多布森单位

（续表）

过程或因素	界限	不确定范围	前工业	当前（2012）
生物地球化学氮：人类从大气当中移除的氮量	35 Mt/年	25—35 Mt/年	可以忽略	人类世：150 Mt/年
生物地球化学磷：人类使用后流向海洋的磷	自然流的10倍（10MT/年），淡水湖中为24，河流中为160 mg/m^3	自然流的10—100倍（10—100Mt/年）	1.1 Mt/年	9 Mt/年
全球淡水使用	4 000 km^3/年	4 000—6 000 km^3/年	数据不可知	~4 000 km^3/年
生物多样性损失	10E/MSY	10—100E/MSY	0.1—1E/MSY（化石记录）	〉100E/MSY

注：E/MSY，表示每年每100万物种当中的灭绝量。
来源：Carpenter and Bennett, 2011; Dlugokencky and Tans, 2013; Douglass and Fioletov, 2010; Rockström et al., 2009。

对于在生态上受限的、有伦理取向的经济来说，应用于治理中作为指标的重要语境性框架来考量，有10个重要标准需要铭记于心。鉴于当前的做法已经超过地球的生态能力，经济和生态治理所需的指标应该包括如下10个相互强化的特征（Garver, 2013）：

1. 应该认识到人类是地球生命系统中的一部分，而不是与之分离的——此即第二章所表述的成员资格概念。

2. 法律和政策体制必须受到生态考量的限制，必须要避免灾难性的后果、促进生命的繁荣。社会经济领域必须全然地受限于这些生态约束之中，以及有必要恢复的生态系统当中。

3. 基于边界的法律和政策必须以一种系统的、整合的方式渗透在法律和政策体制之中，而不能被视为法律或政策中的一个特殊领域。

4. 因为人类的活动已经跨越了地球的生态极限,法律和政策体制必须做出根本性改变,重新将重点放在对经济活动中物质和能量的吞吐量的削减之上。

5. 基于边界的治理必须是全球性的,但是要使用相称和辅助原则来进行公平地分布,既要保护全球普罗大众与至高无上的公共利益,又要对财产权和个体选择进行限制,以确保经济在生态限制之内运行。

6. 法律和政策体制必须确保资源的分配,在人和其他生命的当前和未来世代之间都是公平的。

7. 基于边界的法律和政策必须具有约束力,并且是超越国家的,有必要高于次全球的法律政体,对于非国家行动者具有强制执法权。

8. 为了支持从全球到地方层次、基于边界的治理方案,需要一个极具扩展性的研究和监测项目,用来改进对生态边界的理解和持续的调整以及尊重这些边界的方法。

9. 基于边界的治理方案需要对超越地球边界有所预警,保留安全的边界,以确保在全球和地方的层次上,这些边界都可以得到尊重,而且地球的生命系统保有繁荣的能力。

10. 基于边界的治理必须具备适应性,不仅因为生态系统是持续进化的,而且因为尽管存在不确定性,我们需要开始全面努力,以将经济限制在生态边界之内。

5.1 气候变化

气候变化边界有一个即时可见的特征是,被挑选出来建立这一边界的变量都是全球性的、不可分割的。这些变量包括大气中的二氧化碳浓度以及净辐射强迫,它们都不能直接应用到监管或者其他的治理系统当中——这些治理系统设计出来,是为了在全球、区域和地方不同层次上,对坚持限制环境影响的权利做出分配。基于此,气候变化的边界回应了这样的批评:它在全球层次上不可行,或者没有意义(Nordhaus, Shellenberger and Blomqvist, 2012)。在很多意义上,气候变化的边界都是最全面、最重要的一个,因为它和大部分其他边界都有关系。

为了更加适合治理语境,气候变化的边界需要转换成二氧化碳及其他温室气体的净排放,同时考虑如下因素:它们对于气候变化的相对贡献;海陆碳源与碳槽的行为和反馈的长期趋势;以及正在探索的大气中二氧化碳稳定在350ppm、净辐射强迫稳定在1瓦特每平方米的时间框架。经推测,这些边界与平均全球暖化将近2摄氏度的限度大致相关(Rockström et al., 2009)。2009年和2010年的哥本哈根及坎昆协定当中,这个温度上升的限度成为国际共识。最终,气候变化的边界归结为矿物燃料——即煤、石油以及天然气的数量。而人类可以开采的矿物燃料数量,在伦理方面需要遵循基于正当关系和安全运行空间的成员、住所以及熵节约原则。

这些都是复杂的事情——气候变化跨政府小组(Intergovernmental Panel on Climate Change,简称IPCC)2007年的第四份评估报告用了超过2 000页的篇幅来强调它们。罗克斯特伦研究小组注意到,气候变化跨政府小组的稳定化纲要围绕着二氧化碳的多种大气浓度的长期稳定化的目标而建立,与边界概念类似。尽管气候变化跨政府小组并没有将这些纲要置于意外的、非线性的、不可逆的系统变化的框架中加以构想。不过,气候变化跨政府小组以及其他机构的稳定化纲要是一个起始点,把罗克斯特伦团队的气候变化边界转化成了更适用于治理语境的形式。从本质上讲,这一操作比较容易。首先,我们需要基于温室气体净排放与大气温室气体浓度、其导致的全球平均气温的变化的关系,开发出一个稳定化曲线。这一稳定化曲线会产生一组长期的年度温室气体排放限度。我们必须遵守这些限度,才能保持全球气温不会超过无法接受的极限——大约比前工业时代的平均温度高出2度。接下来,我们必须确定年度温室气体排放能够允许的那些来源——这又反过来表明了已经考虑到碳槽的年度限制之内可以燃烧的矿物燃料的来源和数量。这一估算还需要持续地调整,因为槽已经趋向于饱和。

基于气候变化跨政府小组第四份评估报告提供的信息而制作出来的图,有助于我们理解这一方案。气候变化跨政府小组估计,将大气中的二氧化碳的当量浓度稳定在450ppm,也就是大致相当于350ppm的二氧化碳[①],长期来看,需要发达国家在2020年之前,将其二氧化碳排放削减1990年排放水平的25%—40%,2050年之前,削减80%—95%(Intergovernmental Panel on Climate Change, 2007a)。在图5.2当中,灰色地带表示,根据气候变化跨政府小组估算,大气二氧化碳要长期稳定在350—400ppm,所需的全球二氧化碳总排放量的削减量。最终,沉降到零排放以下的路径,说明了技术发展有可能消除大气中的二氧化碳。这可能包括某些地质工程的选项。不过,多数地质工程的选项可能具有极端负面的非预期后果,本身就非常成问题,更别提技术上的挑战了(Cao and Calderia, 2010; Robock, 2008)。

将气候变化的边界转化为减排目标,以有理有据的禁令或者其他形式的治理,来实施这一边界,对国家、企业、个人来说,都是关键性的一步。举例来说,有个方案是建立一条长期的气候稳定化曲线,以决定在矿物燃料被淘汰的阶段完结之前,温室气体的安

[①] 罗克斯特伦等(2009)提出的气候变化边界基于二氧化碳浓度,而非二氧化碳当量浓度,当量浓度计入了其他温室气体的贡献。他们基于的理论是,至少在当前,其他温室气体对地球暖化的贡献,大体上可以被人类活动产生的大气气溶胶的冷却效应补偿。

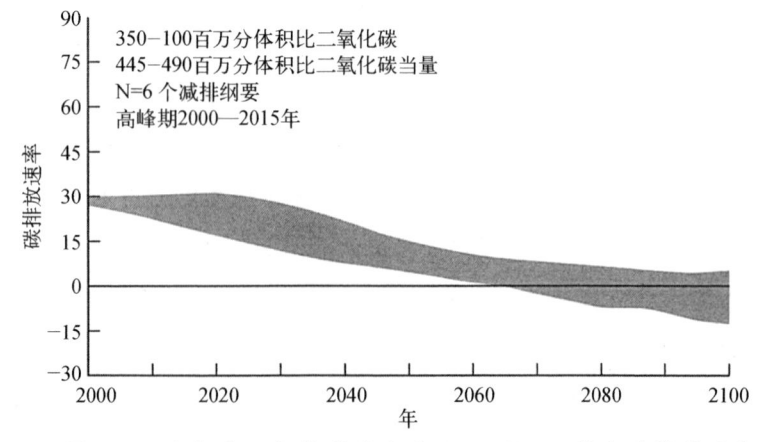

图 5.2 大气中二氧化碳稳定在 350—400ppm 的全球排放路径（Intergovernmental Panel on Climate Change, 2007b）

全排放总量是多少,并且将此总量公平地在发达国家和发展中国家之间加以分配,如《京都议定书》附件二中包括或排除的国家(Schlesinger, Ring and Cross, 2012)。表 5.2 (Intergovernmental Panel on Climate Change, 2007a)列举了不同部门的政策选择,为具体的治理语境提供了范例,可以在其中应用气候变化边界。向一个具体的稳定化目标努力,还要允许灵活性。这不仅是就不同的政策选择而言,而且是因为,要以同样的时间表达到同样的稳定化目标,其轨迹要么就是一个相对高峰的排放,紧接着骤降;么么是一个相对低值的排放,接着是稳步下降。但积累的总排放量都是一样的(Anderson and Bows, 2008)。

无论对气候变化边界非常关键的稳定化曲线是怎样得出来的,在可能的菜单中选取的方案,都必须能够在总体上满足气候变化边界所需的减排。从这个意义上来说,必须要强调边界的首要地位。气候变化的边界与气候变化跨政府小组的六个减排纲要(Intergovernmental Panel on Climate Change, 2007b)不一样,不是一个结果的纲要。气候变化跨政府小组的减排纲要是基于对经济增长率、人类发展与生活方式、技术变迁、人口规模以及其他解释性要素的假定而做出的。准确地说,边界概念的本质理念是,气候变化和其他边界强制了这样一套被生态限制——虽然它也有灵活性——的治理方案,这也意味着,经济和人类发展的种种模式、技术变迁、人口以及其他诸如此类,都必须加以改变,以确保处于边界之内。

表 5.2 基于地球边界发展政策相关指数的框架

地球边界	地理尺度	测量什么	关键政策领域/选择	目标部门	既有模式或起点
气候变化	全球	温室气体净排放(源减去槽);气候变化的全球生态系统效应	后京都温室气体与气候变化协定	国家政府	联合国气候变化框架公约;京都议定
	区域、国家	温室气体净排放的国民核算;气候变化对区域生态系统的影响	区域或国家温室气体排放控制或其他气候政策	地方政府或特定部门或来源(如发电厂、机动车)	欧洲碳交易市场;美国清洁空气法案
	次国家的、地方的	特定源温室气体排放或碳吸收;气候变化对当地生态系统的影响	对特定来源的监管限制;保护碳汇的措施;碳捕捉与封存;碳税等	所有经济部门	美国加州和东北部各州的州立项目
氮通量	全球	总氮负荷	氮负荷协定	国家政府	没有直接涉及主题
	区域、国家	来自化肥、化石燃料和其他来源的国家或地区氮负荷;氮负荷对生态系统的影响	水和空气污染法律,非点源污染控制	地方政府、农业和化石燃料发电厂等关键部门	空气污染物远距离输送公约;美国清洁水法总最大日负荷和非点源污染项目
	次国家的、地方的	局部氮负荷及其对生态系统的影响	国家/省或地方的水和空气污染法律和政策	农业、发电厂	州/省或地方营养管理或空气污染计划

(续表)

地球边界	地理尺度	测量什么	关键政策领域/选择	目标部门	既有模式或起点
生物多样性损失	全球	物种灭绝率；物种丰富度和多样性的现状及变化；生境现状及变化；生物多样性丧失（栖息地丧失、过度开发、污染、入侵物种、气候变化）驱动因素的现状和变化，如生态、足迹或人类占用与生物多样性指标的关系；生物多样性损失对生态系统的影响	关于栖息地变化或丧失、过度开发、污染的全球协议。外来物种入侵，气候变化	国家政府	濒危物种贸易公约
	区域、国家	区域、国家	国家物种及栖息地保护立法	次国家或地方政府，所有经济部门，以及土地使用者和所有者	美国濒危物种法案
	次国家的、地方的	次国家的、地方的	地方土地使用管制和财产限制；栖息地的储备；生态修复项目	土地使用者和所有者，所有经济部门	国家/省和地方的物种或栖息地保护法律；生态系统保护项目；州/省或地方公园和保护区

地球边界概念的承诺是，它按照生物物理的现实情况来框定我们的选择，并允许一个安全的边缘地带，能够容纳一定的风险和不确定性，但是绝不会为了承载社会经济或者政治考量而对生态临界值做出让步。这一许诺的暗面在于，国际社会对于回应诸如地球边界这样的概念，迄今为止表现得集体无能为力。全球共同体已经认识到了有必要"在总体上加大减排的努力，来实现想要达到的、必须的稳定化水平，发达国家政党应该做出表率，采取强有

力的减排举措"(United Nations Framework Convention on Climate Change,2010,第2点[a]),但是并未对此做出承诺。世界各国达成了共识,需要遵守2摄氏度的目标,并参考气候变化跨政府小组第四次评估报告所提的为了达到这一目标必须进行的减排方案——明确包含发达国家在2020年前减排幅度要超过1990年排放水平的25%—40%,以及大气二氧化碳浓度450ppm。然而,美国最新政策的非约束性目标是,与1990年相比,2020年的二氧化碳只减排大约4%。加拿大最新政策的非约束性目标则是,与1990年相比,2020年的二氧化碳排放反而增加大约2%。这佐证了安德森和鲍斯(Anderson and Bows,2008)的悲观。不过,这些政策不仅仅体现了对经济和环境考量的妥协,更是对气候变化边界所要求的减排目标的一种危险的背离。

5.2 氮负荷

根据罗克斯特伦等(2009)的看法,人类现在给地球生态系统施加的氮量,已经接近四倍于上述地球边界。通过使用哈柏法(Haber-Bosch process)将大气氮转换为氨(大约每年8 000万吨氮),来自豆科作物的农业固氮(大约每年4 000万吨)、化石燃料的燃烧(大约每年2 000万吨氮),以及生物质的燃烧(大约每年1 000万吨氮),人类现在向地球生态系统加入的氮量已经大致等同于非人类世阶段固定的氮(Rockström et al.,2009)。工业革命之前,人类固定的大气氮可以忽略不计(Rockström et al.,2009)。图5.3和5.4显示了人类给全球土地(图5.3)和海岸边缘(图5.4)系统中的氮释放和存储所带来变化的分项时序模型,并且预计到2030年如果一切照常的情况(Mackenzie,Ver and Lerman,2002)。这些数字的正值表示存储机制,负值表示释放机制。

这些给生物地球化学系统急剧增加的氮和人类导致的磷及硫的增加,都对气候变化有所贡献,增加了烟雾和地平面的臭氧水

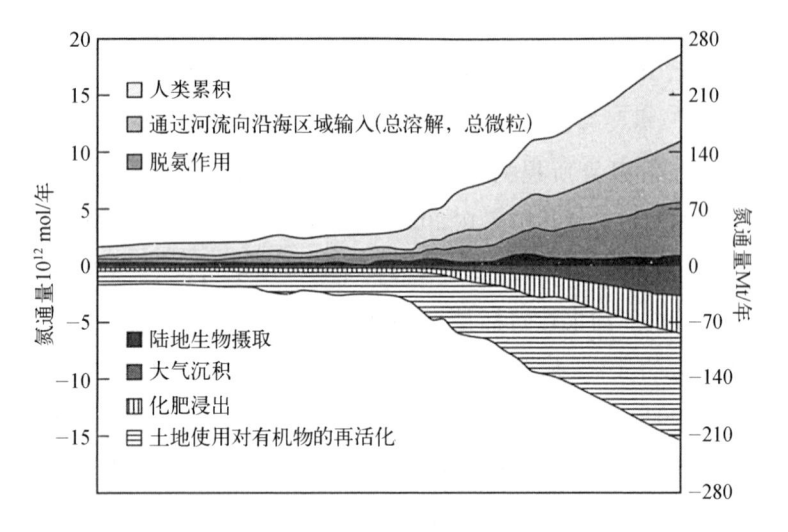

图 5.3 人类给全球土地系统带来的氮通量的模拟流量(Mackenzie, Vie and Lerman, 2002)

平、水系统的富营养化以及酸性沉积(Mackenzie, Ver and Lerman, 2002)。与此同时,环境中累积的氮和磷,会增强陆地生态系统捕获大气二氧化碳的能力(Mackenzie, Ver and Lerman, 2002)。此类诸多影响,在地方或者区域内都是显著的,它们为城市和其他地区贡献了显著的空气污染以及水系统的富营养化,而在全球层面,氮扮演着"缓慢的变量,侵蚀着地球系统中许多重要子系统的适应力"(Rockström et al., 2009:15)。同样的,一氧化二氮也对气候变化有所贡献。因此,氮的地球边界,与从地方到全球各个层级上的治理都相关。氮边界的单位,即"百万吨每年",可能会简化它在治理当中的直接应用,例如,对通过哈柏法转换为氨所固定的氮量设定一个限度。不过,这些氨的最终用途是作为化肥而用于食品生产,这就使得对此边界如此简单的应用极大地复杂化了,即使罗克斯特伦团队将氮边界看作一个减少合成化肥产量的潜在推动因素。此外,氮边界是"初步推测"(Rockström et al., 2009),还需要进一步地发展;还有其他研究者认为它就算不是没有实际意义

(Nordhaus, Shellenberger and Blomqvist, 2012),其设定也有些随意(Schlesinger, 2009)。

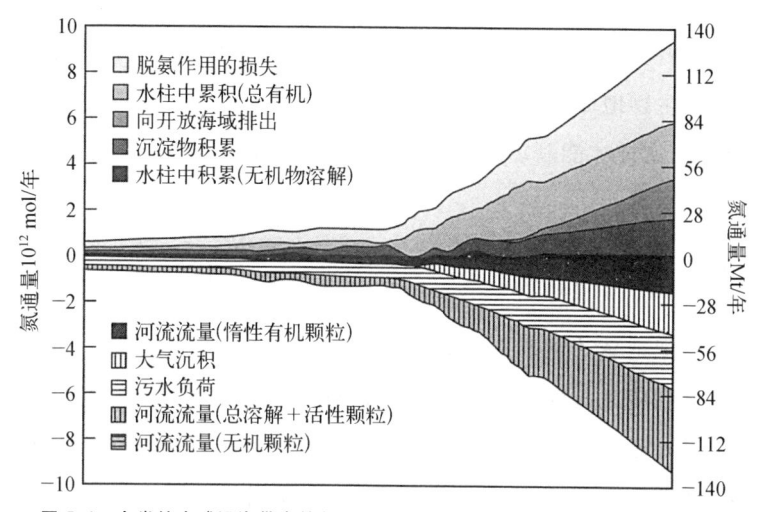

图 5.4 人类给全球沿海带来的氮通量的模拟流量(Mackenzie, Vie and Lerman, 2002)

在短期内,尝试限制烟雾、保护本地或区域内的水系统,可能是最为活跃的治理领域,如在那些过度富养导致了蓝藻的暴发或者是富营养化加速的地方。此类地方和区域的努力可能都需要因地制宜,取决于造成氮污染的不同部门的压力,以及地方和区域生态系统的敏感度。鲍曼等(Bouwman et al., 2002)估算了氮富营养化关键荷载的全球分布(例如,生态系统对氮增量的最大容量估算),并估算了这些关键荷载被逾越的程度。同分部门贡献比的信息相互匹配,这一分布数据可以用于支持制订区域和地方的氮污染控制的优先级。这是欧洲在使用关键荷载和水平方案中,实质上所采取的根本方法。在此方法中,"关键荷载"被界定为"对于一种或多种污染物暴露程度的量化估计。根据已掌握的知识,如果暴露的程度要低于这一水平,将不会对环境当中的某种特定敏感元素造成重大危害影响"(Umweltbundesamt, 2004:V—1)。美国清洁水法案下的最大日荷载方案也采取了类似的方法。其方案要求从点源和非点源(氮基污染物最重要的源头,特别是农业)减少向达不到联邦水质标准的水体中排放污染物。不过,在区域层次上,执行关键荷载和水平方法以及最大日荷载方案,一个极具困难的挑战是要控制因为氮污染而造成的富营养化。在全球层次上,对于氮的生物地球化学,及其地方和区域控制的影响,都需要进一步的研究,这样才能制定最有效的方案,在全球治理语境中修订和执行氮的边界。

5.3 生物多样性

要把地球边界转化为适合应用于治理中的形式,是一个重大挑战。在罗克斯特伦研究团队所提议的 7 种边界中,生物多样性的边界可能是最能体现这一挑战的。气候变化已经加重了全球生物多样性的压力,而且可以预见的是,在相当长一段时间内将持续如此(Butchart et al., 2010; Ehrlich and Pringle, 2008)。虽然如此,对生物多样性最紧迫的威胁,起初却是在地方层次上产生的。这些威胁包括:对某些物种的直接捕捉、栖息地的毁灭或退化、有毒污染和入侵物种,等等(Ehrlich and Pringle, 2008)。正如罗克斯特伦团队承认,相当多的不确定性阻碍着他们,从诸多地方上的碎片化解决方案中拼合出一个全球边界。不过,即使是在对物种灭绝零容忍有明确政策的辖区(比如在濒危和受威胁物种受到严格保护的美国,或者不甚严格的魁北克和加拿大其他地方),对于生物多样性的威胁也都持续存在。此外,研究表明,减少生物多样性损失的全球目标不但没有达到,而且损失还在日益恶化(Butchart et al., 2010; Ehrlich and Pringle, 2008)。在魁北克,受威胁和濒危物种受到《尊重受威胁或脆弱物种法案(1999)》(*Act Respecting Threatened or Vulnerable Species*)的保护;但是要对名录进行全面的执行,要在私有财产上确保物种及其栖息地,政府的资源都是有限的。因此,虽然西方拟蝗蛙(Western chorus frog)在魁北克被列为受威胁物种,其栖息地还是面临着由蒙特雷吉(Montérégie)地区中郊区和城市发展所带来的持续的、与日俱增的破碎化。每一次增长,尽管只会让这个物种在魁北克长期生存的机会减少一点点,但累积效应就造成了显著的威胁(Equipe de retablissement de la rainette faux-grillon de louest, 2000; Quebec Ministry of Natural Resources and Wildlife, 2010)。

基于灭绝率得出的地球边界,并不容易转化成在地方层次上有效的监管和政策。灭绝,是一个通常很长的衰退过程的终点。因此,对于生物多样性的保护,需要能够在这个过程中更早的时间点就可以应用的治理机制。这些机制需要精心设计,才能在每一个重要尺度上——就此而言是每一个物种——都可以适用,甚至需要下沉到土地拥有者的层次。此外,一整套相互补充、相互强化的机制,也是必不可少的。只有责任当局有能力对物种的存在和繁盛执行全面的名录,而且有能力获取物种长期生存的生态需求的全面信息,我们才能有效地限制土地的使用,以保护关心的物种,从而维持生物多样性。更进一步,他们还必须有能力采取预防性措施,不能将关乎物种存活的各种因素所具有的不确定性,让物种自己来承担。可以说,这些条件都能得到满足的辖区还非常少,极为罕见——如果存在的话。

基于灭绝率的物种多样性的地球边界,很明显需要一些形式的转化,以使之能够应用在监管中。不过,就像氮边界一样,"要界定一个物种多样性损失的边界水平,仍然非常困难;如果这种损失长期逾越边界,可能会招致从地区到全球尺度上发生人们不希望看到的、非线性的地球系统变迁"(Rockström et al., 2009:18)。因此,一个基于灭绝率的边界被提出来,作为过渡性的指标。由于有关物种的繁盛和分布的数据有限,在不同的物种之间也是不同的;由于物种灭绝和全球环境变迁之间的关系不仅复杂,而且尚未得到充分的理解;由于物种形成和灭绝的比率,在不同的生物体和生境之间存在广泛差异,我们最终还需要一种(或者很多种)与上述过渡性指标不同的边界测量。也有研究者怀疑,这一工作是否能够以有意义的形式完成(Nordhaus, Shellenberger and Blomqvist, 2012)。

相应地,在地方和区域层次上保护物种和栖息地,相关法律的执行和相关项目的实施,都应该继续并且加强。在全球治理的语境中,有关生物多样性的初步议程,在短期内应该是一个强势的、研究和监测都受到充足资金支持的议程。一个关键的研究领域是,掌握更充足的全球濒危物种知识,可以用来确定相关治理中具有优先性的热点问题。我们还需要另外一些研究,来识别生物指标性物种。这些物种能够被监测,也能够作为以保护生物多样性为目标的治理行动的焦点(Bestelmeyer and Miens, 2001; Rossi and van Halder, 2010; Stuart et al., 2010)。

另一有潜力的研究领域是,物种灭绝与人类对于其所依赖的生态系统的利用二者之间的关系。举个例子,使用物种—能量曲线,将给定区域内的物种数量与可获能量的总产量联系起来,人类占用对总体可获能量的效应,已经产出为田野研究所验证了的、对预计灭绝或濒危的物种百分比的估算(Wright, 1990)。更近期的工作已经拓展到,多种环境下人类占用或对其有贡献的活动,与物种多样性之间的关系的研究(Haberl et al., 2007)。一些具体的例子包括,使用人类占用和其他人类影响的方法,研究畜牧(Bestelmeyer and Wiens, 2001)、更普遍的农业生产(Haberl et al., 2004b),以及土地使用决策(Bestelmeyer and Wiens, 2001)与生物多样性的关系。毕晓普(Bishop)、阿玛拉汤加(Amaratunga)和罗德里格斯(2010)针对人类占用提出一个"可持续的"临界值,其水平既能够满足人类基本的食物需求,又能够保护生态系统,限制生物多样性的丧失。他们做了一个初步的估算,即 9.72 Pg C/yr,这个数值比 2005 年实际的人类占用减少了 60%。不过,建立这样的一个临界值非常困难,因为初级生产的质和量都具有高度的地区差异;带有杀虫剂、化肥和灌溉的土地使用的集中化,涉及可持续性交易,而且会增加净生产但降低人类占用;另外人类占用并不能很好地解释生态系统的废弃物吸纳功能(Erb et al., 2009; Foley et al., 2007; Haberl et al., 2004a)。

将人类占用与生物多样性联系起来,在方法论上的进一步精细化,尤其是在空间明确的方式下,将非常有益于更好地确认或预测——甚至可能控制——对于生物多样性的威胁。更广泛地来说,在全球经济中高分辨率地追踪人类占用的运动,以及其他物质和能量的来源,与生物多样性——以及气候变化、生物地理化学流量和其他关键系统过程——有关的驱动力和影响力的清晰的地理数据,一起协力,将能够对在生态系统特定规模上即将发生的可持续性挑战进行更好的治理。人类占用分析方法的不断延伸,以及它与生物多样性和其他地球边界的关系,尤其能够帮助处理与养活不断增长的人口有关的那些挑战,也就是:越来越多的肉类消费趋势,决定着生物燃料在全球能量图谱中的未来角色,应付越来越全球化的经济中越来越加剧的新陈代谢断裂,以及控制有赖于施肥、转基因、农药和灌溉的集约化生物量生产的影响(Bringezu, O'Brien and Schütz, 2012; Erb et al., 2009; Foley et al.,2011)。

6. 基于地球边界来开发和使用指标的迭代性方法

总体上,罗克斯特伦研究团队用来估算地球边界的方案,是基于预防的角度。在这里,对逾越边界保持警惕,优先于将经济限制在边界内运行所带来的经济和政治风险。这就意味着我们需要将指标应用于治理语境,即使这些边界或者其相关的临界值还存在一些不确定性。对于一些地球边界来说,如生物多样性或者氮负荷边界,目前的不确定性程度,妨碍了它们在全球边界层次上的治理中得到即时、有效的执行。虽然，区域和地方层次上的影响的有关知识是充分的，足以改善治理机制，以处理在这些层次上的一些担忧。而对于其他的边界来说，如臭氧耗竭、气候变化的边界，目前不确定性的程度，还不足以将基于这些边界的指标，排除在全球治理场景中的应用之外。不过，罗克斯特伦团队解释，每一个边界的设置，都是基于一种认识：在相当长的一段时期内，其他所有的边界都没有被逾越。由于这些边界相互关联，如果这一假设不成立，那么所有边界都需要重新调整。我们为了估算基于地球边界以及诸如正当关系等补充性原则之上的指标，提出了一个分析性框架。在这个框架下，治理语境需要是动态的、流动的，这样才能够允许一个迭代性（iterative）过程——在这个过程中，指标，还有指标用来反映其信息的目标，都可以随着时间进程，通过研究和应用所获得的累积性理解来加以改进。迭代性方法的意图是，它将导致指标的持续改进，能够让它们的价值以及随着时间在不同场景中应用的潜力，都可以持续增进。

7. 结论

成员、住所以及熵节约的前提，支持了本书中生态经济学的方案，可以进一步分解成一套标准的评估准则，允许用来评估人类与它们的关系到底有多紧密。在第二章中，勇气、认识上的谦卑、赎罪、公正，以及尊重等诸如此类的美德，都被作为一种经济机能的指标。在这些质性的指标之外，本章额外提供了一个框架，用来开发生态经济学的一些量化指标。这些量化的指标都建立在"人类的安全运行空间"和"正当的关系"这两个统摄性的概念之下。这些指标考虑了在复杂的全球生态系统中进行测量以及不可化约的不确定性所带来的挑战。从全球到地方，必须要有一致的努力，才能发展出来一套坚实可靠的质性的和量化的指标，能够用以建立决定的规则,以尊重生态经济学的根本前提。

参考文献

Anderson, Kevin, and Alice Bows. 2008, "Reframing the Climate Change Challenge in Light of Post-2000 Emission Trends"(《据2000年后的排放趋势重述气候变化的挑战》), *Philosophical Transactions of the Royal Society A: Mathematical, Physical and Engineering Sciences* (《英国皇家学会哲学汇刊A辑:数学、物理与工程科学》) 366 (1882): 3863 - 3882. doi: 10.1098/rsta.2008.0138.

Berry, Thomas. 1999, *The Great Work: Our Way into the Future*(《伟大的工作:我们进入未来的道路》), New York: Three Rivers Press.

Bestelmeyer, Brandon T., and John A. Wiens. 2001, "Ant Biodiversity in Semiarid Landscape Mosaics: The Consequences of Grazing Vs. Natural Heterogeneity"(《半干旱景观嵌套体中的蚂蚁物种多样性:放牧与自然异质性的后果对比》), *Ecological Applications* (《生态应用程序》) 11 (4): 1123 - 1140. doi: 10.1890/1051 - 0761(2001)011[1123:ABISLM] 2.0.CO;2.

Bishop, Justin D. K., Gehan A. J. Amaratunga, and Cuauhtemoc Rodriguez. 2010, "Quantifying the Limits of HANPP and Carbon Emissions Which Prolong Total Species Well-Being"(《人类占用限度的量化与延长物种总体福祉的碳排放》), *Environment, Development and Sustainability* (《环境、发展和可持续性发展》)12 (2): 213 - 231. doi: 10.1007/s10668 - 009 - 9190 - 7.

Bouwman, A. F., D. P. Van Vuuren, R. G. Derwent, and M. Posch. 2002, "A Global Analysis of Acidification and Eutrophication of Terrestrial Ecosystems"(《陆地生态系统的酸化和富营养化的全球分析》), *Water, Air, and Soil Pollution* (《水、空气和土壤污染》)141(1 - 4): 349 - 382. doi: 10.1023/A:1021398008726.

Bringezu, Stefan, Meghan O'Brien, and Helmut Schütz. 2012, "Beyond Biofuels: Assessing Global Land Use for Domestic Consumption of Biomass: A Conceptual and Empirical Contribution to Sustainable Management of Global Resources"(《超越生物燃料:评估家庭消费生物资源的全球土地使用:对于全球资源可持续管理的概念和经验贡献》), *Land Use Policy* (《土地使用政策》)29 (1): 224 - 232. doi: 10.1016/j.landusepol.2011.06.010.

Brown, Peter G., and Geoffrey Garver. 2009, *Right Relationship: Building a Whole Earth Economy*(《正当关系:建立一个整体的地球经济》), San Francisco: Berrett-Koehler Publishers.

Butchart, Stuart H. M., Matt Walpole, Ben Collen, Arco van Strien, Jörn P. W. Scharlemann, Rosamunde E. A. Almond, Jonathan E. M. Baillie, Bastian

Bomhard, Claire Brown, John Bruno, Kent E. Carpenter, Geneviève M. Carr, Janice Chanson, Anna M. Chenery, Jorge Csirke, Nick C. Davidson, Frank Dentener, Matt Foster, Alessandro Galli, James N. Galloway, Piero Genovesi, Richard D. Gregory, Marc Hockings, Valerie Kapos, Jean-Francois Lamarque, Fiona Leverington, Jonathan Loh, Melodie A. McGeoch, Louise McRae, Anahit Minasyan, Monica Hernández Morcillo, Thomasina E. E. Oldfield, Daniel Pauly, Suhel Quader, Carmen Revenga, John R. Sauer, Benjamin Skolnik, Dian Spear, Damon Stanwell-Smith, Simon N. Stuart, Andy Symes, Megan Tierney, Tristan D. Tyrrell, Jean-Christophe Vié, and Reg Watson. 2010, "Global Biodiversity: Indicators of Recent Declines"(《全球生物多样性:近期衰亡指数》), *Science* (《科学》)328(5982):1164-1168. doi:10.1126/science.1187512.

Cao, Long, and Ken Caldeira. 2010, "Atmospheric Carbon Dioxide Removal: Long-Term Consequences and Commitment"(《大气二氧化碳脱除:长期后果与承诺》), *Environmental Research Letters* (《环境研究通讯》)5(2):024011. doi:10.1088/1748-9326/5/2/024011.

Carpenter, Stephen R., and Elena M. Bennett. 2011, "Reconsideration of the Planetary Boundary for Phosphorus"(《地球磷边界的重新思考》), *Environmental Research Letters* (《环境研究通讯》)6(1):014009. doi:10.1088/1748-9326/6/1/014009.

Costanza, Robert, Maureen Hart, Stephen Posner, and John Talberth. 2009, "Beyond GDP: The Need for New Measures of Progress"(《超越GDP:测量进步的新标尺》), in *The Pardee Papers*, No. 4. Boston: The Frederick S. Pardee Center for the Study of the Longer-Range Future, Boston University.

Crutzen, Paul, and E. Stoermer. 2000, "The Anthropocene"(《人类世》), *Global Change Newsletter* (《全球变化通讯》)41(1):17-18.

Daily, Gretchen C., and Paul R. Ehrlich. 1996, "Socioeconomic Equity, Sustainability, and Earth's Carrying Capacity"(《社会经济公正、可持续性,以及地球的承载能力》), *Ecological Applications* (《生态应用程序》)6(4):991-1001. doi:10.2307/2269582.

Daly, Herman E. 1996, *Beyond Growth: The Economics of Sustainable Development*(《超越增长:可持续发展的经济学》), Boston: Beacon Press.

Daly, Herman E., and Joshua C. Farley. 2011, *Ecological Economics: Principles and Applications. 2nd ed.* (《生态经济学:原则与应用》第2版), Washington, DC: Island Press.

Dirnböck, Thomas, Peter Bezák, Stefan Dullinger, Helmut Haberl, Hermann Lotze-Campen, Michael Mirtl, Johannes Peterseil, Steve Redpath, Simron Jit Singh, Justin Travis, and Sander M. J. Wijdeven. 2008, "Scaling Issues in Long-Term Socio-Ecological Biodiversity Research: A Review of European Cases"(《长

期社会生态多样性研究的尺度问题：欧洲案例回顾》), in *Social Ecology Working Paper* (《社会生态学工作报告》) 100. Vienna: Institute of Social Ecology.

Dlugokencky, Ed, and Pieter Tans. 2013, "Trends in Atmospheric Carbon Dioxide—Global" (《全球大气二氧化碳趋势》), National Oceanic & Atmospheric Administration/Earth System Research Laboratory. Accessed September 12, 2013. http://www.esrl.noaa.gov/gmd/ccgg/trends/global.html.

Douglass, A., and V. Fioletov. 2010, "Chapter 2: Stratospheric Ozone and Surface Ultraviolet Radiation" (《第二章：平流层臭氧与表面紫外线辐射》), In *Scientific Assessment of Ozone Depletion: 2010* (《臭氧损耗的科学评估：2010》), Geneva: World Meteorological Organization. http://ozone.unep.org/Assessment_Panels/SAP/Scientific_Assessment_2010/04-Chapter_2.pdf.

Ehrlich, Paul R., and John P. Holdren. 1972, "Critique on 'the Closing Circle' (by Barry Commoner)" (《对〈闭环〉[巴里·康芒纳作品]的批判》), *Bulletin of the Atomic Scientists* (《原子科学家公报》) 28 (5): 16, 18-27.

Ehrlich, Paul R., and Robert M. Pringle. 2008, "Where Does Biodiversity Go from Here? A Grim Business-as-Usual Forecast and a Hopeful Portfolio of Partial Solutions" (《生物多样性自此何去何从？——一个如常的糟糕预测以及一个有希望的部分解决方案包》), *Proceedings of the National Academy of Sciences of the United States of America* (《美国国家科学院院刊》) 105 (Supplement 1): 11579-11586. doi: 10.2307/25463380.

Équipe de rétablissement de la rainette faux-grillon de l'ouest. 2000, *Plan De Rétablissement De La Rainette Faux-Grillon De L'ouest (Pseudacris Triseriata) Au Québec* (《魁北克拟皇蛙的恢复计划》), edited by J. Jutras. Québec: Société de la faune et des parcs du Québec.

Erb, Karl-Heinz, Fridolin Krausmann, Veronika Gaube, Simone Gingrich, Alberte Bondeau, Marina Fischer-Kowalski, and Helmut Haberl. 2009, "Analyzing the Global Human Appropriation of Net Primary Production—Processes, Trajectories, Implications. An Introduction" (《分析全球人类净初级生产的占用——过程、路径、涵义》), *Ecological Economics* (《生态经济学》) 69 (2): 250-259. doi: 10.1016/j.ecolecon.2009.07.001.

Ewing, Brad, David Moore, Steven Goldfinger, Anna Oursler, Anders Reed, and Mathis Wackernagel. 2010, *The Ecological Footprint Atlas* 2010 (《生态足迹图集 2010》), Oakland, CA: Global Footprint Network. http://www.footprintnetwork.org/images/uploads/Ecological_Footprint_Atlas_2010.pdf.

Foley, Jonathan A., Chad Monfreda, Navin Ramankutty, and David Zaks. 2007, "Our Share of the Planetary Pie" (《我们的地球派份额》), *Proceedings of the National Academy of Sciences of the United States of America* (《美国国家科学

院院刊》)104（31）：12585-12586. doi：10. 2307/25436347.

Foley, Jonathan A., Navin Ramankutty, Kate A. Brauman, Emily S. Cassidy, James S. Gerber, Matt Johnston, Nathaniel D. Mueller, Christine O'Connell, Deepak K. Ray, Paul C. West, Christian Balzer, Elena M. Bennett, Stephen R. Carpenter, Jason Hill, Chad Monfreda, Stephen Polasky, Johan Rockstrom, John Sheehan, Stefan Siebert, David Tilman, and David P. M. Zaks. 2011, "Solutions for a Cultivated Planet"(《对一个耕植星球的方案》), *Nature* (《自然》)478：337-342. doi：10. 1038/nature10452.

Galaz, Victor, Frank Biermann, Beatrice Crona, Derk Loorbach, Carl Folke, Per Olsson, Måns Nilsson, Jeremy Allouche, Åsa Persson, and Gunilla Reischl. 2012, "'Planetary Boundaries'—Exploring the Challenges for Global Environmental Governance"(《地球边界——探索全球环境治理的挑战》), *Current Opinion in Environmental Sustainability* (《当前对环境可持续性的看法》)4（1）：80-87. doi：10. 1016/j. cosust. 2012. 01. 006.

Garver, Geoffrey. 2013, "The Rule of Ecological Law：The Legal Complement to Degrowth Economics"(《生态的法治:对于去增长经济的法律补充》), *Sustainability* (《可持续性》) 5（1）：316-337. doi：10. 3390/su5010316.

Haberl, Helmut, K. Heinz Erb, Fridolin Krausmann, Veronika Gaube, Alberte Bondeau, Christoph Plutzar, Simone Gingrich, Wolfgang Lucht, and Marina Fischer-Kowalski. 2007, "Quantifying and Mapping the Human Appropriation of Net Primary Production in Earth's Terrestrial Ecosystems"(《将人类对地球陆地生物生态系统中净初级生产力的占用进行量化与图绘》), *Proceedings of the National Academy of Sciences of the United States of America* (《美国国家科学院院刊》)104（31）：12942-12947. http://www.jstor.org/stable/25436409.

Haberl, Helmut, Christoph Plutzar, Karl-Heinz Erb, Veronika Gaube, Martin Pollheimer, and Niels B. Schulz. 2005, "Human Appropriation of Net Primary Production as Determinant of Avifauna Diversity in Austria"(《人类初级净生产占用作为澳洲鸟类多样性的决定因素》), *Agriculture, Ecosystems & Environment* (《农业、生态系统与环境》)110（3-4）：119-131. doi：10. 1016/j. agee. 2005. 03. 009.

Haberl, Helmut, Mathis Wackernagel, Fridolin Krausmann, Karl-Heinz Erb, and Chad Monfreda. 2004a, "Ecological Footprints and Human Appropriation of Net Primary Production：A Comparison"(《生态足迹与人类初级净生产占用:一个比较》), *Land Use Policy* (《土地使用政策》)21（3）：279-288. doi：10. 1016/j. landusepol. 2003. 10. 008.

Haberl, Helmut, Niels B. Schulz, Christoph Plutzar, Karl Heinz Erb,

Fridolin Krausmann, Wolfgang Loibl, Dietmar Moser, Norbert Sauberer, Helga Weisz, Harald G. Zechmeister, and Peter Zulka. 2004b, "Human Appropriation of Net Primary Production and Species Diversity in Agricultural Landscapes"(《农业景观里的人类初级净生产占用与物种多样性》), *Agriculture, Ecosystems & Environment* (《农业、生态系统与环境》) 102（2）: 213 - 218. doi: 10.1016/j. agee. 2003. 07. 004.

Hansen, James, Makiko Sato, Pushker Kharecha, David Beerling, Robert Berner, Valerie Masson-Delmotte, Mark Pagani, Maureen Raymo, Dana L. Royer, and James C. Zachos. 2008, "Target Atmospheric CO_2: Where Should Humanity Aim?"(《瞄准大气二氧化碳:人类的目标应该对准哪里?》), *The Open Atmospheric Science Journal* (《开放大气科学杂志》) 2: 217 - 231. doi: 10.2174/1874282300802010217.

Huggett, R. J. 1999, "Ecosphere, Biosphere, or Gaia? What to Call the Global Ecosystem"(《生态域、生物圈,或盖娅?——用什么称呼地球生态系统》), *Global Ecology and Biogeography* (《全球生态学与生物地理学》) 8（6）: 425 - 431. doi: 10.1046/j.1365 - 2699.1999.00158.x.

Intergovernmental Panel on Climate Change. 2007a, *Fourth Assessment Report, Climate Change* 2007: *Mitigation of Climate Change*, *Contribution of Working Group III*(《第四次评估报告,气候变化 2007:减缓气候变化,第三工作组的贡献》), edited by Bert Metz, Ogunlade Davidson, Peter Bosch, Rutu Dave and Leo Meyer, Geneva. Accessed September 12, 2014. http://www.ipcc.ch/publications_and_data/ar4/wg3/en/contents.html.

Intergovernmental Panel on Climate Change. 2007b, *Fourth Assessment Report, Climate Change* 2007: *The Physical Science Basis*, *Contribution of Working Group I* (《第四次评估报告,气候变化 2007:物理科学基础,第一工作组的贡献》), edited by Susan Solomon, Dahe Qin, Martin Manning, Melinda Marquis, Kristen Averyt, Melinda M. B. Tignor, Henry LeRoy Miller, Jr. and Zhenlin Chen. Geneva, Accessed September 12, 2014. http://www.ipcc.ch/publications_and_data/ar4/wg1/en/contents.html.

Jackson, Tim. 2009, *Prosperity without Growth: Economics for a Finite Planet* (《谁说经济一定要成长?——献给地球的经济学》), London: Earthscan.

Kotchen, Matthew J., and Oran R. Young. 2007, "Meeting the Challenges of the Anthropocene: Towards A Science of Coupled Human - Biophysical Systems" (《遭遇人类世的挑战:迈向一种耦合的人类—生物物理系统的科学》), *Global Environmental Change* (《全球环境变化》) 17（2）: 149 - 151. doi: 10.1016/j. gloenvcha. 2007. 01. 001.

Lachance, Renaud. 2007, *Rapport Du Vérificateur Général Du Québec À L'assemblée Nationale Pour L'année* 2007 - 2008(《魁北克审计长提交国民议会的

2007—2008 年度报告》), Quebec City: Vérificateur général.

Mackenzie, Fred T., Leah May Ver, and Abraham Lerman. 2002, "Century-Scale Nitrogen and Phosphorus Controls of the Carbon Cycle"(《世纪尺度上碳循环的氮磷控制》), *Chemical Geology*(《化学地质学》)190(1-4): 13-32. doi: 10.1016/S0009-2541(02)00108-0.

McNeill, John R. 2000, *Something New Under the Sun*: *An Environmental History of the Twentieth-Century World*(《太阳下的新事: 20 世纪世界环境史》), New York: W. W. Norton.

Niccolucci, Valentina, Alessandro Galli, Justin Kitzes, Riccardo M. Pulselli, Stefano Borsa, and Nadia Marchettini. 2008, "Ecological Footprint Analysis Applied to the Production of Two Italian Wines"(《应用于两种意大利葡萄酒生产的生态足迹分析》), *Agriculture*, *Ecosystems & Environment*(《农业、生态系统与环境》)128(3): 162-166. doi: 10.1016/j.agee.2008.05.015.

Nordhaus, Ted, Michael Shellenberger, and Linus Blomqvist. 2012, *The Planetary Boundaries Hypothesis*: *A Review of the Evidence*(《地球边界假设: 证据回顾》), Oakland, CA: Breakthrough Institute.

Ogle, Greg. 2000, "Accounting for Economic Welfare: Politics, Problems and Potentials"(《经济福利说明: 政治、问题与潜力》), *Environmental Politics*(《环境政策》)9(3): 109-128. doi: 10.1080/09644010008414540.

Quebec Ministry of Natural Resources and Wildlife. 2010, *Rainette Faux-Grillon De L'ouest. Fiches Descriptives Des Espèces Menacées Ou Vulnerables*(《拟蝗蛙: 濒危或脆弱物种介绍文件》), Government of Quebec.

Ranis, Gustav, Frances Stewart, and Emma Samman. 2006, "Human Development: Beyond the Human Development Index"(《人类发展: 超越人类发展指数》), *Journal of Human Development*(《人类发展杂志》)7(3): 323-358. doi: 10.1080/14649880600815917.

Raworth, Kate. 2012, *A Safe and Just Space for Humanity*: *Can We Live Within the Donut?*(《对人类安全和公正的空间: 我们可以活在甜甜圈里吗?》), Oxford, UK: Oxfam International.

Robock, Alan. 2008, "20 Reasons Why Geoengineering May Be a Bad Idea"(《地球工程可能不是一个好主意的 20 个原因》), *Bulletin of the Atomic Scientists*(《原子科学家公报》)64(2): 14-18. doi: 10.2968/064002006.

Rockström, Johan, Will Steffen, Kevin Noone, Asa Persson, F. Stuart Chapin, III, Eric F. Lambin, Timothy M. Lenton, Marten Scheffer, Carl Folke, Hans Joachim Schellnhuber, Bjorn Nykvist, Cynthia A. de Wit, Terry Hughes, Sander van der Leeuw, Henning Rodhe, Sverker Sorlin, Peter K. Snyder, Robert Costanza, Uno Svedin, Malin Falkenmark, Louise Karlberg, Robert W. Corell, Victoria J. Fabry, James Hansen, Brian Walker, Diana Liverman, Katherine

Richardson, Paul Crutzen, and Jonathan A. Foley. 2009, "Planetary Boundaries: Exploring the Safe Operating Space for Humanity"(《地球边界:探索人类的安全运行空间》), *Ecology and Society*(《生态与社会》)14(2): 32. http://www.ecologyandsociety.org/vol14/iss2/art32/.

Rossi, J. P., and I. van Halder. 2010, "Towards Indicators of Butterfly Biodiversity Based on a Multiscale Landscape Description"(《迈向基于多尺度景观描绘的蝴蝶多样性指标》), *Ecological Indicators*(《生态指标》)10(2): 452-458. doi: 10.1016/j.ecolind.2009.07.016.

Samper, Cristián. 2009, "Planetary Boundaries: Rethinking Biodiversity"(《地球边界:重思生物多样性》), *Nature Reports Climate Change*(《自然报道气候变化》)3: 118-119. doi: 10.1038/climate.2009.99.

Saunier, Richard E., and Richard Albert Meganck. 2009, *Dictionary and Introduction to Global Environmental Governance. 2nd ed*(《全球环境治理辞典与导论》第2版), London: Earthscan.

Schiller, Andrew, Carolyn T. Hunsaker, Michael A. Kane, Amy K. Wolfe, Virginia H. Dale, Glenn W. Suter, Clifford S. Russell, Georgine Pion, Molly H. Jensen, and Victoria C. Konar. 2001, "Communicating Ecological Indicators to Decision Makers and the Public"(《与决策者和公众沟通生态指数》), *Conservation Ecology*(《生态保护》)5(1): 19. http://www.ecologyandsociety.org/vol5/iss1/art19/.

Schlesinger, Michael E., Michael J. Ring, and Emily F. Cross. 2012, "A Revised Fair Plan to Safeguard Earth's Climate"(《保卫地球气候的合理修正方案》), *Journal of Environmental Protection*(《环境保护杂志》)3: 1330-1335.

Schlesinger, William H. 2009, "Planetary Boundaries: Thresholds Risk Prolonged Degradation"(《地球边界:阈值有长期退化之风险》), *Nature Reports Climate Change*(《自然报道气候变化》)3: 112-113. doi: 10.1038/climate.2009.93.

Stuart, S. N., E. O. Wilson, J. A. McNeely, R. A. Mittermeier, and J. P. Rodríguez. 2010, "The Barometer of Life"(《生命的晴雨表》), *Science*(《科学》)328(5975): 177. doi: 10.1126/science.1188606.

Umweltbundesamt. 2004, *Manual on Methodologies and Criteria for Modelling and Mapping Critical Loads & Levels and Air Pollution Effects, Risks and Trends*(《关键荷载与水平、空气污染效果、风险和趋势的建模和测绘的方法和标准手册》), Berlin: Federal Environmental Agency (Umweltbundesamt).

United Nations Framework Convention on Climate Change. 2010, *Draft Decision -/ Cp.16: Outcome of the Work of the Ad Hoc Working Group on Long-Term Cooperative Action under the Convention*(《决议草案:Cp.16:协定下长期合作行动的具体工作组的工作产出》), Accessed September 12, 2014. http://

unfccc. int/files/meetings/cop_16/application/pdf/cop16_lca. pdf.

United Nations Environment Programme. 2009, *Climate Change Science Compendium* 2009 (《气候变化科学概要 2009》), edited by Catherine P. McMullen and Jason Jabbour. Nairobi: United Nations Environment Programme.

United Nations Population Division. 2013, *World Population Prospects: The 2012 Revision*(《世界人口展望:2012 修订版》), Accessed September 12, 2014. http://esa. un. org/wpp/Excel-Data/population. htm.

United Nations Population Fund. 2011, *State of World Population 2011*(《世界人口状况 2011》), New York: United Nations Population Fund.

Victor, Peter A. 2008, *Managing Without Growth: Slower by Design, Not Disaster*(《无需增长的管理:通过设计而非灾难来减慢速度》), Cheltenham, UK: Edward Elgar.

Wackernagel, Mathis, and William E. Rees. 1996, *Our Ecological Footprint: Reducing Human Impact on the Earth*(《我们的生态足迹:减少人类对地球的影响》), Gabriola Island, BC, Canada: New Society Publishers.

Wright, David Hamilton. 1990, "Human Impacts on Energy Flow through Natural Ecosystems, and Implications for Species Endangerment"(《人类对自然生态系统中能量流的影响,以及对物种濒危的影响》), *Ambio* 19 (4): 189 - 194. doi: 10. 2307/4313691.

第六章

重新审视生态系统评估中的人类健康隐喻及其在生态经济学中的应用

马克·戈德伯格、杰弗里·加弗、南希·梅奥

1. 导论

自20世纪90年代以来,"生态系统健康"的概念在生态学文献中变得越来越突出(Aguirre et al., 2002;Costanza, Norton and Haskell, 1992;Jørgensen, Xu and Costanza, 2010;Rapport et al., 1998;Scow et al., 2000)。定义和使用"生态系统健康"这个概念的主要动机,是提供一个统一的框架,以此用于评估生态系统的状态和功能,并利用可以从各个学科整合的知识来管理生态系统(Rapport, 1998b)。它与生态经济学的相关性很明显:生态功能及其状态的基本指标是必须的,以便监测肆无忌惮的人类活动,并确保可以监测、避免和(必要时)减轻对生态系统的严重压力及破坏。

拉波特(Rapport, 1998a)讨论了使用人类健康隐喻的优势和局限性。他指出,生态系统健康可以在操作和数量上加以界定。它可以系统性地诊断处于压力下的系统,尤其是对于病因的理解;它也可以同时用于修复和预防。尽管如此,他也认识到这个隐喻

不能简单地被使用,并且需要包括压力和疾病的多个决定性因素。的确,乔根森(2010:3)指出:"显然,像某些人在引入生态系统健康评估时的天真想法那样,找到一个或者几个普遍适用的指标,是不可能的。"

尽管生态健康的隐喻源于其对人类个体和人类群体的应用,但生态学文献中有关人类健康范式的深度探索似乎还未得到讨论,虽然范莱文等(VanLeeuwen et al., 1999)提供了一个嵌入地球之中的人类健康模型。本章源自以下一个探讨:可以如何利用健康隐喻,促进对必须用来限制人类活动的区域性和全球性生态边界的讨论。即便是对人类健康或者生态健康文献的浅显探索,也可以发现对于这一隐喻的使用存在着许多争论。这样的文献回顾提出了一个问题,即"健康"一词是否真的有用;如果是,那么又是在何种情况下可以被适当地运用。

这个隐喻或类比似乎最初来自人类医学。关于该主题,一些最早的著作表明,其基本方面涉及医生使用一组测量值来诊断个体疾病,主要集中在生理层面。例如,乔根森(2010)指出:"我们去找医生做出诊断……并且满怀希望地开始治疗,好让我们恢复正常(或者健康的状态)。在做出诊断并且给出适当治疗方案之前,医生将会采用几个指标或者检查项目(脉搏、血压、血糖浓度、尿液等)。"其目的——确定出重要问题、给出清晰诊断、明确原因,都非常实际,而且非常重要。这些都会对修复及后续的管理产生影响。

在生态学中,一个相对简单的案例可用于说明其与人类健康的相似之处。想想治理湖泊中农业径流的后果。需要进行具体的测量,才能确定湖泊富营养化的程度。调查显示出,过量的氮和磷从相邻农田和其他来源的径流进入湖中。一个直接的解决方案是减少肥料的使用和相关的径流,但这并不是一件容易实施的事。莱克等(Räike et al., 2003)在芬兰的发现展示了实施控制措施的有效性:在采取控制措施减少废水处理厂、纸浆厂、纸厂的排放,以及减少农民对氮肥和磷肥的使用后,负荷明显减少。其他示例涉及的损害迹象可能没那么明显,并且可能包含通过不同途径运作且具有不同程度影响的多个相互作用因子。因此,诊断和修复都非常复杂。使用生态健康隐喻的目的就在于,希望它能刺激跨学科的方法,使得"诊断"和"治疗"都更加有效。

接下来,我们将会表明,人类健康远非具体疾病的缺失,单纯依赖生理指标也并不能为其下定义或者为测量提供手段。实际上,人类健康是一个难以捉摸的概念,无法以一个简单、全面的概念来形容;它包含如此多的维度,以至于给它下定义,尤其是以量化手段来下定义,基本上是不可能的。全部以指标来测量人类,也是有问题的:在我们所知的几乎任何情况下,都不会对特定个体健康的所有方面都进行测量。我们简要讨论了一些测量人类健康各个方面的方法,以及这些测量的一些基本特征。因此我们认为,将这一类比应用于生态系统——它当然不是生物体而是复杂的等级系统——具有相当大的困难。特别是,关注生态系统中的功能指标测量的研究领域,定义了"生态系统健康"领域,但是我们的结论是,所选择的指标的测量不能用于指明健康,尽管它们可能意味着缺乏健康。我们还就前人已经提出过的生态系统中"状态"的测量给出了建议。

2. 关于源于人体健康的生态系统健康隐喻的评论:疾病的测量与功能的容量

2.1 医生的角色

医生主要的角色就是"找到疾病,并且修复它"。他们接受过培训,可以识别和治疗需要得到注意和修复的病因。例如,到全科医生那里进行的例行访问,通常会进行标准的身体检查,评估诸如扩大的淋巴腺和明显的呼吸、心脏异常等状况。医生可能会询问有关健康和小疾病的问题,它们可能有助于发现具体麻烦。患者的病史也非常重要,因为之前的疾病可能会影响对检查的解释;以前的测试结果也经常被复审。

此外,许多基本的生理测量指标也可以被采用,包括身高、体重、脉搏率、瞳孔大小、血压和体温等;也可能要求进行血液测试。很多血液测试可以作为特定身体功能的标志物,例如肝功能(通过测量肝脏相关酶的化验)。大多数指标具有"正常"范围,这些范围是根据"健康"人口中的分布观察来定义的。体温、血压、脉搏率和呼吸率是必不可少的生命体征。在某个特定调查的情境下,也可能要求进行其他测试。有许多指标不在例行测量范围中,特别是那些可预测未来健康的指标,如血管斑块、动脉弹性和肺功能。肺功能是预测未来死亡率的强预测因子(Sabia et al., 2010);但是,在常规临床实践中,仅限于有明显肺功能障碍(例如慢性支气管炎、肺气肿或哮喘)的患者接受此项测试,且通常仅由呼吸科医生进行测试。

在"健康"个体中,一些主要的生理指标,例如血压、静息心率、血液中的脂质和尿液中的糖,都会处于预期的"正常"范围内。但是,这只能说明故事的一部分。例如,患有背痛的人,其日常活动受到限制,但也可能具有基本生物指标的正常值。其他一些情况是偶然发生的;例如,在没有出现恶化的情况下,患有哮喘的人可能在肺功能检查中看起来正常,但在危急期间他们则会显得异常。此外,还存在一些情况,显示生命过程的恶化和缓解,但也可能致人短命(例如,多发性硬化症)。

人类健康当然会受到外源性力量或污染物的影响,例如空气污染、过量阳光和食品中的大肠杆菌。然而,许多人类疾病是内源性的,通常是由未知原因的细胞、组织或器官的衰竭而引起。生态系统也具有外源性和潜在的内源性影响,如酸雨(外源性)和某物种的种群过剩(内源性)。

医生与个人健康的一般问题关系不大,除了可能建议他们的病人应该开展运动或正确饮食。全科医生很少调查的其他后果性指标,包括开展日常生活活动的能力、压力水平和心理健康。有一些医学专业涉及更大的问题;例如,运动医学医生关注肌肉骨骼健康。他们通过与物理治疗师和运动治疗师等其他健康专业人员的互动,非常适合为康复和预防损伤提供支持。职业病医生则关注疾病的起因,并且接受相关训练以辨认出那些起源于工作场所的疾病。

医生与人口健康的发展关系不大,这是一个公共社会问题。[①] 例如,北美和其他地区的糖尿病患者的增加(Lipscombe and Hux, 2007),部分与我们城市的碎片化状况——因此交通以汽车为主——有关,也与我们以消费者为基础的社会所导致的暴饮暴食和普遍性久坐有关——尤其是在儿童当中(Gortmaker et al., 1996)。在尝试处理肥胖并发症(包括糖尿病和心脏病)的过程中,医生出现得有些晚了。其他例子比比皆是,包括导致多种健康问题的空气污染(Chen, Goldberg and Villeneuve, 2008)、导致皮肤癌的紫外线(Leiter and Garbe, 2008)以及与癌症病发相关的水中消毒副产物(Richardson et al., 2007)。为衡量"健康"的多元组成部分而开发的工具,不是来自医学,而是来自处理这些后果的联合场域——例如流行病学。

2.2 联合健康场域在衡量健康指标中的作用

非医生使用许多指标来超越特定生理和病理生物指标的测量。健康指标包括免于疼痛、疲劳和情绪困扰;能够开展日常生活

---

① 除非他们是公共或职业健康领域的流行病学家。

所必需的活动(例如穿衣、个人卫生、在家里或社区四处移动、购买和准备食物、维护家庭);并且能够参与家庭、社会和经济角色。有许多测试和问卷来衡量健康的这些方面;其中一些针对特定亚群体,例如老年人或儿童。

许多其他测量也具有参考值,这些参考值来自人口的分布或安全基准。例如,日常生活基本活动所需的社区流动性的一般衡量标准,是一个人在六分钟内可以走多远(American Thoracic Society, 2002)。所得值将表明该人的表现是否符合其年龄和性别预期,但该值并不能表明该人为何仅仅行走该距离,或该限制是暂时的还是永久性的。还有一些自我报告的测量,比如整体和特定心理健康状况(例如快乐、焦虑、抑郁),以及日常生活行为(例如能够系鞋带等简单事情、娱乐活动)。

其中许多指数是为评估特定人群或特定情况下的健康而开发的,而其他指数则更具有全球性,适用于许多情况。除了具有群体要求,它们还要在被广泛使用之前评估其有效性(即它们是否能够测量它们声称要测量的东西)和可靠性(可重复性)。

同样,也有相对于更广泛人群的个体健康的综合指标,这些指标基于若干结构,每个结构都由一系列问题定义而成。两种最普遍的工具是简明健康状况调查(SF-36;Ware and Sherbourne, 1992)和健康指数量表(Kind, 1996)。每项问题都被赋予数值,通过对每项的数值求和或其他方式来计算总分。这些指标在制定和验证方面取得了相当大的进展,因此它们的含义具有相当强的解释力。它们通常在"健康人群"中进行评估,由此获得的分数范围有助于确定什么被定义为"正常"的内容,以此提供一个用来比较的基线。此外,在正式研究中,将具有病理特征的组与相对"健康"的组进行比较(例如,比较那些患有慢性背痛的人与没有慢性背痛的人的日常生活活动)。因此,复杂的数值范围变得有意义。然而,正如第四章所述,对个人的失能采取行动需要具体了解问题,并且只有在评估复杂指标中的个别项目时,具体问题才能得到确定和处理。

尽管半个多世纪以来健康测量方面取得显著进步,但疾病标志物在临床实践中依然占主导地位。通常,临床测量的结果与人的感觉之间的不匹配,会导致未达最佳效果的治疗和结果。例如,一个人可能表现出异常的高水平的血脂,但同时身体可能感觉非常好;因此,他或她可能没有动力开始或继续药物治疗。另一个人可能感觉非常不适,但可能没有明显异常的生理参数值(如纤维肌痛等疾病),因此不满意于医疗界缺乏对其疼痛的治疗和关注。

在健康领域,测量方法现在正在纳入多元健康指标(通常以序数尺度来进行测量),以分层方式校准关键序数类别,并创建具有区间性质的度量。通过这种方式,健康的不同方面的变化能够得到量化,并且与细胞、器官水平或环境水平等方面的变化相关联(Andrich,2011)。

2.3 人类健康的定义

之前的讨论表明,医生在健康方面的作用有限:他们可以识别病理,其中有些可以得到治疗。正如《英国医学杂志》(*British Medical Journal*)前任编辑理查德·史密斯在该期刊的博客中写道:

> 但健康是什么?对于大多数医生来说这是一个无趣的问题。医生对疾病感兴趣,而不是健康。医学教科书是一本收录大量疾病的目录。身体和思维有数千种方式出错,这就是疾病如此吸引医生的原因。我们已经投入大量精力来对疾病进行分类,精神科医生甚至已经确定了超过4 000种我们的思维可能出现故障的方法。健康对于医生来说是一种消极状态——没有疾病。事实上,健康是一种幻觉。如果你让医生开始进行遗传分析、血液检查和先进的成像技术,那么每个人都会被发现有缺

陷——"患病"……所以我不满意于将健康定义为没有疾病。我也不热衷于世界卫生组织对"完整的身体、心理和社会的良好状态"的定义——彼得·什克拉巴内克（Peter Skrabanek）开玩笑说，这个状态只有在共同高潮那一刻才能达到。这是一个荒谬的定义。因为按照这个定义的话，我们大多数人在大多数时候都是不健康的。我最喜欢的是西格蒙德·弗洛伊德（Sigmund Freud）的定义，虽然这个定义从未被他写下来，即"爱和工作的能力"。（Smith，2008）

2.3.1 世界卫生组织对于健康的定义

1948年，世界卫生组织将健康定义为"一个完整的身体、精神和社会的良好状态，而不仅仅是没有疾病或不虚弱"（WHO，1948）。1986年，世界卫生组织将健康定义为"日常生活的资源，而不是生活的目标。健康是一个积极的概念，强调社会和个人资源以及身体能力"（WHO，2006）。

理查德·史密斯并不是唯一一个对世界卫生组织有关健康的定义提出争议的人。鲁道夫·萨拉齐（Rodolpho Saracci, 1997）认为世界卫生组织的定义的一个严重缺陷在于，它没有区分健康和幸福。与社会良好状态的关联，从一开始就出现在幸福这一概念之中，因此任何对于幸福的偏离，无论如何定义（与健康一样，幸福也很难进行定义），都意味着不完美的健康。拉森（Larson, 1999）讨论了与世界卫生组织定义有关的其他问题，包括：对于良好状态和社会良好状态的定义尚没有达成共识；不同文化中的不同健康定义；健康状况没有明确的排列等级。我们都时不时地受到各种各样的小疾病的烦扰，所以基本上没有人符合这个定义，而且这个定义是如此模糊，以至于我们能够采用海量的方式来操作它。拉森（1999：123）也引用了其他可能的定义，包括"健康可以被定义为没有疾病,具有力量和健壮性,以及高质量的生活。它可以被定义为数量(生命的长度)和质量,或者可以被定义为没有身体残疾、心理残疾和疼痛"(Brown et al., 1984;Feinstein, 1992)。

拉森(1999)用其他模型讨论了健康的概念化问题。令人感兴趣的是健康模型,即"面向更高的心灵、身体和精神的整合功能、精力、舒适的健康提升与进步"(Larson, 1999:125, Table 1)。这个模型整合了精神和心智功能,拥有克服疾病的余力,努力实现更高水平的功能。范莱文等人(VanLeeuwen et al., 1999)还讨论了一些人类健康模型,其中一些模型也被拉森讨论过。这些模型包括生态因素,但也包括与自然界中发现的等级相关的一些概念。他们的"蝴蝶模型"将人类健康融入生态系统之中(类似于生态经济学),并且试图在生物物理和社会经济环境之间建立广泛的相互联系。

针对这些和其他批评,世界卫生组织制定了一个框架,用于定义对健康至关重要的结构——《国际功能、残疾和健康分类》(WHO, 2014)。《国际功能、残疾和健康分类》基于所谓的生物心理社会模型,该模型试图将健康的医学和社会方面进行整合。图6.1显示了基于世界卫生组织的概念模型(WHO, 2002)。

《国际功能、残疾和健康分类》为描述健康和健康相关的状态提供了统一的标准语言和框架。它定义了健康的组成部分,包括积极的(功能)和消极的(残疾),以及一些与健康相关的幸福成分。残疾、损伤、限制和束缚这些结构是个人的客观、外在标志,但人们对其机能的"感觉"被认为与幸福紧密相关。仅仅测量幸福而不测量机能状况,便错过了衡量个人健康的一个重要维度——反之亦然,特别是考虑到人们适应于机能不良且高度表达幸福时,并不意味着需要护理或服务。

总而言之,尽管世界卫生组织对健康的定义被广泛引用,但健康依旧没有单一的定义。(此外,"人们在看到健康时就会承认健

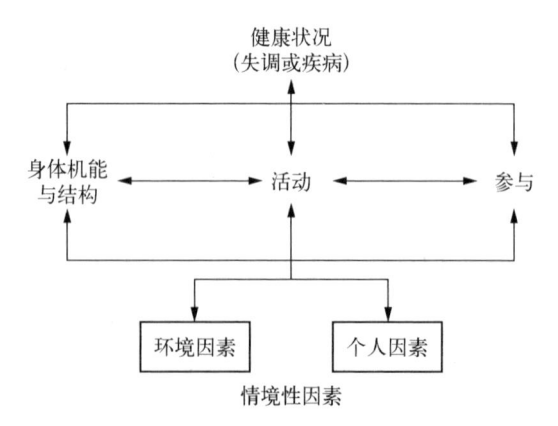

```
                    健康状况
                  (失调或疾病)
                       ↕
  身体机能          ↕                 ↕
  与结构   ←→    活动    ←→      参与
                       ↕
              ↙              ↘
         环境因素          个人因素
              情境性因素
```

图 6.1 《国际功能、残疾和健康分类》中使用的残疾概念模型。该图表明残疾和机能是由健康状况（疾病、失调和损伤）与"情境性因素"的相互作用造成的。情境性因素分为外部因素（即"环境因素"，包括社会环境、地理因素、气候因素等）和与个人相关的"个人因素"（例如年龄、性别、教育）。这些因素与个人如何看待残疾或缺乏残疾有关。图的中间部分显示了人体机能的主要组成部分，以及与损伤（身体机能或结构的问题）、身体活动的局限性、参与生活活动的限制有关的机能障碍（WHO，2002）

康"的模型存在严重缺陷，例如患有潜伏性肺癌的人，某一天看起来还很健康，可能三个月后就会死亡。）的确，随着时间的推移，许多模型已经被开发出来，试图去捕捉人类健康的各种要素。还有一些旨在衡量不同健康组成部分的工具，包括主要基于世界卫生组织的健康定义的《国际功能、残疾和健康分类》。但是，其他工具也有相当大的价值（例如，SF-36 [Ware and Sherbourne，1992]和Euroqol [Kind，1996]）。实际上很明显，健康的全部范围超出了内部体征，正如医生测量的生理和病理参数所反映的那样；它甚至超出了残疾的外在标志，并且包含"幸福"的概念——或者说一个人对他们的健康状况及其后果的"感觉"如何。此外，健康是一个不断发展的过程，个人会随着时间的推移以不同的方式改变。简而言之，整个人类的健康无法在特定的个体中被衡量，当然也不能在群体中被衡量。

3. 生态系统健康的定义

我们最初的动机,是了解"受压的"生态系统的病因,并且提供全球性评估方法。如前所述,关于生态系统健康的文献,其根源在于医生诊断患者疾病和病痛的范式(Jørgensen, 2010; Rapport, 1992; Rapport, Regier and Hutchinson, 1985)。实际上,谢弗(Schaeffer, 1996)写道:"诊断人类或动物疾病时必须完成的四步顺序过程……同样适用于生态系统疾病。"拉波特(1992)讨论了将人类价值观叠加在生态系统健康评估上的必要性;他引用了新西兰原住民森林的例子:为了人类剥削目的,它们被改造成为新西兰辐射松种植园,而这种转变遭到了保护主义者的反对。为了评估人类对生物圈的影响,我们需要某种道德规范。也许,奥尔多·利奥波德(1949)的"土地伦理"可以作为一个起点(见第七章)。

无论道德规范如何,在识别生态系统问题、揭示其病因并进行补救的重要性方面,都不存在争论。达到这一目的,必不可少的是能够衡量生态系统特征或状态以及与"正常情况"进行比较的能力,就像我们对人类所做的一样,或者绘制时间变化趋势。疾病的出现、机能障碍、超出关键指标的"正常范围",以及与健康不佳指标有关的统计相关性(例如,酸雨和湖泊中的鱼类损失)将表明生态系统的健康状况不佳;由此也许可以制定一些治疗方法来使系统恢复正常。

一些调查人员试图将生态系统健康的概念进行操作化。例如,科斯坦萨(1992)认为生态系统健康是"一个全面、多尺度、层次化的系统恢复力、组织和活力的衡量标准"。他认为健康是"衡量一个由其各部分的行为而搭建起来的复杂系统的整体性表现的一种标准"。某个会议上提出的一个定义指出:"如果生态系统是稳定且可持续的,则意味着生态系统是健康的且没有'窘迫综合症'——也就是说它是活跃的,并且随着时间的推移仍保持其组织和自主性,且能够承受压力。"由此,科斯坦萨定义了一个生态系统健康指数,该指数是衡量活力、组织和恢复力指标的产物。在这篇文章的后续中,科斯坦萨和马格厄(Mageau)(1999)这样描述生态系统健康的定义:体内平衡、没有疾病、多样性或复杂性、稳定性或恢复力、活力或成长的空间,以及系统组件之间的平衡。他们扩展了这些先前的定义,提出"将生态系统健康作为对系统恢复力、组织和活力进行衡量的全面的、多尺度的、动态的、层次化的标准"[1](Costanza and Mageau,1999:106)。

这有点类似于世界卫生组织的原始定义,只不过恢复力、组织和活力取代了"幸福"。科斯坦萨和马格厄(1999:106)指出:"系统健康意味着对组成部分进行加权求和或更复杂的操作,其中加权因子包括评估每个组成部分对整体功能的相对重要性……在人类医学的实践中,这些加权因子或加权值包含在医学从业者体现的知识和经验当中。"不幸的是,最后的陈述显然是错误的,因为临床医生不会对个人的健康作出判断,而只是对特定疾病的存在与否、治愈或管理的可能性作出判断。此外,正如第四章所讨论的那样,复杂的指标实际上很难进行诠释,因为它们的价值可能含糊不清。[2] 尽管基准测试(验证)可以克服这些缺点,但仍需要对特定的补救措施进行分解。此外,在乘法或加法框架中组合指数充满了困难:这里存在一个无法核实的假设,即可以通过组合不同指数的某些数学公式来开发有意义的复合指数。这样的指数需要得到验证,并且如同人类健康研究中那样,进行基准测试。但最后,这些指数都会非常难以解释。

---

[1] 系统的恢复力是指其在压力下维持其结构和行为模式的能力。系统的活力只是衡量其活动、新陈代谢或初级生产力的指标。系统的组织是指系统组成部分之间交互的数量和多样性。
[2] 例如,让我们考虑将两个变量(A,B)相乘得到的复杂指标。为简单起见,我们假设每个都被编码为 0、1、2、3。这个复杂指标的解释是相当模糊的,因为不同的组合也可以产生相同的结果:例如,A(=1)×B(=2)=2 且 A(=2)×B(=1)也等于 2。见第四章。

1993年,苏特(Suter)对生态系统健康概念的批评如下:

(1) 它歪曲了健康。他指出,世界卫生组织最初对健康的定义确实是主观的,而且像我们之前所说的那样,医生实际上并没有衡量健康。

(2) 它歪曲了生态。生态系统不是生物体(而且它们当然没有中枢神经系统)。

(3) 生态系统健康的定义,例如卡尔等(1986)的生物完整性指数,将不同的指标结合起来,但是因为它们不能进行基准测试,所以没有内在意义。引用苏特(1993:1533,Abstract)的话,即:"它们无法预测,因此它们不适用于大多数监管问题;它们没有诊断能力;对一个组成部分的影响会因为其他组成部分的反应而黯然失色(这是以任意方式组合那些衡量不同结构且具有不同单位的指数的主要问题);价值高或低的原因尚不清楚(统计框架的可变性问题)。"

维克兰和戴维斯(Wicklum and Davies, 1995:997, Abstract)也对这一概念持批评态度:

生态系统健康这一短语是基于对人类健康的无效类比,需要最佳条件以及自我调节过程,以此将生态系统维持在可定义的最佳状态。同样,生态系统完整性不是生态系统的客观、可量化的属性。健康和完整性不是生态系统的固有属性,也没有受到经验证据或生态学理论的支持。

与人类健康一样,对生态系统功能和状态的评估不需要生态系统健康的明确定义。确实,赖斯(Rice, 2003:236)使用"生态系统状况指标"而不是"环境健康指标"这一术语。他提及"三年前准备的一份综述……发现了200多种不同的生态系统状况指标,但还没有做到详尽无遗。挑战不在于找到可以使用的生态系统状态指标,而在于选择最能满足用户需求的指标组合"。

乔根森、徐和科斯坦萨(2010)讨论了从管理和科学角度选择指标的标准,包括易于应用和理解、相关、科学合理、定量、成本合理、易于使用、对细微变化的敏感性(即,按我们在本章节中使用的关于测量的语言,它们应该是有效的和可靠的)、独立于参考状态,并且广泛适用。这些作者指出,很少有指标符合所有这些标准。

通过发展"正交定性描述符"(orthogonal qualitative descriptor)的概念或者"属性",来定义健康的各种组成部分,这确实类似于人们在人类健康中所做的事情。例如,我们谈到心理健康、身体健康、生活质量等。与在人类健康中的使用一样,恢复力、组织和活力不可能是唯一的描述符集。乔根森、徐和科斯坦萨(2010)将生态系统指标分为8个"水平":物种的存在和缺失、生物体类别的种群比例、化学化合物的浓度、营养水平的种群或浓度、基本过程的比率、复合指标(例如,奥德姆[1971]指标集等复杂指标)、整体指标(这些指标也很复杂,涉及阻力和恢复力等概念)和热力学变量(如放射本能)。

4. 讨论和结论

我们已经表明,人类健康的定义是难以捉摸的,而且已经尝试过的各种定义也具有严重的缺点。此外,构成人类健康概念的无数属性和领域也无法在任何个体或群体中进行单一的测量。很明显,人类健康不单是疾病的诊断,它有许多固有的特性,而且这些特性大多数从未被医生测量过。事实上,医生在评估健康方面几乎没有任何作用;他们只是处理病理、补救措施和可能的治疗方法。在各个领域工作的卫生专业人员已经确定了许多指标,以捕捉人类健康固有的各个方面。确定和开发这些指标的关键要素之一是确定其有效性和可靠性。除非进行基准测试,否则人类健康中的复杂指标毫无意义。

尽管生态学家像医生那样进行诊断和纠正病理,是正确的、必要的,但当前生态系统健康的概念受到了"医生作为定义人类健康的主要参与者"这一错误类比的困扰。此外,如苏特(1993)和其他人所指出的,生态系统不是生物体。对生态学来说,很重要的一点是,为衡量生态系统健康而定义的复杂指数无法也不能衡量复杂生态系统中的所有维度。这已经被许多其他生态学家所承认(例如,Jørgensen, Xu and Costanza, 2010)。

因为我们不是生态学家,所以我们不会那么大胆地假设我们在制定相关指标方面具备任何专业知识。然而,正如在任何科学学科中一样,对生态系统状态的评估必须基于对研究目标或与管理有关的议题的明确界定。在此基础上,再准确地测量反映这些目标的所有相关参数,同时要十分警惕,不要将这些参数组合成没有内在含义的复杂指数。德·里奥和莱文(De Leo and Levin, 1997)指出,"详细地描述生态系统的功能和结构方面会更有用,这将为评估人类活动对生物系统的影响提供一个概念性框架,并明确由此框架所产生的实际后果"。

与地球上无数种类和数量的生态系统相比,人类的基因组构成变化相对较小。这意味着人类比生态系统更加同质化,也意味着在人类中进行测量和评估的任务应该比在生态系统中更加容易。但是,也许我们可以猜测,即人类机能、残疾和健康的模型可以通过类比来评估生态系统功能:每个生态系统都可以被认为具有运作能力,它们可能会也可能不会改变;在给定具体能力水平的情况下,生态系统的每个组成部分可能会/可能不会"最佳地"执行它们已经发展出的活动和角色。系统中的每个组成部分都是相互依赖的,并构成整个生态系统的环境外衣所不可或缺的部分。这将为生态系统健康提供一个超越生理健康的测量框架。另一方面,乔根森、徐和科斯坦萨(2010)有关生态系统指标的分类系统可能也就足够了。

上述功能评估可能与生态系统健康概念的关系更为密切,而对地球系统来说则不太通用,尽管人们可能仍需要一系列"生理"参数来充分地描述健康的特征。此外,这些参数还需要在时间和空间上进行监测。因此,只使用一个复杂的综合指数,不太可能得到适当的生态系统健康衡量标准。

参考文献

Aguirre, A. Alonso, Richard S. Ostfeld, Gary M. Tabor, Carol House, and Mary C. Pearl, eds. 2002, *Conservation Medicine: Ecological Health in Practice*(《保护医学:实践中的生态健康》), Oxford: Oxford University Press.

American Thoracic Society. 2002, "ATS Statement: Guidelines for the Six-Minute Walk Test"(《美国胸科协会声明:六分钟步行测试指南》), *American Journal of Respiratory and Critical Care Medicine*(《美国呼吸与重症医学杂志》) 166 (1): 111-117. doi: 10.1164/rccm.166/1/111.

Andrich, David. 2011, "Rating Scales and Rasch Measurement"(《等级量表和拉施测量》), *Expert Review of Pharmacoeconomics & Outcomes Research* (《药物经济学与结果研究专家评论》) 11 (5): 571-585. doi: 10.1586/erp.11.59.

Brown, J. H., L. E. Kazis, P. W. Spitz, P. Gertman, J. F. Fries, and R. F. Meenan. 1984, "The Dimensions of Health Outcomes: A Cross-Validated Examination of Health Status Measurement"(《健康成果的维度:健康状况衡量的交互验证检查》), *American Journal of Public Health* (《美国公共卫生杂志》) 74 (2): 159-161. doi: 10.2105/AJPH.74.2.159.

Chen, Hong, Mark Goldberg, and Paul J. Villeneuve. 2008, "A Systematic Review of the Relation between Long-Term Exposure to Ambient Air Pollution and Chronic Diseases"(《关于长期暴露于环境空气污染与慢性病之间的关系的系统评价》), *Reviews on Environmental Health* (《环境卫生综述》) 23 (4): 243-298. doi: 10.1515/REVEH.2008.23.4.243.

Costanza, Robert. 1992, "Toward an Operational Definition of Ecosystem Health"(《迈向生态系统健康的可操作定义》), in *Ecosystem Health: New Goals for Environmental Management*(《生态系统健康:环境管理的新目标》),

edited by Robert Costanza, Bryan G. Norton and Benjamin D. Haskell, Washington, DC: Island Press, pp. 239-256.

Costanza, Robert, and Michael Mageau. 1999, "What Is a Healthy Ecosystem?"(《什么是健康的生态系统?》), *Aquatic Ecology* (《水生生态系统》) 33 (1): 105-115. doi: 10.1023/A:1009930313242.

Costanza, Robert, Bryan G. Norton, and Benjamin D. Haskell, eds. 1992, *Ecosystem Health: New Goals for Environmental Management* (《生态系统健康:环境管理的新目标》), Washington, DC: Island Press.

De Leo, G. A., and S. Levin. 1997, "The Multifaceted Aspects of Ecosystem Integrity"(《生态系统完整性的多层面》), *Conservation Ecology* (《生态保护》) 1 (1): 3. http://www.consecol.org/vol1/iss1/art3/.

Feinstein, Alvan R. 1992, "Benefits and Obstacles for Development of Health Status Assessment Measures in Clinical Settings"(《在临床环境中制定健康状况评估措施的益处及障碍》), *Medical Care* (《医疗保健》) 30 (5): MS50-MS56. doi: 10.2307/3766229.

Gortmaker, S. L., A. Must, A. M. Sobol, K. Peterson, G. A. Colditz, and W. H. Dietz. 1996, "Television Viewing as a Cause of Increasing Obesity among Children in the United States, 1986-1990"(《作为肥胖增加原因的看电视——1986—1990年美国儿童为例》), *Archives of Pediatrics & Adolescent Medicine* (《儿童与青少年医学档案》) 150 (4): 356-362. doi: 10.1001/archpedi.1996.02170290022003.

Holling, C. S. 1986, "The Resilience of Terrestrial Ecosystems"(《陆地生态系统的复原力》), in *Sustainable Development of the Biosphere* (《生物圈的可持续发展》), edited by W. C. Clark and R. E. Munn, Cambridge, UK: Cambridge University Press, pp. 292-320.

Jørgensen, Sven Erik. 2010, "Introduction"(《导言》), In *Handbook of Ecological Indicators for Assessment of Ecosystem Health* (《关于评估生态系统健康的生态指标的手册》), edited by Sven Erik Jørgensen, Fu-Liu Xu, and Robert Costanza, Boca Raton, FL: CRC Press, pp. 3-7.

Jørgensen, Sven Erik, Fu-Liu Xu, and Robert Costanza, eds. 2010, *Handbook of Ecological Indicators for Assessment of Ecosystem Health. 2nd ed* (《关于评估生态系统健康的生态指标的手册》第2版), Boca Raton, FL: CRC Press.

Karr, James R, Kurt D Fausch, Paul L Angermeier, Philip R Yant, and Isaac J Schlosser. 1986, *Assessing Biological Integrity in Running Waters: A Method and Its Rationale* (《评估流动水域中的生物完整性:一种方法及其基本原理》), Champaign, IL: Illinois Natural History Survey.

Kind, Paul. 1996, "The Euroqol Instrument: An Index of Health-Related

Quality of Life"(《欧洲生活质量小组工具：与健康相关的生活质量指数》), in *Quality of Life and Pharmacoeconomics in Clinical Trials*(《临床试验的生活质量和药物经济学》), edited by Bert Spilker, Philadelphia: Lippincott-Raven, pp. 191 - 201.

Larson, James S. 1999, "The Conceptualization of Health"(《健康的概念化》), *Medical Care Research and Review*(《医疗护理研究与评论》)56（2）: 123 - 136. doi: 10.1177/107755879905600201.

Leiter, Ulrike, and Claus Garbe. 2008, "Epidemiology of Melanoma and Nonmelanoma Skin Cancer—the Role of Sunlight"(《黑色素瘤和非黑色素瘤皮肤癌的流行病学——阳光的作用》), in *Sunlight, Vitamin D and Skin Cancer*(《阳光、维生素D和皮肤癌》), edited by Jörg Reichrath, New York: Springer. doi:10.1007/978 - 0 - 387 - 77574 - 6_8, pp. 89 - 103.

Leopold, Aldo. 1949, *A Sand County Almanac and Sketches Here and There*(《沙乡年鉴》), New York: Oxford University Press.

Lipscombe, Lorraine L., and Janet E. Hux. 2007, "Trends in Diabetes Prevalence, Incidence, and Mortality in Ontario, Canada 1995 - 2005: A Population-Based Study"(《1995—2005年加拿大安大略省糖尿病患病率、发病率和死亡率趋势：基于人口的研究》), *The Lancet*(《柳叶刀》)369（9563）: 750 - 756. doi: 10.1016/S0140 - 6736(07)60361 - 4.

Odum, Eugene. 1971, *Fundamentals of Ecology*(《生态学基础》), Philadelphia: Saunders.

Räike, A., O. P. Pietiläinen, S. Rekolainen, P. Kauppila, H. Pitkänen, J. Niemi, A. Raateland, and J. Vuorenmaa. 2003, "Trends of Phosphorus, Nitrogen and Chlorophyll a Concentrations in Finnish Rivers and Lakes in 1975 - 2000"(《1975—2000年芬兰河流和湖泊中磷、氮和叶绿素a的浓度变化趋势》), *Science of The Total Environment*(《整体环境科学》)310（1 - 3）: 47 - 59. doi: 10.1016/S0048 - 9697(02)00622 - 8.

Rapport, David J. 1992, "Evaluating Ecosystem Health"(《评估生态系统健康》), *Journal of Aquatic Ecosystem Health*(《水生生态系统健康杂志》)1（1）: 15 - 24. doi: 10.1007/BF00044405.

Rapport, David J. 1998a, "Defining Ecosystem Health"(《定义生态系统健康》), in *Ecosystem Health*(《生态系统健康》), edited by David J. Rapport, Robert Costanza, Paul R. Epstein, Connie Gaudet, and Richard Levins, Oxford: Blackwell Science, pp. 18 - 33.

Rapport, David J. 1998b, "Need for a New Paradigm"(《一种新范式的必要性》), in *Ecosystem Health*(《生态系统健康》), edited by David J. Rapport, Robert Costanza, Paul R. Epstein, Connie Gaudet, and Richard Levins, Oxford: Blackwell Science, pp. 3 - 17.

Rapport, David J., Robert Costanza, Paul R. Epstein, Connie Gaudet, and Richard Levins, eds. 1998, *Ecosystem Health*（《生态系统健康》）, Oxford: Blackwell Science.

Rapport, David J., H. A. Regier, and T. C. Hutchinson. 1985, "Ecosystem Behavior Under Stress"（《压力下的生态系统行为》）, *The American Naturalist*（《美国博物学家》）125（5）: 617 - 640. doi: 10.2307/2461475.

Rice, Jake. 2003, "Environmental Health Indicators"（《环境健康指标》）, *Ocean & Coastal Management*（《海洋及海岸管理》）46（3 - 4）: 235 - 259. doi: 10.1016/S0964 - 5691(03)00006 - 1.

Richardson, Susan D., Michael J. Plewa, Elizabeth D. Wagner, Rita Schoeny, and David M. DeMarini. 2007, "Occurrence, Genotoxicity, and Carcinogenicity of Regulated and Emerging Disinfection by-Products in Drinking Water: A Review and Roadmap for Research"（《饮用水中受监管的和新兴消毒副产物的产生、遗传毒性和致癌性: 综述及研究线路图》）, *Mutation Research/Reviews in Mutation Research*（《突变研究/突变研究综述》）636（1 - 3）: 178 - 242. doi: 10.1016/j.mrrev.2007.09.001.

Sabia, Séverine, Martin Shipley, Alexis Elbaz, Michael Marmot, Mika Kivimaki, Francine Kauffmann, and Archana Singh-Manoux. 2010, "Why Does Lung Function Predict Mortality? Results from the Whitehall Ii Cohort Study"（《为什么肺功能可以预测死亡率？——来自白厅第二世代研究的结果》）, *American Journal of Epidemiology*（《美国流行病学杂志》）172（12）: 1415 - 1423. doi: 10.1093/aje/kwq294.

Saracci, Rodolfo. 1997, "The World Health Organisation Needs to Reconsider Its Definition of Health"（《世界卫生组织需要重新考虑其对健康的定义》）, *BMJ: British Medical Journal*（《英国医学杂志》）314（7091）: 1409 - 1410. doi: 10.2307/25174539.

Schaeffer, David J. 1996, "Diagnosing Ecosystem Health"（《生态系统健康的诊断》）, *Ecotoxicology and Environmental Safety*（《生态毒理学与环境安全》）34（1）: 18 - 34. doi: 10.1006/eesa.1996.0041.

Scow, K. M., G. E. Fogg, D. E. Hinton, and M. L. Johnson. 2000, *Integrated Assessment of Ecosystem Health*（《生态系统健康的综合评估》）, Boca Raton, FL: Lewis Publishers.

Smith, Richard. 2008, "The End of Disease and the Beginning of Health"（《疾病的终结与健康的开始》）, Accessed January 17, 2015. http://blogs.bmj.com/bmj/2008/07/08/richard-smith-the-end-of-disease-and-the-beginning-of-health/.

Suter, Glenn W., II. 1993, "A Critique of Ecosystem Health Concepts and Indexes"（《对生态系统健康概念和指标的批判》）, *Environmental Toxicology and Chemistry*（《环境毒理学与化学》）12：1533 - 1539. doi：10.1002/etc.5620120903.

VanLeeuwen, J. A., D. Waltner-Toews, T. Abernathy, and B. Smit. 1999, "Evolving Models of Human Health toward an Ecosystem Context"（《迈向生态系统语境的人类健康演变模型》）, *Ecosystem Health*（《生态系统健康》）5（3）：204 - 219. doi：10.1046/j.1526 - 0992.1999.09931.x.

Ware, John E., Jr., and Cathy Donald Sherbourne. 1992, "The MOS 36-Item Short-Form Health Survey（Sf-36）：I. Conceptual Framework and Item Selection"（《MOS 36项健康调查简表 Sf-36（Ⅰ）：概念框架和项目选择》）*Medical Care*（《医疗保健》）30（6）：473 - 483. doi：10.2307/3765916.

Wicklum, D., and Ronald W. Davies. 1995, "Ecosystem Health and Integrity?"（《生态系统健康与完整性?》）, *Canadian Journal of Botany*（《加拿大植物学杂志》）73（7）：997 - 1000. doi：10.1139/b95 - 108.

World Health Organization. 1948, *Preamble to the Constitution of the World Health Organization as Adopted by the International Health Conference*（《国际卫生大会通过的〈世界卫生组织章程〉的序言》）, New York, 19 - 22 June 1946, Accessed January 17, 2015, http://www.who.int/about/definition/en/print.html.

World Health Organization. 2002, *Towards A Common Language for Functioning, Disability and Health：ICF, the International Classification of Functioning, Disability and Health*（《面向功能、残疾和健康的通用语言：国际功能、残疾和健康分类》）, Accessed January 17, 2015, http://www.who.int/classifications/icf/training/icfbeginnersguide.pdf.

World Health Organization. 2006, *Constitution of the World Health Organization：Basic Documents. 45th ed*（《世界卫生组织章程：基本文件》第45版）, Accessed January 17, 2015, http://www.who.int/governance/eb/who_constitution_en.pdf.

World Health Organization. 2014, "International Classification of Functioning, Disability and Health（ICF）"（《国际功能、残疾和健康分类》）, Accessed January 17, 2015, http://www.who.int/classifications/icf/en/.

第七章

追随奥尔多·利奥波德的脚步：
生态系统中的人及其对生态系统健康的含义

林奇峯、詹姆斯·法尔斯

1. 导言

本章的目标在于提出和探索我们当前对人类与环境关系的思考中两个相关的变化，这对我们的努力至关重要。一是将人类视为生态系统的一部分，这与人类与生态系统相分离的常见预设恰好相反。二是从"生态系统中的人"这一角度重新诠释生态系统健康的概念。

我们首先从美国林务官、自然资源保护主义者、《沙乡年鉴》的作者——奥尔多·利奥波德开始讨论。[①] 本章考察利奥波德是如何在对土地准确理解的基础上而提出土地伦理（land ethic）这一概念，以及他如何使用土地健康（land health）这一概念来指明，人类应该竭力保护土地本身的独特状态。我们还将讨论生态系统的概念。利奥波德逝后，这个概念被学术界重视，并由此成为一个

[①] 本章翻译部分参考了［美］奥尔多·利奥波德著，侯文蕙译：《沙乡年鉴》，长春：吉林人民出版社1997年版。——译者注

常见的科学术语。接着,我们思考蒂姆·英戈尔德(Tim Ingold)的观点,他将物理环境描述为一个"纠缠的领域",我们认为这能够以一种引人注目的方式帮助人们将自己重新定义为环境的一部分。我们将讨论这种新的自我形象是如何反过来迫使我们重新思考诸如生态系统健康这样的概念,该概念已被科学界用来指代生态系统整体的、运转良好的状态。我们注意到(参考本书其他章节),"健康"一词可能缺乏一个明确和精确的定义,但它隐含的品质弥补了这一点——它为使用者提供了一个解释的空间。最后,我们讨论利奥波德的一篇文章《强大的堡垒》("A Mighty Fortress"),它阐述了把"健康"的概念应用于土地时的多样性和丰富度,然后我们将就这个隐喻之于构建人类世伦理的重要性进行简短的评论。

2. 奥尔多·利奥波德和他的土地伦理与土地健康研究

奥尔多·利奥波德的著作是人类与环境之间关系话语的一个里程碑(Leopold, 2013)。利奥波德的著作与我们生态经济学中的当下话语尤其相关,因为他正在努力解决与我们现在面临的同样问题的早期版本:尚未被生态学原理指导的经济思维导致的意义深远的环境退化。在现有经济体制下开展自然保护数十年以后,利奥波德最终转而挑战人类在环境中的角色等基本假设,并开始发展"土地伦理"与"土地健康"等相互关联的概念。

2.1 个人历史

利奥波德对人类和土地的看法在他长期的自然保护生涯中逐渐演变,他最初是美国森林局的林务官,后来成为威斯康星大学的猎物管理教授以及野生动物管理教授。他求学于耶鲁森林学校,这是一所1900年在吉福德·平肖特(Gifford Pinchot)家族资助下成立的学校。他本人也受到平肖特对人类与森林关系的功利主义观点的影响。1909年毕业后,利奥波德去到了亚利桑那州和新墨西哥州的西南部地区,开始了他的林务官生涯。他的早期职责包括森林管理、制定用于放牧和休闲的土地政策以及完成一个新兴的野味和鱼类捕猎项目。在此期间,他倡导消灭大型食肉动物和湿地排水等政策,这与他后来提出的生态学洞见恰好相反(Leopold, [1915] 1991, [1945] 1991; Meine, 2010)。

利奥波德在林务部门中晋升很快。1924年,他来到威斯康星州麦迪逊林业局林产品实验室担任助理主任,后来升为副主任。他在那儿感到越来越不舒服,部分原因是他的思想越发成熟,总是关注人地关系等更广泛的问题,因此再也不能与"这个本来令人敬佩的机构的产业主题"(Leopold, [1947] 1987)相调和。1928年,他离开了林务局。[①]

1933年,利奥波德加入威斯康星大学麦迪逊分校,在该校农业经济学系担任猎物管理专业的教授。[②] 1935年,他在威斯康星州巴拉布附近买下了一个破旧的农场,取名为"小屋",用来度过和家人在一起的周末时光。这使他有机会在乡村景观中度过一段时间,观察到野生动植物们上演的生态戏剧,他还尝试开展土地管理,开始反思生存在土地之上的人类的角色内涵。

利奥波德在他的职业生涯中遇到了一系列的自然保护问题。这些问题,以20世纪10年代开始的社会和经济快速转型为背景,经历了20世纪30年代的大萧条和沙尘暴,最后是灾难性的第二次

[①] 1924年,时任林务局局长、利奥波德在耶鲁大学森林学院(Yale Forest School)导师的威廉·B.格里利(William B. Greeley)表达了让利奥波德担任林产品实验室助理主任的愿望,并考虑让利奥波德接替当时的主任卡莱尔·P.温斯洛(Carlile P. Winslow);温斯洛预计将在一年内辞职。利奥波德从来没有充分解释他的转行决定(Meine, 2010:225)。然而,回想起来,1928年他离开的决定是明智的:温斯洛直到1946年才辞去主任一职(Havlick, 2009)。
[②] 1928—1933年,利奥波德为中北部八个州的"运动用枪械弹药制造厂商协会"进行了狩猎调查(Newton, 2006:107—114)。

世界大战和随之而来的40年代的复员,促使着利奥波德进一步反思人类与环境之间关系的本质。

2.2 土地伦理

虽然利奥波德在林务局任职期间一直关注环境保护,但也是在他担任威斯康星大学教授期间,他把更多的注意力和精力放在了促进"土地"保护的挑战上。他在著作中使用"土地"一词来指代土壤、水、植物、动物和人的集体整体(Leopold,[1944]1991)。政府政策以及私有经济生产和消费等社会要素对土地产生了各种各样的影响,通过分析阐释这些影响,利奥波德提出了他的建议和解决方案(Leopold,[1933]1991,[1934]1991b)。然而,正如利奥波德所看到的那样,这种保护面前的障碍却是压倒性的:经济增长势在必行;由此产生的竞争压力,导致资源的无情利用和城市发展;社会普遍缺乏审美意识;私人和公共利益之间的紧张关系;经济的快速工业化;以及由此导致社会意识发生偏移,从对维持人类社会运转的生理结构和过程转向对各种小玩意、小器具的迷恋。

最终,利奥波德得出结论,土地保护需要建立在伦理道德的基础上。他在1949年出版的散文集《沙乡年鉴》(1949)中写了一篇文章《土地伦理》("The Land Ethic"),阐述了对土地伦理的看法。[1] 他认为,生态学的一些见解对伦理学具有重要意义。在当时,方兴未艾的生态学领域揭示了土地不同组成部分之间的联系网络。这些相互联系使问题复杂化,因为人们不能再把伦理或经济上的注意力只集中于为人类利用而选择的某个或某些特定的物种或资源上;生态学要求把土地视为一个整体。为了尊重这一生态现实,利奥波德建议将伦理关注的范围扩大到土地。与此同时,

---

[1] 1948年利奥波德因心脏病突发猝死后,他的儿子卢纳(Luna)领导了一个由以前的学生和朋友组成的团队,准备出版这本手稿。也许最重要的变化是将"土地伦理"从第三部分的最初位置转移到现在的最终位置。参见里本斯(Ribbens,1987)和迈恩(Meine,2010:523—524)。

人类意识也将从"土地共同体的征服者"的主导者心态,转变为"土地共同体的普通成员和公民"的心态(Leopold,1949:204)。

大多数读者认为,利奥波德的土地伦理观本质上包括以下一些内容①:

> 不要把看似合宜的土地使用仅仅看作一个经济问题。要从伦理和美学的角度来审视每一个问题,反思何为经济上的权宜之计。当一件事情趋向于保持生物共同体的完整性、稳定性和美感时,它就是正确的。反之,则是错误的。(Leopold,1949:224—225)

利奥波德的观点直接地表达出土地使用决策者们的心声,如森林管理者、农民、政府官员,等等。同时,它还提及行业之外的其他人,这些人的消费模式及对土地的心态同样以各种各样的、有时甚至难以察觉的方式,影响着土地使用的决策。事实上,在利奥波德的年代,美国农村人口比例从19世纪八九十年代的64%以上逐渐下降到20世纪三四十年代的44%左右;在2010年,这一比例继续下降至19%左右(U.S. Census Bureau,2012:13—14)。利奥波德的土地伦理观与那个时代相适应,如今则需要一个更明确的"消费伦理观",使其在当今高度城市化和高消费的社会中获得吸引力(MacCleery,2000)。②

利奥波德使用了生物共同体中的"完整性"和"稳定性"概念,这反映出他对土地运作机制的理解。对于利奥波德来说,土地的完整性指的是它功能上的完整性,与"健康"同义,强调"一种充满

---

① "生物共同体"(Biotic Community)是利奥波德时代生态话语中使用的术语之一,也是查尔斯·埃尔顿(Charles Elton)1927年的《动物生态学》(Animal Ecology)中使用的术语。利奥波德用其隐喻性的一面来描述"是一个由植物、动物、人类和土壤等相互依赖的部分而组成的共同体"(Leopold,[1934]1991a:209)。
② 有关文化、消费主义和实现文化变革的可能方法的讨论,请参阅本书(第十一章)中的贾尼丝·哈维的章节。

活力的自我更新状态",需要加以保护(Leopold,[1944]1991)。稳定性一词也不意味着这片土地的静态不变。相反,利奥波德指的是土地运作机制中的动态平衡,这个概念与土地"自我加速地偏离正常运作的过程,而非自我补偿性地恢复"恰好相反——而这种偏离是由他在 20 世纪二三十年代美国景观中所观察到的人类对土地的剥削性利用所带来的(Leopold,[1935]1991;Meine,2004)。他的观点来自他对各种生态系统过程的稳定性如何取决于该生态系统的物种多样性的观察。利奥波德认为,生态系统越有能力保持其原始物种多样性和种群水平,生态系统的各种过程就会越稳定(Leopold,[1944]1991)。[1] 因此,人类对土地的改造应该是"尽可能温和,尽可能少"(Leopold,[1944]1991:315)。

在此基础上,利奥波德形成了他关于美的标准,即人与土地的互动应该包括实用性和审美性,能够认识并保留景观中的美,有助于平衡经济思维所带来的顽固、冷酷和无情。在一篇鼓励保护农田的文章中,利奥波德写道:"任何农场的景观都是主人对自己的写照。"(Leopold,[1939]1991b)[2] 卡利科特(Callicott,2008)认为,利奥波德对自然的审美,可以被称为他的"土地美学",不仅基于自然物和实地的物理外观,还基于它们的进化历史和生态联系的知识。这终将导致一种意涵的拓展,即"传统的自然之美,与以土地

---

[1] 利奥波德提出了生物多样性增强生态稳定性的观点,即"多样性—稳定性假说"。但伯特·梅(Robert May)等人的研究对这一假说提出了质疑。然而,这些建立在数学模型基础上的研究也有不足之处,包括侧重于单个物种的数量。从 20 世纪 90 年代中期开始,一项实验驱动的研究项目,以及从人口到生态系统稳定性的关注焦点,使这一假设得到了恢复。参见麦克尔森(Mikkelson, 2009)。

[2] 利奥波德受到了当地艺术家约翰·斯图尔特·柯里(John Steuart Curry)作品的影响。从 1936 年到 1946 年去世,柯里是威斯康星大学农业学院艺术家驻地项目的最初指定人,这是美国第一个这样的项目(Cronon and Jenkins, 1994:783)。1943 年,柯里被任命为该校农业经济系教授(Glover, 1952:338—339),这足以说明他可能与利奥波德有过交集。在这里,利奥波德引用了柯里和中西部地区"地区主义运动"的另外两位伟大艺术家:"约翰·斯图尔特·柯里、格兰特·伍德(Grant Wood)、托马斯·本顿(Thomas Benton)想说明什么?在红色的谷仓里,在荒凉的筒仓里,在翻山越岭的车队里,在乡村的商店里,在落日余晖的黑色中,他们展演着一场又一场的戏剧。我想说的是,每一丛灌木中都有戏剧,如果你能看到的话……任何农场的景色都是主人对自己的写照。保护意味着在那片土地上进行自我表达,而不是盲目地遵从经济教条。"(Leopold,[1939]1991b: 263)

健康为基础的长效实用性在本质上的融合"(Meine, 2004:112)。事实上,牛顿(Newton, 2006:347)认为,在利奥波德看来,美是一种强调稳定性和完整性的土地属性。利奥波德认为,即使是非专业人士,也应该能够欣赏自然;提高公众对景观和潜在的生物物理过程的敏感性,对于保持土地的健康至关重要(Meine, 2004:112)。

最终,如果人类是土地的一部分,那么利奥波德对土地完整、稳定和美丽的呼吁,也适用于土地上的人类这个次级共同体,适用于我们个人和社会的生活。

彼得·布朗在第二章中阐述的三个原则——成员资格、住所和熵节约——与利奥波德关于土地伦理的概念相似。第一个原则是成员资格,参考了利奥波德关于人类作为生物共同体中的普通成员和居住者的想法。第二个原则是住所,这与利奥波德的建议相呼应。利奥波德提出,以生态学——这个来自希腊语"oikos"和"logos"的词汇在这里意味着对住所的研究——取代工程学作为人类文明的指导原则(Leopold, [1938]1991)。最后,熵节约的概念也会让人想起利奥波德在他《土地的生物观》("Biotic View of Land")一文中的呼吁,即保持食物链的复杂性和多样性,从而保护或恢复土地中的能量流动网络(Leopold, 1949:214—218)。

2.3 "土地健康"作为土地伦理观的理论基础和结果

利奥波德的土地伦理,本质上是对人类在土地中角色的一种重新想象,以他对土地如何运作的生态学见解为基础。他利用当代生态学的最新研究来阐明他对土地的生物观点(Leopold, [1939]1991a)。他认为土地是具有高度复杂性和组织性的结构,是一个由土壤、水、植物和动物组成的网络,而能量通过它来进行流动。它就像是"一个缓慢扩大的生命循环基金",向来自太阳的能量开放,并将其中一些能量储存在土壤、泥炭和长寿的森林中(Leopold, [1939]1991a)。从今天的角度来看,利奥波德对自然环境结构和过程的理解,在生态学上仍然具有很大程度的合理性。① 虽然景观生态学领域在当时还没有出现,但是利奥波德关于"各种土地类型(如林地、田野和湿地)是被动物、水和营养物质的运动联系在一起的景观"②的观点,完全符合当前景观生态学的思想(Turner,2005)。利奥波德还用"共同体"和"有机体"来描述土地,这使得他对土地健康概念的使用更加便利了。

在这里值得提及的是,利奥波德对土地的生态学理解具有两个特点,也影响了他的土地伦理观。首先,在利奥波德看来,即使土地以科学的形式呈现,如土地金字塔或食物网(见图7.1),人类也并没有与土地分离。他认为人类是金字塔的一部分,"与熊、浣熊和松鼠共享一个中间层次,它们既吃肉又吃植物"(Leopold,1949:215)。然而,他也强调,人类对土地改造的要求迥异于其他的生物体:科学工具和技术的使用正造成土地的严重退化。于是他得出结论:"人为的变化,与进化中的变化相比,是一种不同序列的变化,其影响要比人们预想到或预见到的更为广泛。"(Leopold,1949:218)

其次,利奥波德认识到科学在理解土地如何运作方面的局限性:"今天,普通的公民都认为,科学知道是什么在使这个共同体运转,但科学家始终确信他不知道。在他们眼中,生物系统是如此复杂,以至于可能永远也无法充分了解其工作原理。"(Leopold,1949:205)土地运作中必然存在的复杂性和不确定性,要求人类在与土地互动时保持一定程度的克制和谦逊。因此,利奥波德把他的土地伦理观视为人类在复杂生态环境下行为的指南(Leopold,

---

① 在利奥波德的土地金字塔模型中,能量被认为是通过死亡和腐烂回到土壤中。林德曼(Lindeman,1942)根据他对湖泊营养动力学的研究建立了能量流经和流出生态系统(根据热力学第二定律的热量降解)的理论时,就已经证明了他关于能量通过食物链循环的模型是错误的。因此,当1947年利奥波德把"土地金字塔"纳入《沙乡年鉴》的《土地伦理》一文时,其中关于能量的讨论已经过时了(Leopold,1949;Meine,2010:501)。
② 关于利奥波德根据当时的生态学发现所进行的生态学思想的讨论,参见沃尔夫和冯伯格(Wolfe and von Berg,1988)、西贝纳格尔(Silbernagel,2003)、里普尔和贝希塔(Ripple and Beschta,2005),以及宾克利等(Binkley el al.,2006)。

1949:203)。

利奥波德在他已出版的作品中对"土地健康"观点有所介绍,但最终在未出版的手稿中进行了更深入的探讨。[①]"土地健康"在他全部的土地伦理观中具有重要的意义:"土地伦理……反映了一种生态学意识的存在,这反过来也反映了个人对土地健康负有责任的信念。健康是土地实现自我更新的能力。"(Leopold,1949:221)因此,利奥波德使用"土地健康"这个规范性概念,来作为人类活动的指南。他同时又用"统一"这个词来描述土地在自然原始状态下的土地健康属性,并呼吁"统一的保护"(而不是片面的、只关注单一资源的单向保护),从而使人类活动被配置成对土地健康的促进和维持,而不是对其造成破坏(Leopold,[1944]1991)。这里的目标是识别和保持土地的内在特征,防止或扭转由于工业和农业中过度或误入歧途的人类活动造成的土地紊乱或"土地病"(Leopold,[1941]1991)。利奥波德所提及的关于土地病害症状的具体例子,包括土壤肥力的丧失、土壤侵蚀、水系中异常的洪水和短缺,以及植物和动物物种的突然消失或入侵(Leopold,1949:194,221)。此外,由于利奥波德将人类视为土地的一部分,他的土地健康概念涵盖了自然系统的健康,包括人类(Meine,2004:100)。[②] 有趣的是,利奥波德最早使用"土地伦理"一词是在1935年《土地病理学》("Land Pathology")一文中,他在文章中讨论了单纯依靠被保护土地的利润刺激所带来的问题;迄今为止造成保育工作成效有限的社会、历史及文化方面的原因;伦理和美学在缓和土地经济活动中的重要性(Leopold,[1935]1991)。

因此,利奥波德的生态知识和土地健康观念是他土地伦理观的一个组成部分,为理解土地如何运作提供了一个规范性框架,并

[①] 这些手稿后来发表:《保护:全部还是部分?》("Conservation: In Whole or in Part?", Leopold, [1991]);《生物土地利用》("Biotic Land-Use", Leopold, [c. 1942] 1999);《土地的健康概念和保护》("The Land-Health Concept and Conservation", Leopold, [1946] 1999)。

[②] 关于利奥波德的土地健康概念的详细讨论,请参考牛顿(2006:316—351)。

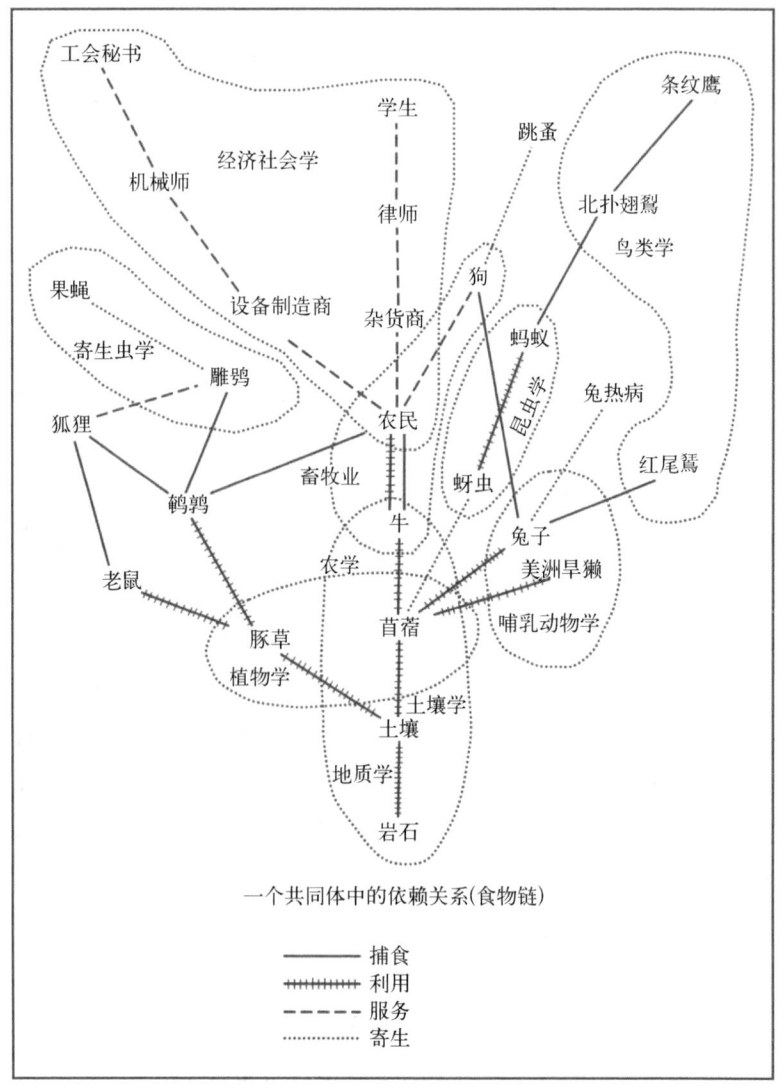

图 7.1 利奥波德在《第七届北美野生动物大会学报》(*Transactions of the Seventh North American Wildlife Conference*)中发表的《野生动物在博雅教育中的作用》("The Role of Wildlife in a Liberal Education")一文也提到了这张图。它"追溯了一个普通社区的一些依赖线(或所谓的食物链)"(Leopold,[1942]1991)(The Aldo Leopold Foundation)

在他讨论土地伦理的论文中帮助他建立了一个"我们可以有道德"的"土地心理意象"(Flader and Callicott, 1991;Leopold, 1949;

214）。他提出了土地健康的两个标准：土壤肥力和动植物多样性（Leopold，[c.1942]1999）。在《土地的健康概念与保护》(*The Land-Health Concept and Conservation*)的手稿中，利奥波德阐述了实现土地健康的四项基本准则：（1）保护本土物种；（2）避免土地使用中的暴力行为，如大规模挖土或施用化学农药；（3）向土地所有者灌输一种超越经济范畴的与土地的关系；（4）限制人口规模。(Leopold，[1946]1999)

3. 生态系统与生态系统健康

20世纪初，生态学得到了迅速的发展。从他开创性的教科书《狩猎管理》(*Game Management*, 1933)开始，以及后来他关于如何根据生态原则实施保护的著作，利奥波德就是野生动物生态学领域的重要贡献者。[①] 虽然利奥波德用人们熟悉的"土地"一词来指代土壤、水、植物和动物，但其他的生态学学者正在创造新的短语或词汇来指代类似的概念。

在这一时期创立的重要概念中，"生态系统"一词是阿瑟·塔恩·克拉法姆(Arthur Tan Clapham, 1904—1990)应阿瑟·坦斯利(Arthur Tansley, 1871—1955)的要求而创造的——他想用一个合适的词来描述"在一个环境中，生物性和物理性的组成部分彼此互相联结而成为一个整体"(Willis, 1994)。尽管坦斯利随后在一篇开创性的论文(1935)中将这个术语引入科学界，但直到雷蒙德·林德曼(1942)将其应用于他对明尼苏达州赛达伯格湖(Cedar Bog Lake)的营养动力学分析时，这个术语才得到广泛应用。这项开创性的工作有助于在生态学中确立生态系统的概念，并标志着生态系统生态学的到来(Cook, 1977; McIntosh, 1985: 196—198;

[①] 在1948年去世时，利奥波德正在考虑修改《狩猎管理》一书(Meine, 2010:523)。

Worster, 1994:306—311)。尤金·奥德姆在 1953 年出版了一本影响深远的关于生态系统及其结构和功能的教科书《生态学基础》(*Fundamentals of Ecology*),进一步推广了生态系统的概念。此后出现的衍生概念包括生态系统管理(Grumbine,1994,1997)、生态系统健康(Jørgensen, Xu and Costanza, 2010)和生态系统服务(Daily, 1997; De Groot, Wilson and Boumans, 2002; Millennium Ecosystem Assessment, 2003),其中生态系统服务概念已成为生态经济学的研究重点(Gómez-Baggethun et al. , 2010)。

在下一节中,我们将继续在利奥波德的带领下,探索如何将人类视为生态系统的一部分,并相应地描述何为生态系统健康。[①] 然后,为了突出评价生态系统健康时生态系统的复杂性和判断的重要性,我们将讨论利奥波德在《沙乡年鉴》中发表的文章《强大的堡垒》("A Mighty Fortress"),在这篇文章中他阐述了林木疾病的存在如何促进了他农场里林地野生动物的繁荣。

3.1 人类在生态系统中的定位

生态系统是生物形态、地质特征和气候因素的集合,通过生物—地理—化学的和物理的过程汇集在一起。也许因为"生态系统"一词的发明是为了将生物物理环境作为科学研究的对象,尽管有些人可能意识到人类与生物物理环境之间的相互作用,大多数人不会将人类视为生态系统的一部分。这种认为人类与自然环境相互隔绝的二元心态,使我们能够科学地研究生态系统的无数生物物理特征。然而不幸的是,同样的心态也促进了人类直至今天仍在继续环境开发。

摆脱环境困境的一种可能方法是把人类自己看作生态系统的

---

① 有关将人类纳入生态系统的讨论,请参见,例如,伯克斯、科尔丁和福克(Berkes, Colding and Folke, 2003)以及贝克托尔德等人(Bechtold el al. , 2013)。后者将这一概念视为生态系统科学的"前沿",这一事实表明,生态系统通常被认为并不包括人类。

另一种生命形式,或者如利奥波德所说,成为"土地共同体"的"普通成员和公民"(Leopold,1949:204)。诚然,利奥波德使用的术语——"土地"和不太知名的生态概念"生物共同体"——比生态系统更容易做到这一点。生态系统是一个广泛使用的科学概念,通常被认为不包括人类。然而,我们需要认识到,人类完全依赖于生物物理环境,"生存的单位是生物体及其环境"(Bateson,1972:457)。从根本上讲,人类是嵌入生态系统之中的,不仅在身体意义上,还通过其他无数的相互关系来调节我们的福祉。例如,人类可能并不生活在湖泊或雨林中,但人类的生活条件与这些生态系统是耦合的。人类根据思想和行为改变了自然景观,自然景观也根据环境的反馈和人的需求做出响应;其结果是,人的身心状态都反映在景观中。

这种将人类与其他生物物理环境视为相互构成关系的观点,得到了对人体内的微生物群落或"人类相关微生物群"(Robinson,Bohannan and Young,2010)研究的支持。据估计,与人体相关的微生物群由数万亿微生物组成,但由于体积较小,仅占人体质量的1%—3%。这种微生物群在人体功能中起着重要的作用。例如,肠道微生物群能帮助身体从食物中吸收能量和营养,并促进免疫功能的正常运作。这些微生物群的组成受到年龄、饮食、环境(国籍)、疾病和药物的影响(Lozupone et al., 2012)。这些发现表明,人体是一个超级有机体——一个与其他更大的生态系统不断互动的真实生态系统。这对我们的自我意识和健康定义有着深远的影响(Pollan,2013)。[①] 事实上,"人类健康可以被认为是人类相关微生物群的集体财产"(Robinson,Bohannan and Young,2010:468)。这些关于人类生存如何受外部生物物理环境生态和我们(主要是内部)微生物群制约的见解,破坏了现代经济学所依据的个人主义

[①] 洛祖波内等(Lozupone el al.,2012)用"宏观生态系统"(macroecosystem)来指代物理生态系统。

和利己主义的模型。

我们现在需要的是心理意象及其描述,以帮助提醒我们,人类是如何不可避免地嵌入自然和社会环境中。而诸如"生态系统"和"环境"之类的术语并没有明确地反映这种嵌入性。蒂姆·英戈尔德(2006)提出将有机体(如人类)看作"存在的关系结构",在这种结构中,有机体将被想象成一个由生长线组成的不断分叉的网络,其中多条线从一个源头分支出来。每个生物体都被卷入一个"纠缠领域",其行为的影响通过这种纠缠在不同程度上产生分叉。[1] 事实上,我们可以看到,地球上的一切都是一个由关系组成的全球性纠缠领域的一部分。

这种描述在人类身上具有更大的意义,因为人类"是生物体,同样沿着他们参与世界的多条路径延伸"(Ingold, 2006:13)。不同来源生发出来的生长线彼此缠绕在一起,因此我们所说的"环境"——不仅指生物物理,还指社会、智力、精神,等等——在这里将被描述为一个纠缠的领域。通过我们的生活方式和文化,我们不断地、不可避免地与其他人类和非人类生物——包括过去、现在和未来——以及地球的地质和气候纠缠在一起。事实上,即使是地球上最偏远的地方也可能受到人类活动的严重影响。

如果我们承认人类是植根于生态系统中的,那么下一步就是从整体上思考并反思包括人类的生态系统的内在特征应该是什么。如前所述,我们对这一问题的思考随着我们对人类自我的概念以及我们与环境的关系而发展。用前面介绍的术语来重申这个观点,当我们把包括人类在内的生态系统视为"由关系构成的纠缠领域"时,我们对生态系统内在特性的理解,与我们对想要的纠缠的本质,以及自身存在的本质的理解,是共同进化的;而这二者都受到文化的影响。

---

[1] 英戈尔德将这些概念清晰地表达出来,作为他批判传统万物有灵论理解的一部分。

关于人类标准状态的讨论，无疑超出了科学领域，这让人想起利奥波德关于人类作为"土地共同体"中的"普通成员和公民"而居住在"土地"上的观点（Leopold，1949：204），以及他关于土地伦理和土地健康的相关概念。研究和反思生态系统内在特性的一种可能方法，就是通过健康的概念来指导人类。

3.2 涵盖人类的生态系统之健康情况

健康是一个复杂的概念，无论是应用于人类还是应用于生态系统。仅仅从科学的角度来理解这个概念是困难的：它的意义不能用明确的描述来完全概括；它不能仅使用度量或指数等定量工具进行评估；它也不仅指没有疾病的状态（Goldberg and Garver，见本书第四章）。

也许将健康理解为一种内涵式概念会更有成效，在这种概念中，对生物体状况的评估不仅基于某些关键原则，还考虑到与其特定环境相关的信息和关系。这不是一个革命性的想法；它只是更加突出了人类判断和解释在评估健康方面的重要性。事实上，健康评估并不是一项严格意义上的科学研究：我们对自己健康的评估部分是基于我们对自己正在做的事情的感觉，我们可以通过观察他人的行为举止来对他人（比如我们身边的人和动物）做出类似的评估。（尽管我们认为，科学调查也需要人类的判断和技能，比通常公认的还要多。）这种扩展的、内涵丰富的健康意识使人能够认识到存在于这个世界上的复杂的相互关系，正如前面提到的术语"存在的关系性构成"和"纠缠领域"所阐明的那样。

利奥波德对土地健康和由此产生的土地伦理的理解，是他毕生观察和阐述的产物。作为一位敏锐的观察者，他观察了土地上的各种关系，以及人类在其中的参与。他的许多作品都是在邀请我们更多地"看看"这片土地。然而，利奥波德于1948年去世，正值科学量化能力指数上升的门槛。利奥波德之后出现的许多方法论都试图验证人类的观察;然而,与校准良好的仪器相比,他们低估了知识渊博、经验丰富的观察者。利奥波德"阅读土地"的能力,在当今的科学基金和出版机构中也没能获得重视。

几十年的方法创新和仔细的测量已经能够使我们深入了解个体的基因组和任何一平方米土地的多样性。这种不断扩展的知识成果,虽然以前所未有的方式向我们介绍了土地及其功能,但在不同规模的土地之复杂性程度的认识方面,它依然无能为力。大规模数据分析或"大数据"的出现,使我们对威斯康星州或其他任何地方的一块被滥用土地进行综合评估的能力,有可能得到更好的数据支持,但这样的进展并没有比当时利奥波德借助感官就能清楚理解土地的范围超出多少。当我们认识到,我们下一步评估这片土地所要采取的步骤将必须超越我们的科学测量,以及数据暗含的伦理和维度时,这一点尤其正确。面对潜在的压倒性信息,尽管不是在贬低数据的价值,我们也应该明智地去寻找现代的利奥波德——那些在观察中度过一生的林务员、农民、原住民长者——并问问他们在这片土地上看到了什么。作为科学家,我们应该以谦逊的态度看待我们的科学,认识到我们处于错综复杂的关系中,以及当我们将科学知识应用于特定问题或地点时,这种纠缠关系所带来的限制。我们应该对所有的洞见都持开放态度,无论它们是基因功能的分子测量、来自太空的远程图像,还是知识渊博且经验丰富的土地观察者之理解。

已经有丰富的意义和解释的健康概念,当应用于生态系统时,它就变成隐喻性的了。的确,正如前面所讨论的,对人类相关微生物群的研究表明,人体可以被视为一个生态系统。尽管人类与生态系统的区别在于人类具有意识,而现代西方思想通常认为生态系统不是这样。然而,一个生态系统可以表现出动态平衡,并具有以新的方式发展的潜力。在这一背景下,生态系统健康指的是生态系统相关的所有"适当"特征。因此,生态系统健康的概念是一种启发性和隐喻性的手段,帮助我们尽可能地处理好理解和描绘生态系统特征的复杂任务以及我们在其中的位置。这一解释可能使生态系统健康与其科学依据保持一定距离。然而,由于健康是一个大多数人都能理解的内涵式概念,因此将健康的隐喻应用到生态系统中,可以产生一个即使模棱两可却也富有成效的解释空间。这与生态系统自身进化和发展的巨大潜力是相称的,也暗示着生态系统的巨大潜力。如果我们将人类健康的概念扩展到包括生态系统,那么生态系统健康可以被看作人类健康的延伸,而不是隐喻。然而,这种观点完全基于对人类福祉的考虑,忽略了生态系统中价值和视角的多样性。我们将在下一小节中看到这一点。

人类是生态系统的一部分,这个想法迫使我们重新思考生态系统的健康,并提出了这样一个问题:一个植物和动物物种(包括智人)栖居于其中的健康景观会是什么样子?换句话说,考虑到我们对生态系统非人类方面的内在特征的了解,以及我们作为一个物种的需求,我们当前的目标是建立和维持人类与生态系统其余部分的健康联合状态。这最终导致我们面对一个深刻的问题:人类和其他生命形式之间的关系以及我们在景观中的角色应该是什么?如果我们以一种尊重和谨慎的方式参与生态系统——我们的生物物理纠缠领域,我们不仅将对自然运作的影响降到最低,还将维护着所有生物体(包括我们自己)长期维持生命的机制。在研究生态系统健康时,我们应该牢记,我们是我们正在研究的生态系统的一个组成部分;我们的成员资格是通过我们在环境中的身体存在以及我们感知环境时的意识存在(即精神存在)而建立起来的。

虽然利奥波德的土地健康概念被认为有助于生态系统健康概念的出现(Callicott, 1992; Kolb, Wagner and Covington, 1994; Rapport, 1995),但这些概念在使用的背景方面是不同的。利奥波德的土地健康并不是一个独立的概念,而是作为他重新思考人地关系的更广泛努力的一部分而衍生出来的,旨在建立土地伦理和促进土地保护。另一方面,生态系统健康被认为是利奥波德死后几十年来生态学和生态系统发展中出现的一个科学概念。

3.3 强大的生命堡垒

利奥波德在《沙乡年鉴》的一篇文章《强大的堡垒》中提出,在我们的纠缠领域中,应该采取一种不那么人类中心主义的立场,以便让这个领域有更多的空间来展现其自然运作以及各种生态的戏剧。他描写了在棚屋林地中,受病虫害感染的树木是如何促使附近的野生动物活动达到更高的水平的。这些受疾病与虫害感染的树木成为野生动物的保护地和丰富的食物来源。对松鸡和野蜂来说,患病和垂死的橡树成为意外之财,为"新生命"提供了栖息地。受白蚁侵扰的树木成为山雀丰富的食物来源。林地里的疾病使利奥波德明白,病树是野生动物重要的栖息地。利奥波德(1949)曾经研究了一只浣熊在一棵因真菌疾病而根部受损的半连根拔起的枫树中躲避猎人的经历,在他看来这棵树"为浣熊提供了坚不可摧的堡垒"[1](见图7.2)。

在这一引人注目的章节中,利奥波德引用了马丁·路德(Martin Luther)赞美诗中的比喻,"上帝是我们强大的堡垒"。不过,利奥波德戏剧性地改变了它的说法,而是采用"进化"这个词替代了上帝。他称,进化才是"永不失败的堡垒"。

20世纪初在威斯康星州的一个农场所作的这些观察,已经被一代又一代从事保护物种和生态系统研究的生态学家所探索、重申和证实。昆虫、火灾和洪水等干扰因素现在被视为生态系统必需的组成部分(Hobbs and Huenneke,1992)。枯木,曾经是森林管理者的诅咒,现在被认为是一种需要重视和管理的关键资源(Harmon el al.,2004)。考虑到生态系统的复杂性和整个物种的相

---

[1] 利奥波德创造了"coondom"这个词来指代"raccoon-dom",即浣熊的世界。

图 7.2 虽然利奥波德赞成在原地留下患病和垂死的树木,以促进野生动物的栖息地,但这里的情况相反。这张照片拍摄于 1937 年 4 月,利奥波德站在小屋附近这棵从前的"浣熊树"前充当比尺,显然这棵树之前是被浣熊猎人砍倒的(他们很可能并不知晓生态上的原因)(McCabe, 1987:96)(The Aldo Leopold Foundation)

互纠缠,我们不得不修改我们对到底是什么构成了一个有价值的组成部分的观点。

利奥波德的观察表明,生态系统的健康使那些以往通常被认为是疾病的东西的存在成为一种需要。这一观察的含义迫使我们扩展和反思我们的健康概念。死亡和疾病是自然和生命的重要组成部分。土地的健康不能被简化为其个体组成部分的有机体的健康。将物种和状况标注为"疾病""害虫"或"杂草",反映出的只是它们给人类带来的不便。当然,这并不意味着我们可以任意地容忍虫害或瘟疫。正如利奥波德所指出的,我们需要认识到"任何物种都不是天生的害虫":一个物种是否被认为有利于人类活动,取决于其种群大小和分布,以及人类对于"什么是好"的解释(Leopold,[1943]1991)。这迫使我们重新审视个体自由与解放——这些已经成为现代社会特征的概念的实际意义。[①] 当评估与我们纠缠在一起的生物和栖息地的好处时,我们将需要再一次折回利奥波德的土地伦理观,停止以人类为中心的经济标准作为主要衡量标准。

当然,利奥波德可以放任大自然在他的林地里自由支配,毕竟他并没有要从林地获利的压力。事实上,从社会的角度来看,由于利奥波德的农场是被先前欠税的主人所遗弃的,其作为财产的经济价值已经耗尽。但这并不是世界大多数地区目前的现实——在那些地区,关于发展进步的文化叙事以及经济增长的迫切需要,正导致人类深刻地破坏生态系统的发展可能性。

如今摆在我们人类面前的问题是,我们的意识和行为将如何影响自然界的长期潜力。这个问题的核心在于,我们是否将自己归属为自然的一部分,从而成为自然力量的代理人;或者说我们是否认为人类脱离于自然,从而构成这个世界上一种不同于自然的力量。用利奥波德的隐喻来说,我们可以在环境中采用征服者的心态,只把它当作人类的栖息地,而忽略这可能会破坏我们自身长期生存能力的事实。或者,我们可以把人类社会看作不可避免地嵌入地球生态系统的一部分,学会以一种承认并促进生态系统——包括我们在内的——集体健康的方式生活。

4. 最后的思考

文明的历史是人类社会不断创新、发展和进化的历史,也是冲突和战争的历史。我们目前为使人类经济与生态原则相协调而进行的工作,本质上是一个重新展望的工程。它提供了一个机会,使我们人类社会所依赖的生命进程能够以比过去一个世纪左右所普

[①] 参见第十章布鲁斯·詹宁斯关于这些与生态经济学相关概念的讨论。

遍显示的更加神智清醒、更加警觉的生命维持方式,来继续这一进程。

要实现生态和经济原则的全面融合,就需要对生态系统的内在特征有一个良好的理解。把人类的行动建立在人类和生态系统——从最小的局部土地到整个地球规模的——之间关系的那些站不住脚的假设之上,显然都是愚蠢的。与生态系统——在最大的范围内,也就是整个地球——有关的人类行动规范指南,必须基于对生态系统的深刻而批判的认识,同时再加上利奥波德会很快补充的一点——必须带有深深的谦卑。这不仅需要借助科学的思维方式来实现,还应该借助其他形式的知识和感知来实现,如人文和艺术,它们为理解人类的存在提供了丰富和必要的隐喻(Midgley,2001)。如果我们要在其中建立一个健康的存在状态,我们就需要制定出一个既科学、符合实际又有启发性的概念,来反思人类的本质以及人类在生态系统中——实际上是在整个宇宙中——的定位。

认识到人类在整个纠缠领域(生物共同体)内的嵌入性,将有望进一步培养人类对这个星球上无数的生命形式和支持生命的各种生物物理过程的普遍尊重与欣赏。正是基于对土地生态的理解,以及对人类在土地中的定位的反思,利奥波德才形成了他的土地伦理思想。同时,他还认识到伦理是随着社会的发展而不断演变的(Leopold,1949:225)。也许是时候了,让我们的社会——从社区和城镇这样的小群体开始——反思它在这个纠缠领域中的定位,并由此形成它们对纠缠领域的伦理。

这种伦理也将使我们能够更好地处理我们纠缠领域所固有的复杂性和不确定性。一旦我们开始认识到我们彼此之间及与生物物理环境之间的纠缠程度,相互作用的多样性将使我们无法从分析的角度把握每一个细节。伦理的价值在于提供一种替代的方式,来指导我们在如此无限复杂的情况下的行为。利奥波德的土地伦理观要求维护生物物理环境的完整性、稳定性和美感,却没有对人类行为提出任何具体的规定。但它至少提供了发人深省的、庄严的伦理原则,我们可以根据它来评估我们可能采取的行动。

从某种意义上来说,人类的思想不可避免地以人类为中心,因为我们的思想在各种观念中都偏向于确保人类的福祉。这样的思考对于我们的生存是必要的,也许是逃脱不了的。然而,在西方文化中,这种心态在过去的一个世纪左右变得更加强烈,以至于将人类的物质幸福凌驾于环境的其他部分之上,由此导致了地球的深远变化,这对所有生命形式的长期幸福来说都是不利的。因此,我们的挑战是把人类和生物物理环境作为一个统一的整体来考虑,并根据这一观点来修正人类的行为。我们需要将人类的意识和活动建立于活在一个"总是在形成之中"的世界里,并对其开放的基础上。我们要学会如何与我们的生物物理环境协作共处,而不是很大程度上与其作斗争。出于这个目的,诸如健康之类的隐喻可以帮助我们在认知和情感上把握人类世的利害关系。

我们非常感谢主编彼得·G.布朗和彼得·蒂默曼,感谢他们的耐心和有益的建议;感谢本书其他作者进行的发人深省的讨论;感谢迈恩和彼得·怀特豪斯(Peter Whitehouse)对手稿的评论;感谢奥尔多·利奥波德基金会对本章插图使用的许可。

参考文献

Bateson, Gregory. 1972, "Form, Substance, and Difference"(《形式、物质与差异》), in *Steps to an Ecology of Mind*(《迈向心智的生态学》), Chicago: University of Chicago Press, pp. 454 – 471.

Bechtold, Heather A., Jorge Durán, David L. Strayer, Kathleen C. Weathers, Angelica P. Alvarado, Neil D. Bettez, Michelle A. Hersh, Robert C. Johnson, Eric G. Keeling, Jennifer L. Morse, Andrea M. Previtali, and Alexandra Rodríguez. 2013, "Frontiers in Ecosystem Science"(《生态系统科学前沿》), in *Fundamentals of Ecosystem Science*(《生态系统科学基础》), edited by Kathie Weathers, David L. Strayer, and Gene E. Likens, Waltham, MA:

Academic Press, pp. 279 - 296.

Berkes, Fikret, Johan Colding, and Carl Folke, eds. 2003, *Navigating Social-Ecological Systems: Building Resilience for Complexity and Change*(《社会生态系统导引：关于复杂性和变化的适应力建设》), Cambridge, UK: Cambridge University Press.

Binkley, Dan, Margaret Moore, William Romme, and Peter Brown. 2006, "Was Aldo Leopold Right About the Kaibab Deer Herd?"(《奥尔多·利奥波德对于凯巴布鹿群的看法是否正确?》), *Ecosystems*(《生态系统》)9（2）: 227 - 241. doi: 10.1007/s10021-005-0100-z.

Callicott, J. Baird. 1992, "Aldo Leopold's Metaphor"(《奥尔多·利奥波德的隐喻》), in *Ecosystem Health: New Goals for Environmental Management*(《生态系统健康：环境管理的新目标》), edited by Robert Costanza, Bryan G. Norton and Benjamin D. Haskell, Washington, DC: Island Press, pp. 42 - 56.

Callicott, J. Baird. 2008, "Leopold's Land Aesthetic"(《利奥波德的大地美学》), in *Nature, Aesthetics, and Environmentalism: From Beauty to Duty*(《自然、美学和环保主义：从美丽到责任》), edited by Allen Carlson and Sheila Lintott, New York: Columbia University Press, pp. 105 - 118.

Cook, Robert Edward. 1977, "Raymond Lindeman and the Trophic-Dynamic Concept in Ecology"(《雷蒙德·林德曼和生态中的营养动力学》), *Science*(《科学》) 198 (4312): 22 - 26.

Cronon, E. David, and John W. Jenkins. 1994, *The University of Wisconsin: A History. Vol. 3, Politics, Depression, and War* (1925 - 1945)(《威斯康星大学：历史》第 3 卷《政治、大萧条和战争》), Madison: University of Wisconsin Press. http://digital.library.wisc.edu/1711.dl/UW.UWHist19251945v3.

Daily, Gretchen C., ed. 1997, *Nature's Services: Societal Dependence on Natural Ecosystems*(《自然服务：自然生态系统上的社会依赖》), Washington, DC: Island Press.

de Groot, Rudolf S., Matthew A. Wilson, and Roelof M. J. Boumans. 2002, "A Typology for the Classification, Description and Valuation of Ecosystem Functions, Goods and Services"(《对生态系统功能、元素和服务进行分类、描述和评估的类型学》), *Ecological Economics*(《生态经济学》)41（3）: 393 - 408. doi: 10.1016/S0921-8009(02)00089-7.

Elton, Charles. 1927, *Animal Ecology*(《动物生态学》), London: Sidgwick and Jackson.

Flader, Susan L., and J. Baird Callicott. 1991, "Introduction"(《引言》), in *The River of the Mother of God and Other Essays*(《圣母河与其他随笔》), edited by S. L. Flader and J. B. Callicott, Madison: University of Wisconsin Press, pp. 3 - 31.

Glover, Wilbur H. 1952, *Farm and College: The College of Agriculture of the University of Wisconsin; A History*(《农场与学院:威斯康辛大学农业学院的历史》), Madison: University of Wisconsin Press.

Gómez-Baggethun, Erik, Rudolf de Groot, Pedro L. Lomas, and Carlos Montes. 2010, "The History of Ecosystem Services in Economic Theory and Practice: From Early Notions to Markets and Payment Schemes"(《经济学理论与实践中的生态系统服务史:从早期观念到市场与支付计划》), *Ecological Economics*(《生态经济学》)69(6):1209–1218. doi:10.1016/j.ecolecon.2009.11.007.

Grumbine, R. Edward. 1994, "What Is Ecosystem Management?"(《何为生态系统管理?》), *Conservation Biology*(《生态保护》)8:27–38.

Grumbine, R. Edward. 1997, "Reflections on 'What Is Ecosystem Management?'"(《关于〈何为生态系统管理?〉的思考》), *Conservation Biology*(《生态保护》)11:41—47. doi:10.1046/j.1523—1739.1997.95479.x.

Harmon, M. E., J. F. Franklin, F. J. Swanson, P. Sollins, S. V. Gregory, J. D. Lattin, N. H. Anderson, S. P. Cline, N. G. Aumen, J. R. Sedell, G. W. Lienkaemper, K. Cromack, Jr., and K. W. Cummins. 2004, "Ecology of Coarse Woody Debris in Temperate Ecosystems"(《温带生态系统中粗木碎屑的生态学》), in *Advances in Ecological Research*《(生态学研究进展)》, edited by H. Caswell, Waltham, MA: Academic Press, pp.59–234.

Havlick, David G. 2009, *US Forest Service History: Carlile P. 'Cap' Winslow*(《美国森林服务史:卡莱尔·P.卡普·温斯洛》), *Forest History Society*(《森林历史学会》), Accessed January 20, 2015. http://www.foresthistory.org/ASPNET/People/Scientists/Winslow.aspx.

Hobbs, Richard J., and Laura F. Huenneke. 1992, "Disturbance, Diversity, and Invasion: Implications for Conservation"(《干扰、多样性和入侵:对保护的影响》), *Conservation Biology*(《保护生物学》)6(3):324–337. doi:10.2307/2386033.

Ingold, Tim. 2006, "Rethinking the Animate, Re-Animating Thought"(《重新思考生命,重新赋予思想生命力》), *Ethnos*(《民族》)71(1):9—20. doi:10.1080/00141840600603111.

Jørgensen, Sven Erik, Fu-Liu Xu, and Robert Costanza, eds. 2010, *Handbook of Ecological Indicators for Assessment of Ecosystem Health. 2nd ed.*(《关于评估生态系统健康的生态指标的手册》第2版), Boca Raton, FL: CRC Press.

Kolb, T. E., M. R. Wagner, and W. W. Covington. 1994, "Concepts of Forest Health: Utilitarian and Ecosystem Perspectives"(《森林健康概念:功利主义和生态系统观点》), *Journal of Forestry*(《林业杂志》)92(7):10—15.

Leopold, Aldo. (1915) 1991, "The Varmint Question"(《害虫问题》), in *The River of the Mother of God and Other Essays*(《圣母河与其他随笔》), edited by Susan L. Flader and J. Baird Callicott, Madison: University of Wisconsin Press, pp. 47 – 48.

Leopold, Aldo. 1933, *Game Management* (《狩猎管理》), New York: Charles Scribner's Sons.

Leopold, Aldo. (1933) 1991, "The Conservation Ethic"(《保护的伦理》), in *The River of the Mother of God and Other Essays* (《圣母河与其他随笔》), edited by Susan L. Flader and J. Baird Callicott, Madison: University of Wisconsin Press, pp. 181 – 182.

Leopold, Aldo. (1934) 1991a, "The Arboretum and the University"(《植物园和大学》), in *The River of the Mother of God and Other Essays* (《圣母河与其他随笔》), edited by Susan L. Flader and J. Baird Callicott, Madison: University of Wisconsin Press, pp. 209 – 211.

Leopold, Aldo. (1934) 1991b, "Conservation Economics"(《保护经济学》), in *The River of the Mother of God and Other Essays* (《圣母河与其他随笔》), edited by Susan L. Flader and J. Baird Callicott, Madison: University of Wisconsin Press, pp. 193 – 202.

Leopold, Aldo. (1935) 1991, "Land Pathology"(《土地病理学》), in *The River of the Mother of God and Other Essays* (《圣母河与其他随笔》), edited by Susan L. Flader and J. Baird Callicott, Madison: University of Wisconsin Press, pp. 212 – 217.

Leopold, Aldo. (1938) 1991, "Engineering and Conservation"(《工程与保育》), in *The River of the Mother of God and Other Essays* (《圣母河与其他随笔》), edited by Susan L. Flader and J. Baird Callicott, Madison: University of Wisconsin Press, pp. 249 – 254.

Leopold, Aldo. (1939) 1991a, "A Biotic View of Land"(《土地的生物观念》), in *The River of the Mother of God and Other Essays* (《圣母河与其他随笔》), edited by Susan L. Flader and J. Baird Callicott, Madison: University of Wisconsin Press, pp. 266 – 273.

Leopold, Aldo. (1939) 1991b, "The Farmer as a Conservationist"(《作为自然保护者的农夫》), in *The River of the Mother of God and Other Essays*, (《圣母河与其他随笔》), edited by Susan L. Flader and J. Baird Callicott, Madison: University of Wisconsin Press, pp. 255 – 265.

Leopold, Aldo. (1941) 1991, "Wilderness as a Land Laboratory"(《作为土地实验室的荒野》), in *The River of the Mother of God and Other Essays*(《圣母河与其他随笔》), edited by Susan L. Flader and J. Baird Callicott, Madison: University of Wisconsin Press, pp. 287 – 289.

Leopold, Aldo. (1942) 1991, "The Role of Wildlife in a Liberal Education"(《野生动物在博雅教育中的意义》), in *The River of the Mother of God and Other Essays* (《圣母河与其他随笔》), edited by Susan L. Flader and J. Baird Callicott, Madison: University of Wisconsin Press, pp. 301 – 305.

Leopold, Aldo. (1942) 1999, "Biotic Land-Use"(《生物性土地利用》), in *For the Health of the Land: Previously Unpublished Essays and Other Writings* (《为了土地的健康:未发表论文和其他著作论集》), edited by J. Baird Callicott and Eric T. Freyfogle, Washington, DC: Island Press, pp. 198 – 207.

Leopold, Aldo. (1943) 1991, "What Is a Weed?"(《何为杂草?》), in *The River of the Mother of God and Other Essays* (《圣母河与其他随笔》), edited by Susan L. Flader and J. Baird Callicott, Madison: University of Wisconsin Press, pp. 306 – 309.

Leopold, Aldo. (1944) 1991, "Conservation: In Whole or in Part?"(《保护:整体还是局部?》), in *The River of the Mother of God and Other Essays* (《圣母河与其他随笔》), edited by Susan L. Flader and J. Baird Callicott, Madison: University of Wisconsin Press, pp. 310 – 319.

Leopold, Aldo. (1945) 1991, "Review of Young and Goldman, the Wolves of North America"(《关于杨和戈德曼〈北美狼群〉的评论》), in *The River of the Mother of God and Other Essays* (《圣母河与其他随笔》), edited by Susan L. Flader and J. Baird Callicott, Madison: University of Wisconsin Press, pp. 320 – 322.

Leopold, Aldo. (1946) 1999, "The Land-Health Concept and Conservation"(《土地的健康概念与保护》), in *For the Health of the Land: Previously Unpublished Essays and Other Writings* (《为了土地的健康:未发表论文和其他著作论集》), edited by J. Baird Callicott and Eric T. Freyfogle, Washington, DC: Island Press, pp. 218 – 226.

Leopold, Aldo. (1947) 1987, "Foreword"(《前言》), in *Companion to a Sand County Almanac: Interpretive & Critical Essays* (《〈沙乡年鉴〉指南:解释与批判文选》), edited by J. Baird Callicott, Madison: University of Wisconsin Press, pp. 281 – 288.

Leopold, Aldo. 1949, *A Sand County Almanac and Sketches Here and There* (《沙乡年鉴》), New York: Oxford University Press.

Leopold, Aldo. 2013, *A Sand County Almanac & Other Writings on Ecology and Conservation* (《沙乡年鉴及其他生态保护著作》), edited by Curt Meine, New York: Library of America.

Lindeman, Raymond L. 1942, "The Trophic-Dynamic Aspect of Ecology"(《生态的营养动力学》), *Ecology* (《生态》) 23 (4): 399—417. doi: 10.2307/1930126.

Lozupone, Catherine A., Jesse I. Stombaugh, Jeffrey I. Gordon, Janet K. Jansson, and Rob Knight. 2012, "Diversity, Stability and Resilience of the Human Gut Microbiota"(《人类肠道菌群的多样性、稳定性和复原力》), *Nature* (《自然》)489 (7415): 220—230. doi: 10.1038/nature11550.

MacCleery, Douglas W. 2000, "Aldo Leopold's Land Ethic: Is It Only Half a Loaf?"(《奥尔多·利奥波德的土地伦理学: 仅仅是聊胜于无吗?》), *Journal of Forestry* (《林业杂志》)98 (10): 5—7.

McCabe, Robert A. 1987, *Aldo Leopold: The Professor* (《奥尔多·利奥波德教授》), Madison, WI: Rusty Rock Press.

McIntosh, Robert P. 1985, *The Background of Ecology: Concept and Theory* (《生态学背景: 概念与理论》), Cambridge, UK: Cambridge University Press.

Meine, Curt. 2004, *Correction Lines: Essays on Land, Leopold, and Conservation* (《修正线: 关于土地、利奥波德和保护的文章》), Washington, DC: Island Press.

Meine, Curt. 2010, *Aldo Leopold: His Life and Work* (《奥尔多·利奥波德的一生与成就》), Madison: University of Wisconsin Press.

Midgley, Mary. 2001, *Science and Poetry* (《科学与诗学》), London: Routledge.

Mikkelson, Gregory M. 2009, "Diversity-Stability Hypothesis"(《多样性—稳定性假说》), in *Encyclopedia of Environmental Ethics and Philosophy* (《关于环境的伦理学和哲学的百科全书》), edited by J. Baird Callicott and Robert Frodeman, Detroit: Macmillan, pp. 255–256.

Millennium Ecosystem Assessment. 2003, *Ecosystems and Human Well-Being: A Framework for Assessment* (《生态系统和人类福祉: 一种评估框架》), Washington, DC: Island Press.

Newton, Julianne Lutz. 2006, *Aldo Leopold's Odyssey* (《奥尔多·利奥波德的奥德赛之旅》), Washington, DC: Island Press.

Odum, Eugene P. 1953, *Fundamentals of Ecology* (《生态学基础》), Philadelphia: Saunders.

Pollan, Michael. 2013, "Say Hello to the 100 Trillion Bacteria That Make up Your Microbiome"(《向构成人类微生物组的100万亿细菌问好》), *The New York Times Magazine* (《纽约时报杂志》), May 15, Accessed January 20, 2015, http://www.nytimes.com/2013/05/19/magazine/say-hello-to-the-100-trillion-bacteria-that-make-up-your-microbiome.html.

Rapport, David J. 1995, "Ecosystem Health: More Than a Metaphor?" (《生态系统健康: 不只是个隐喻?》), *Environmental Values* (《环境价值》) 4 (4):287—309.

Ribbens, Dennis. 1987, "The Making of *a Sand County Almanac*"(《〈沙乡

年鉴〉的形成》),in *Companion to a Sand County Almanac* (《〈沙乡年鉴〉指南》), edited by J. Baird Callicott, Madison: University of Wisconsin Press, pp. 91 – 109.

Ripple, W. J., and R. L. Beschta. 2005, "Linking Wolves and Plants: Aldo Leopold on Trophic Cascades" (《狼和植物的关系:奥尔多·利奥波德论营养级联》), *Bioscience* (《生物科学》) 55: 613—621. doi: 10.1641/0006-3568 (2005) 055 [0613: LWAPAL] 2.0.C.

Robinson, Courtney J., Brendan J. M. Bohannan, and Vincent B. Young. 2010, "From Structure to Function: The Ecology of Host-Associated Microbial Communities" (《从结构到功能:宿主相关的微生物群生态学》), *Microbiology and Molecular Biology Reviews* (《微生物学与分子生物学评论》) 74 (3): 453 – 476. doi: 10.1128 /mmbr.00014-10.

Silbernagel, Janet. 2003, "Spatial Theory in Early Conservation Design: Examples from Aldo Leopold's Work" (《早期保护设计研究中的空间理论:来自奥尔多·利奥波德的研究案例》), *Landscape Ecology* (《景观生态学》) 18 (7): 635 – 646. doi: 10.1023/B:LAND.0000004458.18101.4d.

Tansley, A. G. 1935, "The Use and Abuse of Vegetational Concepts and Terms" (《植物概念和术语的使用与滥用》), *Ecology* (《生态》) 16: 284 – 307.

Turner, Monica G. 2005, "Landscape Ecology: What Is the State of the Science?" (《景观生态学:当代科学现状》), *Annual Review of Ecology, Evolution, and Systematics* (《生态学、进化论和分类学年度评论》) 36: 319 – 344. doi: 10.1146/annurev.ecolsys.36.102003.152614.

U.S. Census Bureau. 2012, *2010 Census of Population and Housing: Population and Housing Unit Counts. CPH – 2 – 1, United States Summary* (《2010 年人口和住房普查:人口和住房单位数据》, CPH – 2 – 1, 美国部分摘要), Washington, DC: US Government Printing Office. Accessed January 20, 2015. http://www.census.gov/prod/cen2010/cph-2-1.pdf.

Willis, A. J. 1994, "Arthur Roy Clapham. 24 May 1904 – 18 December 1990" (《阿瑟·塔恩·克拉法姆, 1904 年 5 月 24 日至 1990 年 12 月 18 日》), *Biographical Memoirs of Fellows of the Royal Society* (《英国皇室学会会员传记回忆录》) 39: 72 – 90. doi: 10.1098/rsbm.1994.0005.

Wolfe, Michael L., and Friedrich-Christian von Berg. 1988, "Deer and Forestry in Germany: Half a Century after Aldo Leopold" (《德国的鹿群与森林:写在奥尔多·利奥波德土地研究的半个世纪以后》), *Journal of Forestry* (《林业杂志》) 86 (5): 25 – 31.

Worster, Donald. 1994, *Nature's Economy: A History of Ecological Ideas. 2nd ed.* (《自然之经济:生态学观念史》第 2 版), Cambridge, UK: Cambridge University Press.

第三部分

涵义:实现生态经济学的步伐

导论和章节概要

本书的最后部分追随前两个部分,探索生态经济学如何在微观和宏观层面都能够得到实施。正如第一部分中指出的,我们当前的环境危机是某种特别类型的环境思考和关联的一个结果,而这导致了一种主宰性的路径,对其环境脉络、其与社会和生态正义相关的紧迫性问题,都关注甚少。这一目光短浅的认识,呼唤着我们改变当前的思想和行为模式。微观经济学和宏观经济学中,以及我们全部文化精神中所急需的改变,将在接下来三章中得到详细讲述。

章节概要

彼得·维克托和蒂姆·杰克逊:《迈向宏观生态经济学》

在这一章里,作者分享了他们在发展一种宏观生态经济学中的研究结果。他们从当前经济体系中的一个两难处境的讨论开始。他们指出,系统的自然动力学推动着体系,要么永久性增长,要么崩溃。永不间断的经济增长已经成为一切如常的景象,被体系持续和稳定的功能性所需要,即使它悄悄地破坏了地球的生命支持系统。坚持增长,就是冒经济和社会崩溃之险。我们急需的是一种宏观生态经济学,它将建立在宏观经济中一些已有的关键变量(如投资、政府支出等)的基础之上,但是整合了一些新的要素

(诸如货币体系的转型,一种不同的考虑到环境和资源变量的国家财务系统)。

这一章呈现了三种模式。第一种是维克托的加拿大式的低增长经济模式,它展示了在净投资、生产力、政府支出等方面更慢的增长,以及人口的停止增长,在其他条件之外,将导致 GDP 的一种低增长形式,并将最终呈平稳状态。第二种是英国的刺激模型经济,用来检验关注人类和社会服务的经济特征,它将限制生产力的增长潜能,并且会需要更少的物质生产能力。最后,作者为他们的绿色经济宏观模型和会计框架提供了一个简要介绍,它综合了对于实体经济、金融经济以及生态与资源限制的一个综合理解。

理查德·詹达、菲利普·杜瓜伊和理查德·勒恩:《为生态经济学而生的新公司:一个案例研究》

这章聚焦于公司在我们当前经济中的非凡表现,争辩说,当前"企业社会责任"这一伦理承诺被置于持份者的财富最大化目标之下。相反,作者们指出,"公益公司"——一种选择用来促进"普遍公共利益"的商业企业——这一最近的法律创新可以作为一种替代选择。他们回顾了这类企业的法律结构和触发条款,以及不同的鉴定标准提供者。他们认为,未来的公益公司能够成为一个不同伦理准则设定构成的"有道德的混血儿",公司因此能够在生态经济中得以运作。

布鲁斯·詹宁斯:《生态政治经济学与自由》

布鲁斯·詹宁斯认为,生态经济学正在发展的伦理基石,应该包括对"自由"概念以及"人"的概念的重新考量。其他章节提供了从生态学路径思考经济活动、评估自然、正义和责任的跨文化案例。对人、自由等概念的生态学理解将有助于完成本书作为一个整体所从事的重新概念化这一任务。自由资本主义时代的主流经济学切实需要生态经济学的重新修正,因为为了追求人类应该如何生活以及他们应当如何自由地生活的特殊理想,它已经养成了环境上超负荷且不可持续的生产和消费模式。诚然,生产和消费的替代性模式需要得到发展。但是,除非人类繁荣的根本理念也同样得到再概念化和重新精细化,这一任务可能无法单独完成。这一生活理想的两个成分,包括过着(人的)生活的人类身份及其实现,以及这一生命活动的具体形状(人的自由或解放)。

这一章的首要目的并不是重新讲述人性和自由的理念——它们已经成为主流经济学和不可持续增长的政治经济的重要柱石。对于自由主义的个体主义和消极自由的批判,以往已经著述甚多。然而,本章将探索一个更加积极的版本,一个被自由的关系性概念与人的关系性概念所支撑、充满生态学知识的生活理想。在这个意义上,尽管自我与他者之间的连接和承诺构成了自由,但自由就在这些连接和承诺之中,并且通过这些连接和承诺而构成。生态学意义上的人或自我,是一种身份或认同,从能够示范人性和生活本质之创造性和审美维度的特定种类的关系和结构化互动的持续的实践过程而建立起来。这种关系不仅包括与其他人类的社会互动,也包括——非常关键的——人类与他/她在自然、生命系统和物质客体构成的世界中/上的活动之间所形成的有意义的连接。自由的生态学概念与人的生态学概念,本身就包含一个与人或自然他者的异化、商业化以及客体化相反的反向愿景。这一愿景引导我们逃离将自然资源作为一种满足和财富资源的控制,并迈向艺术效果的、工匠精神的新观念,以及对自然形式和自由传统之内在财产的容纳。在发展有关自由和人格沿着这一路线的描述时,本章将在现代时期中(也即拉什金和莫里斯这些作者们的时代)生命的经济模式的反向愿景,以及当前有关自由和自主的著作、有关生态学的自我概念的著作中,总结出一个批判性的和乌托邦传统。

贾尼丝·哈维:《新思潮,新话语,新经济:朝着生态政治经济学而改变动力》

本章探索了在一个需要向生态经济学转变的社会中如何实现

文化变迁这一重要课题。哈维特别考虑了这些改变能够得以实现所依赖的过程和干预。在讨论了话语和文化变迁之间存在的关系后,她尝试去发现新自由主义和消费主义等霸权主义话语是如何影响制度性实践的。她确认了转向生态经济学的四种障碍:金融市场的全球化,它使单独进行这一转向的那些国家变得困难而且存在巨大风险;个体幸福对当前经济增长模式的依赖,对想要按照生态经济生活的个体来说,它引起了类似的困难;消费文化的话语;以及媒体对经济增长与消费信条的强化。

哈维意识到文化变迁比政治变迁更加稳定,并因此在带来永久性社会变化方面,会更有效力。她因此在文化变迁的特征方面确定了四个命题。首先,文化变迁通常从顶层开始。其次,变化总是由最显贵的中间位置之外的那些精英发起。第三,当精英网络和他们所领导的机构重叠时,文化变迁是最为集中的。最后,文化变迁通常伴随着某些形式的反抗发生。她对这些变迁如何才有可能得到实施的一些思考,进行了总结。

第八章

迈向宏观生态经济学

彼得·维克托、蒂姆·杰克逊

1. 前言

世界正在面临三大危机。第一,人类压在生物圈上的负担日益增加且不均衡,并且有观察发现,人类已经在三个地球边界方面逾越了"安全操作空间"(safe operating space),分别是:气候变化、氮循环和生物多样性丧失。第二,经济产出的分布极其不均衡。这不仅发生在国家与国家之间,在国家内部也逐渐多见。第三,全球金融体系的不稳定性。2007—2008年,这个体系的不稳定性被暴露出来,而且这一问题无法得到有效解决。这些危机复杂且相互关联。试图去确定"根本"原因是很诱人的,因为如果可以确定根源,就可以解决危机。但这其实是在误导人们。这些环环相扣的危机是因即果、果即因的体系造成的。在这种情况下寻求根本原因(即该因并不是其他因造成的果),毫无意义还适得其反。

因此,想要应对这些危机,有意义的尝试不仅要涉及各个系统的动力学(包括生态、经济、金融系统),还要涉及这些系统之间的相互关系。这绝非微不足道的挑战。它尤其是对经济学的挑战。可以说,导致金融危机的一个原因,是经济学没能把金融和实体经济恰当地整合起来。尽管金融资产负债表越来越"沉没于水深之中",但实体经济增长看上去仍很健康。不过,现在有人在试图纠正这种经济学失败,试图更好地理解这些系统之间的联系(例如Keen, 2011)。

在过去的几年中,尤其是在生态经济学领域,有人尝试把对生态极限的理解融入对实体经济的理解中。斯特恩(Stern, 2007)对气候变化经济学的评论是该领域的一篇重要综述——尽管对最近气候变化科学研究的最新理解,使这篇综述显得已经过时,而且它仅仅是松散地基于生态经济学的原理。该综述的主要结论是,传统模型可以不花什么力气甚至能顺利地解决气候变化问题。但这一结论似乎不再那么可行,因为随后传统模型受到了严峻的考验。

我们在这一章的主要论点是,这些试图整合实体经济、金融和生态系统的尝试,并没有解决由生态危机、社会危机和金融危机相结合所带来的核心结构性挑战。具体说来,我们似乎缺少一种令人信服的宏观生态经济学,即一种概念框架,在此概念框架中,宏观经济的稳定与地球的生态极限是相一致的。尽管在这方面已有一些可喜的进展(例如Jackson, 2009;Victor, 2008),但我们仍迫切需要一个更加成熟的宏观生态经济学,以避免产生源于内部且大规模的灾难。在接下来的内容中,我们将讨论与此需求相关的一些挑战并概述我们自己的解决方法。

建立一个令人信服的宏观生态经济学的首要挑战是,现代经济学中隐含的经济增长的结构性需求,对资源消耗和环境质量产生了持续的压力。而经济稳定又依赖经济增长。但生态可持续性又让步于现有的经济活动水平。这个难题,我们将在下面一节讨论。

2. 增长的困境

资本主义经济高度重视生产投入（劳动力、资本、资源）的利用效率。[1] 持续不断的技术进步意味着在投入一定的情况下，产出增多。效率的提高通过降低成本来刺激需求，使经济扩张得以良性循环；然而关键是，这也意味着生产相同产品所需的人力将会逐年减少。

只要经济增长速度足以抵消"劳动生产率"的增长，就没有问题。如果经济增长速度不够快，那么劳动生产率的提高意味着可供选择的工作变少了：某个地方的某人将面临失业的风险。如果经济因为任何情况放缓——无论是由于消费者信心下降、大宗商品价格冲击，还是试图减少消费的尝试——那么提高劳动生产率的系统性趋势将导致失业。这反过来又会导致消费能力下降，消费者信心丧失，对消费品的需求进一步减少。从环境的角度来看，这一结果可能是令人满意的，因为它导致更少的资源消耗和污染排放。然而，这也意味着零售业的衰退和商业收入的减少。收入下降、投资缩减、失业率进一步上升，经济开始陷入螺旋式的衰退。

经济衰退对私人和公共财政都有着重大影响。随着失业率上升，社会成本将上升；随着收入下降和商品销售减少，税收收入将下降。降低支出，实际上是在削减公共服务。削减社会支出不可避免地首先会对最贫困人口造成冲击，并直接影响一个国家的福祉。更糟糕的是，政府必须借更多的钱，不仅是为了维持公共支出，也是为了重新刺激需求。这样做，它们必然会增加自身的负债水平。在经济下滑时偿还这些债务，哪怕在最好的情况下，都是有问题的。仅仅维持利息支付，就占了国民收入的很大一部分。在

---

[1] 以下两个部分大致改编自杰克逊（2011）和杰克逊（2009）。

这方面,我们能期待的最好结果是:需求确实会复苏;而当需求复苏时,就有可能开始偿还债务。这可能需要数十年的时间。西方国家用了近半个世纪的时间才还清了二战所积累的公共债务。据估计,英国自 2008 年金融危机以来的"债务积压"可能会持续到 21 世纪 30 年代(Chote et al., 2009)。

正如经济衰退所显示的那样,当私人债务超出偿还能力时,金融体系可能非常迅速就变得非常脆弱。明斯基(Minsky, 1994)以及很多人认为,这是资本主义经济不可分割的一部分,也是不稳定的主要原因。关键是,这个体系内部几乎没有弹性。一旦经济开始摇摇欲坠,曾经推动经济扩张的反馈机制就开始朝着相反的方向发挥作用,使经济进一步陷入衰退。随着人口的增长(和老龄化),这些危机正在加剧。我们需要更高的增长水平,用以保护平均收入维持在同等水平,并为(增加的)健康和社会成本提供充足的收入。

当然,增长率的短期波动是增长型经济的一个可预料特征。一些反馈机制可以使经济恢复平衡。例如,随着失业率上升,工资下降,劳动力变得更便宜。这可以鼓励雇主雇佣更多的人,并再次增加产出——除非工资的下降进一步降低需求,反倒加剧了衰退螺旋,而不是逆转它。

简而言之,现代经济是朝着经济增长的方向发展的。只要经济在增长,积极的反馈机制就会推动这个系统进一步增长。当消费增长放缓时,这个体系就会被驱向潜在的破坏性崩溃,对人类繁荣造成冲击。人们的工作和生计受到影响。在一个以增长为基础的经济体中,增长对于稳定是有作用的。资本主义模式没有一条通往稳定状态的捷径,它的自然动力将其推向两种状态之一:要么扩张,要么崩溃。

由于各种各样的原因,增长不足令人深恶痛绝。因此,社会面临着一个深刻的困境。抵制增长就是冒经济和社会崩溃之风险。

但毫不留情地追求这一目标,又将危及我们赖以长期生存的生态系统。这一困境乍一看似乎是可持续发展的不可能定理,但它不可避而不谈,又不得不认真对待。而解决不了这个困境,是我们的可持续发展所面临的最大的单一威胁。

3. 超越去耦

对增长困境的传统回应是诉诸"去耦"(decoupling)或"去物质化"(dematerialization)的概念,重新配置生产流程,重新设计商品和服务。经济产出越来越不依赖于物质产出。通过这种方式,经济有望在不突破生态极限——或资源短缺的情况下能够继续增长。

在这里,区分相对去耦和绝对去耦至关重要。相对去耦是指单位经济产出的生态强度下降。在这种情况下,相对于 GDP 的影响,资源的影响在下降,但它们不一定在绝对值上下降。影响可能还会增加,但速度会慢于 GDP 的增长。而资源影响的绝对值下降的情况则称为"绝对去耦"。不用说,如果经济活动要恢复并保持在生态范围内,绝对去耦是必不可少的。以气候变化为例,为了达到 IPCC 确定的 450 ppm 的稳定目标,到 2050 年,全球碳排放量的绝对值需要减少 50%—85%。

主流的看法是,去耦能让我们无限期地增加经济活动并同时保持在地球边界内。然而,现实证据远不能令人信服。效率提升比比皆是。例如,自 1980 年以来,全球一次能源的效率提高了三分之一。每一美元经济产出的碳强度下降了大约同样的幅度。然而,影响的绝对值减少一直非常难以实现。全球一次能源的使用、碳排放、生物多样性丧失、营养负荷、森林砍伐和全球化石的水萃取仍在加剧。1990—2010 年,化石燃料消耗和水泥生产产生的二氧化碳排放量增加了 50%(Boden, Andres and Marland,

2013)。

理论上,大量地投资新技术和迅速提高资源生产率可以解决这一情况。然而,这项挑战的规模之庞大,令人生畏。在一个90亿人都向往着西方收入的世界里,平均碳排放仍然以每年2%的速度增长,而每一美元经济活动的平均碳排放必须在2050年之前下降130%,才能让我们有像样的机会达到气候变化跨政府小组的碳排放目标(图8.1)。

情景1:90亿人;收入处于增长趋势
情景2:110亿人;收入处于增长趋势
情景3:90亿人;收入均在欧盟水平
情景4:90亿人;收入均在欧盟水平,并有2%的年增长率

碳强度g/CO₂/$

	世界	美国	英国	情景1	情景2	情景3	情景4
	768	523	347	36	30	14	6

├── 现在 ──┤ ├── 在2050年达到450 ppm的目标 ──┤

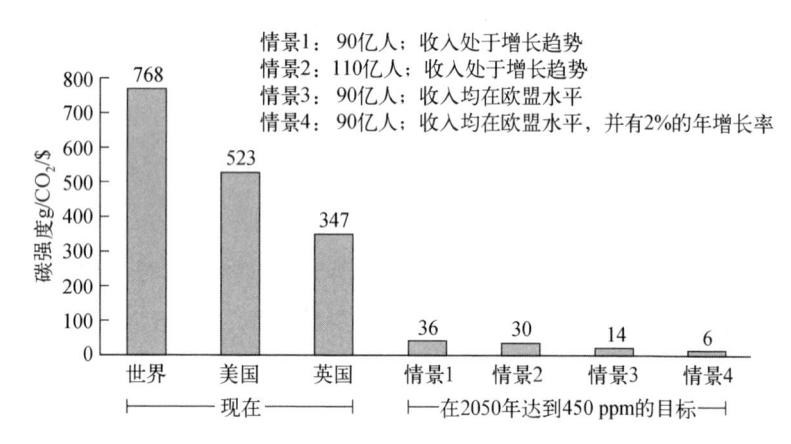

图8.1 降低碳强度是实现气候变化跨政府小组的目标所必需的(改编自 Jackson, 2009)

这不单是一个技术潜力的问题。要使这种规模的变革可行,我们必须对我们的经济和社会制度的潜力提出更加严峻的拷问,以实现这个水平的去物质化。我们必须开始建立连接实体经济、金融经济和生态的系统动力学模型。我们现在要做的就是这项任务。

4. 理解系统动力学

如果我们要克服本章前言中所说的一系列相互关联的危机,我们需要理解(并干预)所涉及的各种系统的动力学。正是因为这

个原因,我们需要建立模型,无论它们是心理模型还是数学模型;如果数据起主要作用,那么计算机驱动的模型是必要的。

最著名的一次尝试构建"世界体系"的计算机模型,也许是《增长的极限》(Meadows et al., 1972)一书中所描述的,使用系统动力学来进行的。在系统动力学中,存量与由行为、信息和反馈所驱动的流入和流出相关联。《增长的极限》的作者们利用系统动力学的方法,基于对资源存量、技术、人口、污染和农业的假设,发展了各种各样的全球情景。他们提醒人们注意1970年世界体系的"行为模式",他们认为这是一种先指数增长而随之崩溃的模式。他们也认为,随着适当而及时的调整,伴随着稳定的扩展也是有可能的。特纳(Turner, 2008)利用过去30年的数据得出结论,《增长的极限》中的情景与"标准运行"最为匹配,即指数增长和崩溃。显然,世界体系的行为模式几乎没有改变,但崩溃的前兆比以往任何时候都更加明显。

《增长的极限》中所使用的模型:世界3.0模型(World 3)——简单地(有些人说太简单了)描述了世界体系的所有复杂性。然而,根据定义,所有的模型都是对它们所代表事物的简化,因此,简化本身不是对世界3.0模型的中肯批评。问题是,世界3.0模型的特别简化是否牺牲了结构(例如,没有价格机制)和细节(例如,没有区域),从而导致误导人的结论?我们同意特纳的看法:总的来说,就其适用范围来看,世界3.0模型并没有产生误导人的结论,因为《增长的极限》主要聚焦于生物物理极限与经济增长之间的相互作用。但是,关于上述三种危机,世界3.0模型缺少审视贫穷和不平等所需的详细资料;政府、企业和个人的学习能力非常有限;而且不包括任何金融方面的内容。显然,世界3.0模型只是一个开始。

在对世界体系提供更复杂、数据更丰富的表征方面,其他模型已经远远超越了世界3.0模型;然而,据我们所知,没有一个模型完全涵盖这三种危机。GUMBO(Boumans et al., 2002)是一种世界体系模型,该模型中地球被分成 11 个生物群落:公海、沿海海洋、森林、草原、湿地、湖泊/河流、沙漠、苔原、冰/岩、农田和城市,这些生物群落涵盖了地球的整个表面。这种空间区分能让我们更详细地研究经济增长对地球生物系统的影响,并对反向因果关系有更细致的了解。T21 模型是另一个例子,它将经济和环境系统在一些细节层面进行了整合(UNEP, 2011)。然而,正如联合国环境署关于"绿色增长"的研究那样,将该模型应用于作为一个整体的世界时,由于不存在地区分割,因此掩盖了各种增长情景的代内影响;此外,该模型没有金融部门,因此无法评估假定投资增长的全部影响。①

5. 系统的联系

先把世界 3.0 模型搁置一边,我们有必要考虑一下金融系统、实体经济和生物圈之间相互联系的方式。货币和金融对消费、生产、投资、就业和贸易的决策有重大影响。在实体经济中,原材料得以加工,商品和服务得以生产、分配和消费。上述这些决策对于实体经济来说,不可或缺。在发达经济体中,除了物物交换(这是一种边缘行为),实体经济活动总是与金融交易相匹配。如果金融体系无法为此类交易提供手段,那么实体经济就无法运转。为任何特定水平的经济活动提供所需的资金并不是一项简单的任务,这涉及对利率和货币供应进行谨慎的管理,还需要中央银行、商业银行和许多其他金融机构的参与。该体系也可能会像 2007—2008 年那样严重出错,当时资产价值急剧下跌,信贷枯竭,导致实体经济产出下降。

---

① 有关这种批评的更多细节,请参见维克托和杰克逊(2012)。

实体经济与金融体系之间还存在着其他方向的联系。举个例子,如果一个国家的贸易顺差达到平衡,就会出现影响投资的金融资本外流。该国的汇率也可能面临上升的压力,反过来影响贸易平衡。更微妙的是,如果实体经济的参与者——公司和个人——对未来感觉到越来越多的不确定,他们就会试图增加流动资产的比例,持有现金,而不是进行长期投资和消费。这样一来,实体经济中,上述决策可能就会减少就业和利润,从而导致更多的不确定性。换句话说,不断增加的不确定性可能对金融体系和实体经济产生衍生影响,而这些影响正在加剧而非自我校正。

一旦认识到经济是嵌入生物圈中,而非通常认为的独立于生物圈之外,那么就很容易确认实体经济和生物圈之间的联系。经济要求物质和能量的不断投入,而这些物质和能量随后通常以降解的形式处理回到生物圈。当物质材料体现为建筑资本和耐用消费品时,它们得以在经济体中长期保留。不过最终,它们也会通过拆除和处理回到生物圈。重复使用和循环利用可以延长物质材料(而非能源)留在经济体系内的时间;然而,热力学第二定律指出,在这个过程中总会有东西丧失。

如前所述,摆脱增长困境的主要途径是呼吁去耦。我们去耦的能力——尤其是绝对去耦——隐隐地取决于经济、社会和金融体系的动力学。在评估将去耦作为一种协调持续经济增长与减少对材料和能源产量需求的方法时,杰克逊总结如下:

> 历史几乎没有提供过任何支持,认为去耦能够作为一个充分解决增长困境的方案。但它也没有完全排除这种可能性。要想有机会在环境限制范围内生存,并避免资源基础在(不太遥远的)未来某个时候不可避免地崩溃,我们至少需要下列这些变化:大量的技术变革;意义重大的政策努力;消费需求格局的整体变化;能够在全世

界范围内大幅度降低资源密集度的巨大的国际技术转让驱动。

这里的信息并不是说去耦绝非必要。相反,产量的绝对下降更加至关重要……人们很容易迷失在一般性的原则声明中:经济增长往往会提高资源效率;资源效率提高使我们能够让排放情况和经济增长脱钩去耦;因此,实现目标的最佳途径是保持经济增长。在有关环境质量和经济增长的错综复杂的辩论中,这种观点并不鲜见。(Jackson,2009:75—76)

金融、经济和生态系统之间更为微妙的联系,进一步混淆了去耦问题。例如,自然资源经济学的一项基本原则是,资源从矿山开采的速度受到利率的影响。同样的原则也适用于生物资源,例如,树木在被采伐之前可以生长多长时间可能取决于利率。这一原则的基础是,矿主和森林拥有者可以选择开采资源、出售这些资源并将收益存入银行。这类存款利率的提高提供了一种动力,促使人们以更快的速度开采资源,以追求更高的利润。

当利率下降时,情况正好相反。但这并不是全部,因为资源开采率的变化也可能会影响当前和预期的未来资源价格,这使得利率和开采率之间的联系变得更加复杂。尽管如此,问题仍然在于,金融体系与人类给生物圈带来的负担之间存在着重要的联系,它们通过实体经济发挥作用。任何一个试图构建令人信服的宏观生态经济学的尝试,都需要理解并结合这些动力学。

6. 宏观生态经济学基础

在讨论我们自己的方法之前,有必要简要介绍一下系统模型的一些基础知识,以解决我们在这里提出的挑战。其中最主要的是认识到,一个可行的宏观生态经济绝不能依靠物质消费的持续增长来维持其稳定。以债务驱动和物质消费主义的持续扩张为基础的宏观经济,在生态上是不可持续的,在社会上是分裂的,在金融上是不稳定的。

当然,与此同时,一个可行的宏观生态经济仍需对关键的宏观经济变量模型进行详细配置。在新经济中,消费、政府支出、投资、就业、分配和贸易仍将举足轻重。然而,很可能存在实质性的差别,例如消费和投资之间的平衡,公共、社区和私人部门的作用,生产力增长的本质,以及盈利状况。随着生态目标和社会目标发挥作用,所有这些都有可能发生转变。新的宏观经济变量,也需要明确地发挥作用;几乎可以肯定的是,这些新变量将包括能够反映经济对能源和资源的依赖程度以及对碳的限制的变量,还有反映生态系统服务的价值、关键自然资本的存量以及更广泛地关注对自然的伦理态度的变量。

投资的作用至关重要。在传统经济学中,投资通过不断追求生产率的提高和消费市场的扩张来刺激消费增长。在新经济中,投资必须长期保护那些用于基本经济服务的资产。新的投资目标将是低碳技术和基础设施、提高资源生产率、保护生态资产、维护公共空间、建设和增强社会资本。

这种新的投资组合需要一种与导致2008年崩盘不同的金融格局。长期安全必须优先于短期利益,社会和生态回报必须同传统的金融回报一样重要。改革资本市场和立法打击破坏稳定的金融行为,不仅是对金融危机最显著的回应;它们也是构建新的宏观生态经济的重要基础。

要想使经济转型符合生态和社会公正原则,一种适合的新投资方式很可能需要对货币本身采用新办法。大众普遍认为只有政府才能创造货币。但与之相反,在现有的货币体系中,几乎所有在经济中花费的钱都是商业银行在向借款人发放信贷时创造的。这种情况是由现代货币的悠久历史演变而来的。它对投资的影响，以及对整体经济运行的更广泛影响，仍在逐渐显现（例如，Godley and Lavoie, 2006; Minsky, 1986; Ryan-Collins et al., 2012; Wray, 2012）。一个相当重要的方面是商业银行在决定支持哪些投资方面所起的作用。2007—2008年的金融危机在一定程度上归因于银行对购买金融工具（即所谓的金融投资）的强烈偏好，即银行承诺以明显较低风险向贷款人提供短期回报，而不倾向于给希望购买实际、生产性资产的借款人提供贷款。

从商业银行收回货币创造控制权的提议尽管已经存在了几十年，但它们如今正从贝尼斯和孔夫（Benes and Kumhof, 2012）、杰克逊和戴森（Dyson）（2012）等人的出版物中获得动力。根据这些出版物中描述的计划，商业银行要保持100%的准备金率。它们仍将是投资的中介机构，但前提是它们能够代表放款人管理投资，而放款人也明确准备好将储蓄冒险置于投资项目之中。通过中央银行的运作，政府将通过在经济中的直接投入来创造货币。货币体系的这种转变（据称有许多优点）将减少金融业的不稳定，并使政府在引导投资转向生态和社会所需项目方面发挥更有力的作用。而商业银行，尤其是在当前体系下，不太愿意支持这些项目。

最重要的是，新的宏观经济学必须具备生态和社会素养，终结经济与社会、环境分离的愚蠢行为。实现这个目标的第一步必须是对国家会计制度进行紧急改革，以便使我们所做的测量更符合实际情况。将环境和资源变量纳入国家会计制度之中，并结束对GDP的"盲目崇拜"，是最基本的行为。

然而，还有更多要做的。我们需要开始建立包含经济、金融和生态变量之间主要关系的综合系统模型。这些模型需要尽可能地以真实的金融、经济和生态数据经验为基础，并在这些数据中进行校准。它们必须能够处理关于就业、金融结构和经济稳定的关键性问题，并且吸收与资源消耗、环境限制有关的生态问题。

7. 建立国家绿色经济的宏观模型

我们自己在宏观经济模型方面的工作侧重于国家层面而不是国际层面,而且侧重于发达国家层面。尽管极端贫困(每天不到 1 美元)在这些国家很少见,但分配公平问题日益受到关注,一些发达经济国家的不平等程度达到了 1929 年大萧条以来的最高水平(Piketty,2014)。因此,发达国家的经济模式必须解决其境内的贫困问题,还有经济、金融和环境这些系统的关键方面。

低增长模型是加拿大经济中相当传统的宏观经济模型,其目的是回答以下问题:"在不依赖经济增长的情况下,是否有可能实现充分就业、显著减少贫困和减少温室气体排放,并保持财政平衡?"(Victor,2008;Victor and Rosenbluth,2007)低增长模型用来模拟加拿大经济从 2005 年到 2035 年的可能路径,并在 2010 年到 2020 年间逐步引入措施,使经济偏离"一如往常"的情景。[①]

在低增长模型中,就像它所代表的经济一样,除了生产资产、劳动力增长、生产率提高、净贸易差额增加、政府开支增长、人口增长等因素,经济增长是由净投资驱动的。我们可以通过单独或联合降低这些因素的增长率来检查低增长、无增长甚至衰退的情况。

图 8.2 显示了低增长模型中加拿大的"一如往常"的情景。这五个变量在 2005 年都被索引到 100,这样能更容易地了解它们的变化。在这种情况下,预计未来将与过去相同,实际人均国内生产总值在 2005 年至 2035 年期间翻了一番以上,失业率上升,然后下降,最终超过其起始值;政府债务与 GDP 的比率下降了近 40%,因为加拿大政府继续保持预算盈余(直到 2008 年他们一直这样做),由于预计失业人数的绝对值将增加,人类贫困指数将上升,温室气

[①] 以下对低增长模型的描述改编自维克托(2013)。

体排放将增加近 80%。

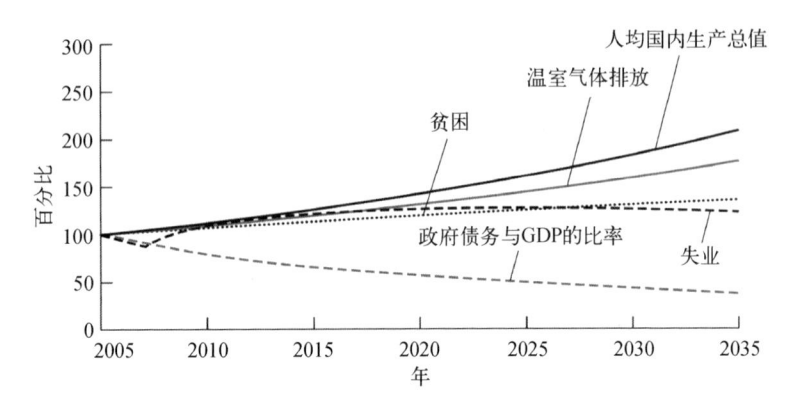

图 8.2　用低增长模型模拟加拿大的"一如往常"情景（改编自 Victor, 2008）

图 8.3 显示，如果从 2010 年开始的 10 年时间里，所有的增长驱动力（净投资、生产率提高、政府支出增加、贸易顺差）都被消除，经济会发生什么？就人均国内生产总值而言，经济最终达到稳定状态，但情况显然是不稳定的。

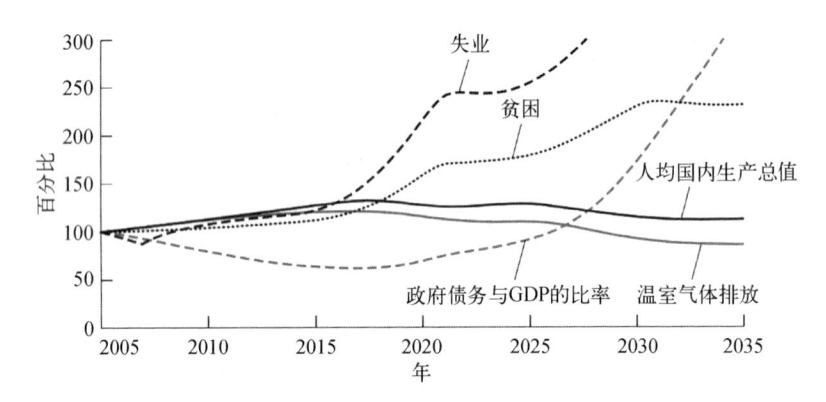

图 8.3　用低增长模型模拟加拿大的不稳定（改编自 Victor, 2008）

图 8.4 显示了一个非常不同的场景。与"一如往常"情景相比，人均国内生产总值增长更为缓慢，在 2028 年左右趋于平稳，当时的失业率为 5.7%。到 2035 年，失业率将继续下降到 4.0%。到 2020 年，贫困指数从 10.7 下降到国际上前所未有的 4.9，并保持在

这一水平；债务占国内生产总值的比例下降到大约 30%，并将维持到 2035 年。2035 年初的温室气体排放量比 2005 年减少了 31%，比 2010 年的峰值减少了 41%。这些结果是通过预测政府支出、净投资和生产率增长放缓而得出的：贸易净差额小并下降；停止人口增长；减少每周的工作时间；有中性碳税的收入；增加政府在扶贫项目、成人扫盲项目和医疗保健方面的支出。

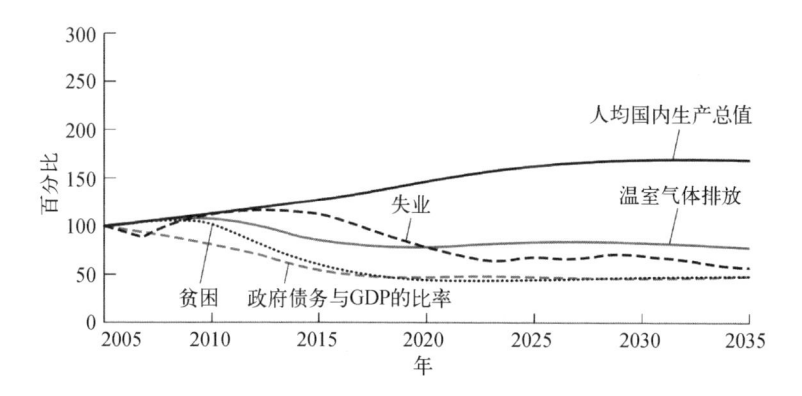

图 8.4　用低增长模型模拟加拿大的"稳态经济"（改编自 Victor，2008）

在某些方面，低增长模型在解决问题方面开辟了新的领域——即不依赖经济增长而繁荣的可能性（Jackson，2009：134）——以及采用的模型方法（结合了系统动力学和凯恩斯宏观经济学）。在其他方面，低增长模型只是简单地指出，需要建立更深入、更雄心勃勃的宏观经济模型。

举例来说，低增长模型模拟假设加拿大央行的货币政策成功地将通货膨胀率保持在每年 2% 或以下。除此之外，金融体系并没有体现在模型中。经济和环境之间的物质、能源和土地利用的联系，也仅以有限的方式进行了处理。我们假定与能源有关的温室气体排放对不断变化的碳价格有响应，并根据木材需求、再生、道路建设和代表火灾和虫害风险的随机干扰来模拟加拿大的森林存量。这些只是通过物质、能源流动和土地利用使经济和环境更全面地一体化的步骤。低增长模型对经济行为的处理也很有限。消费、投资、生产、出口和进口以高度集中的方式建模,例如,经济部门、产品和人口群体之间没有差别,并且采用确定性的方式建模,不考虑预期和不确定性的作用。

低增长模型讨论的难题之一是,如果劳动生产率继续上升而经济产出没有任何增长,是否有可能实现充分就业?解决这个问题的"简单"方法是缩短平均工作年限。经济产出不增长的生产,其工作总量下降,分散到更多、生产率越来越高的员工中。在图8.3所示的情景中,从2005年到2035年,年平均工作减少了15%,足以抵消劳动力生产率仍在积极增长的影响,并将失业率降至加拿大半个多世纪以来的最低水平。

然而,当我们考虑可能的、令人满意的未来时,我们是否应该假设劳动生产率将会上升,即使只是维持在一个较低的增长率?正如杰克逊(2009)明确指出的那样,除了满足基本的物质需求,经济活动还要以提供人力和社会服务为基础,这样的经济有很多可取之处。卫生保健、教育、社会保健、改造和翻新、休闲和娱乐、绿色空间的保护和维护,以及文化活动都是对我们的生活质量作出积极贡献的部分;此外,它们对生态的破坏也比以物质产量为基础的活动要小。然而,这些活动最引人注目的地方可能是,它们本质上是劳动密集型的,劳动生产率增长的潜力更小。

人口老龄化将需要劳动密集型的服务。如果这些服务要显著提高生产率,人和人的接触被机器取代,其服务质量就会有很大损失。同样,减少人类给自然系统带来的负担所要做的很多事,可能都是劳动密集型的,比如建筑隔热和湿地重建,这又一次与主要生产率的提高背道而驰。发达经济体从商品转向服务的总体趋势及其对生产率增长放缓的影响(即鲍莫尔病),进一步阻碍了生产率以历史速度增长。

从"劳动生产率是成功经济的基础"这一传统观点来看,上述模型缺乏生产率增长潜力,显然毫无希望。但这些缺乏生产率增长潜力的活动有一个明显且重要的优势：它们雇用人们从事有意义的工作，从事改善人们生活的工作。在失业率上升和增长率下降的情况下，这是一个非常重要的优势。

杰克逊和维克多（2011）用一个基于三个生产部门的模型研究了这个问题。三个部门分别是：一个由劳动生产率增长（每年1%）定义的传统部门，这是过去十年英国经济的典型特征；一个绿色基础设施部门，与传统部门一样以相同的劳动生产率增长（每年1%），但不同之处在于，其增长基于可再生、低碳技术和基础设施；而"绿色服务业"部门的劳动生产率增长略呈负增长（每年-0.3%），建立在基于社区的扩张、资源节约型、低碳、基于服务的活动等基础之上。

我们为英国经济设想了三种情景。第一项是简单地扩展绿色技术。第二项是通过减少工作时间来扩展技术。第三项政策是对这两项政策的补充：转向"绿色服务"。尽管每一种情况下的增长率有很大差异，但每一种情景必须以提供充分就业为限制。事实上，后两种情况本质上都是增长放缓的情况。图8.5显示了这些场景的碳排放量。而只有包含转向绿色服务的第三种情景，才能实现英国2050年的碳排放目标。

这项工作说明了将扩大人力和社会服务作为新经济基础是重要的。它还表明，一项旨在扩大绿色技术和支持绿色服务业的有力政策，即使在不依赖大幅同比增长的情况下，是如何照样实现高就业水平和雄心勃勃的碳减排目标。

我们对这一系列有趣问题的初步研究表明，需要在多个领域开展工作：

> 例如，我们有必要了解其对资本生产率的影响，并更详细地探讨资本生产率、资源生产率和劳动生产率之间的关系。这些变化对资本市场的更广泛影响，也需要得

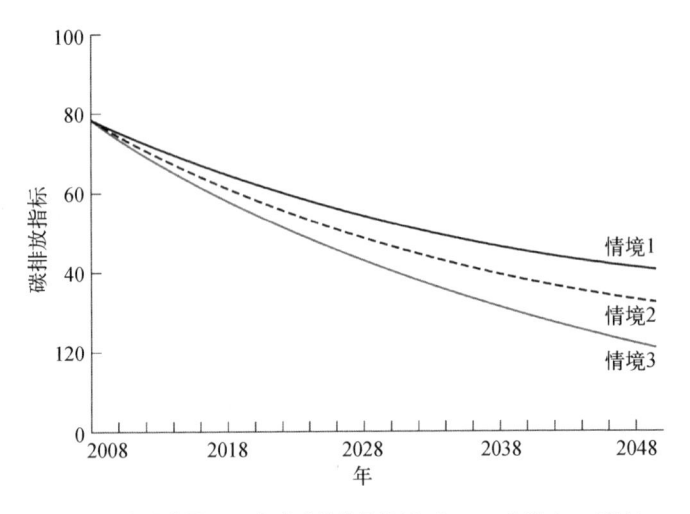

图 8.5 实现英国 2050 年碳减排的目标（Jackson and Victor, 2011）

到阐明。更普遍地说,这种讨论提出了建立真正的宏观生态经济学的挑战,在这种经济学中,经济稳定可以在没有持续消费增长的情况下实现。(Jackson and Victor, 2011:107—108)

8. 发展一种存量—流量统一的、受生态约束的宏观经济框架

建模的目的,主要用于识别被模式化的系统的边界,并具体说明它的结构、关键部分和主要行为。我们目前的工作是利用系统动力学建立一个旨在解决以下问题的国家宏观经济模型:

(1) 发达经济体是否仍需要提高实际经济产出,才能同时保持高就业水平、减少贫困、实现雄心勃勃的生态和资源目标?

(2) 金融体系的稳定是否要求"实体"经济的增长?

（3）比如在对生态和资源约束的预期或回应中，限制需求和供给，会不会导致实体经济和金融体系的不稳定？

在本节的其余部分，我们概述了一个新的"存量—流量统一"宏观经济模型的几个关键特征，该模型集成了对实体经济、金融经济以及经济必须在其中运行的生态和资源约束的理解。更全面地描述我们的绿色经济宏观模型和账户（GEMMA）框架（Jackson and Victor，2013），已超出了本章的范围。因此在这里，我们只介绍一些主要特性。绿色经济宏观模型和账户的简化示意图如图 8.6 所示。

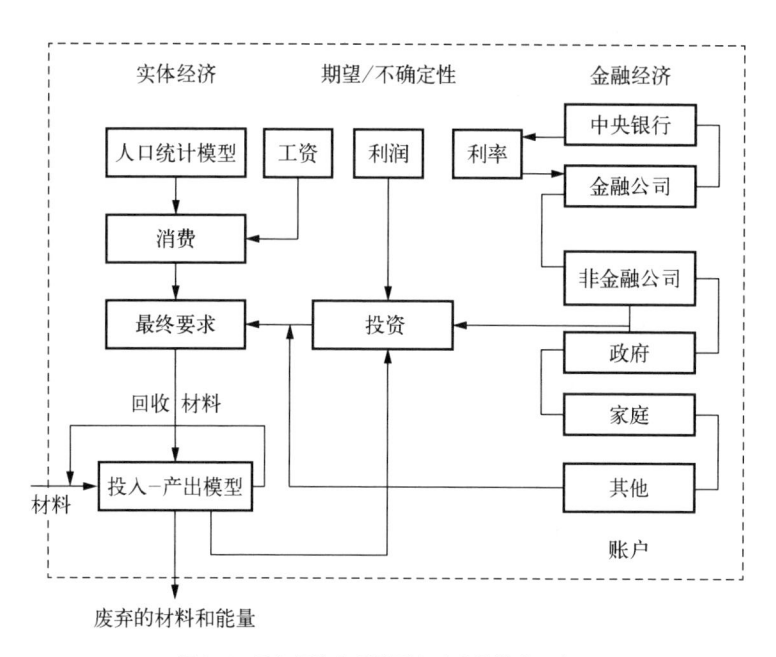

图 8.6 绿色经济宏观模型和账户的简化示意图

绿色经济宏观模型和账户中有几个主要的结构组件。继戈德利和拉沃（Godley and Lavoie，2006）之后，绿色经济宏观模型和账户整合了一套完整且一致的账户，用于跟踪与"实体"经济交易相关的资金流动。与大多数国家的国家账户标准化体系一样,绿色经济宏观模型和账户记录了六个主要部门的资产负债表上的资产和负债及其变化:金融企业、非金融企业、央行、政府、家庭和世界其他地方。绿色经济宏观模型和账户还包括实体经济的多部门投入—产出模型,该模型将12个生产部门中每个部门的投入与另一个部门的产出联系起来,从而表示每个部门的完整"供应链"。投入—产出模型包括经济和环境之间的物质和能量流动,因此实体经济的变化会自动地在这些流动中积极和消极地反映出来(Victor, 1972)。在投入—产出模型中,还规定了系数(例如每单位产出的投入、每单位产出的物质/能源流量)随投资的动态变化。

投资对任何经济的发展都至关重要。绿色经济宏观模型和账户区分了几个种类的投资,在私营部门,并允许根据数量和质量不同的投资模式来定义、生成各种各样的情景。

绿色经济宏观模型和账户还包括人口规模、年龄和性别组成的详细人口统计模型。人口预测有助于探讨人口老龄化对养老金、医疗保健和家庭服务的影响,如果将减少增长作为降低发达经济体环境负担战略的一部分,这可能会带来重大挑战。人口统计学还与消费和投资联系有关——这种联系以允许将经济体系中行动者可能行为的广泛性考虑的方式,被纳入绿色经济宏观模型和账户中。

当前的行为常常受到对未来预期的影响。后凯恩斯主义者,如保罗·戴维森(Paul Davidson, 2011),在对凯恩斯20世纪30年代开创性著作的解读中,强调了这一点。他们强调了不确定性在家庭和企业资产配置决策中的作用,特别是在面临不确定性时保持流动性。他们还审查了企业需要在预期销售之前作出生产决定所带来的经济和金融影响。当信贷被拒绝时,就像在2007年至2008年的金融危机中一样,许多金融企业、非金融企业和家庭,都发现自己的杠杆率过高,金融体系的问题导致实体经济出现严重困难,而我们至今尚未从这场危机中复苏。我们在绿色经济宏观模型和账户中规定,关键决策应基于内生形成的期望。

最后,我们注意到绿色经济宏观模型和账户是一个国家的经济模型,特别是发达国家的国家经济。它的目的是最大限度地利用经济合作与发展组织(Organisation for Economic Cooperation and Development)的统计数字,使其能够适用于各成员国,而不必每次都从头开始。然而,我们生活在一个经济高度一体化的世界;在许多情况下,全球的影响——经济、社会和环境——是最令人感兴趣的。以综合方式为全球系统建模的挑战远远大于国家层面的挑战;这样做的尝试通常是高度集中的,并且在范围上受到限制(Costanza et al., 2007)。目前,这一方向正在取得进步,但这需要非常巨大的资源承诺和大量的国际合作,才能取得紧迫局势所要求的进展。

9. 展望未来

许多社会正面临着经济的低增长或无增长,不管它们的政策意图如何。在未来,当它们认识到,最充分意义上的繁荣可以通过其他手段得到最好的实现,一些社会可能会选择不再从政策层面上追求经济增长。因为无论低增长或无增长经济的理由是什么,重要的是事先考虑其影响,以便于避免这种方向变化可能带来的不利后果。开发一个宏观经济框架来探索这些可能性,将为决策者、学者和参与其中的公众提供对这些变化更深入的了解。

更积极的是,人类的幸福可能会随着其他目标的出现而改善,正如新兴的关于幸福(Layard, 2005)和公平(Wilkinson and Pickett, 2009)的文献所建议的那样。我们开展这项工作的目的也在于帮助阐明这些可能性。

参考文献

Benes, Jaromir, and Michael Kumhof. 2012, *The Chicago Plan Revisited* (《再论芝加哥计划》), *IMF Working Paper*(《国际货币基金组织工作论文》), Wp12/2/02. Accessed January 23, 2015. http://www.imf.org/external/pubs/ft/wp/2012/wp12202.pdf.

Boden, Tom, Bob Andres, and Gregg Marland. 2013, "Global CO2 Emissions from Fossil-Fuel Burning, Cement Manufacture, and Gas Flaring: 1751–2010"(《化石燃料燃烧、水泥制造和天然气燃烧产生的全球二氧化碳排放量:1751—2010年》), Accessed January 23, 2015. http://cdiac.ornl.gov/ftp/ndp030/global.1751_2010.ems.

Boumans, Roelof, Robert Costanza, Joshua Farley, Matthew A. Wilson, Rosimeiry Portela, Jan Rotmans, Ferdinando Villa, and Monica Grasso. 2002, "Modeling the Dynamics of the Integrated Earth System and the Value of Global Ecosystem Services Using the Gumbo Model"(《使用 Gumbo 模型为集成地球系统的动力学和全球生态系统服务的价值建模》), *Ecological Economics* (《生态经济学》) 41 (3): 529–560. doi: 10.1016/S0921-8009(02)00098-8.

Chote, Robert, Carl Emmerson, David Miles, and Jonathan Shaw, eds. 2009, *The IFS Green Budget* (《财政研究所绿色预算》), London: The Institute for Fiscal Studies.

Costanza, Robert, Rik Leemans, Roelof M. J. Boumans, and Erica Gaddis. 2007, "Integrated Global Models" (《集成的全球模型》), in *Sustainability or Collapse? An Integrated History and Future of People on Earth* (《可持续性还是崩溃?人的历史和未来的汇聚究竟会走向哪里?》), edited by Robert Costanza, Lisa J. Graumlich, and Will Steffen, Cambridge, MA: MIT Press, pp. 417–446.

Davidson, Paul. 2011, *Post Keynesian Macroeconomic Theory. 2nd ed* (《后凯恩斯主义的宏观经济理论》第2版), Cheltenham, UK: Edward Elgar.

Godley, Wynne, and Marc Lavoie. 2006, *Monetary Economics: An Integrated Approach to Credit, Money, Income, Production and Wealth* (《货币经济学:对信贷、货币、收入、生产和财富的一个综合分析路径》), Basingstoke, UK: Palgrave Macmillan.

Jackson, Andrew, and Ben Dyson. 2012, *Modernising Money: Why Our Monetary System Is Broken and How It Can Be Fixed*(《货币现代化:我们的货币体系为什么会崩溃,如何修复它》), London: Positive Money.

Jackson, Tim. 2009, *Prosperity Without Growth: Economics for a Finite Planet* (《谁说经济一定要成长?献给地球的经济学》), London:Earthscan.

Jackson, Tim. 2011, "Societal Transformations for a Sustainable Economy" (《可持续经济的社会转型》), *Natural Resources Forum* (《自然资源论坛》) 35(3): 155–164. doi: 10.1111/j.1477-8947.2011.01395.x.

Jackson, Tim, and Peter Victor. 2011, "Productivity and Work in the 'Green Economy': Some Theoretical Reflections and Empirical Tests"(《"绿色经济"中的生产率与工作:一些理论反思与实证检验》), *Environmental Innovation and Societal Transitions*(《环境创新和社会转型》)1(1):101 - 108. doi:10.1016/j.eist.2011.04.005.

Jackson, Tim, and Peter A. Victor. 2013, *The Green Economy Macro-Model and Accounts (Gemma) Framework: A Stock-Flow Consistent Macro-Economic Model of the National Economy under Conditions of Ecological Constraint* (《绿色经济宏观模型与账户(Gemma)框架:生态约束条件下国民经济的存量—流量一致的宏观经济模型》), Guildford, UK: University of Surrey.

Keen, Steve. 2011, *Debunking Economics: The Naked Emperor Dethroned?* (《经济学的真相:脱下皇帝的新装?》), London: Zed Book.

Layard, Richard. 2005, *Happiness: Lessons from a New Science* (《幸福的社会》), New York: Penguin Press.

Meadows, Donella H., Dennis L. Meadows, Jørgen Randers, and William W. Behrens. 1972, *The Limits to Growth: A Report for the Club of Rome's Project on the Predicament of Mankind* (《增长的极限:罗马俱乐部关于人类困境项目的报告》), New York: Universe Books.

Minsky, Hyman P. 1986, *Stabilizing an Unstable Economy* (《稳定不稳定的经济》), New Haven, CT: Yale University Press.

Minsky, Hyman P. 1994, "Financial Instability Hypothesis"(《金融不稳定假说》), in *The Elgar Companion to Radical Political Economy* (《埃尔加激进政治经济学指南》), edited by Philip Arestis and Malcolm Sawyer, Aldershot, UK: Edward Elgar, pp.153 - 158.

Piketty, Thomas. 2014, *Capital in the Twenty-First Century* (《21世纪资本论》), translated by Arthur Gold-hammer, Cambridge, MA: Belknap Press of Harvard University Press.

Ryan-Collins, Josh, Tony Greenham, Richard Werner, and Andrew Jackson. 2012, *Where Does Money Come From? A Guide to the UK Monetary and Banking System. 2nd ed.* (《钱从何处来?——英国货币和银行体系指南》第2版), London: New Economics Foundation.

Stern, Nicholas. 2007, *The Economics of Climate Change: The Stern Review.* (《气候变化的经济学:斯特恩评论》), Cambridge, UK: Cambridge University Press.

Turner, Graham M. 2008, "A Comparison of the Limits to Growth with 30 Years of Reality"(《增长极限与30年现实的比较》), *Global Environmental Change* (《全球环境变化》)18(3):397 - 411. doi:10.1016/j.gloenvcha.2008.05.001.

United Nations Environment Programme. 2011, "Modelling Global Green Investment Scenarios: Supporting the Transition to A Global Green Economy"(《模拟全球绿色投资情景：支持向全球绿色经济的转型》), in *Towards A Green Economy: Pathways to Sustainable Development and Poverty Eradication*(《迈向绿色经济：可持续发展和消除贫困的途径》), Accessed January 23, 2015. http://www.unep.org/greeneconomy.

Victor, Peter A. 1972, *Pollution: Economy and Environment*(《污染：经济和环境》), Toronto: University of Toronto Press.

Victor, Peter A. 2008, *Managing Without Growth: Slower by Design, Not Disaster*(《无需增长的管理：通过设计而非灾难来减慢速度》), Cheltenham, UK: Edward Elgar.

Victor, Peter A. 2013, "Economic Growth: Slower by Design, Not Disaster"(《经济增长：通过设计而非灾难来减慢速度》), in *Encyclopedia of Environmental Management*(《环境管理百科全书》), edited by Sven Erik Jørgensen. Boca Raton, FL: CRC Press.

Victor, Peter A., and Tim Jackson. 2012, "A Commentary on Unep's Green Economy Scenarios"(《有关联合国环境规划署绿色经济情景的评论》), *Ecological Economics*(《生态经济学》) 77: 11–15. doi: 10.1016/j.ecolecon.2012.02.028.

Victor, Peter A., and Gideon Rosenbluth. 2007, "Managing Without Growth"(《无需增长的管理》), *Ecological Economics*(《生态经济学》)61 (2–3): 492–504. doi: 10.1016/j.ecolecon.2006.03.022.

Wilkinson, Richard G., and Kate Pickett. 2009, *The Spirit Level: Why More Equal Societies Almost Always Do Better*(《精神层面：为何更平等的社会总是做得更好？》), London: Allen Lane.

Wray, L. Randall. 2012, *Modern Money Theory: A Primer on Macroeconomics for Sovereign Monetary Systems*(《现代货币理论：主权货币体系的宏观经济学入门》), New York: Palgrave Macmillan.

第九章

为生态经济学而生的新公司：
一个案例研究

理查德·詹达、菲利普·杜瓜伊、理查德·勒恩

1. 导言

如果未来有一种生态经济学，能够在人类世持续地发挥功能并且始终处于地球边界之内，它将同时向宏观生态经济学和微观生态经济学提出要求。其宏观经济学的轮廓已经在第八章中得到了描述。经济的规模及其环境生态足迹将不得不按照指标的仪表盘来进行监测，以确保它维持在一个确保星球安全的操作空间中。然而，微观的生态经济学将不得不同时兴起，确保那些个体的经济行动者不再简单地回应单纯的利润动机，而使其汇聚发展成整体上难以驾驭的增长型经济。本章以一个公司的例子，介绍了生态经济学的内涵。这一经济整体上采用的信托原则——在地球边界范围内按照未来世代的信托进行管理——必须也引导经济行动者和个体交易。企业社会责任标准已经开始——全部同样谨慎地——扩展了企业信托责任。有关"公平贸易"、合乎生态健康的交易等多元信号已经开始——再一次全部同样谨慎地——去转变

对交易中必须做出说明的那些期望。本章尝试去确定一下，对这些迄今为止最谨慎的发展进行普遍化和系统化意味着什么。

最终，能够如同一个经济行动者去运作的社会许可证，必须伴随着一个全球都适用的测试：一旦生产出逾越地球边界的外部性，这一许可证就将会被撤销。生态经济要求何种类型的经济行动者？其说明必须从我们当前拥有何种类型的经济行动者的描述而开始。正如我们已经构建的那样，那些行动者——公司——是市场经济的完美反思，也将变得清晰起来。

当特许公司进化成现代企业，它使自己摆脱了提供公共利益的强加的必须条款。获得授权并为了国家指定任务来进行运作的许可证，其内在意味已经成为追求私人优势的一个公开邀请。清除公司的公共目标，在19世纪末期以抛弃超越权限条例而充满争议地完成了。而按照这一法律条例，公司只能在公司法条款所授予它们的权力设定之中采取行动（Horwitz, 1985）。当法庭接受说，对于能够被与第三方合同所强化的公司目标，没有任何限制的时候，公司法不再寻求继续维持对公司所追求目标的任何控制——与全世界相对照。如果公司主管和工作人员在追求既定的目标时造成失败，只有公司的股东才有权追索。对第三方而言，法律所确定的有意义的，是对公司的信赖能力，相信它能够像一个契约关系中的人采取行动而无需质疑合同是否被公司"内在"目标所正确驱动。换句话说，尽管一个自然人目的和心智状态能够在一个契约中建立"心智的聚会"起到重要作用，一个公司的目标还是保持私立，并因此认为是显而易见的：去创造利益，但最好是它自己为自己确定什么是利益。因此，公司追求内在建立的目标，并因此在世界中生产外部效应。目标由此被股东和市场份额来监管。在这个意义上，公司变得以股东为中心，并开始生产外部性。

公司现在是整个经济的首要行动者了。在生产或者避免损害公共利益方面，公司并没有内在地受到限制；作为其结果，整体经济也是如此。其以股东为中心的取向,受到努力生产企业社会责任(CSR)——公司行为的社会与环境影响的问责性——的挑战。然而,企业社会责任大部分是关于减少损害,而非生产利润的。本质上来说,企业社会责任讲述的是,使公司对股东群体的外部压力更加具有回应性——他们要承担公司活动产生的外部性损失。它并不是根据公司自身治理结构,将公司自身调整到生产公共利益方向。此外,想要在创造利润的同时追求公共目标的美国公司将会发现,根据特拉华州法律,股东利益最大化这一目标很有可能会面临失败。以下引自特拉华州衡平法院最近有关易趣的决定:"特拉华州的法庭已经防范了因循守旧的显著风险,以及更难以察觉但是更为有害的风险,即尽管(公司主管)依据主观善意行事但可能会剥夺股东实现利益最大化的机会。"①

这就是说,法庭采取了如下观点:除了财富最大化(在易趣案中,是社群对公报的访问权),公司的目标不能被调用,去为财富最大化设定一个限制。用来寻求控制和限制其利润的替代性方案,比如建立一个非营利公司——或更加晚近的社区利益公司②或者低利润有限责任公司③,展示了其自身的困难,并且限制了其吸引

---

① eBay Domestic Holdings v. Newmark C. A. No. 3705 – CC (Del. Ch. Sept. 9, 2010).
② 根据 2004 年《公司(审计、调查和社区企业)法》第 2 部分(c. 27),在英国成立了社区利益公司(CIC);这可以在 http://origin-www.legislation.gov.uk/ukpga/2004/27 网站找到。社区利益公司受到"资产锁定"的约束——除非得到监管机构的授权,否则不得将资产分配给其成员;解散后的所有剩余资产均受社区的保护。社区利益公司必须符合一个社区利益公司监管机构制定的通用测试,证明其所进行的活动是为了公共利益。截至 2014 年 3 月,英国有 9 177 个社区利益公司(UK Office of the Regulator of Community Interest Companies, 2014)。英国还创建了合作社和社区福利社,其宗旨是为成员的利益(合作社)行事,或为非成员的利益(社区福利社)行事。它们必须向英格兰银行金融行为监管局(Financial Conduct Authority)和审慎监管局(Prudential Regulation Authority)展示其社会目标才可以注册。参见:http://www.fca.org.uk/firms/being-regulated/meeting-your-obligations/firm-guides/cooperative-and-community-benefit-societies/
③ 低利润有限责任公司(L3C)是伊利诺依州、路易斯安那州、缅因州、密歇根州、北卡罗来纳州、犹他州、佛蒙特州和怀俄明州采用的一种商业形式,是对有限责任公司(LLC)地位的修正;如,Vermont 11 V. S. A. § 3001(23),网址为 http://www.leg.state.vt.us/docs/legdoc.cfm? URL =/docs/2008/acts/ACT106.HTM。与慈善机构一样,低利润有限责任公司必须以慈善为目的,造福社区;特别是根据佛蒙特州的法律,"公司的重要目的不是创造收入或财产增值;但是,在没有其他因素的情况下,一个人产生可观收入或资本增值的事实,不应当被认为是'收入生产或财产增值是重要目的'的决定性证据。与非营利组织不同,低利润有限责任公司可以发行股票,并寻求营利投资者"(见 Rosenthal, 2011)。

资本的能力(参见 Tozzi, 2010)。想要以商业来创造公共利益的社会企业,因此缺乏一个适合这一相关目标的公司形式。

"公益公司"是一种新近的法律创新,由美国 27 个法律管辖区领衔,包括特拉华州,它是这个团体组织的主要州。[①] 这个案例值得探索,因为对于公司形式自身如何在一个生态经济中被重构,它提供了某些洞见。公益公司立法创造了一个与常规商业公司章程一起发挥作用的特殊领域,正如非营利和有限责任公司在大多数法律管辖区内以单独的立法被授权一样,现在,公益公司发现它们处于商业协会法中一个单独的层级(Honeyman, 2014)。费城是第一个对公益公司予以税费激励的市政当局,并希望在自己的法律管辖区内进行落实。这迹象表明,这一新的商业形式存在着一些相关的财务优势(Honeyman, 2014)。

就其概念而言,公益公司的初衷是追求公共利益,并对其生产负责。一个公益公司是一个商业公司,但选择为了"一般公共利益"而运作,而且它也有可能选择为了一个或多个"特殊公共利益"而进行运作。在 27 个拥有公益公司立法的法律管辖区所采用的示范性条款中,特殊利益包括以下几点[②]:

(1)为低收入或缺乏服务的个体或社区提供公益性产品或服务。

(2)在常规商业过程提供的工作之外,促进个体或社区的经济机会。

(3)保护环境。

(4)提高人类健康。

(5)促进艺术、科学;或知识的增长。

(6)增加资本向拥有公共利益目的实体的流动。

[①] 在撰写本文时,有 26 个州和华盛顿特区已经通过了公益公司立法,还有 7 个州的立法尚待审核。
[②] 由 B 实验室(B Lab)推行的示范法例,载于 http://www.benefitcorp.net/attorneys/model-legislation。

(7) 为社会或环境完成任何其他特殊利益。

公益公司所达成的一般公共利益,是能够产生"由公益公司的整体运营,通过促进特殊公共利益的某种结合,由第三方标准来测量的对社会和环境积极的物质性影响"。

对公共利益的追求,被刻写在公司的法人证书里。在其中,它宣布自己将要成为一个公益公司。可能有点令人奇怪的是,尽管社会和环境表现将要由第三方标准组织来进行评估,但这样的评估没有被包括在这个颁证过程中。而国家对于社会和环境表现之监管的缺席,有助于在公益公司立法方面获得两党的政治共识。对于公共利益或者特殊利益之公司的治理,相反是通过一系列内部治理要求来进行保证的,尤其是股东权利条款:如果公司没有追求所声称的公共利益,股东有权寻求法律救济。

我们将公共目标带入公司领域的努力,到底是在做什么?这不是在利益取向的实体和公共取向的实体之间制造一个根本矛盾吗?创造这类混合组织所面对的挑战,在简·雅各布斯(Jan Jacobs)的对话体名著《生存体系》(*Systems of Survival*, 1992)中得到了探索。

2. 怪异的杂种?

简·雅各布斯(1992)让她的对话角色探索了以下声称:有两种适用于所有人类制度的道德行为模式——她们称其为"综合征",即商业综合征和守护综合征。商业综合征以15个认知项为特质(包括回避力、竞争、有效率、尊重合同、为生产目的投资、诚实等),适用于商业人士、贸易从业者——也适用于科学家。守护综合征以15个不同的道德认知项为特质(包括回避贸易、顺从的与驯化的、尊重等级、忠诚、分配慷慨、珍惜荣誉等),适用于勇士、政府部门、宗教以及慈善。雅各布斯让她的对话者总结说,这两种综合征不能被混合、不能被匹配,因为它们结合起来,产生的是"怪异的杂种"。她提出的关键例子是黑手党,混合了守护者角色与商业事务。然而,一个更广义的宣称产生了:慈善与商业的杂种无论在什么时候出现,结果就是巨大的国有企业、商业化的大学,或者牟利性宗教。那些单独作用时能够提供整合性的道德设置,一旦混杂之后,其组合就会被暗中破坏并且产生道德失败。

雅各布斯的对话者承认,人类行为并不会齐刷刷地落入两个完全分离的范畴。我们已经发现保持道德区域分离的两种方法:卡斯特体系,将不同的社会角色安排给每一个人;或"有见地的灵活性",将每一个行动者内在地划分,因此允许他们在不同情境中采取适当的行为(比如对于朋友和家庭扮演守护者,对于陌生人采取商业行为)。根据对话者的说法,没有哪一种策略能够起作用而又不产生一些不公平或者模糊性——在边界上,总会产生一些摩擦点。

有人可能察觉到,即使没有将利益和利润混为一谈,公司也已经显示了雅各布斯将会认定的那种混合形式。它在一个商业环境内运作。然而,正如科斯(Coase, 1937)的著名解释,公司管理的前沿是等级制的,公司成为取代市场价格机制的一个内部机制。也就是说,市场交换不再起作用,管理代替了它。此外,支持管理的公司治理结构是如此依赖于忠诚——董事和经理人所执行的信托责任——以至于它内在地依赖于一种守护者伦理。确实如此,公益公司理念想要开发的是这样一种意图:公司董事和经理人所扮演的守护者或管事人角色,能够对一个更广泛的受益人系统开放。为了更广泛的社会目标守护公司,反对只为股东守护公司,将与守护综合征保持一致,能够被指引着去保护作为一个整体的社会。

然而,雅各布斯(1992)或她想象的对话者可能要被带向另一个讨论：公司本身是否已经是个怪异的杂种，而任何有进一步目的的混合不过是生产一个更大的怪兽。潜伏在公司中的，能够是一个善良而不是邪恶的混血儿吗？将其剥至最简单的因素，公益公司正在寻求的，是一种在礼物与交换之间出现的混合体。守护者或者受托人制造了一种照护其他人的礼物。在公益公司，公共利益是一种形式的礼物。在另一方面，那些展示了雅各布斯说的"商业综合征"的企业家，在市场上通过交换来寻求利润。从礼物到交换（或从交换到礼物）的转型，能够产生雅各布斯意义上的"怪异的杂种"。因为，当礼物是为了利润所进行的交换的一种支付手段时，它就变成了一种贿赂。的确，公司应该遵守反对这种腐败行为的规则。当交换被当成礼物的收条时，它变成了剥削。比方说，公司应当因此遵守最低工资立法。贿赂和剥削是从利益关系中获利的主要方法。然而，人们可以为了使礼物（比如学费）的条件成为可能而付费，以及为了使交换的条件成为可能（比如家庭遗产）而捐赠。分离但互相交叉且互为可能性条件的礼物与交换之循环回路，能够在公司里维持既不同又独立的状态吗？

这就是治理、问责性和认证呈现出额外且关键意义之所在。它们不单指的是，为某个品牌生产积极的声望效应，以至于释放信号就能够吸引一群感兴趣的消费者过来购买，吸引一群感兴趣的投资者过来投资。它们讲述的还包括，如何在公益公司内部维持完整性。作为投资回报，公益公司能够获得什么利益，要视乎其自身的治理、问责性和认证标准。而公益公司能够"还给"其股东什么，要视乎其自身的监管形式。单独的考量组合得到采用，分开的行为法则需要精细化。这就是"有见地的灵活性"在公司内部运作的一种版本——它也是一个（法）人，当然，它是以表演伦理一套分化且负责任的组合的精细化为前提的。

实践中，公益公司内部，在礼物与交换的回路之间，一定无法存在着权衡吗？作为经济行动者，我们能不能获得充分的经验，而在不同的表演伦理之间和之中进行区分?以下可能是一个有点诱人的简化:作为需要将利润最大化的营利公司的仆人,我们在早上醒来;而在黄昏,我们作为朋友和家人返回家中,将市场悬置起来?如果在早上,一个人作为多个主子(营利和非营利)的仆人醒来,而在黄昏又回到私域和公域职责的诸多束缚中,那么某个主人为了另一个主人做出牺牲,以及多重的表演职责将会超出其负荷,这样的事情一定会发生很多次。在米尔顿·弗里德曼反对将公司利润和公司社会责任进行混淆的警告中,我们或许找到上述超负荷的心理基础(Friedman, 1970)。

然而,面对这一超负荷,公益公司能够争取在不同社会角色中共享的调解,并以此为依靠。如果礼物与交换的全部负荷要落到某单个公司实体上,弗里德曼的批评将非常有力,并与雅各布斯的"怪异的杂种"这一严正警告产生共鸣。但是,如果——正如 B 实验室(2014)所表达的,一个实体保证为公益公司——在"独立宣言"中,目标将是通过承认"我们彼此相互依靠并因此对彼此和未来世代相互负责",来引导"私人企业的权力去创造公共利益"。这可以被理解成,全部的混合公益公司承担集体责任,而每个行动者都只承担其中的一部分。

因此,B 实验室与一大群认证标准提供者进行了互动和交叉。这有助于建立公益公司出现的条件,并且通过全球影响投资评级体系的平行发起,为聚焦于公益公司的投资者共同体的出现提供了条件。通过社会影响投资者的注资,或者使用社会影响或根据业绩付费,能够为公益公司的资本化提供动力(Social Finance, 2014)。诸如非政府环保组织之类的持份者反过来可以彻底检查,并为更高水平的问责与表演提供动力。这能够动员消费者转换他们的需求——对参与礼物循环的生产和服务的来源的需求。如果生态系统中全部行动者所发出的信号,都是透明的、协调的,并形成社会网络,生产公共利益的负荷就能够被分担。尽管"看不见的手"想要通过交换来匹配私人利益的供给和需求,但"看得见的联合之手"能够努力去提供公共利益。

如果在一个现存的生态系统中,一个混合体不能再生产,如果它破坏,或者不能起作用,那它就是一个怪兽。当它能够在一个生态系统中找到其生态位,以至于能够起作用并蓬勃发展,这个混合体就是新的物种。我们不能再认为,单凭政府监管就能吸收公司产生的社会和环境外部性,也不能只在政府监管范围内部对待它。它们已经没有能力去生产充分的资源以孕育具备抵抗效应的公共利益,并被这些外部性的规模所超过。如果一个经济生态体系,充满了社会影响投资者、公益公司的供给链条、公共监管的标准制定和问责性机制,以及具有社会责任感的消费者,它将有助于生产一部分我们所需要的环境和社会公益。

如果公益公司能够成为混合公司的新物种,那么它能够回应乔尔·巴坎(Joel Bakan,2003)所提出的对商业公司的诊断——也就是公司是一个精神病患者,某种程度上就是一个怪兽吗?在巴坎的分析中,公司是这样的一个人:展示着对他人毫不留情的漠视、没有能力维持人际关系、鲁莽地无视他人的安全、欺诈(为了获得利润而不断撒谎)、对犯罪没有感觉、无法遵照社会规范、不尊重法律——因此是个精神病患者。巴坎曾经批评,要求公司履行社会责任,就好像要求一个精神病患者同意按规范行事:"社会责任最根本的困难在于,我们无法改变公司的天性这一事实。继续按照病理学逻辑构成来说,正是在这个意义上,它依然必须将其自身的利益凌驾于全部其他人之上。"(Bakan,2008)巴坎相信,公司病理学的唯一解决方法就是,通过政府规制来控制并且惩罚它。公益公司将会提供一种不同的诊断吗?尽管作为一个人造之人,为投资追求回报,它能够成为一个有着良心的公司而"没有灵魂需要被谴责,没有人会因此受驱逐"吗?(Edward, First Baron Thurlow,引自 King,1977:1)

拥有良心,意味着要拥有关于自己或者关于其他人的知识。它是一种能力,好像自己是另外一个人,去审视自己内心,去判断自己的行为。公益公司能够扮演另外一个人来内在地审视它自己,去判断它自己的行为吗?原则上,任何公司——作为一个政治身体而被构成——都是一个为了他人(股东们)的利益而被治理的个人。支持其治理的信托原则,与生俱来地就要受到"最敏感之荣誉的繁文琐节"这一标准的判断。① 因此,商业公司中良心的缺席,而不是在场,被证明是不可思议的。一个为了他人生产利益而被治理的实体,如何变成了一个被巴坎(2003)形容为一个全然无视他人感情的精神病患者?只有在它为一些人追求利益而完全不在乎另外一些人所付出的代价时,才会出现这种情况。然而,这正好是一个信托责任所产生的结果:在商业公司内部,信托责任驱使着董事会和经理人只追求股东利益并将其狭隘地定义为投资回报最大化。因此,不是从公司没有能力生产关注他人的行为中,而是从其信托关注被如此狭义地遮蔽这一事实中,我们找到了其病理学诊断。②

3. 结论

因为脱离其有负其名称的信托责任,公益公司的追求是成为一个带着警示灯的公司。原则上,它将不会牺牲其为股东的持续

---

① Meinhard V. Salmon 164 N.E. 545 (N.Y. 1928) per Cardozo J.,尽管严格来说,这种信任关系的特征尚不适用于公司信托责任,但它仍为信托角色提供了基准。
② 有人可能会反对说,一般情况下,法律规定的信托义务在某种意义上是狭隘的,因为它们不涉及展现其他相关行为的义务,而只是针对信托义务的特定受益人。当这种信托义务源于一种依赖关系,如父母一子女、医生一病人或律师—委托人之间的关系时,信托义务的关注和资源确实用于其他弱势群体。考虑到股东相对容易脱离与公司的关系,他们是否处于类似的依赖关系,这并不明显。而且,他们的脆弱性和依赖性显然不比雇员、债权人、供应商、客户和承担外部联系的第三方更大。此外,即使股东的情况类似,受托人对脆弱受益人的关注也不必是排他性的——如果是排他性的,就会失败。因此,父母会注意到孩子的整体社会融合,医生会注意到治疗对公共卫生的影响,律师会注意到他或她作为法院官员的角色。只有让受益人能够正直地建立社会关系,才是履行了父母的责任和专业的责任。因此,即使是对股东承担的受托责任,也应使他们和通过他们组成的实体能够正直地处理其社会关系。

关注而运作的义务,然而,它将监测自己,并为对其他人的影响负起责任,努力在过程中展示出,它的存在就是为了净社会利益,甚至乃至特别是关于通过其行动被部分消耗掉的公共利益。[①] 这就是它为什么意味着成为一个善良而不是邪恶的混合体。

尽管我们还没有完全、充分地阐明在一个生态经济中运作的公益公司认证和监管的具体特征,但这一新形式指明了必需的转变方向。将现存的公司转型为公益公司是一个意义重大的挑战,尤其是当这一根本性变化必须要求已有股东的一致同意时。尽管如此,如果与公益公司交易的那些人的期待和要求也是这样,以至于其强烈动机的存在,将有能力预示伴随着每一次交换都能产生公共利益,那么公益公司或其对等物能够在经济中赢得的,将不仅仅是一个小小的立足点。

参考文献

B Lab. 2014, "The B Corp Declaration"(《公益公司宣言》), Accessed September 24, 2014. http://www.bcorporation.net/what-are-b-corps/the-b-corp-declaration.

Bakan, Joel. 2003, *The Corporation*: *The Pathological Pursuit of Profit and Power*(《公司:对利润与权力的病态追求》), Toronto: Penguin.

Bakan, Joel. 2008, *Interview by Wayne Visser*(《韦恩·维瑟访谈》), Cambridge Institute for Sustainability Leadership. Accessed January 23, 2015. http://www.cisl.cam.ac.uk/Resources/Videos/Joel-Bakan.aspx.

Berle, Adolf Augustus, Jr., and Gardiner C. Means. 1967, *The Modern Corporation and Private Property*. Rev. ed.(《现代企业与私有财产》修订版), New York: Harcourt, Brace and World. First published 1932 by Macmillan, New York.

Coase, R. H. 1937, "The Nature of the Firm"(《企业的本质》), *Economica*(《经济学刊》)4(16): 386 – 405. doi: 10.1111/j.1468 – 0335.

[①] 请注意,一旦伯利和米恩斯(Berle and Means, 1967:312—313)承认现代商业公司对利益相关者负有信托责任,而不仅仅是对股东负有信托责任,那他们便开始相信"大公司的'控制'应发展为纯粹中立的技术专政,以平衡社区中各个群体的各种主张,并根据公共政策而非私人贪欲来分配一部分收入"。尽管中立不是受托人角色的关键特征,但他们的表述可能是对利益集团的预期。它是对公司宗旨的忠诚,是有效利用公司资源以满足多中心诉求的能力。

1937. tb00002. x.

Friedman, Milton. 1970, "The Corporate Social Responsibility of Business Is to Increase Its Profits"(《商业企业的社会责任是提高利润》), *The New York Times Magazine*(《纽约时报杂志》), September 13.

Honeyman, Ryan. 2014, *The B Corp Handbook: How to Use Business as a Force for Good*(《公益公司手册：如何将商业作为公益力量来使用》), San Francisco: Berrett-Koehler Publishers.

Horwitz, Morton J. 1985, "Santa Clara Revisited: The Development of Corporate Theory"(《重访圣克拉拉：企业理论的发展》), *West Virginia Law Review*(《西弗吉尼亚法律评论》)88: 173 – 224.

Jacobs, Jane. 1992, *Systems of Survival: A Dialogue on the Moral Foundations of Commerce and Politics*(《生存体系：关于商业和政治的道德基础的对话》), New York: Random House.

King, Mervyn A. 1977, *Public Policy and the Corporation*(《公共政策和企业》), New York: Wiley.

Rosenthal, John. 2011, "A Hybrid Form of Non-Profit Is on the Rise in Illinois"(《伊利诺伊州的非营利的混合形式正在上升》), Accessed September 24, 2014. http://www.intersectorl3c.com/blog/104163/5815/.

Social Finance. 2014, "Social Impact Bonds"(《社会影响约定》), Accessed September 24, 2014. http://www.socialfinance.org.uk/services/social-impact-bonds/.

Tozzi, John. 2010, "Maryland Passes 'Benefit Corp.' Law for Social Entrepreneurs"(《马里兰为社会企业家通过公益公司法》), *Bloomberg Businessweek*(《彭博商业周刊》), April 13. Accessed January 23, 2014. http://www.businessweek.com/smallbiz/running_small_business/archives/2010/04/benefit_corp_bi.html.

UK Office of the Regulator of Community Interest Companies. 2014, *Annual Report 2013/2014*(《英联邦社区公益公司监管办公室 2013—2014 年报》), Accessed September 24, 2014. https://www.gov.uk/government/publications/cic-regulator-annual-report-2013-to-2014.

第十章

生态政治经济学与自由

布鲁斯·詹宁斯

新社会只是刚刚诞生。时间还没有使它定型,使它产生的大革命还在继续,从我们今天所看到的一切当中还几乎不可能断定哪些东西将要随着革命本身的消失而结束,哪些东西在革命结束之后还要存在下去。新兴的世界还有一半陷在正在衰败的世界的残垣破壁之中,在世间事物呈现的巨大混乱当中谁也说不出哪些古老的制度和习俗还会劫后余生或完全消失……一个时代一个时代地往上回顾,一直追溯到古代,我也没有发现一个与我现在看到的变化相似的变化。过去已经不再能为未来提供借鉴,精神正在步入黑暗的深渊。

——阿历克西·德·托克维尔(Alexis de Tocqueville),《论美国的民主》

文化是有自然参与的一种赌博,在此过程中,有意或无意之间……依然挂在每个人嘴上的那些陈词获得了远非其本义的涵义。

——马歇尔·萨林斯,《历史之岛》

我们正走向一个时代的终结。人类在自然中的位置,以及人类活动对自然系统的生物物理影响将不得不发生转变。为了促进实际行为中的这种改变,我们对人类活动的概念性理解和规范性估算也将不得不改变。我将这种人类活动的新系统指称为"生态政治经济学(eclogical political ecomomy)",将新的概念和规范秩序指称为"生态公共哲学(eclogical public philosophy)"。生态经济学的领域将在创造生态政治经济学中扮演重要角色。如果生态经济学的规范性构想和内涵能够得到仔细的发展和详细阐述,它同样能够在形塑一种新的公共哲学中扮演重要角色。

作为一个整体,本书是对这一事业的贡献。在本章,我通过讨论自由概念,来聚焦于这一概念性和规范性分析的重要内容。我的批判性目的是详细审视已知的自由概念,我认为它们都过于个体化和原子化,而不能在即将到来的时代里现实地、理性地引导人类规范和自我理解。我的建构性目标是勾勒出对人类能动者的自由或解放(我在可以互换的基础上使用这两个概念)①的一种理解,以使其与新时代的需求相互呼应。在最后的分析中,我提出适合生态政治经济学和生态公共哲学的一种个体自由的理论和实践。它是一种"关系性的"自由理论,服从于可接受之关系的某些规范性标准。正义可以被认为能够提供这一标准,因为它也是关系性的规范性理论。然而,我在这里提出,要聚焦于其他两点考虑,它们是正义的全方位说明的重要部分:成员资格(被理解为有关社会参与和发声的相等的尊重和平价)和相互关系(被理解为关注和关心的平等性,以及社会团结)。简单而言,我探索的是,如果自由必

---

① 出于某些目的,区分自由和解放的概念很有用。自由通常有更私人或个人的内涵,而解放则会更为具体地联系到政治领域。而且,在形而上学的意义上,自由的观念常常与决定论和意志自由的哲学问题相关。在这里,我的重点是道德、政治自由,以及这些规范性理想与人的能动性和责任之间的关系。如果从这个意义上讲一个人是自由的,则可以合理地说其是自己的行为的创造者,并为此承担责任。因此,解放既与个人的意志和动机有关,也与个人所具有的社会能力和关系有关,因为他们要承担合理的先决条件和道义上的行为责任。在这方面,我追随佩蒂特(Pettit, 2001)。关于这两个概念之间差异的讨论,参见皮特金(Pitkin, 1988)。

将在未来的生态时代找到它的家,它将如何被构想和获得生命。

1. 生态学的必需

从根本上讲,一个完整的经济学系统有赖于自然与生命体系的功能性整合,但这个体系正在对我们失去耐心。也就是说,这些系统只具备有限的能力,去容忍人类对他们的榨取,以及生产的废物和副产品的排放。在世界各地,人类经济活动都与这些限制发生着冲突。

为什么？原因有很多,但一个关键因素是我们深层次的本体论误读。现代时期的一个标志性特点就是我们将人类领域与世界的其他部分分开来思考;我们认为我们能够操纵它,精明地处理它,我们看到的也都与我们认为有意义和有价值的相一致。我们依然与这一世界观结合在一起,并看起来轻松愉快——且盲目地——注定要追求它,直至它的逻辑极点。即使它们能够从科学意义上得到很好的理解,生物物理系统也只是被错误地认为,不过是我们生活的条件,而不是我们居于其中的地方。

1.1 生态政治经济学

改变我们从事经济活动的方式,这一点非常重要。过去,主要的争论都发生在强调效能者和强调公平者、强调增长者和强调对现存财富进行公平再分配的人之间,或者那些拥有并且控制资本的人与那些只拥有自己的劳动力和技术的人之间。无论从何种意义来说,这些争辩都并未过时;对于公平和平等的斗争,还未曾胜利。

然而,一种新的斗争必须加入争论,并且正在加上去。权力与行动的新形式——生态政治经济学和生态公共哲学,正在出现,对我们有关经济学、权力和正义的规范性话语进行灌输和告知。生态政治经济学是"生态的",因为它将经济行为置于物理和生物体系的运作之中。它包括生态经济学这一重要的经济学子领域,但在路径上更加宽泛——它将伦理和治理的议题也带入经济议题之中。因此,传统短语"政治经济学"的回归,需要被理解为一个社会系统,而不能简单理解为社会科学中的"经济学"专业。

生态政治经济学呼吁我们考虑这样一个事实:以其最根本性的物理、化学和有机表现来支撑生命的地球系统,也有着边界、耐受性和临界值(Hansen et al., 2013; Rockström et al., 2009; Schlesinger, 2009)。这些边界应当——并且最终必将——限制人类个体和社会的榨取和排放活动。个体的所作所为在某个时间是重要的,但社会、制度性水平在这里是更为关键的焦点。因为,人类行为的效应,由于经济和技术的集体能力被制度性地结构化,得到了更加显著的放大。

对于大致始于 17 世纪的现代性时期并几乎影响了全部西方政治和社会思想的那些主要理论设想(Brown, 2001; Brown and Garver, 2009; Ophuls, 1998),生态政治经济学提供了一个激进的替代性选择。现代性观点认为经济活动是利用自然物质,而不是从根本上依赖自然、生命系统的可能性和限制性——系统也具有其自身功能性完整。生态经济学与此不同,因为它着力将经济活动(以及对其的社会科学研究)置于物理和生态系统运行这一脉络之中(Constanza, 1991; Daly and Farly, 2011)。这拥抱了一个具有更加深远的政策和治理含义的热力学观点:经济学必须被视为一个开放的系统,包含能量和物质的转化并只能在地球的耐受性之中运作,因为地球是一个封闭的物质系统。①

---

① 生态经济学家彼得·维克托用以下术语表达了这一观点:"一个定义是,经济就是'生产、分配和消费的系统'……另一种不同的经济概念……是认为经济是一个具有生物物理维度的'开放系统'。一个开放的系统是任何复杂的装置,它通过从环境中来到环境中去的能量和物质的流入和流出来维持自身……生态系统是开放的系统……地球是一个封闭的系统,或者事实上是。封闭系统与其环境交换能量,但不交换物质……这就是问题所在。经济是一个开放的系统,但经济是存在于地球内部并依赖于地球这个封闭的系统的。经济系统使用的所有材料都来自地球,(转下页)

本书的其他章节已经证明了尊重地球系统边界和临界值的重要性。这些边界限制了人类个体和社会的榨取和排放行为。这些限制应当被认识到、被服从,这是根本性的。生物和生态系统能够处理经济活动产生的废弃物质和过多能量,但只能在特定的范围和耐受性之内。当地球边界被接近(或被超出),生态系统功能就会被暗中破坏和压垮,因此致使它们——以及建基于其上的社会系统——没有能力去支撑那些蓬勃的、健康的、多元的和具备弹性的人类或自然共同体。不仅正义和尊严危如累卵,连最小程度的体面生存都成了问题。

对于生命的质量(实际上是最佳的可能性)来说,为"真"的那些东西,对于人类的生命和生活,普遍而言,也同样是"真"。为了我们自己的生物性生存,我们完全参与并完全依赖于生命的系统性前提条件。然而,这种生态的观点中一个可能同样根本性的洞察就是,为了我们自身随之而来的人性的繁荣昌盛,人类同样依赖于生命之繁荣昌盛的系统性前提条件。当汉斯·乔纳斯(1985)提及"本体论之当务之急"时,我想他应当被认为是在指出,不仅生命的存在处于危急关头,一种特定形式的生命——我们真正的人性——同样处于延续的危急关头。我们对于地球资源和生态系统不断加速的攫取性侵犯,以及我们在技术——尤其是生物技术——能力上史无前例的扩展(Harbermas, 2000; Lee, 2005; Rose, 2006; Sandel, 2006),代表了与过去正常人类条件的一种决裂。乔纳斯的同事和同时代人,汉娜·阿伦特(Hannah Arendt)在20世纪中期感知到了这一意义:

(接上页)最终以废物的形式排回到环境中……作为(热力学的物理定律的)一个结果,依赖于环境中物质和能量的开放系统,必须不停地返回以获得更多的物质和能量,并且必须不断地找到存放废物的地方……自然系统在分解人和机器产生的许多废物方面非常有效,但是地方环境经常过载,导致土地、水和空气受到污染……环境问题的规模和复杂性在增加。现在,我们面临着广泛的区域问题……和全球问题。"(Victor, 2008:27—29、32)

> 世界的人造之物,把人类存在与一切纯粹的动物环境区分开来,但是生命本身是外在于这个人造世界的。使生命也成为"人造的",旨在切断这一仍让人属于自然母亲怀抱的最后纽带。(Arendt, 1958:2—3)

结论可能只有一个。我们对地球资源和生态系统正在加速的、全球性的攫取性侵犯,以及我们在技术能力上史无前例的扩展,并不真正代表进步,并不真正代表人类自由或人类尊严的胜利。为什么不是呢? 一则,它们不可持续,并不是一条能够通向未来的路。并非不那么重要但更少被提及的是以下事实:技术进步和攫取性侵犯包含着一个内在矛盾。尽管看上去扩展了人类自由,它们正在奠定抑制自由的基础。以对生态不负责和解构的方式来行动的自由,并不会使人类得到解放,它终将被技术和欲望主宰。[①] 尽管看起来代表着人类能力的先进性表达,技术进步和攫取性侵犯实际上破坏了人性中最为珍贵的东西。

那么,我们如何能够在人类和自然之间找到一种被治愈的关系,或至少能够用以思考这样一种关系的概念性工具? 为找到正确路径,我再次回到阿伦特的观点。用一种暗示而非特殊的术语来说,她在《人的条件》(The Human Condition; Arendt, 1958)中发展出一种有关我们人性的解剖学。根据阿伦特的说法,人类是"劳动"的产物,服从于他们器官需要的生物节奏;是"工作"的实践者,服从于自然资源与想象形式之间的创造性遭遇;是"行动"——尤其是演说行动或交往行动的表演者,通过在公共的、象征的秩序中

---

① 支配是人们生命中如此狭窄且彻底的封闭状态,以至于它否定了主体有目的的能动性,并且在极端情况下,它否定了行使能动性的潜在能力——这种能动可以被认为是一个人自己,甚至可以认为自己是能动的主体。支配必须从决定中区分出来。免于支配的自由,与能够确认生态经济学所呼吁的人类行为之决定性条件的科学理论和解释,是可以兼容的。免于支配的自由,就是从行为上(同样从思想上)免于专制的、依情况而定的社会和心理决定因素的自由。这种愿望,在现代世界中是道德上的当务之急,它并不需要"机体上空洞、社会性脱嵌的个体"这样一个抽象的幻想。

形塑共同意义的审慎过程的参与来进行表演。①

在地球边界和限制之内生活的失败——使我们背弃了与地球,与我们自己尘世的、生物性境况之间的相互依靠——将根本性地威胁到并转变劳动、工作与行动的维度。劳动将产生疾病而不是健康。创造性工作将变得越来越不可获得和徒劳无功。行动将发展为为了战略优势而讨价还价和抢占位置。在 21 世纪的开端,准确地说,人类境况中这些有害的转变,人类可能性的踽踽步履,看起来进展顺利。

因此,我们最好不要低估生态政治经济学所面对的任务。它既是一个本体论的重新定向,也是一个伦理的革新。在一种描述性意义上,它超出了物理和生命科学,并涉及社会秩序和人类能动性的那些规范性基础。有组织人类活动的全部结构,必须为它们所包含的有目的的、自我意识的人类能动者,赋予一种意义感。因此,新的生态政治经济学将需要一个新的基础故事,以及一个规范与理想的新概念框架。这个故事是有关一个发现之旅的叙事——而这些发现则关系如何去想象、建构、理解和治理一种社会秩序的新形式。因为这种社会秩序的新形式能够达致正义,并助力生命与生活之繁荣昌盛。这个新的概念性框架是一种适合于我们时代前所未有之挑战的"公共哲学"。

1.2 生态公共哲学

公共哲学提供规范性指引,以及治理和公共政策之合法性的情境(Brown, 1994; Jennings and Prewitt, 1985; Sullivan, 1986;

---

① 对阿伦特来说,行动是与政治生活、城邦或公共领域相关的人类境况的一个方面,而劳动和工作则是在家庭、住宅或私人经济和生育领域中进行的。我认为,她在这方面的二元论是有问题的,我们不需要为了从她对人性三个维度的论述中获得洞见,而一定要接受它。的确,生态经济学表明劳动、工作和行动是社会生活所有领域的范畴,而公共和私人——政治与经济,城邦和住宅之间的区别,并不是阿伦特有时设定的那种伦理上可欲的理想状态(参见 Benhabib, 1996:89—120)。

Tully，2008—2009）。它同样提供有关民主的社会智识的发展，以及通过参与和批判性协商来进行问题解决的框架。正如它理应成为的那样，扎根于牢固的自然和社会科学知识的公共哲学，是浮现的、动态的，而不是教条主义的。它反映了一种伦理视域，反映出经济能动性和民主的公民权应该展示的那些终点。所有的经济，包括未来的生态学经济，将通过（阿伦特意义上的）工作来调拨自然物质和能量，将它们转化为人类使用和交换的产品。为了这一目标，农业、矿业和制造业、科学与技术、交通、建筑业以及诸如此类的行业中，将要求协调与组织非常多的人力资源——一个非常巨大的人类能动性的聚集。这一协调要求一种共同的目标感，而在"这个目标应当是什么"这一问题的想象和发现之中，公共哲学成为基本问题。

公共哲学同样在我们每一个人头上都悬持着一种道德镜像。这种镜像帮助我们不单发现一种社会秩序的新形式，还会发现一种新的自我认同、一种新的生活道路。当今世界占主导地位的市场取向的新自由主义公共哲学中，个体必须实现下列"经济人的自我"叙事：为了生存和繁荣，作为一个经济的自我，你必须满足（生物的、精神的）需求；为了达到你的需求，你必须竞争成功，要么从他人的劳动中获取价值，要么保证获得位置——在这个位置，你自己的劳动能够提供必需的收入；为了竞争，你必须理解，并最终主宰你所栖居的自然与社会系统。

在这一叙事中，获得和消费的欲望，被认为在心理上是没有限制的。于是，个体被内在本性和外在环境推动，去调用并努力主宰社会和自然环境。一个结果就是，攫取和排放活动的增长将不知何为限制，并必然凌驾于其他任何考虑之上。我们猛烈地撞击着障碍向前冲，不断加速，而不是踩刹车。在这里，我们得到的教训就是，要理解到我们自己是自由而负责的社会成员。我们为自己和家庭提供一切。我们自力更生，靠自己的双脚站立在地上。这个自我的故事，空洞且无法自圆其说。它是一个不设祭坛的大教堂。

与之相反，生态公共哲学呼唤着的那个自我类型，栖居于生态政治经济学中，拥有一个十分不同的叙事，一个与"经济人"完全相反的叙事：为了生存和繁荣，作为一个生态自我，你必须满足（生物的、精神的）需求。为满足需求，你必须以充满敬意和具备容纳性的设计，将你的工作（再次在阿伦特的意义上）与其他人的工作链接在一起，来和其他人一起成功地竞争、合作。这些设计将利用循环的地球物理资源和反熵的生活系统生产和再生产出来的价值和能量。社会安排必须如此，你才能为了你的工作，获得支持和供给的公平回报。按照这一方式，你的需求必将被满足，而且将获得必要的资金，去发展和追求个人自我实现所需的多元人类能力和课程。为了将你与他人的工作以这样一种社会安排（生态政治经济学）进行协调，你必须理解、关心，并且尊重我们居于其中的自然系统，你还必须批判性地、建设性地参与你所栖居的社会和文化系统之中。

在这一反向叙事中，获得和消费的欲望，不再认为是生物性之逼迫，也非精神性的必需，或者伦理上毫无限制。那么，个体也不再被内在本性或外在环境逼迫着去主宰社会或自然环境。作为其结果，经济攫取和排放活动的增长将会得到控制。它们将会被设计得更有效率、更加智慧地与自然为友，而不是与自然为敌。它们将保持在生态运行的安全边界和理智的标准限制之内。

我们尚未确切知道，如何培养这种生态自我的心理发展，或在更大范围内如何书写它们的集体传记，然而，我们极度需要去学习这一点。

2. 自由主义之自由

现代时期的一个致命特点就是，我们已经将我们的政治经济、法律与治理,还有大部分道德哲学,都建立在一个扭曲的、自我失败的自由之理解上面。作为对无限需求和欲望的毫无阻碍的个体主义追求——通常被称为"消极自由",自由之理念与那种对我们在自然中真正的本体论位置的毫不关心,是完全一致的。

对于自由的这一有限理解,能够回溯到很久之前。在现代早期,经济学思想已经出现,为了挑战下列中世纪西方世界观:具有目的论和等级性的宇宙论(也即伟大的存在之链);限制经济活动的自然法则教条形成的规范秩序(也即禁止高利贷或者带有利息的借贷);以及基督教神权和君主制政权。在这一挑战(本质上是文艺复兴、宗教改革和启蒙时代)之中,一种对于人类社会与自然关系的新理解——人类在世界里存在和行动的新感觉,开始浮现(Hirwschman, 1977; Lovejoy, 1961; Nelson, 1969; Polany, 1944; Taylor, 1989)。然后,在18世纪,作为一个心理学基准和一个人类学理想,经济人之理念出现,并且随着19世纪工业资本主义的兴起而越来越强大(Halévy, 1966)。

到20世纪中期,随着社会民主制与福利国家获得政治优势地位,消极自由受到挑战,其消退看起来不过是时间问题。然而,在过去一代人中,它经历了令人震惊的再次兴起。20世纪70年代,国家财政政策和凯恩斯制度经济学无法挽救不断下降的利率和停滞性通货膨胀,这种遍布在发达国家世界中的失败,为消极自由提供了新的流通性。1989年后,新自由主义中对消极自由的强调,呈现为事实上无可匹敌的意识形态霸权(Halévy, 2005; Jones, 2012; Peck, 2010)。在经济学和公共政策中,反对调节价格理论和自由市场信条再次出现。在社会科学领域,主流话语为博弈理论模型中的自利的理性行动者赋予了合法性(Marglin, 2010; Rodgers, 2011)。同样,金融资本和法人管理的新形式带来了复杂的结构转型和权力转移,这常常指的就是全球化(Duménil and Lévy, 2011)。

2.1 自由的经济学解释

自由通常用来描述心智和能动性的境况（或者可能性），作为一种权利事务而在个体中传承。具体而言，作为消极自由，自由是自我引导之个体的能动性，能够在追求本体论和心理学意义上毫无限制、贪得无厌的需求和欲望的主观满足过程中，免受他人干扰。[①] 在这种理解中，自由的权利成了一个道德宣称，以至于当他人处于与某人自身的目的或利益相冲突的位置，来阻碍、逼迫或强制该人的行为时，它能够被某人用来反对其他人。私人个体可能被归入这个范畴，但自由的权利也完美地适用于运用制度性的法人权力和国家合法的警察权力的那些人。个体安全和保护的最强有力来源，同样能够成为他或她自由的最严重威胁。这是自由主义努力想要解决的一个矛盾，然而它也是自由主义自身所创造出来的一个矛盾。

新自由主义政治经济学的公共哲学非常尊重个体自由的权利，常常高于其他一切权利。然而，自由的权利到底能够延伸多远，是模棱两可的。一种解释认为，个体的自由创造了一个消极义务，即仅仅就他人而言的忍耐（不干涉）。一种相反的解释则坚持说，个体对于自由的权利建立了一个积极的帮助义务，即他人有义务帮助个体，去获得使其自由得以生产的那些资源和能力。现代

[①] 值得强调的是，消极自由的理念和理想，与不受束缚的自我的原子论概念及一种涉及在自我与他人、人类与自然世界的相互作用中行使攫取性权力的能动形式是分不开的。这种自由的观念在当代政治文化的公共哲学中根深蒂固，尤其以美国为典型，但在整个北半球也越来越普遍。我对自由的讨论可以在一般的社会解释和批评层面上进行。流行文化和政治话语中的众多实例和索引可以说明这一点。实际上，在其他地方，我已经探索了其中一些来源（Gaylin and Jennings, 2003）。然而，就本章的目的而言，最为有用的是去研究那些构建了系统的、哲学上表达清晰的自由概念的特定思想家。首先，我通过对可以理解为理性之体现（康德）的责任限度的各种自由概念之间的对比，来进行一个简单的定位；而伤害限度的自由观被认为是主观自我主张的体现（密尔和自由派政治经济学家）。然后，我转向20世纪的以赛亚·伯林（Isaiah Berlin）和C. B. 麦克弗森（C. B. Macpherson），就他们著作中对自由的重要论述进行更加详细的讨论。可以肯定的是，我在这里关注的是更广义文化中的概念和范畴——规范和理想，而不是特定哲学家的作品本身。因为正是政治文化，更广泛地影响着经济和政治行为的结构，而这正是影响着地球的力量。尽管如此，个体思想家仍可以揭示出诸如自由之类的根本观念中的模棱两可和矛盾——在更普遍的政治和伦理话语模式中，这些模棱两可和矛盾被掩盖而变得不可见。

时期的政治经济学和当下的新自由主义政治经济学,其自由的一面,都想要保护个体反对他人权力的实施。而平等主义的一面则要促使个体在他人的帮助下,为他们自己行使权力。这是一个(大致的)区分——它一方面存在于自由论者和市场自由主义者之间,另一方面则存在于平等主义者和社会自由主义者之间。

这些微妙差别,尽管非常重要,但还不是当下问题的根本所在。对于生态经济学伦理基础而言,一个更加根本性的问题,关注的是用来限制或者覆盖"个体免于他人——尤其是国家——干涉"这一道德宣称的道德判断。一种方法是,赋予其他原则或价值观比自由更高的优先权,当自由与那些价值观发生冲突的时候,使自由居于下位。另一种方法是,在自由概念本身的逻辑和意义之中,寻求自我限制的内在条件。那么,个体自由的概念,是否在某些方面,比如在我们从自由主义政治传统继承而来的形式之中,在它内部,就包含着对其自身进行道德限制的基础呢?

实际上,如我们刚刚所提及的,在理解自由的正确道路方面,自由主义传统并不只有一种声音。历史上,并不是自由主义,而是无政府主义,在个体自由方面坚持着一种几乎无所限制的自由主义哲学(Wolff, 1970)。鉴于社会秩序的需要,以及为了每个人以及全体的安全和福祉而必需的合作,自由主义一直是有关个人主体性和自我决定与这些限制性规范之间的调解。其中一个流派,很大程度上被哲学家康德所影响,寻求自由与来自理性、责任的客观限制之间的和解。康德用他的自主性概念和为了自身利益而接受的道德责任,解决了这一问题。另一流派,则被约翰·斯图尔特·密尔所影响,想要协调个体自由与普遍福利的限制性规范,或者最大多数的最大福利之间的张力。密尔通过使用"防止对他人的伤害"之标准来解决这一问题。他认为这标准被实用性原则证明是合法的,但也有可能被解释为,使一个人做某事的自由与另一个人免于受伤害的自由形成竞争。对他而言,防止对另一个人非自愿的伤害,是首要的(甚至是唯一的)合法化理由,能够剥夺个体在其主观利益或欲望的追求中毫无妨碍的自由裁量权。

密尔的解决方案现在被称为"伤害原则"或"自由原则"。在《论自由》中,他是如此勾勒这一原则的:

> 对于文明群体中的任一成员,所以能够施用一种权力以反其意志而不失为正当,唯一的目的只是要防止对他人的危害。说为了那人自己的好处,不论是物质上的或者是精神上的好处,那不成为充足的理由……任何人的行为,只有涉及他人的那部分才须对社会负责。在仅涉及本人的那部分,他的独立性在权利上则是绝对的。对于本人自己,对于他自己的身和心,个人乃是最高主权者。[①]（Mill,[1859] 1956:13）

换句话说,你的自由必须止于我的鼻端。如果社会或国家权力,提供一个用来采取行动的合法化借口——比如为了任何共同福祉、公共善或公共利益,包括环境保存和保护等目的,就可以剥夺个人自由。但是,如果还有比保护受影响之他人的利益,或者比防止对我鼻子的伤害,更加重要的事情,那会是什么?

诚然,对于生态经济学来说,为了将对那些威胁地球的经济活动的控制合法化,而依赖于伤害原则,是一件非常具有诱惑力的事情。如果伤害意味着道德方面的任何事情,它意味着对生态系统的暗中破坏——而这些生态系统为从地区到整个地球范围中生物多样性以及人类和动物的生命与健康提供了基础。尽管如此,将限制个体自由的伦理合法化过程,仅仅置于防止伤害的基础上,是一个错误。如此行事,以对消极自由权利的保护,有效地遮蔽了攫

[①] 本段翻译参考了[英]约翰·密尔著,许宝骙译:《论自由》,北京:商务印书馆 2005 年版。——译者注

取的权力。攫取的权力——我将在接下来更加充分地讨论它,从自然和人类资源中剥夺价值(有用的能量)直到(但无法超越)崩溃的临界点。攫取的权力并不"伤害"自然或者工人——它耗尽她们,使其退化,不公正地对待她们。如果我们超越伤害原则,将我们的道德透镜扩大到将"不公正地对待"也包括进来,那么限制个体自由的伦理合法化过程,将远远不止是防御性或者防止性的;它能够成为转型的、启动的、赋权的。它能够超越保护和防止伤害,来呼吁对正义的倡导、更大的公平,以及我们人类能力进化本身所固有的但当前被扼杀的成就和尚未实现的可能性。

生态的政治经济中,国家能够欢迎一些自然或者理性责任的标准——诸如乔纳斯提出的责任的势在必行、正当关系的概念,或者土地伦理,并且允许个体自由顶多扩展到不道德行为?或者,它应当扩展自由的边界,到非自愿伤害,甚至只限定于对人类的直接伤害——这是一个允许对生物圈进行毫无约束的剥削和损害的标准吗?这一问题,在精英知识分子圈里继续存在着。正是这种扩展到伤害之点的自由,在主流政治文化中获得了胜利。[①] 自由主义的密尔传统(至少在美国,被一个偶然地获得影响力的自由主义无政府主义边缘所增补)是占优势的一方。致命的是,它已经成为自由主义的经济学分支,并为此提供了诸多动力。密尔以及在他前后的绝大多数自由主义经济学家,并未寻求正当理由,作为对自由的检验,或者寻找自由难题的解决方案。对密尔以及他之前的霍布斯(Hobbes)和休谟(Hume)来说,理性是一种来决定有效率、有效能的行为的策略性能力,而不是一种正义的标准。在促进个体利益和欲望的诸多手段中,它凌驾于其他选择之上。

因此,在经济学自由主义中,你可以发现一种新版本的主体性

[①] 值得注意的是,归功于罗尔斯(1971, 1993)、哈贝马斯(1996)和斯坎伦(1998)等人的著作,人们对道德哲学和政治理论中契约论、义务论及新康德主义方法的兴趣有所恢复。关于自由主义传统的令人信服的历史和哲学概述,请参见普拉门纳兹(Plamenatz, 1973)。

被引入自由概念之中,因为每个人都是他/她自己利益和客体最理性的监护人和决定者。如果决定他们利益的权力被其他人实施,尤其是被国家官员们实施,那么个体就被剥夺了自由,并在独立心智、技能和自立等方面的发展受到了妨害。密尔认为这些能力是人类繁荣的某些标志,而经济学自由主义视其为资本主义经济效率和经济增长的一个本质特点(Mill,[1859]1956;Schumpeter,1950)。

此外,对于经济学自由主义来说,不存在独立的理性标准,去决定某个人对于自由的使用是否天然地就高于他人。不存在固有的正确,或者固有的错误:自由人不要屈从于从上而下、从外而内被强加的这些精英主义的、武断的价值判断。在新自由资本主义政治经济学的现代意识形态中,获取和消费的个体需要或欲望,在心理上和伦理上都被认为是没有限制的(Macpherson,1973:18—19)。如果某种行为没有对他人产生有形的、严重的伤害,个体就应当被允许决定他们自己的选择和生命历程。密尔认为,如果个体被社会和政治安排允许拥有这种自由,作为整体的社会将欣欣向荣;这种秩序良好而非令人窒息、因循守旧之自由的社会安排,将从实用主义的观点被合法化。对新古典主义政治经济学家来说,理想竞争市场的思想实验是一种机制,至少在公共善被享乐主义思想以经济增长、消费和主体满意、物质需求等来定义的时候,可以使每个人自我定义的道德能够通过它与福祉或公共善来进行调解。

在19世纪工业资本主义的全盛时期,尤其是近几十年来新自由主义市场的重新兴起,这一有影响的思想路线,和密尔本身的思想表述相比,呈现出维度更加单一、道德更加贫困的特征。当自由只是基于自我定义或者市场定义的实用性之上时,自由和执照之间的区别消失了,而且自由也无法再对高于它自身的任何事情负责(Gaylin and Jennings,2003;Taylor,1985b:211—229,1991)。防止伤害,至少在自由主义所定义的这一相当狭窄的意义上,并不构成个体生活或公共政策和治理之伦理的全部范围。没有伤害并不意味着没有错误和不公正。防止伤害可能保护和促进生命,但它并不足以达成好的生活。

总之,除了对地球的伤害,生态经济学还必须就以下事项,从道德上控诉新自由主义政治经济学。它应当敦促当代科学,并就错误的知识观点和错误的宇宙论来起诉当前政治经济学。它应当敦促一个承诺,去建立人类自由的新时代,这种自由内在于一种约束人类的经济生产能动性并且治理它的不同方式。

2.2 永别了,经济学自由主义

本书已经确定了三个基本的规范概念:成员资格、住所和熵节约,而生态经济学应当围绕着它们来建立伦理基础。这些原则认为:人类是生命共同体的成员,而不是主人;我们依靠别的生命系统来维持我们的生命,因此我们必须尊重、照顾这些系统;自然系统包含熵的限制和稀缺,要求我们智慧地使用和公平地分享。从根本上讲,这些规范与消极自由和新自由主义完全背道而驰。它们要求我们询问,如果自由能够与这些规范协调,并有助于增强这些规范,那么这是什么样的自由?这也就是我在这里努力寻求的:在一个负责的、公正的人与自然关系的情境中的自由;拥有生态学面孔的个体能动性和负责任的自我导向。

这里并不是要否定以下事实:如果有关能量使用和经济活动的地球限制和生态约束必须得到尊重的话,在新自由主义和全球资本主义政治经济学中,当前以消极自由为思想武装并且现在被议会(代表制)政府和法庭双重警惕地保护的那些个体和公司,其范围和程度将不得不被大幅度地削减(Klein, 2011, 2014)。消极自由意识到,只有自愿的或者基于契约的义务——基于生活在相互安全和免于非自愿伤害之社会中每个人理性的自我利益——才能成为对个体自由的一种限制性规范。因此，它与成员资格、住所和熵节约等原则并不兼容。因为后者是自然道德观点的关键，而不是出于契约、责任和义务，以及与他人而非与自我有关的道德观点。

这些原则很好地捕捉到了可持续社会中未来行为和生活模式的很多根本的道德需要。我们必须超越消极自由以及过去三个世纪中自由主义传统所蕴含的契约性道德。但是这样做的话，我们也要承担起重新改造自由之概念而必需进行的正确工作：为了生态政治经济学及其公共哲学，而迈向一个更合适的自由哲学。

然而，为什么我们要尝试将一个新的想法注入一个现在正在被我们抛弃的历史时期所深深铸造的旧概念呢？正如马歇尔·萨林斯（1985）指出的那样，为什么如此这样三番五次地采取文化与自然博弈的形式？有三个理由。首先，我们应当作此努力，因为像自由这样一个根本性的人类概念，不能在毫不竞争的情况下，就拱手让给一个历史特殊性的自由主义或者消极解释。其次，我们必须重新改造自由之概念，因为任何生态学伦理都将仰仗于人类自由能动性的某些概念，任何生态学民主都将依赖于以自由、生命和共同善为基础的公民权概念。这是因为，生态学伦理和生态学政治必须渴求的道德与法律责任的概念，扎根于自由能动性和个体自由等某些概念（Pettit, 2001）。自由，与义务或责任（被理解为成员资格、住所和熵节约）之间的矛盾，不能认为是固有的或者不可避免的。这个看起来存在的矛盾，是自由市场意识形态的一个幻象，是依靠廉价化石碳能量而其废物尚未填满生物物理沟壑之社会的人造物。只有在这样的一个时代、这样的一个世界中，一个人才能严肃地将自己带向自由，尽管他正在快乐地、盲目地摧毁着这一自由的真正的前提条件。

第三，且最后，如果消极的、个体主义的自由概念中的不充分之处，使得我们必须在哲学和伦理学意义上要用一个更加充分的关系性概念来取而代之,那么消极自由的文化和政治权力,从文化意义和政治意义上,使得上述做法也是必不可少的。作为一个规范性理想,自由是今日世界从魔瓶中放出来的妖精。对于处于高级技术经济时代的我们来说——当今地球上最具有生态破坏能力的经济行动者,从我们个人和社会的自我概念中抹去自由之内涵,将成为文化灾难,正如它在突然失去其最本质的生活方式的其他社会中已经形成的那样。如果我们当下使用自由概念的许多方式正逐渐在生态学意义上变得无法维持——毫无疑问它们正是这样,那么将自由重新概念化,就太值得努力了。只有如此,它才能与自然现实更加步调一致,而不是去接受以下观念:自由就不再作为一个有意义的概念、渴望或理想,完全在我们生命中失去效用。

当一个社会失去那些历史性地赋予其意义的概念,它就会经历令其衰落的迷失方向(Diamond, 1988)。乔纳森·利尔(Jonathan Lear)令人瞩目的研究,有关始于19世纪晚期克劳人的文化摧毁经验,为那些在一两代人的时段中面临着从一种生活方式到另外一种生活方式的根本性转变的社会,提供了一个警醒的传说:

> 如果一个民族受到其生活方式的历史性限制,那么他们能够"瞥知生活的另一面"的机会,就少到令人珍惜了。恰恰是因为他们将要忍受一个历史性断裂,另一面生活的细致肌理不得不超越他们的知识范围。面对着这样的一个文化挑战……就存在着更大的压力去用传统方式解释事物;然而旧的解释方式并未能充分表达某些东西,存在着一种尚未充分发展的感知。可是,这个民族尚未找到合适的概念来表述它。(Lear, 2006:76、78)

关于如果我们能够找到一个新的自由概念,用来说明那些能够为自我引导的个体能动性和个性化人类能力的繁荣提供空间的社会安排,那还有很多需要讨论的。这一新的概念,在允许生态经济学结束其旅程并致力于一个新的生态政治经济学和公共哲学的伦理框架中,将占据重要位置。它将是一个与成员资格、住所和熵节约等原则共生共栖——且确实可能是不言而喻地嵌入其中的自由概念。此外,因为任何自由概念都内在地建立在人类能动性和人类境况(条件)等背景性概念之上,新的自由概念也将与一个新的人或自我的概念结伴而行。

我们如何能够重新获得与阿伦特称为"劳动"的人类境况这一维度的联系——也就是说,我们作为生物造物而形成的根本性存在,如何服从于生命的节奏和要求?简单地说,我们如何能够与我们自身的动物性和物质性重新连接?而这一点,看上去已经被我们忘了。

我们如何能够在"工作"中重新发现我们的人性?经济人(自我作为一个博弈的、对个人实用性进行最大化计算者)如何可能转型为创造人(自我作为一名工匠,为其物质性负责并且尊重其物质性)?

最后,我们如何与我们公民能力的表现——"行动"重新获得联系?被私有化了的那些自我——被训练得只关心一种"谁、何时和如何得到什么"的政治——能够被培养成为认真思考、民主化的公民,能够留意到公共善和对于自然世界的托管人义务?

我相信,这些问题是未来的自由概念无法逃避的。对于我们人类境况上述维度的重新发现,要求当前攫取式自由和占有式个体主义的新自由主义世界,通过社会成员资格和团结而形成的正义或平等的实践,转化成一个关系性自由的世界。

3. 超越自由主义的自由

是时候更加深入地检讨自由这一概念了。最终,我将提出一个关系性自由的概念,为我们时代的自由提出一个充满希望的理论。然而,除非我们首先非常仔细地审视原有的自由概念并勾勒出其形成路径,促使关系性自由从其中浮现为一个改善方案,这一概念的力量是无法领会的。为达到这一目的,我准备主要关注 20 世纪两位最重要的政治理论家:以赛亚·伯林爵士——自由主义传统中最具人文主义的修正主义者,以及 C.B. 麦克弗森——对自由主义传统最有力和最具人文情怀的民主批评家。

3.1 以赛亚·伯林的自由主义修正主义

伯林在他称为"消极自由"和"积极自由"(免于……的自由和去做……的自由)的两者之间建立了一个对立,他因此重新建构了一个解释,来说明什么才是允许个体自由的最重要的社会安排。他暴露了自由主义传统(它对发展理念的拥抱,对一个更加完美自我的培育)中一个关键的含混之处,而这致命地削弱了它反对极权主义的堡垒作用(他在冷战最高峰的时期写就了这部著作)。

在保证一个人以自己的方式来过自己生活而不受干预的自由(消极自由),以及保证个人能够按照最高、最好和最理性的理想来生活的自由(积极自由)之间,伯林钉入了一个锋利的楔子。在积极自由中,存在着一个矛盾,因为我们倾向于将自由视为与责任或义务对立。然而,按照一个人最好的自我来生活的自由,与遵守其最好的自我所设置的规则这一责任,在观念上是非常接近的。当一个人聆听栖息在你右肩上的天使,而忽略盘踞在你左肩上的恶魔,他才是真正自由的。正如我还将进一步讨论的,伯林在 20 世纪经验中解读出积极自由的概念,并将其视为通向单一的或整体化意识形态的哲学路径。正因如此,它在政治上是危险的,与他如此深深期待的社会所具备的复数性和开放性,在根本上是背道而驰的。对于伯林来说,复数性正是自由的本质。

然而,作为一个被客观理由所定义的自由的反驳,伯林并不想像弗里德里希·尼采(Friedrich Nietzsche)和马克斯·韦伯(Max Weber)那样,当他们遭遇历史中理性(理性化)的整体化方面时,他们采用了自由主义传统的客观主义或志愿主义。相反,伯林采用了伦理多元主义,个体的消极自由(免于他人或国家干涉和统治的自由)是其基本原则。他也拒绝了任何以下观念:历史应当被目的论地看成是自由通过时间的不断增长并最终取得胜利的故事——一种有时候被称为对历史的"辉格派解释"的观点(Gray,1996,2000)。对于我们在这里讨论的生态经济学和自由之间的关系问题,最重要的是,伯林坚持认为,自由必须在其自身的意义上被信奉,而不是为了其与社会实用性的工具性关系。当我们克制干涉,为他或她的能动性提供用武之地,甚至当——并且尤其当——我们对其行动和它将招致的结果拥有道德异议的时候,我们就是在尊重其他人的自由。

伯林也许会将诸如成员资格、住所和熵节约这类理想,作为与自由平行的(甚至可能相互冲突)、可选择的竞争性价值观,他也许会坚持认为,这些不同的、不可通约的价值观中的伦理优先权,是一个无法解决的道德哲学难题。[①] 对于多元主义的自由主义来说,在人类繁荣和良善方面,不存在任何政治实践或道德价值将要导致的终极条件,因为良善必然是多元的,并且必然是逐步形成、结局开放的而且无法完成的。所有想要强加某个霸权主义式的良善概念的历史尝试,常常都不会导致我们人性的愈加伟大,而是会导

[①] 在我看来,这种自由的价值多元主义是生态伦理学必须回避的一个死胡同公式。其目标是将人与人之间的权利关系准则内在化,并在自由本身的概念范围内为人类的本质所接受,而不是作为一种与自由相平衡和交换的东西。在不依靠极权的精英主义的情况下,将这些规范内在化为自由本身的关键在于,将这些权利关系的规范,扎根于人类个体的能动性和自我实现的概念之中。

致人性的衰退。这些尝试包括个体良善或共同良善的概念,哪怕它们看上去会被时间的科学所保证,被那些有权势之人所制定的必需和生存之观点所保证。因此,正如伯林援引密尔特别地使用"自由的空间隐喻"时写的那样:"存在着边界——它们并不是人为绘制的,在其中,人们应当是神圣不可侵犯的。这些从规则的角度来定义的边界,是如此长时间、如此广泛地被接受,以至于它们的惯例已经成为'什么是一个正常的人'的明确定义的一部分。"(Berlin,1969:165)[①]

正如伯林所使用的那样,消极自由不得不围绕着每个人去建立一个隐秘和不受干扰的区域——个体在其间行使他们自己的能力并以他们自己的方式追求他们自己的生活的一个区域。它有赖于充斥着冲突而对抗的社会存在之画面——在其中每个个体与另外每个人争斗,去控制他或她自己的一块领地。[②]

积极自由与之恰恰相反,是一种自我掌控的形式。[③] 当一个人的理性——更高的自我——掌控着自己的行为时,他就在积极意义上是自由的。消极自由是不存在别人对他的控制,而积极自由是自我控制的表现,只要——这也正是障碍——它是一个理想的(亦即理性的、自主的)自我。对积极自由作为完全的人和完全的

[①] 伯林继续补充了至少一个潜在的概念化,即与自由概念随行的人类的能动性和自我:"人与动物的主要区别,既不是作为理性的拥有者,也不是作为工具和方法的发明者,而是作为一种有选择能力的存在;在做出选择和不被选择时,最接近他自己的存在;是一个骑马者而不是一匹马;是目的的寻求者,而不只是手段的寻求者;而他所追求的目的,每一个都是以他自己喜欢的方式;其必然结果就是,这些方式越不同,人们的生活就越丰富;人与人之间相互作用的范围越大,新的出乎意料的机会就越大;在一些新的或尚未探索的方向上改变自己性格的可能性越多,每个人面前打开的路就越多,他的行动和思想自由就越广泛。"(Berlin,1969:178)

[②] 伯林是这样解释这个概念的:"对自由的捍卫,在于避免干预这一'消极'目标。以迫害来威胁一个人,除非他屈服于一种无法选择自己目标的生活;除了一扇门,关上他面前其他所有的门;而打开的这扇门不论前景多么宏伟,不管做此安排的人的动机多么仁慈,这都违背人是人的真理,违背了人有自己要过下去的生活的真理。"(Berlin,1969:127)

[③] 伯林这样解释了积极自由:"'自由'这个词的'积极'意义来自个人希望成为自己的主人。我希望我的生活和决定依靠我自己,而不是依靠任何外力。我希望成为自己意志的工具,而不是别人意志的工具。我希望成为一个主体,而不是一个客体;被自己的理性,有意识的目的所感动,而不是被外界的原因所影响。我希望成为大人物,而不是无名小卒;一个行动者——自我决定,而不是被决定,能自我指导,不受外部自然或他人的影响,而非好像我是一个东西,一个动物,或一个无法构想自己的目标和政策并实现它们,无法扮演人类角色的奴隶。"(Berlin,1969:131)

人类生活一个危险的、教条的概念的具体显示,伯林表示怀疑。获得这一理想的名义下,个体曾经被询问或者被要求将其个人自由和利益,屈从于其他人的理由。这正是伯林所看到黑暗的一面。不仅在诸多的罗曼蒂克和非理性主义的思想方式中,而且在康德式理性主义以及客观主义、义务论伦理的其他形式的遗产中,伯林都看到了这黑暗的一面。

3.2　C. B. 麦克弗森的自由主义批判

对于伯林将消极自由视为道德和政治多元主义堡垒的辩护,以及他将积极自由同化为极权主义之诱惑,一个重要的批评来自加拿大政治理论家 C. B. 麦克弗森。如同他曾经对约翰·洛克的解读(Macpherson, 1962),麦克弗森通过以下展示解构了伯林的理论:在自由这样一个看上去抽象且普适的哲学概念中,嵌入的实际上是对治理、政治经济学和社会权力的一种非常具体的形式所进行的本体论和伦理的合法化。这一批评打开了一扇门,通向自由和自我之理想的一种替代性的民主实践(Macpherson, 1977)。

麦克弗森着力于展示,在伯林的解释中,消极自由也是狭窄的,并且无法提供普遍意义上的自由哲学。的确,它受限于历史与意识形态。正因如此,它(尽管可能并非有意图地),将传统资本主义的自由概念再生产为挪用的权利,将自由能动性的概念再生产为占有欲很强的个体主义自我之能动性。而这个复杂精致的再生产版本,在社会和人性的结构性层次上,实际上是十分不自由的。

麦克弗森争辩说,伯林对消极自由的说明,建立在一个对权力在个体身上的实施有些过分了的字面解读之上,以至于自由被侵犯了(Macpherson, 1973:97—104)。它还建立在误导性的空间隐喻之上——在隐私、不受干扰等诸如此类的区域中,个体有自由去选择和行动。作为其结果,伯林对于统治或者不自由的理解,被限定在强制和身体暴力的使用,以及其他非共识性的行动过程之中,而没有充分考虑到意识形态或环境等诸如此类的现象——它们对于选择或者同意的被感知的可能性进行了预先结构化。

对麦克弗森来说,限制自由之权力的类型是多种多样的、非直接的,在一些社会里是普遍渗透的。伯林关注的是这样一种处境:在其中,一个人只有一条路去追随,只有一扇门去穿越,或者其中没有门通向任何可欲的命运。那什么应该得到同样甚至更加重要的关注?麦克弗森说道,是对选择或者命运之旅本身能够进行强迫的那种权力——它能够以某个特定方向、以服务于利益而非个体自身的方式,对个体选择的真正感知进行预先结构化。麦克弗森将这种权力称作"攫取性权力",它实际上是由伯林的消极自由概念所促进的,尤其是在市场社会和资本主义政治经济条件下。一个充分的自由概念所要求的,不是狭义上的不受干扰,而是制度性活动和权力关系之中的一种生命形式,能够为每一个人提供"免于他人的攫取性权力"(1973:118)。对于这种社会条件之内的个体自由,麦克弗森将其称为一种"反攫取性自由"状态。

转向伯林自由理论的其他维度后,麦克弗森将伯林在批判积极自由时混合使用的三种不同观念进行了区分(1973:108—109)。首先,存在着如下观念:个体应该是一个自我指引的能动者;这种能动性通常要求与他人的积极合作(而不仅仅是忍耐和不干扰)。在任何复杂社会,个体的积极自由都很典型地要求某些特定的社会安排形式,诸如对那些能够促使个体有效地执行计划而达成他们目标的多种多样的服务和资源的使用权。其次,存在着以下观念:个体可能会被积极地强迫着去成为自由的——要么被他/她自己"更高的"、更理性的另一个自我,要么被那些已经获得个体所缺乏的理性和客观性的他人。这是一个伯林主要担忧而麦克弗森也直率拒绝的见解。第三,积极自由包含一个民主的观念:每个个体都应当自由地在共享的决策制定和集体治理中扮演一个积极的角色。

做出这些区分之后,麦克弗森接着争论说,以下观念缺乏内在逻辑:应当将造福于自我指引的生活和能动性的合作概念,转化成被优秀知识分子或专家们家长式指引的威权主义概念(1973:111—114)。从第一个观念转向第二个观念,其逻辑完全是社会脉络和历史环境的原因。诚然,这不单是一个概念的切换,同样也是社会和经济权力的一个转化。积极自由,从事自我决定之行动形式的自由,它本身也是一种类型的权力,麦克弗森称之为"发展性权力"。从本真的合作式的自我决定,到伯林所谓的"自我掌控"(亦即更高的自我的家长式作风,尤其是在市场社会的情境中),这一转换是自我的发展性权力对他人的攫取性权力的一种投降——并且,对麦克弗森来说,积极自由或合作的能动性本身,并不是自由之问题的根本。如果这是对的,且如果不受控制的、不关注生态的攫取性权力是生态经济学正在努力解决的问题中的一个重要部分,那么在生态经济学的伦理与自由的伦理之间,就存在着一个重要关联。

正如伯林一样,麦克弗森也是一个自由的哲学家,主要关注被解释为民主与自由主义理想的自由(Carens,1993)。然而,他认为伯林的自由理论,对于未来更加平等的民主社会的出现来说,是一个障碍。不幸的是,麦克弗森的著作并未直接处理"自由和能动性如何被财富和权力的经济系统所歪曲、不公平地形塑"这一问题的生态学方面。有时候,和其他左派一样,麦克弗森(1973:36—38)看起来被吸引着转向了一个技术主义的乌托邦。

尽管麦克弗森并没有在其批评中显示出生态学方向,但看起来没有什么原则性理由阻止我们这样去做。通过诚实地将自由问题置于自由主义传统和自由主义政治经济学的脉络中,麦克弗森确实为生态政治经济学展示了在发展自由概念这一任务的某些方面。在这里,我试着以关系性自由这一观念及其实践中的结构化规范,来接手这一任务。我认为,关系性自由中起结构性作用的那些规范是:成员资格(参与和发声的平等、公民尊敬的平等)和相互关系(公民爱护和关注的平等以及团结)。

3.3 攫取性权力

现在,我们能够回到政治经济学的领域,回到精心培育对于重铸一个新的、生态上可行的社会所必需的思维激活行动这一挑战中,去培养个体的能动性和自由。

主流经济学所奉若神明、新自由主义经济学所保护的自由,基本上就是允许攫取性权力实施的消极自由。所有的经济活动都包括对来自地质资源和生物能量系统中自然物质和能量的挪用(和返回这些系统中的废物的降解)。这一挪用所需要的是两个关键要素:(1)人类生产能动性——劳动和工作——的社会组织;(2)在人类个体能动性的实施中,用来补充、扩展以及经常替代人类身体劳动的那些技术的控制和使用。挪用的经济活动的这些社会条件,能够采取很多形式,从而与一个社会不同时间的生产和再生产循环保持一致。在现代时期,起初是国家资本主义模式,然后是殖民主义模式,现在是全球资本主义模式,不同形式的组织已经生产出一套区别性的人类关系(和文化意义),用来调停个体能动性的实行与个体自由的实践。在新自由政治经济学中,这些关系具备好几个维度——结构的(公司管理)、金融的(工资、流动资金、债务)和法律的(财产、合同、有价证券、权利)。

正是在政治经济的这些结构化的关系(以及相应的文化意义和规范性正当化)中,攫取性权力的实施走向了前台。在社会领域,麦克弗森对攫取性权力之实施的分析,是对马克思剩余价值的创造与分配之说明的历史性倾听(Harvey,2010;Marx,[1867]1990)。那些拥有或控制土地和资本(经济生产方式),对那些仅仅拥有自身劳动力并被他们在经济系统中所处的位置所驱使,不得不为了生存而出卖劳动力(经济生产的"关系")的人,实施着攫取性权力。在资本主义市场社会,消极自由——以私有财产和对土地、资本的法律其他授权等形式——将一些个体置于结构性位置,来对其他人实施攫取性权力。尽管如此,消极自由还是被所有人构想为一种宝贵的利益,并努力地捍卫着。

在一篇关于马克思的文章中,约翰·兰彻斯特(John Lanchester)就剩余价值提供了一个有洞察力的概要:

> 马克思的模型是这样起作用的:竞争压力将总是压缩劳动力成本,以至于工人总是以最低价格被雇佣,其工资总是仅仅能够维持其自身活下去,没有哪怕多一点。然后,雇佣者出售商品,并不是为了它生产所耗费的价格,而是为了他所能获得的最好价格:一个反过来服从于竞争压力的价格,并因此久而久之将总是趋于下降。然而,同时,在劳动者出售劳动力的目的,与雇佣者因为商品所获得的价格之间,存在着一个缺口,而这一差别正是雇佣者所累积而被马克思称为剩余价值的那笔钱。在马克思的判断中,剩余价值是资本主义的全部基础:资本主义的全部价值就是劳动力所创造的剩余价值。那就是事物之消耗的构成之所在;正如马克思指出的:"价格是以金钱名义而客观化在商品中的劳动。"在对这一问题进行检验时,他创造了一个模型,允许我们更深入地看到这个世界的结构,并且看到隐藏在我们周围的事物之中的劳动。他使物体和关系中的劳动开始清晰可见。
> (Lanchester, 2012:8)

对于攫取性权力的这一逻辑,麦克弗森(在极大程度上和他之前的马克思一样)保持了其社会和人际之间的维度;然而,没有理由不将它扩展到与自然的关系中去。攫取性权力这一概念中的规范性、批判性力量,强调了以下重要差异:视自然为生命之具有内在价值的物理和化学环境,而非简单视其为用来攫取原始材料的工具性资源(一个库存),以及一个用来在其中排放经济废物的降解之地(一个污水坑)。

所有的人类工作都需要占用来自自然或其他人类能力的能量和价值。[①] 如之前所提及的,所有的经济,包括未来的生态学经济,也将占用物质与能量,并通过人类工作与技术将其转化为适合人类使用和交换的产品。然而,只有在某些特定的经济系统形式中,这些占用才会变成贪得无厌的攫取和排泄。历史性地讲,这一转化和受薪劳动、劳动分工以及攫取性权力在那些拥有或控制生产方式的精英手里集中,联系在一起。在这些条件下,攫取性权力的逻辑将这一劳动的应用、这一受管理的人类能动性,将其攫取和排放的规模和步伐都推向了一个威胁到现有地球容忍限度、耗尽不可补充的库存,并压倒生态系统能力的程度。补救措施就在于限制攫取性权力及其通过财富与权力的隐形阶级不平等对那些脆弱者的实施。但这一补救方案被攫取性权力和攫取性自由的保护伞所阻止了,而这自由主义的保护伞正是个体消极自由(财产权)所提供的。

在人类世时代的开端,自由主义的自由哲学已经濒临绝境:这是它看起来无从逃离的一个政治的和经济的死胡同,以及一个认知形式的不和谐。然而,走出自由主义的路,可能实际上就是走出

---

① 我在这里再次在阿伦特的意义上使用"工作(work)"这个概念。阿伦特认为工作是指将自然物质创造性地转化为对人类有用或有表现力的形式的过程。今天,普通说法并不像阿伦特那样区分"work"和"labor",而她指责马克思将这两种概念混为一谈,在她看来,这样的混淆是将所有的工艺和技艺等同于奴隶制。但在这里,出于讨论的目的,出于某种不同的原因,记录此区别极重要。我并不是在追求马克思主义的论点,他认为资本主义的雇佣劳动制度本质上是一种奴隶制度(无产阶级的阶级统治),它必然会使这些人(主体)沦为没有头脑的身体(客体)。相反,令我感兴趣的一点是,新自由主义经济体系所采取的高度不平等和竞争性的形式,强化并延续了经济人的文化和行为。这一类型的政治经济中具有典型特征的这种自我和规范,无视自然物质的完整性、局限性以及它们固有的价值。这种政治经济从规律上来讲、从系统意义而言,就不能通过适应和具备生态智慧的占用,来从大自然中获得价值,而是通过终极破坏性的、无法恢复的开采来获得价值。

地球的路。生态政治经济学要求一个社会控制的政体,它既与经济人的生命叙事不兼容,与广阔范围的个体与企业免受(国家)使用攫取性权力进行干涉的自由也不兼容,而这些生命叙事和消极自由在过去一个世纪中已经被发达世界的富人们广为接受(Jennings,2010a,2010b)。那什么是勾勒出这一议题框架的最佳方法?是作为彼此冲突的价值观的一个平衡或权衡?还是作为被生态系统之限制所需要造成的对个体选择自由之范围一个有所遗憾但必需的收缩?或者可能,正如我相信的那样,我们的任务是重新宣称和重新建构自由的概念,如此这番,在我们的道德想象和公共哲学中,那些破坏生态的行为将根本不会被视为自由之显示;相反,它将作为无知、不负责和异化的显示,实际上是对自由的否定而被拒绝。① 如果我们将这一问题框定为一个使价值观平衡的问题,那么谁来控制规模?如果我们将其框定为一个为了生存而进行的自由分权的问题,那么,针对我们之中那些顽固不化的自我破坏者,强制将可以使用到什么程度?

重新声明我们对于自由的理解,将其溯源到殖民在我们当代政治文化之中并颇具破坏力的新自由主义市场意识形态,能够以在生态方面具备建设性的方法,来接进或改道进入个体自由的稳定心态所建立的强有力的动机心理学。如果我们能够在文化上赢得胜利,它会在法律上和政治上将对行为控制的压制形式的需要最小化。那些自我指引的生态公民们,能够使用自由和能动性去服务于一种生态信托和责任意识,是未来的民主希望。

4. 关系性自由

我认为,外在干扰的缺席(个体主义的消极自由)和积极的自

---

① 请回想一下托马斯·莫尔(Thomas More)在《乌托邦》中所描述的乌托邦人对黄金和宝石的蔑视。让叙述者海斯罗代(Hythloday)惊讶的是,竟然会发生如此重大的价值转换(More,[1516] 1975:50—52)。

我发展的呈现(个体主义的积极自由),对于 21 世纪中健全的生态政治哲学和有弹性的生态政治经济学来说,是不足够的。它们是有缺限的,因为它们没能充分传达出:自由能动性依赖于具有特殊伦理结构之关系的不同模式——自由的经验和实施都是社会实践。关系性自由这一概念解释了这种实践是如何起作用的,以及它牵涉什么。我相信,为了充分地解释生态成员资格、住所和熵节约等观念,这样一个概念是必需的。

关系性自由,是存在于相互依靠的关系之中并经由其产生的自由。更加确切地说,我的关系性自由的观念,能够被定义为与他人经由交易和关系而产生的自由,举例证明了公平的成员资格(尊重、参与和发声的平等)和公平的共同义务(关心、关注和团结的平等)。我提出的哲学策略的基本内容就是,将自由内化于责任,将独立内化于相互依赖,将共同良善内化为个体良善,将我们解读成每一个我。[①] 更具体地说,我的路径是将全部(既包括人,也包括非人类生物和生命系统)的自由和福祉,都内化于每个人的自由和福祉。我相信,只有按照这种方法,我们才能跳出将个体自由与集体限制和局限彼此对立的文化陷阱和死胡同。只有按照这种路径,我们才能够驳回经济自由主义颁发给以自我为中心的自由、攫取性权力和贪得无厌的欲望——市场取向的经济进步和增长——的道德执照。

关系性自由反对在新自由主义政治经济中已经制度化的虚无主义的"创造性破坏",认为它在社会意义上是分裂性的,在环境意义是贪婪的。关系性自由——经由相互依赖的自由——是一个保证,保证个人以自己的方式过自己的生活,而这起因于将这种生活方式镶嵌于传统之中,镶嵌于共享目标的公民生活之中,并且将这种生活扎根于一种生态的地方感,扎根于一种关爱地方、关爱地球

---

① 在本章中,我将借鉴和发展我在其他地方就公共卫生领域的相关问题所探讨的观点。对比詹宁斯(2007, 2009, 2015)。关于这个话题,一般可以参考霍耐特(Honneth, 2014)。

生命支撑系统的敏感性。正如存在着一些特定种类,从其本质上来说就不可能单独做到的实践或者行动一样,也有一种类型的自由,不是存在于与他人的分离,而是通过与他人的连接而存在。(它)不在保护之中,而是在联结的协议之中;不在封闭的未来之中,而是在开放的未来之中,不在栅栏之中,而是在循环之中;不在攫取之中,而是在保护之中;不在欺诈之中,而是在容纳之中。

关系性自由拒绝自由主义传统的自由理论中具有代表性的两个构成性特征。我已经略有提及,但有必要在这里再次重申它们。一个是个体主义价值观凌驾于共同价值观之上的特权化——个体自由胜过共同体团结(Mulhall and Swift, 1996; Marglin, 2010)。另一个是在个体和共同体谁居于第一位之间,设定了一个冲突或者对立面。

这两个特征使得自由主义的自由理论明显地缺乏相互依赖之网——也就是,文化上有意义的角色、风格和自我认同;以及共享的价值观、仪式和实践。这些理论,尤其是当应用到经济能动性领域时,倾向于描绘出一个由原子化个体组成的白痴般的世界,每个人都有自我关注的利益和生命计划。这顶多要求赤裸裸的宽容和机会主义合作这样一种权宜之计——一种为了共同利益而进行和平的、可预期交易的社会存在。但基于关心、同情和同理心、更加深厚的相互关系或团结,却很少——如果有过的话——被认为是必需的,而且很容易用了就丢——如果它导致低效率的话。此外,正是原子化这一抽象特征,使得这种哲学说明,为一个以攫取性权力逻辑为基础的政治经济,起到了意识形态方面的作用。有趣而且自相矛盾的是,原子化的个体主义既隐藏了攫取性权力,又在同一时刻规范性地证明了它是正当的。

我再次强调,谈到自由的关系性概念时,自由并不构成将自我与他人链接起来的那些联系和承诺,而是被这些联系和承诺构成的,而且经由它们才能构成。在一个人的生命中激活关系性自由,能够发展出一种持续进行的实践所建造的自我认同,能够用来举例说明人性的自然繁荣中创造性和审美的维度。这样的关系不仅包括与其他人类生物的社会互动,而且——至关重要地——包括人与她/他自己的活动的有意义的联结,包括他在同伴生物、生命系统和物质对象的世界之上和其中所进行的活动。自由的关系性概念,以及人的关系性概念,都包含与异化、商品化以及人或自然他者的客体化等观念对立的一个构想。这一构想带我们逃离将自然物质作为"财富"的来源而进行的控制——而"财富"被定义为物质的积累、相对社会地位和实用最大化。它引导我们走向了有关艺术技巧、工匠精神和对自然形式之内在财富的容纳等理念(Schor, 2010; Sennett, 2009)。①

生态公共哲学的一个中心任务就是,重新调和个体自由与相互依赖、共同体以及公共善之关系(Daly and Cobb, 1994)。关系性自由的理论正是用来完成这一任务的。而且并不像自由主义思想家已经展示的那样,这一任务几乎不存在哲学上的困难。事情的本质乃是,个体能动性(以及个体自我认同和动机)如所预料的,已

---

① 我的关系性自由的这一概念,以强调其与自由主义背离的方式,借鉴了政治理论中新亚里士多德主义的公民共和主义传统。在历史上,自由主义主要被关注的是,它在很大程度上将自我作为一个不公开地进行自我关注的(虽然不一定是自私的)能动性的独立立场所而保护起来。公民共和主义将人类视为"政治动物"(zōon politikon)。意思是说,如果人类自身,远非被政治共同体所束缚或"去本性",而是如果想要按照自身的本性蓬勃发展,就必须生活在这些政治共同体之中(Jennings, 2011)。此外,自由主义将政治定义为一种工具性的权宜之计,旨在保护个人免受伤害,促进(被多元定义,有时是被广泛定义的)个人效用的渐进增长和公平分配。就共和主义而言,政治的定义是建立一种文化和社会组织,使个体具有公民(politēs, cives)这种特殊的道德自我认同,让公平和公正的法律(isonomia)共同管理人们,以及力求共同实现人类利益和所有人的共同利益(politia or res publica)。在共和传统中,公民是主动的,而不是被动的。它由统治和被统治轮流组成。任何自由或自治的概念,如果与为了公共利益而进行的被统治、被限制和被引导不相容的话,就不符合共和主义的自由。对共和主义自由的否定,是权力专制(Pettit, 1997, 2012)。对于个体公民来说,这一概念暗示了一种交替的行为节奏——自主和服从、做事和克制、创新和调和、对意志的坚持和否定。在这种政治和道德生活的节奏中找到和谐和平衡,是每个人成熟和明辨的产物。就作为整体的城邦而言,这种公民概念与柏拉图的政治理论和民主批判背道而驰。流动的而非固定在一部分人手中的分享和分配的权力,是一个政体或共和国的公民身份所要求的,而不是被永久的智者所独占。然而,它也不是一种分布式的权力,像自由市场那样,通过个人的利己行动和决策机制而实现利益的自动和谐。从共和主义的角度来看,公共利益不会自动地从许多私人头脑的竞争性工作中产生,也不会在那些从不以公共利益为目标的个人背后产生。公共利益有意地从公民个体公共头脑的合作性工作中产生,并通过以公共利益为其目标的个体的深思熟虑的努力而产生。

经彻底是社会性的和关系性的(Giddens,1984;Habermas,1984;Taylor,1985a)。还有,毫无矛盾地说,社会的、结构的变迁,无非是个体经验、生活以及他们自己社会存在之方式的变迁。①

地球的热力学过程可能是与个人无关地运作着的诸多系统,没有意图、控制或责任之轨迹。然而我认为,经济、社会和政治共同体并不是这种意义上的诸多系统,而毋宁说是有目的的人类能动性的诸多结构。此外,正如我在本章所做的,采用以能动性为中心而非系统的理论路径,并不必然需要一个本体论或者原子化的个体主义。对于行动者来说,人类行动是有意图的、有目的的、有意义的;对于在一个社会和文化之内共享有规律可循的生命形式和交往的他人来说,也是如此。适合人类能动性的伦理规范,因此并不受限于利益或欲望的自我指涉状态。为了理解伦理行动——或为了参与正当化的伦理话语或者其他形式的讨论中,我们必须求助于那些概念和范畴——反映人类自我的关系性本质,反映自我与他者的互动所具有的情境性以及被社会性地、象征性地调停的本质的概念和范畴(Harre,1998;Taylor,1989)。

这对于生态经济学的意义,十分重要。② 只有在个体行为的层面上以及在社会规范和制度的层面上都发生变化,生态政治经济学才有可能到来。在实践中,这意味着,如果这些社会中的成员们都像相互依赖的、关系性的自我——生态的自我,或生态的公民和受托人——那样思考和行动的话,我们必须学会明确有力地表达

---

① 对于文化语境或意义图式与个体能动性的意义体现之间的相互作用,人类学家马歇尔·萨林斯提出了辩证的观点:"历史乃是依据事物的意义图式并以文化的方式安排的,在不同的社会中,其情形千差万别。但也可以倒过来说:文化的图式也是以历史的方式进行的,因为它们在实践展演的过程中,其意义或多或少地受到重新估价。在历史主体,即相关的人民进行的创造性行为中,这两个对立面的综合被展现了出来。因为一方面,人们是依据对文化秩序的既有理解,来组织他们的行动计划,并赋予其行动目标以意义的……另一方面……由于行动的偶然情境并不必定与某些群体可能赋予它们的意义相吻合,众所周知的是,人们会创造性地重新思考他们的惯用图式。"(Sahlins,1985:vii;译文参考了[美]马歇尔·萨林斯著,蓝达居等译:《历史之岛》,上海:上海人民出版社2003年版,第3页)。
② 不幸的是,与几乎所有经济学家一样,生态经济学家要么忽视了这种对有意义的、有意图的行为的辩证视角,要么拒绝了这种辩证视角,转而支持实际上没有历史和社会科学证据支持的战略行动、理性博弈和选择模式(参见Green and Shapiro,1994)。

出他们愿意表达的价值观和理想。作为公共哲学,生态经济学的一部分任务是去形塑这一自我认同,去培育一种能够在关系意义上看到良善和自由的道德想象。过去许多年里,通过其信条,通过它已经合法化的制度,主流经济学已经帮助我们建立了一种占有性的个体主义(Marglin, 2010)。生态经济学必须仍然要有意识地去肩负起教育新一代社会人士之重任。对于经济学知识和话语来说,是时候该向我们全部人——无论专家还是普通市民之类——展示出,我们个人的繁荣无可避免地连接着其他人的繁荣,连接着自然世界的繁荣。生态经济学并没有抛弃经济学的自我利益概念,而是转化了它。

为了这一任务,生态公共哲学需要团结、相互依赖、互惠、共同体和公共善等一系列词汇——一些能够被成员资格、住所和熵节约等主要原则必然包含或至少会提及的规范。这一领域的先驱们已经在发展这一套词汇了(Daly and Cobb, 1994)。为了超越个体权利和他人利益交互作用的道德义务概念,以及不能伤害的义务,生态经济学也需要去呼吁一个熟知生态信托人职责的动机结构。生态信托人职责不是一个角色,或者一个法律地位,它更像是生命的一个取向或者一种倾向性,扎根于一种去促进和维持作为整体的共同体及其自然环境之公共善的责任感。① 拥有这种感觉的人们,用奥尔多·利奥波德的话来说,是生

---

① 在我看来,公民身份的工具目标并没有所谓的"共同利益"这样的外部事务。公民身份的适当制度化和运作,以及公共和生态责任在生活世界的适当嵌入,构成了共同利益。"共同利益"并不是一个用来检验特定政策或特定行为是否符合的概念(在功利主义或自由福利主义中,"公共利益"的类似概念也是如此)。它不是一个结果或效果。然而,共同利益的概念确实为判断和评价一项特定的政策或决定提供了试金石。它根据非支配性、非任意性、合理的权威性、相互尊重、互惠和公平等标准来评价政策。当代的功利主义倾向于在人群中抽象地定义利益或"功利",而这群人实际上仅与这些利益具有外部或工具性关系。功利主义也倾向于忽略实现这些利益的分配方式或它们对离散个人的影响;相反,它关注的是总体上满意度或利益实现的净最大化(Robbins, 1962;Walsh, 1996)。相比之下,制定公民共和政策评价的判断,是一种对适配性、品格、适合性的判断。他们必须考虑到权力和意义的情况,这些情况构成每个人作为独特个人的身份和利益。它们处于道德和审美判断之间的政治边界之中。因此,它们不能作为经济政策、法规或法律中唯一的政策评估手段。但是,它们也不应该被完全排除(Günther, 1993;Nussbaum, 1995)。共同的目的或问题与大量人碰巧重叠的单个目的或问题不同。当然,它们确实影响着个人和较小群体的成员,但同时也影响了"人民"的构成,即作为一个有结构的社会整体的一群人。如果(转下页)

物共同体的"朴实成员和公民"(Leopold,1989:204)。生态经济学家能够成为公正的朴实公民们的教师和顾问;一种生态公共哲学能够成为他们的信条,而且,一种生态政治经济学是他们研究的焦点、他们的视野和他们的目标。

生态经济学的领域因此既依赖于逐渐灌输,也有潜力去逐渐灌输,让人们有能力去理解公共危害和公共良善的意义。如果全世界——尤其是在经济行为不得不进行最激烈转变的那些国家中的人们,已经失去了理解这些理念的能力,那么强迫他们,或者赋权给他们,去承担那种创造一种生态的政治经济所要求发生的制度和行为上的集体改变,看起来都有点不可能(Honneth,1996)。

5. 关系性自由的规范性结构

我将关系性自由定义为通过与他人的事务处理和关系而形成的自由,示范了合理的成员资格和相互关系。在此前的讨论中,我已经将"关系"作为一个艺术术语进行了使用,有着具体的、成熟的规范性意义。现在,我应当试着更加完整、更加清晰地说明关系性自由概念中内在的规范性结构。我的目的是,将公正、尊严、成员资格和相互关系等标准,作为关系性自由的构成性、功能性方面,构建在这一概念之中。

并非人类互动或交易的任何形式都构成一种关系,而使具有伦理价值的人类自由通过这种关系被构成。统治、剥削、强制、暴力、引诱或欺骗等互动——这其中任何一种都能有效地将人类存在,从主体地位降格为客体地位——在这个术语所要求的意义上,并不能算作"关系"。当谈到与非人类存在的关系时,这类互动也会因为同样的原因而从伦理的角度被排除在外,从非人类有机体

(接上页)个人能够以这种方式认识到共同的目标和问题时,当它达到某种政治想象时(Anderson,1991),那么他们就会成为一个人民、一个公众、一个政治共同体。

也拥有能动性的角度来说——正如许多动物物种清晰地展示的那样(Burghardt,2006)——因此它们也是需要得到尊重的主体,而不仅仅是被利用的客体。不能被理解为有目的的能动者的那些非人类存在,依然服从于人类行动的规范和限制——这些规范和限制,遵循着对本体论意义上在生命与存在之网中相互依赖的基于智识、基于经验、基于证据的承认。简而言之,既不是在与其他主体的关系之中,也不是在使用自然物体的时候,人类才完全地处于做他们自己愿意的事情这一自由境地。关系性自由并没有给我们颁发举止端正的执照,仿佛我们正居住于一个没有摩擦力的表面上的道德对等之中——一个粒子不断运动但被原子化了的、没有关系的世界。

5.1 公平的成员资格:尊重与参与的平等

社会哲学家南希·弗雷泽(Nancy Fraser)提出一个正义的概念,主要集中在她所指涉的"参与性平等"。这很大程度上捕捉到了我正在努力的工作,即以成员资格这个概念作为关系性自由的构成部分来达到这一目的:

> 正义要求社会安排,允许社会中所有的(成年成员)与其他人作为同伴来进行互动。我认为,为了使参与性平等成为可能,至少有两个条件必须得到满足。首先,物质资源的分配必须保证参与者的独立和"发声"……第二个条件要求文化价值的制度性模式能够表达出对所有参与者的尊重,并为了达到社会尊重而确保平等的机会。(Fraser and Honneth,2003:36)

要自由,就要存在于与他人关系的某些形式之中。那些关系的道德点,就在于每个参与者的个体繁荣。因此,接踵而至的是,自由要求创造性能动者在参与、约定和能力方面的平等。在关系性参与中,对平等的否认——如剥夺选举权、排斥、边缘化、压迫、剥削、暴力,就是对自由的否认。关系性自由不可能存在于不公平的"发声"结构这一情境中——使人静默的权力、能够统治的财富、否认某些人社会机遇的制度设置,以及抹去个体自尊的文化意义——就像有效的人类经济行为无法在地球物理和生物能量系统的退化和毁坏中存在一样。这提供了一个评估标准,来评估哪些类型的关系(交易/互动)值得公共规则和公共政策来培养、促进和提倡,而哪些类型的关系需要被禁止或者劝阻。

鉴于我们已经习惯了一种消极的、个体主义的自由概念,共同体和自由之间的这一联系将看起来有些幼稚和危险。但它不是。理由就在于公共组织存在着各种各样的社会学意义上的类型差异。在霸权主义共同体和多元主义共同体之中——或者处于社会学家罗伯特·帕特南(Robert Putnam, 2000)所指的"黏合性"共同体和"连接性"共同体之中,又或者是哲学家塞拉·本哈比(Seyla Benhabib, 1992)所言的"融合主义"取向的共同体和"参与主义"取向的共同体之中,自由肯定具有不同的意义。前一种类型的公共形式,在其成员之上强加了一个信念和能动性模式的集合,而后者是开放式结构的、变动不居的,并对文化和个体差异持完全开放的态度。只要对正义和团结的第二阶承诺也在场,并且被全部成员共享,它们就允许共同体从差异的互动,以及信念和能动性的多元模式中产生。这并非难以置信的。文化复数或者文化多元,以及个体意义的表现形式,并非天然地就与团结、共识或一种普遍持有的良善和目的的共享感觉不兼容(Walzer, 2004)。

只有融合主义取向,需要与个体自由的概念发生冲突,因为它禁止群体成员的封闭圈子和紧密地构成的自我认同。而参与主义取向是一种有益于关系性自由的共同体类型,其结构化特征是成员资格和参与的平等,以及多元性中的团结模式(这将在下一节进行更为完整的讨论)。尊重差异,预示着谦逊,避免了在确定性和控制方面的自大傲慢——融合主义者共同体形式常常信奉的一种道德技术官僚类型。团结发展了一种迈向同理心的道德想象,以及对于有差异但仍然共栖共生的个体生活世界的拥抱。

5.2 公正的相互关系:关系性自由与团结

美国的一位学生曾经写过:"亚伯拉罕·林肯成了最伟大的先驱(原文如此)。林肯的母亲在幼年时夭折,而他出生在一个他用自己的双手建立起来的小木屋之内。"(Lederer,1989:18)为了防止我们对自己讲述的关于我们自己能动性的故事,变成一个关于控制和自我吸收的幻觉——一个我们在其中认为我们能够像伟大的先驱林肯那样为自己建造出生之地的幻觉,团结非常关键。无论什么时候它被唤起,相互关系就会以一个相互依赖的叙事来反击独立叙事。相互关系召回了个体能动性的结构性情境,以及这一能动性所必需的功能性整合。它与为行动和能动之创造性赋予稳定性的社会凝聚力有关。它与为行动和能动之原创性赋予意义的文化和象征秩序有关。它还与为创新行动和能动性赋予连续性从而将过去、现在和未来捆绑在一起的那些历史记忆和传统有关(Jennings,1981)。

相互关系中最有力量的一个层面,就是团结的社会立场和实践。考虑到它的历史、它在社会运动中的角色,以及其语义学共鸣,团结是一个天然就能够指引我们在特殊的社会、文化和制度性情境之中观察道德行为的概念(Benhabib,1987;Fraser,1986)。

在思考团结与关系性自由的时候,我们应当记住,这两个概念都指向一些过程:经由这些过程,意图被形成,可能性被确定,而且道德和理想自身被赋予了意义。这些过程精确地通过他们参与的社会行动的类型和网络,发生在个体的社会感知与自我理解之中。团结是一种积极参与的形式,不单是被动支持。它是有目的能动性表现出来的一种有意图的参与形式,被一个公共承诺所激活,能够将能动者暴露于社会可见性之下,并有可能置于冒险和有害后果之下。

对于本文在这里的目的来说,我想要以接下来的方式清晰地表达出团结概念之内涵。作为一个道德行动,团结的典型姿态和立场是在……旁站立(standing up beside)。那么这一立场具有三个相互关联的维度:为……站立(standing up for),与……一起站立(standing up with),以及作为……站立(standing up as)。这些方程式强调了介词作为关联性之细微差别的符号功能。与我之前对"免于……的自由"(free from)、"做……的自由"(free to)和"经由……的自由(free through)"的讨论一样,介词处于关系和位置关联的中心地位,在解释它们的意义上也同样重要。

在……旁站立。团结要求采取立场并且站出来。当你站立在一个人、一个群体、一个组织、一个物种、一个习惯,甚至一个观念或者理想的旁边的时候,你就让你自己变得可见了。这是一个公开的姿态——一个所言、所行在其中合并的交往行为。对于那些被看到的能动者和那些正在观看的人来说,这一公开的姿态都携带着一种紧迫感和道德重要性。你在……旁站立,因为你有一些重要的东西想说;这样,你才能被看见,才能被听到。这一行动的力量,来自你正在提升你的道德和社会意识及承诺这一事实:你正在向着正义上升,诸如纠正对他者的压迫或者诋毁,或者拯救一片流域、一片森林,又或者是一个濒危物种。你正在从你所在的地方(离开),向旁边移动,去到一个你应当要去并且被他人所需要的地方(旁边)。

为……站立。团结的第一个关系维度是"为……站立"。这暗示了一种为了帮助"他者"或者为"他者"提出倡议的意图(通常是陌生人,再一次并不必然是人类个体——一个人可以为其他物种、一个生态系统或一种生活文化方式站立)。在团结中,你站立所为的他者,要么是其处境想必比较脆弱,要么是代表了一种合法的道德宣称。这个团结模式的一个局限就是,在全部参与者中建立一种内在的价值关系方面,它达不到要求。在觉悟到的自我利益的基础上,以工具性方式参与一种团结实践中,毫无疑问是可能的。然而,居于此类团结——包括为……而站立的团结——的动机核心之处,是道德担当,而非策略性优势。至少,作为第一步,为……而站立的行动,开始在反对不公正、反对独裁和攫取性权力的共同战斗中建立相互关系和互惠。

与……一起站立。团结的第二个维度是作为"与……一起"站立的团结。在相互关系和承认共享道德立场的方向上,它采取了另外一步。在团结的实践中,从一种"为了……"的关联性向"与……一起"的关联性的移动,意味着找到更深入的方式进入他者生活世界。如此行事,使得有必要改变你起初的偏见和观点,而作为"与……一起站"的团结,要求对这一可能性持开放态度。

为了更加细微地指出这一差别,从"为了"到"与",这一改变所形成的想象的动力学中,有一些事情对于团结关系来说具有转型意义,以至于一种陌生人到陌生人的(支持性)关系开始得以发展——也许并非所有的路都通向一种可以称得上友谊的关系,但至少通向一种更强烈的同伴关系,以及在面对他人时对个体自我的相互承认(如波德莱尔那样说的:"我的同胞,我的兄弟。")。在其自我翻译的价值观和词汇表的专一性上,与其他人或者其他群体产生联系,就同时发展了对他人的具体立场的尊重(Dean, 1995, 1996)。在这个意义上,与……在一起,还揭示了这种团结中的各方之间的一种公共层次,它存在于跨文化、跨人际的解释性理解能力之中(Forst, 1992)。多元生活世界的专一性所创造出来的差异,存在于不单理解自己的生活世界(还能够理解他人的生活世界)之能力的共性中。团结包含成为公共阅读者的能力,能够阅读我们每个人创作出来的多元而独特的生命。

作为……站立。团结的第三个维度是"作为……站立"。显然,这暗示了在团结支持的提供者与这一支持的接收者之间甚至更强的认同程度。对于达到这一关系模式,参与团结实践中的能动者来说,这不是一个否认多元性的问题,或者抛弃要认识并且尊重差异的持续性义务的问题。"作为……站立"的团结,在一个更高的伦理和法律抽象层次上运作,而这正是团结和正义两个概念汇合之处(Calhoun,2002,2005;Habermas,2005)。"作为……站立"的团结,包括发现一种具有覆盖性但根本不否定多元性的联结,相反,它建立了其尊重、保护和不朽的坚实土地。就本体论意义而言,它相当于说,我站立在这里,既作为一个人类个体,依赖于一个复杂人类共同体的完整性,也作为一个人类有机体,一个依赖于复杂自然生态系统的生物。就政治意义来说,"作为……站立"的团结,是公民的团结,是公民权的团结,由民主协商和话语的空间培育着。人权的法律和伦理,以及平等的关注和尊重,为了它们在当代社会的生活世界中的活力,取决于这种团结。

穿过团结的这几个维度,是想要促进一个人在关系意义上的自由。穿过团结的轨迹,是要沿着更伟大想象力和创造力的方向前进,并在道德生活中漫游。为……站立,取决于一种抽象的道德承诺,去支持普遍规范应用于作为一种生物且带有某种特定道德地位的他者的生活处境。与……一起站立,包括采取一种观点,更内在于他者的生活世界和具备情境意义的能动性。作为……站立,是一种属于共同本体论的团结,或者可以更加完整地表达:一种正在被具身化的、脆弱的、新陈代谢的和社会有机体的团结。

如同对他者的道德承认被这一阐释之旅改变一样,对自我的道德想象也是这样。依恋、认同化和移情的强烈纽带,也许不是这一阐释之旅的目的地。然而,值得争辩的是,将自我充满想象地投射进其他人类或生物的观点和视角,这种能力的增长和道德意识的增长,或者看到原先看不到的关联之能力的增长,是受到团结之轨迹所影响的阐释性转型看似合理的后果。而这也是自由的轨迹。

6. 浓厚的自由，富裕的生命

自由主义的自由理论中的个体主义，微妙地增援了以下假设：关系性、成员资格、相互性和团结天然地都具有边界、具有限制性；个体要求一个扩张且不受阻碍的环境，他在其中成长和繁荣，好像只拥有稀薄的、工具性的和策略性的关系而避开道德上参与其中的浓厚关系，它就能够莫名其妙地与人类良善更加保持一致（Bellah et al., 1985; Putnam, 2000; Sandel, 1998）。

今天，生态经济学的视野与当代西方劳动者、消费者的世界观之间的裂缝，正在扩大——而且事实上，整个发展中世界也大都如此。个体日常的生活世界被大众消费文化渗透。人们用来定义自我认同、理解他们处境的词汇，从生态学和人文主义的观点来看，也都渐渐变得越来越浅薄、越来越没有创造性。带着对关系的消费者观念和对地方的旅游者观念，人们无法理解到：我们的福祉取决于健康的自然和社会系统；我们有责任去保护和修复它们；或者说，我们的自由正是同样受到了暗中破坏自然世界的那些制度和实践的威胁。

在我们当前的处境中，乔纳森·利尔（2006）对克劳人历史的反思，以及阿历克西·德·托克维尔对一个正在死去的旧世界和一个逐渐诞生的新世界的惊人想象，不应该被忽视。我们无需认为，我们有意义的能动性的生活世界已经消失，或者我们正在黑暗中流浪，因为有大量的建设性的智识（和政治）工作要去做。最紧迫的需要，毫无疑问，是去阻止使我们自然世界热力学退化的狂潮。其次势在必行——几近紧迫的任务，是去阻止导致我们概念世界退化的屠杀，去阻止概念的进一步损失和意义的进一步侵蚀。

现在,我们已经与以下情形相伴甚久:用来描述我们道德生活的概念词汇,和我们真实的生活本身相比,显得那么稀薄、那么不能清晰地表达。但尽管对我们自己的表达绝大部分都是以个体主义的方式,我们还得设法挖掘出潜在的道德弹性,并因此保护关系性地、有同情心地、公平地、团结主义地生活着的那些生命的口袋——不,事实上准确地说,是扩张的地景(Bellah et al., 1985)。

然而,有信号表明,这种道德弹性的储备正在变得枯竭,甚至其自然对应物——生态弹性也正被压迫到即将超出其容忍度。在我们生命的表面,尤其是在非人性的制度空间和市场习俗里,我们按照工具理性、自我指涉的利益以及贪得无厌的欲望和攫取性权力的策略来行事。我们能够在这样的表面下开垦出一个活力十足的内核吗?我们能够最终赢得对一种更丰富的自由、意义和繁荣的承诺吗?

这一承诺在我们的掌握之内。在占有性的个体主义的表面下,一种深刻的关系性存在着,延续于一个依恋、特性和关心的心理学倾向和象征性文化秩序之中。社会学家罗伯特·贝拉(Robert Bellah)所称的"养育的倾向"(Bellah, 2011:191—192),从根本上来讲,是一个生物所势在必行的,因为其进化的命运是早产、神经性和文化性的共同决定,以及一个对于关系性他者延长的依赖期。[①] 正在到来的生态政治经济学需要的公共哲学,需要去挖掘那

---

① 从进化理论的角度对此类文献所进行的一个重要讨论和回顾,请参见贝拉(2011:60—97,175—182,191—192)。应该说,除了对养育的倾向,贝拉还发现了我们物种深层进化史中的第二个方面,他称其为"支配的倾向",即等级的社会秩序化,其结果是有目的能动性的竞争的那方面。然而,在一个社会等级体系中,这种地位和位置竞争性的秩序化的表现,并不必然会导致我(追随麦克弗森对马克思的追随)所说的"攫取性权力"。换句话说,在我们深层的进化历史中,追求等级分化的动力并且有为资本主义的必要性提供论据,更不用说为其辩护了。而深层等级制度在文化和社会秩序中表达自己的替代性途径是游戏。在贝拉的作品和伯格哈特(Burghardt, 2006)的作品中,游戏有许多复杂的方面;可以说,从本质上讲,它是能动与活动的一种相关的而非攫取的形式。对我们此时的目的最有意义的论据是,在"放松的场域"环境、进化的条件下出现了游戏代理人,这意味着从自然选择的角度来看,竞争压力处于放松状态。这表明某种特定的经济可以满足住所的标准。正是人类群体与其周围生态系统之间的持续互动,才没有削弱这些生态系统提供的物质和服务。过去文化中住所的宽松条件,以及未来生态的政治经济的宽松条件,都使游戏成为可能。反过来,游戏从而以一种避免了统治、攫取性权力交易的制度化以及其 (转下页)

个深层次的动机结构。

如果能够这样做,那么地球边界的信息,廉价化石碳的自由时代的终结,都不是失去自由的坏消息,而是对一种新萌生的自由的一个承诺——一种从人性角度更令人满意的自由类型。关系性自由的伦理,能够证明全国、全球的下一代人都需要的那些经济和社会变革,并且激发其积极性。[②] 这是一种方法,在一个社会和自然方面都深厚并且相互依赖的世界里富足地生活的方法。这种感觉不会被消灭,这种意义不会失去。它保持了人类常在的可能性,即使它现在为止已经变得如此无常,如此短暂。

参考文献

Anderson, Benedict. 1991, *Imagined Communities: Reflections on the Origin and Spread of Nationalism*. 2nd ed (《想象的共同体:民族主义的起源和散布》第 2 版), London: Verso.

Arendt, Hannah. 1958, *The Human Condition* (《人的条件》), Chicago: University of Chicago Press.

Bellah, Robert N. 2011, *Religion in Human Evolution: From the Paleolithic to the Axial Age* (《人类进化中的宗教:从旧石器时代到轴心时代》), Cambridge, MA: Harvard University Press.

Bellah, Robert N., Richard Madsen, William M. Sullivan, Ann Swidler, and Steven M. Tipton. 1985, *Habits of the Heart: Individualism and Commitment*

(接上页)他诸如此类的方式,满足了人类对等级分化的倾向(与养育和照顾的倾向并存)。游戏是一种竞争,它将统治升华为关系。这就是我所追求的自由:一种关系性自由,它能避免被支配,表达出关心和玩乐的深层冲动。这种自由与相互竞争的选择性、等级性压力的放松所需的社会和自然条件是共生的。如果关系性自由的理论和实践成就——思想、言语和行为——具有生态学前设,那么它也具有生态学效果。现在,我们正以这样一种方式去向破坏地球边界的路上,以至于加剧了与关系性自由对立的环境——亦即,一种越来越赤裸裸的每个人为他自己霍布斯式处境的条件。我们正在如此行事,至少部分是因为我们教会了我们自己去相信:攫取性权力的制度化(和个人化)表达,是自由的一个条件。然而,正如我们从一个进化的观点,从历史上诸多的统治社会中所知道的那样,这恰恰是带来不自由的那些东西。

② 这些社会变革最重要的是:(1) 经济和政治方面的制度转型,以实现对权力和社会参与的公平获取;(2) 社区更新和参与;(3) 更广泛的生态素养基础;(4) 减少等级制度和相对社会不平等方向的改变,这将减轻人们的长期压力并增强个人尊严和自尊心;(5) 重新唤起人类对一个健康而有活力的自然世界负有信托责任的道德想象力和敏感性;(6) 重新唤起政治想象力——借用哈贝马斯(1996: 295—302)的术语"民主意志的形成"——来创造能够带来这些变化的治理和公共政策。

in American Life（《心灵的习性：美国人生活的个体主义与公共责任》），Berkeley：University of California Press.

Benhabib, Seyla. 1987, "The Generalized and the Concrete Other"（《概化的他人与具体的他人》），in Feminism as Critique：On the Politics of Gender（《作为批判的女性主义：社会性别的政治学》），edited by Seyla Benhabib and Drucilla Cornell, Minneapolis：University of Minnesota Press, pp. 77-95.

Benhabib, Seyla. 1992, Situating the Self：Gender, Community, and Postmodernism in Contemporary Ethics（《定位自我：当代伦理学中的性别、共同体和后现代主义》），New York：Routledge.

Benhabib, Seyla. 1996, Democracy and Difference：Contesting the Boundaries of the Political（《民主与差异：挑战政治的边界》），Princeton, NJ：Princeton University Press.

Berlin, Isaiah. 1969, Four Essays on Liberty（《自由四论》），New York：Oxford University Press.

Brown, Peter G. 1994, Restoring the Public Trust：A Fresh Vision for Progressive Government in America（《重建公共信任：美国进步政府的新视野》），Boston：Beacon Press.

Brown, Peter G. 2001, The Commonwealth of Life：A Treatise on Stewardship Economics（《生命的联邦：管理经济学论丛》），Montréal：Black Rose Books.

Brown, Peter G., and Geoffrey Garver. 2009, Right Relationship：Building a Whole Earth Economy（《正当关系：建立一个整体的地球经济》），San Francisco：Berrett-Koehler Publishers.

Burghardt, Gordon M. 2006, The Genesis of Animal Play：Testing the Limits（《动物戏剧的起源：测试限制》），Cambridge, MA：MIT Press.

Calhoun, Craig. 2002, "Imagining Solidarity：Cosmopolitanism, Constitutional Patriotism, and the Public Sphere"（《想象的团结：世界主义、宪法爱国主义和公共领域》），Public Culture（《公共文化》）14（1）：147-171. doi：10.1215/08992363-14-1—147.

Calhoun, Craig. 2005, "Constitutional Patriotism and the Public Sphere：Interests, Identity, and Solidarity in the Integration of Europe"（《宪法爱国主义和公共领域：欧洲一体化中的利益、认同和团结》），International Journal of Politics, Culture, and Society（《国际政治、文化与社会杂志》）18（3-4）：257-280. doi：10.1007/s10767-006-9002-0.

Carens, Joseph H. 1993, Democracy and Possessive Individualism：The Intellectual Legacy of C. B. Macpherson（《民主与占有的个体主义：C. B. 麦克弗森的知识遗产》），Albany：State University of New York Press.

Costanza, Robert, ed. 1991, Ecological Economics：The Science and Management of Sustainability（《生态经济学：可持续的科学与管理》），New

York: Columbia University Press.

Daly, Herman E., and John B. Cobb. 1994, *For the Common Good: Redirecting the Economy toward Community, the Environment, and a Sustainable Future. 2nd ed* (《为了共同利益：将经济重新导向共同体、环境和可持续未来》第 2 版), Boston: Beacon Press.

Daly, Herman E., and Joshua C. Farley. 2011, *Ecological Economics: Principles and Applications. 2nd ed* (《生态经济学：原则与应用》第 2 版), Washington, DC: Island Press.

Dean, Jodi. 1995, "Reflective Solidarity" (《自反性团结》), *Constellations* 2 (1): 114 – 140. doi: 10.1111/j.1467 – 8675. 1995. tb00023. x.

Dean, Jodi. 1996, *Solidarity of Strangers: Feminism after Identity Politics* (《陌生人的团结：身份政治之后的女性主义》), Berkeley: University of California Press.

Diamond, Cora. 1988, "Losing Your Concepts" (《失去你的概念》), *Ethics* (《道德》) 98 (1): 255—277.

Duménil, Gérard, and Dominique Lévy. 2011, *The Crisis of Neoliberalism* (《新自由主义的危机》), Cambridge, MA: Harvard University Press.

Forst, Rainer. 1992, "How (Not) to Speak About Identity: The Concept of the Person in a Theory of Justice" (《如何（不）说起认同话题：正义理论中人的概念》), *Philosophy & Social Criticism* (《哲学与社会批判》) 18 (3 – 4): 293 – 312. doi: 10.1177/019145379201800305.

Fraser, Nancy. 1986, "Toward a Discourse Ethic of Solidarity" (《迈向团结的话语伦理》), *Praxis International* (《实践国际》) 5 (4): 425 – 429.

Fraser, Nancy, and Axel Honneth. 2003, *Redistribution or Recognition? A Political Philosophical Exchange* (《再分配还是承认？——一个政治哲学对话》), London: Verso.

Gaylin, Willard, and Bruce Jennings. 2003, *The Perversion of Autonomy: Coercion and Constraints in a Liberal Society. 2nd ed* (《自主性的误用：自由社会中的强制和限制》第 2 版), Washington, DC: Georgetown University Press.

Giddens, Anthony. 1984, *The Constitution of Society: Outline of the Theory of Structuration* (《社会的构成：结构化理论纲要》), Berkeley: University of California Press.

Gray, John. 1996, *Isaiah Berlin* (《以赛亚·伯林》), Princeton, NJ: Princeton University Press.

Gray, John. 2000, *Two Faces of Liberalism* (《自由主义的两张面孔》), New York: The New Press.

Green, Donald P., and Ian Shapiro. 1994, *Pathologies of Rational Choice Theory: A Critique of Applications in Political Science* (《理性选择理论的病理学：

对其在政治科学中应用的批判》), New Haven, CT: Yale University Press.

Günther, Klaus. 1993, *The Sense of Appropriateness: Application Discourses in Morality and Law*(《得体感：道德与法律中的应用话语》), Albany: State University of New York Press.

Habermas, Jürgen. 1984, *The Theory of Communicative Action*(《交往行为理论》), translated by Thomas McCarthy. 2 vols. Boston: Beacon Press.

Habermas, Jürgen. 1996, *Between Facts and Norms: Contributions to a Discourse Theory of Law and Democracy*(《在事实与规范之间：关于法律和民主的商谈理论》), Cambridge, MA: MIT Press.

Habermas, Jürgen. 2003, *The Future of Human Nature*(《人性的未来》), Cambridge, UK: Polity.

Habermas, Jürgen. 2005, "Equal Treatment of Cultures and the Limits of Postmodern Liberalism"(《文化的平等对待与后现代自由主义的限制》), *Journal of Political Philosophy*(《政治哲学杂志》)13(1): 1-28. doi: 10.1111/j.1467-9760.2005.00211.x.

Halévy, Elie. 1966, *The Growth of Philosophical Radicalism*(《哲学激进主义的兴起》), translated by Mary Morris. Boston: Beacon Press.

Hansen, James, Pushker Kharecha, Makiko Sato, Valerie Masson-Delmotte, Frank Ackerman, David J. Beerling, Paul J. Hearty, Ove Hoegh-Guldberg, Shi-Ling Hsu, Camille Parmesan, Johan Rockström, Eelco J. Rohling, Jeffrey Sachs, Pete Smith, Konrad Steffen, Lise Van Susteren, Karina von Schuckmann, and James C. Zachos. 2013, "Assessing Dangerous Climate Change: Required Reduction of Carbon Emissions to Protect Young People, Future Generations and Nature"(《评估危险的气候变迁：为保护年轻人、未来世代和自然而必需减少的碳排放》), *PLoS ONE*(《公共科学图书馆期刊》)8(12): e81648. doi: 10.1371/journal.pone.0081648.

Harré, Rom. 1998, *The Singular Self: An Introduction to the Psychology of Personhood*(《单一的自我：人格心理学入门》), London: Sage Publications.

Harvey, David. 2005, *A Brief History of Neoliberalism*(《新自由主义简史》), Oxford: Oxford University Press.

Harvey, David. 2010, *A Companion to Marx's Capital*(《跟大卫·哈维读〈资本论〉》), London: Verso.

Hirschman, Albert O. 1977, *The Passions and the Interests: Political Arguments for Capitalism before Its Triumph*(《欲望与利益：资本主义走向胜利前的政治争论》), Princeton, NJ: Princeton University Press.

Honneth, Axel. 1996, *The Struggle for Recognition: The Moral Grammar of Social Conflicts*(《为了承认的斗争：社会冲突的道德语法》), translated by Joel Anderson. Cambridge, MA: MIT Press.

Honneth, Axel. 2014, *Freedom's Right: The Social Foundations of Democratic Life*（《自由的权利：民主生活的社会基础》）, translated by Joseph Ganahl. Chichester, England: Polity.

Jennings, Bruce. 1981, "Tradition and the Politics of Remembering"（《传统与记忆的政治》）, *The Georgia Review*（《乔治亚评论》）, 36 (1): 167 – 182.

Jennings, Bruce. 2007, "Public Health and Civic Republicanism"（《公共卫生与公民共和主义》）, in *Ethics, Prevention, and Public Health*（《伦理学、预防与公共卫生》）, edited by Angus Dawson and Marcel F. Verweij, Oxford: Oxford University Press, pp. 30 – 58.

Jennings, Bruce. 2009, "Public Health and Liberty: Beyond the Millian Paradigm"（《公共卫生与自由：超越米利安范式》）, *Public Health Ethics*（《公共卫生伦理》）2 (2): 123 – 134. doi: 10.1093/phe/php009.

Jennings, Bruce. 2010a, "Beyond the Social Contract of Consumption: Democratic Governance in the Post-Carbon Era"（《超越消费的社会契约：后碳时代的民主治理》）, *Critical Policy Studies*（《关键政策研究》）4 (3): 222 – 233. doi: 10.1080/19460171.2010.508919.

Jennings, Bruce. 2010b, "Toward an Ecological Political Economy: Accommodating Nature in a New Discourse of Public Philosophy and Policy Analysis"（《迈向生态政治经济学：将自然容纳在公共哲学和政策分析的新话语之中》）, *Critical Policy Studies*（《关键政策研究》）4 (1): 77 – 85. doi: 10.1080/19460171003715028.

Jennings, Bruce. 2011, "Nature as Absence: The Natural, the Cultural, and the Human in Social Contract Theory"（《缺席的自然：社会契约论中的自然的、文化的和人性的》）, in *The Ideal of Nature: Debates about Biotechnology and the Environment*（《自然的理想：关于生物技术与环境的讨论》）, edited by Gregory E. Kaebnick, Baltimore: Johns Hopkins University Press, pp. 29 – 48.

Jennings, Bruce. 2015, "Relational Liberty Revisited: Membership, Solidarity, and a Public Health Ethics of Place"（《重返关系性自由：成员资格、团结与地方的公共卫生伦理学》）, *Public Health Ethics*（《公共卫生伦理》）8 (1). doi: 10.1093/phe/phu045

Jennings, Bruce, and K. Prewitt. 1985, "The Humanities and the Social Sciences: Reconstructing a Public Philosophy"（《人文学科与社会科学：重建公共哲学》）, in *Applying the Humanities*（《将人文学科应用起来》）, edited by Daniel Callahan, Arthur L. Caplan, and Bruce Jennings, New York: Plenum Press, pp. 125 – 144.

Jonas, Hans. 1985, *The Imperative of Responsibility: In Search of an Ethics for the Technological Age*（《责任原理：现代技术文明伦理学的尝试》）, Chicago: University of Chicago Press.

Jones, Daniel Stedman. 2012, *Masters of the Universe: Hayek, Friedman, and the Birth of Neoliberal Politics*（《宇宙的主人：哈耶克、弗里德曼和新自由主义政治的诞生》）, Princeton, NJ: Princeton University Press.

Klein, Naomi. 2011, "Capitalism vs. the Climate"（《资本主义 vs. 气候危机》）, *The Nation*（《自然》）, November 28. Accessed January 24, 2015. http://www.thenation.com/article/164497/capitalism-vs-climate.

Klein, Naomi. 2014, *This Changes Everything: Capitalism vs. the Climate*（《天翻地覆：资本主义 vs. 气候危机》）, New York: Simon & Schuster.

Lanchester, John. 2012, "Marx at 193"（《马克思在193》）, *London Review of Books*（《伦敦书评》）34（7）: 7－10. http://www.lrb.co.uk/v34/n07/john-lanchester/marx-at-193.

Lear, Jonathan. 2006, *Radical Hope: Ethics in the Face of Cultural Devastation*（《激进的希望：直面文化毁坏的伦理学》）, Cambridge, MA: Harvard University Press.

Lederer, Richard. 1989, *Anguished English: An Anthology of Accidental Assaults Upon Our Language*（《极度痛苦的英语：对我们语言的偶然性攻击之文选》）, New York: Dell.

Lee, Keekok. 2005, *Philosophy and Revolutions in Genetics: Deep Science and Deep Technology*（《遗传学中的哲学和革命》）, London: Palgrave Macmillan.

Leopold, Aldo. 1989, *A Sand County Almanac and Sketches Here and There*（《沙乡年鉴》）, Special Commemorative Edition. New York: Oxford University Press.

Lovejoy, Arthur O. 1961, *Reflections on Human Nature*（《人类本性的反思》）, Baltimore: Johns Hopkins Press.

Macpherson, C. B. 1962, *The Political Theory of Possessive Individualism: Hobbes to Locke*（《占有性个人主义的政治理论：从霍布斯到洛克》）, Oxford: Clarendon Press.

Macpherson, C. B. 1973, *Democratic Theory: Essays in Retrieval*（《民主理论：检索中的论文》）, Oxford: Clarendon Press.

Macpherson, C. B. 1977, *The Life and Times of Liberal Democracy*（《自由民主的生平与时代》）, New York: Oxford University Press.

Marglin, Stephen A. 2010, *The Dismal Science: How Thinking Like an Economist Undermines Community*（《忧郁的科学：经济学家那样的思考是如何逐渐破坏共同体的》）, Cambridge, MA: Harvard University Press.

Marx, Karl. (1867) 1990, *Capital: A Critique of Political Economy Vol. 1*（《资本论：政治经济学批判》第1卷）, Translated by Ben Fowkes. London: Penguin.

Mill, John Stuart. (1859) 1956, *On Liberty*（《论自由》）, Indianapolis, IN:

Bobbs-Merrill.

More, Thomas. (1516) 1975, *Utopia: A New Translation, Backgrounds, Criticism*(《乌托邦：新的翻译、背景和批评》), edited and translated by Robert Martin Adams. New York: W. W. Norton.

Mulhall, Stephen, and Adam Swift. 1996, *Liberals and Communitarians*. 2nd ed (《自由主义者与社群主义者》第2版), Oxford: Blackwell.

Nelson, Benjamin. 1969, *The Idea of Usury: From Tribal Brotherhood to Universal Otherhood*. 2nd ed (《高利贷的观念：从部落的兄弟之情到普遍的他性》第2版), Princeton, NJ: Princeton University Press.

Nussbaum, Martha Craven. 1995, *Poetic Justice: The Literary Imagination and Public Life*(《诗性正义：文学想象与公共生活》), Boston: Beacon Press.

Ophuls, William. 1998, *Requiem for Modern Politics: The Tragedy of the Enlightenment and the Challenge of the New Millennium*(《现代政治的安魂曲：启蒙运动的悲剧与新千年的挑战》), Boulder, CO: Westview Press.

Peck, Jamie. 2010, *Constructions of Neoliberal Reason*(《新自由主义理性的建构》), Oxford, UK: Oxford University Press.

Pettit, Philip. 1997, *Republicanism: A Theory of Freedom and Government*(《共和主义：一种关于自由与政府的理论》), New York: Oxford University Press.

Pettit, Philip. 2001, *A Theory of Freedom: From the Psychology to the Politics of Agency*(《自由理论：从心理学到能动性的政治》), New York: Oxford University Press.

Pettit, Philip. 2012, *On the People's Terms: A Republican Theory and Model of Democracy*(《依照人民的意愿：共和主义民主的理论与模式》), Cambridge, UK: Cambridge University Press.

Pitkin, Hanna Fenichel. 1988, "Are Freedom and Liberty Twins?" (《自主与自由是双胞胎吗？》), *Political Theory*(《政治学理论》) 16 (4): 523–552. doi: 10.2307/191431.

Plamenatz, J. 1973, Liberalism(《自由主义》), in *Dictionary of the History of Ideas: Studies of Selected Pivotal Ideas*(《观念史词典：关键观念选编研究》), edited by Philip P. Wiener. New York: Charles Scribner's.

Polanyi, Karl. 1944, *The Great Transformation* (《大转型》), Boston: Beacon Press.

Putnam, Robert D. 2000, *Bowling Alone: The Collapse and Revival of American Community*(《独自打保龄：美国社区的衰落与复兴》), New York: Simon & Schuster.

Rawls, John. 1971, *A Theory of Justice* (《正义论》), Cambridge, MA: Harvard University Press.

Rawls, John. 1993, *Political Liberalism*(《政治自由主义》), New York: Columbia University Press.

Robbins, Lionel. 1962, *An Essay on the Nature & Significance of Economic Science. 2nd ed* (《经济科学的性质和意义》第2版), London: Macmillan.

Rockström, Johan, Will Steffen, Kevin Noone, Asa Persson, F. Stuart Chapin, III, Eric F. Lambin, Timothy M. Lenton, Marten Scheffer, Carl Folke, Hans Joachim Schellnhuber, Bjorn Nykvist, Cynthia A. de Wit, Terry Hughes, Sander van der Leeuw, Henning Rodhe, Sverker Sorlin, Peter K. Snyder, Robert Costanza, Uno Svedin, Malin Falkenmark, Louise Karlberg, Robert W. Corell, Victoria J. Fabry, James Hansen, Brian Walker, Diana Liverman, Katherine Richardson, Paul Crutzen, and Jonathan A. Foley. 2009, "Planetary Boundaries: Exploring the Safe Operating Space for Humanity"(《地球边界:探索人类的安全运行空间》), *Ecology and Society*(《生态与社会》) 14 (2): 32. http://www.ecologyandsociety.org/vol14/iss2/art32/.

Rodgers, Daniel T. 2011, *Age of Fracture*(《断裂的时代》), Cambridge, MA: Harvard University Press.

Rose, Nikolas S. 2006, *Politics of Life Itself: Biomedicine, Power, and Subjectivity in the Twenty-First Century*(《生命本身的政治:21世纪的生物医学、权力和主体性》), Princeton, NJ: Princeton University Press.

Sahlins, Marshall. 1985, *Islands of History*(《历史之岛》), Chicago: University of Chicago Press.

Sandel, Michael J. 1998, *Liberalism and the Limits of Justice. 2nd ed*(《自由主义与正义的局限》第2版), Cambridge, UK: Cambridge University Press.

Sandel, Michael J. 2006, *Public Philosophy: Essays on Morality in Politics*(《公共哲学:政治中道德问题》), Cambridge, MA: Harvard University Press.

Scanlon, Thomas. 1998, *What We Owe to Each Other*(《我们彼此负有什么义务》), Cambridge, MA: Harvard University Press.

Schlesinger, William H. 2009, "Planetary Boundaries: Thresholds Risk Prolonged Degradation"(《地球边界:阈值有长期退化之风险》), *Nature Reports Climate Change*(《自然报道气候变化》) 3: 112 - 113. doi: 10.1038/climate.2009.93.

Schor, Juliet. 2010, *Plenitude: The New Economics of True Wealth*(《新富余:人类未来20年的生活新路径》), New York: Penguin.

Schumpeter, Joseph A. 1950, *Capitalism, Socialism, and Democracy. 3rd ed* (《资本主义、社会主义与民主》第3版), New York: Harper & Row.

Sennett, Richard. 2009, *The Craftsman*(《匠人》), New Haven, CT: Yale University Press.

Sullivan, William M. 1986, *Reconstructing Public Philosophy*(《重建公共哲

学》),Berkeley: University of California Press.

Taylor, Charles. 1985a, *Philosophical Papers Vol. 1: Human Agency and Language* (《哲学论文第 1 卷:人类能动性和语言》), Cambridge, UK: Cambridge University Press.

Taylor, Charles. 1985b, *Philosophical Papers Vol. 2: Philosophy and the Human Sciences* (《哲学论文第 2 卷:哲学与人文学科》), Cambridge, UK: Cambridge University Press.

Taylor, Charles. 1989, *Sources of the Self: The Making of the Modern Identity* (《自我的根源:现代认同的形成》), Cambridge, MA: Harvard University Press.

Taylor, Charles. 1991, *The Ethics of Authenticity* (《本真性的伦理》), Cambridge, MA: Harvard University Press.

Tocqueville, Alexis de. (1840) 1969, *Democracy in America* (《美国的民主》), edited by J. P. Mayer. Translated by George Lawrence. 2 vols. New York: Anchor Books.

Tully, James. 2008–2009, *Public Philosophy in a New Key. 2 vols* (《一种新基调的公共哲学》全 2 卷), Cambridge, UK: Cambridge University Press.

Victor, Peter A. 2008, *Managing Without Growth: Slower by Design, Not Disaster* (《无需增长的管理:通过设计而非灾难来减慢速度》), Cheltenham, UK: Edward Elgar.

Walsh, Vivian Charles. 1996, *Rationality, Allocation, and Reproduction* (《合理性、分配与再生产》), Oxford: Clarendon Press.

Walzer, Michael. 2004, *Politics and Passion: Toward A More Egalitarian Liberalism* (《政治与激情:迈向更平等的自由主义》), New Haven, CT: Yale University.

Wolff, Robert Paul. 1970, *In Defence of Anarchism* (《为无政府主义辩护》), New York: Harper & Row.

第十一章

新思潮,新话语,新经济:
朝着生态政治经济学而改变动力

贾尼丝·哈维

> 我相信……有关宿命的强理论是抽象而错误的。我们自由的程度并非为零。这是一个让我们去深思熟虑的起点:什么才应该是我们的终点?工具理性是否应当比它现在在我们生活中的地位更低一些?但是,在这些分析中的真相是,它不只是一件改变个体视野的事情,它也不只是一场"心灵与思维"的战争——虽然这很重要。在这个领域,改变将不得不同样是制度层面上的。
>
> ——查尔斯·泰勒(Charles Taylor),《现代性之隐忧》,1991,第 8 页

1. 引言:从伦理到行动

尽管来自不同的学科和视角,但本书各位作者的关注是统一的,即传统的增长经济学无法免于地球的限制,生态体系也不能在经济生产和消费的无情增长中幸存。尽管改变不可避免,但改变的方向和结果并非不可避免。优先选择是以生态政治经济学替代

当前的增长经济，而不是另外一些形式的社会和经济溃败。但是这一转向该如何发生？只有在最近，这一问题才引起了更多的关注。虽然我们仍然需要清晰地列明生态经济学的要素并给出模型，我们也必须开始构想那些促使我们向目标进发的社会政治过程。

正如本书所努力的，这是一件需要讨论的事情，生态经济学要求一种基于成员资格、住所和熵节约的新思潮（第二章），并因此要求一种新的生态政治经济学（第十章）。去看待这样一种伦理转变将如何发生，它如何对系统变化的动力学做出贡献，又是另外一个问题。一方面，生态经济学作为一种知识领域，应当嵌入一种"正当关系"的伦理学，并以这种方式促进其在全社会中的散布。另一方面，直到一种新思潮被广泛植根于社会为止，生态经济学想要超越其自然支持者而发挥举足轻重的作用，这一前景还是受限的。正如詹宁斯在本书第十章中所提出的问题："我们在哪里才能够发现进入社会改变之循环的理论起点？"

还是有一些洞见的，能够用来去思考这个伦理转变和经济结构性改变的复杂工程。考虑到我们相当令人泄气的环境政治的历史，以及现状中强大的利益投资所具备的压倒性影响（Speth，2008），更不要提新古典经济学信条在我们主要制度中的优势地位，在这场关键的社会工程中，对政治领袖的期待显然是相当幼稚的——等待是愚蠢的。政治是善变的，受到计划好的策略、未计划的反应、意外事情、天气，当然还有金钱的影响。得与失都是瞬时的，政府和政策以选举循环的速率来来去去。而想要促进现在全球增长依赖型的政治经济的转型，是一个长期的前景，不适应于短期的政治权宜和对策性的操纵。

尽管如此，政治理论依然提供了一个基本的洞察，可以围绕它来组织我们的思考。虽然系统倾向于自我不朽，并因此看起来本质上是稳定的，但它们是动态的，并遭受外在和内在的压力。因为外在的压力超越了有意识的人类能动性的范围,我们将不在这里处理这个问题。另一方面,内在压力能够创造合法性危机之节点,使系统性变迁成为可能(Bourdieu,1993;Habermas,1976)。从这个观点出发,只要公众能够广泛地认识到经济增长作为公共政策优先的不合法之处,增长经济的那些制度也能够被转化,成为在无需增长的情况下也能高效地起作用的系统。

本章中,我将勾勒出两个看似有区别的理论框架,提出我们该如何就此主题进行思考——并且采取行动。从批判的角度出发,话语理论认为制度—文化变迁的过程是话语性的、辩证性的(Fairclough,Mulderrig and Wodak,2011;van Dijk,2011)。另一方面,世界体系理论提醒我们,这样的社会建构发生在一个独一无二、既限制也推进但最终形塑系统变迁的历史情境中(Wallerstein,1999,2004)。本书的出版本身就是一个话语事件。尽管想要去帮助生态经济学踏上它的旅程,本书渴望通过将我们的自我理解扎根于一个进化的世界观中,去改变我们与生命还有世界的关系。在这一任务中,它加入了一个不断扩大的、有着相似抱负的生态学话语的语料库。本章的目标是想要就变迁过程达成协议,而本书的生产和贡献是其中的一部分。

2. 伦理与文化

因此,我们最好不要低估生态政治经济学所面对的任务。它既是一个本体论的重新定向,也是一个伦理的革新。在一种描述性意义上,它超出了物理和生命科学,并涉及社会秩序和人类能动性的那些规范性基础。有组织人类活动的全部结构,必须为它们所包含的有目的的、自我意识的人类能动者,赋予一种意义感。因此,新的生态政治经济学将需要一个新的基础故事,以及一个规范与理想的新概念框架。

——布鲁斯·詹宁斯,本书第十章

宽泛一点来说,伦理是一个构成性要素,与理念、信念、价值观、规范、道德义务、真理宣称,以及那些将我们定位并给予我们在世界中的经验以意义的认知方式一起,构成了文化。这一"心灵的文化"(Wuthnow,1989)是前反射的、潜意识的——一种存在方式与一种行动方式(Bourdieu,1993)。但是,它也是显在的,在真实的行为、实践和产品中可见的,并"存在于它被生产和传播的动态情境之中"(Wuthnow,1989:16)。它提供了透镜和过滤器,我们通过它来解释日常生活中无数的刺激因素,指出什么有价值、什么没有价值,为共同体之内的日常生活设定规则和义务,并将我们定位于事物与其他一切发生关联的更伟大的计划中(Milton,1996)。

伦理的改变,意味着文化的转变,但这不是一个意愿的问题。文化是情境性和历史性的,是一个旧传统与通过社会互动创造出的新理解所形成的混合物(Hunter,2010)。作为意义的霸权式框架,文化在社会的诸多制度设置之中显现;因此,变迁过程必须牵涉社会制度的性质、工作方式和权力(Wuthnow,1989)。市场、国家、教育系统、宗教、媒体、科学技术研究以及家庭,都是文化的承载物,尽管它们也在捍卫着自己的逻辑、地位和历史。社会制度具体表达了知识、专家、证书和权威的特殊形式,渗透着文化意义。这一"象征资本"能够授予权力,其终极表达是合法命名的权力,并反过来对现实本身进行定义(Bourdieu,1989:20—23)。

亨特(Hunter,2010)按照社会位置、网络和制度的"象征资本"禀赋,将它们定位于一个中心—边缘的光谱上,这样,他将"命名"或意义生产的权力动力学进行了概念化。在文化"意义"——什么被视为重要的或者"真正的",以及反过来,什么被视为边缘的、没有价值的——的生产中,那些最为关键的卷入者占据或者构成了声望最高的文化中心地带;而那些在文化意义生产中最没有影响力的人,被发现处于社会地位低的边缘地带。这一动力学是相互强化的。强大的行动者通过网络再生产他们的地位。网络越"密集",互动性越强,它在文化意义生产中就越有影响力(Hunter,2010)。反过来也是如此。当对正统意义生产的挑战来自中心之外,并且开始嵌入支持性的精英和制度的密集网络中的时候,文化就改变了(Hunter, 2010; Wuthnow, 1989)。所以,尽管文化中的惰性根深蒂固,但它依然是一个服从于变化的开放系统。自工业社会到来以后,伦理已经发生了戏剧性的变化,伴随着实践与制度中的改变,而且它们还在持续发生改变。但是其中多少能够归功于人类的能动性?文化变迁的领域经得起积极的或策略性干预的检验吗?

3. 文化变迁与话语之间的关系

> 随着这个理论逐渐地入侵社会世界,越来越多的人被它说服——在一些情况下,极大地从中获益。因此,人们的行动,以及支持行动的社会和文化的世界,随之改变了。人们继续透过那种理论的棱镜来看世界,并相应如此这般地来改变世界——极尽可能地这样做。
>
> ——彼得·蒂默曼,本书第一章

只有在个体行为的层面上以及在社会规范和制度的层面上都发生变化,生态政治经济学才有可能到来。在实践中,这意味着,如果这些社会中的成员们都像相互依赖的、关系性的自我——生态的自我,或生态的公民和受托人——那样思考和行动的话,我们必须学会明确有力地表达出他们愿意表达的价值观和理想……为了这一任务,生态的公共哲学需要团结、相互依赖、互惠、共同体和公共善等一系列词汇——一些能够被成员资格、住所和熵节约等主要原则必然包含或至少会提及的规范。

——布鲁斯·詹宁斯,本书第十章

当我们考虑到,文化意义和参照点是通过话语而被生产、再生产和转型时,人类能动性的可能性和角色变得更加清晰了。即使这些过程是相互关联的,但为了分析目的,我们能够在话语效应的两个层面或维度上对它们进行区分。第一是个人的和文化的相互交叉。我们通过个体感知与社会互动、解释与辩论的复杂组合,去理解我们周围的世界,以及我们如何适应它。而这些组合是经由且依靠多种多样的交往形式——包括文化叙事和神话的讲述——来传播的(Hajer, 1995; Milton, 1996)。这是一些原始材料,我们从中建构、再生产并修改"隐含意义的基本框架"——"文化的深层次结构",一代又一代。如此,我们才能用来理解我们的世界(Hunter and Wolfe, 2006:91)。通过话语的象征性交往,久而久之,这些潜意识框架或者"解释的图式"就包含了一些深深根植的设想,而这些设想成了"第二自然,根深蒂固,成了行事方式的固定部分",并且提供了一个宽泛的社会现实描述。因为深层次的文化框架是隐而不见的,被整个文化广泛共享的,它们能够随着时间的流逝而持续不断;文化框架对变化有抵抗力这一事实,意味着它们能够满足某些重要需求(Reese, 2003:14—18)。

隐含的文化框架不仅提供过滤器,让人们用来接收和解释有关他们周围世界的信息,它们还形塑文化内部出现的社会性制度,将为其赋予合法性。[①] 举例来说,使人性脱离自然并且掌控自然的主导文化框架,已经为西方帝国/工业扩张发挥了很好的作用。作为自由主义制度建立基础的一个核心假设,这一框架坚持无视对

[①] 彼得·蒂默曼在本书中提供了丰富的案例,展示了追随完全不同于形塑工业社会之文化话语的那些经济实践。

其解构性病理学不断累积的证据（McKibben，1989；Merchant，1980）。生态经济学话语所依靠的是一个不同的文化框架——一种不同的"认知方式"——也就是将人视为地球共同体的一个成员而不是其主人（Leopold，1966）。依赖增长的政治经济，其制度的转型，意味着其根本性的伦理—文化框架的转型。现在，主导文化框架加强了现代社会与其地球东道主之间的病理学关系。在最基本的层次上，伦理的转变，则意味着并且要求主导文化框架的修正或转型。

这向我们指出了话语效应的第二个维度：通过话语对社会现实进行积极的"框架过程"。在对新的文化叙事的召唤中，这一过程处于核心。因为存在着"不同的认知方式"，所以话语"的运作总是涉及权力——它们是权力传播和被质疑的一部分方式"。根据霍尔的说法，"一个话语是真的还是假的"这个问题，不如"它是否起到实际作用"这个问题那么重要——"在其他世界里，它在组织和管理权力关系方面是否成功"（Hall，1996：201）。在批判话语研究中，话语被理解为一个社会实践，其中，权力关系在社会行动者之间和之中得到表现。在绝大多数例子中，这些关系在一个潜意识水平上运作：

> 话语是社会性地构成，并且被社会性地形塑的……在它能够帮助维持和再生产社会地位现状这一意义上，以及它有助于将其转型的意义上，它都是构成性的。由于话语是如此具有社会影响力，它引起了诸多的重要权力议题。在一种辩证的理解中，社会世界的一个特殊构型……被卷入对世界所进行的一个特殊的语言的概念化中——在语言中，我们不单命名事物，还能够将事物概念化。因为话语实践可能具有重要的意识形态效应……话语会尝试着将有关任何社会生活方面的那些（常常是错

误的)假设,仅仅当成常识来看待。使用语言方式中的意识形态承载和位于其下的权力关系,常常都是不为人知的。(Fairclough,Mulderrig and Wodak,2011:358)

这将话语定位于政治领域和文化领域之中,并且与二者相结合。在每一个社会中,都有统治的或霸权主义的话语,反映了一种正统的世界观——这个世界观既形塑社会的主要制度,包括国家及其安全机器、司法、教育系统和媒体,也被它们所维持(Bourdieu,1989)。然而,话语是霸权主义的,不仅因为它们深藏于精英制度中,也因为它们与潜意识的文化框架相互呼应。乔治·拉科夫(George Lakoff)重点提及了文化—道德框架(也是话语的构成部分)的特殊潜力。无法呼应这些潜在框架的话语,因为要面对合法性的经验证据这一压倒性的问题,往往被拒绝(Lakoff,2004:xv)。[①] 正是在文化清晰度的话语过程失败之时,文化变迁的条件就出现了。

尽管中心制度和它们的统治群体,极力宣传那些能够再生产文化框架的霸权主义文化话语,但它们并非刀枪不入。因为话语是权力的地点,总是存在着"底层的"或被统治的利益,而抵抗或者反霸权的话语就围绕着这些利益而发生。社会学家皮埃尔·布迪厄(1989)将统治者和挑战者的话语之间的关系概念化为一个在话语"场域"中展开的游戏,不同的话语为了合法性和权威而彼此竞争。在这个竞争中,一个话语成功或者失败的程度,是其象征资本的一个功能——无论是经济的、社会的,还是文化的资本。在经济话语中,金融资本和经济—学术文凭传达着权威。在其他话语中,其他形式的资本将会更加重要。举个例子,在环境议题方面,环境组织经常被公众引用,作为他们最信任的来源,而私人部门则得分

[①] 我们可以将对气候变迁的否认以及美国的"茶党"现象作为这方面的例证。

糟糕。和商业的利润动机比较起来,这是道德权威投资在环境运动中的一个功能。然而,在经济话语和环境话语的竞争中,经济增长作为社会进步之必需这一潜意识框架,在增长的支持者身上投入了大量的象征资本,远远超过那些环境保护的辩护者。那就是在说,这些文化框架自身通过话语而被建构、再生产,并因此容易受到改变。当中心制度的话语逻辑和实践,与文化的规范和预期步调不一致,或者统治话语内部的对立无法再被包容时,它们所导致的张力就创造了一个改变的杠杆点。通过挑战者或抗议性话语的持续出现,引入新的更好地解释世界的意义框架——正如世界所正在经历的那样,统治话语能够被去合法化,而与其有关的文化框架也能被转化。一旦得到广泛传播,新话语就导致了新的存在和行动方式,导致社会和制度的变迁(Wuthnow, 1989)。[1]

4. 新自由主义和消费主义的霸权话语

> 很明显,是我们自己导致了在其所有主要生物系统方面对地球的整体行星功能的损害,这是一个深层次文化病理学的后果。已经很清楚了,如果我们要带着某些担保进入未来——保证我们将不再继续这一病理,或在晚一点时候陷入同样的病理,我们就需要一个深层次的文化治疗。
>
> ——托马斯·贝里,《黄昏之思》

话语是历史性、情境性的。只有通过对它在其中被生产的"时代"的分析,其意义才能被推导出来(Hajer, 1995)。正如可提出证据加以证明的那样,能够阻止转向生态经济学的最强大障碍,就是

---

[1] 伍斯瑞(Wuthnow, 1989)在他对西欧三个主要文化转变——宗教改革、启蒙运动以及19世纪社会主义思潮的兴起——的研究中,为我们提供了历史证据。

晚近资本主义的新自由主义话语。它已经渗透在西方民主社会中,并且通过经济全球化像病毒一样地散布到全世界。隐含在"给市场自由"中的文化—道德系统,是一个有着200年历史的文化遗产,已经变得特别有说服力。[1] 新自由主义话语认为,全球财富和终极自由,将会通过把资本从国家规管、经济计划和国家边界的枷锁中解救出来而达成,而国家的干预作用将会被限制在能够促进资本扩张、管理社会不满或者使其最小化的那些方面(Harvey, 2005)。

作为一个前资本主义的制度,市场被社会按照其当时的统治规范和权威结构来进行形塑和控制。[2] 相应地,19世纪早期自由市场资本主义经济的创造,要求市场社会的出现和文化转型(Polanyi, 1944; Smelser, 1959)。尽管战后社会福利国家对市场社会之毁坏进行了制止,但20世纪80年代的新自由主义转向在西方民主社会中又开始了一个过程,开始解除对市场的社会约束,并对以往社会领域进行了商业化。从那时起,新自由主义话语已经变成霸权了,抵达了它现在定义我们集体认同的那个地方。那么,扎根于成员资格、住所和熵节约新思潮中的新的生态学话语,是一种反霸权主义的话语。为了这一抵抗话语能够在公共话语中赢得一席之地,必须要在公共意识中削弱新自由话语的合法性。

正如我们已经讨论的,当一种话语能够影响制度实践的时候,它就是霸权的。新自由主义话语的实践,已经展现在世界各地的去规管、私有化以及双边和多边自由贸易协定中,以及作为2008年金融危机的结果而在债务国(现在包括爱尔兰、希腊、意大利和西班牙等国家在内的一个范畴)严苛的结构调整中。尽管在实现

---

[1] 经历了一个长达40年的斗争,这一目的才能完成,才能取代西方民主制度中占统治地位的社会福利话语。这在大卫·哈维(David Harvey)的《新自由主义简史》(*A Brief History of Neoliberalism*, 2005)一书中有所记录。
[2] 在《大转型》中,波兰尼解释说,一个自我调节的市场经济,不可能外在于一个市场社会,因为它依赖于社会去创造并且维持其运作的社会条件。

承诺过的自由市场乌托邦方面,这些举措已经失败(它们已经使那些国家严重缺乏支持公共事业和社会工资的收入,突然陷入严重的金融危机,并在全球范围内加速了生态破坏),它还是成功地将资本主义积累和财富集中的过程恢复到了20世纪30年代之前的水平(Harvey,2005)。[1] 然而,除了反对"百分之一"的占领运动,新自由主义话语不仅在经济和政治圈里保持了根深蒂固的地位,而且在整个公民社会,尤其是具有重要意义的学术和主流媒体中,都是如此。[2] 英国首相玛格丽特·撒切尔夫人"你别无选择"的宣言,已经深深嵌入资本主义社会的灵魂中。大众的赞成,或明或暗,已经同意政治精英去继续追求新自由主义具有诱惑力但难以琢磨的经济与个体解放之承诺。同时,被看起来毫无约束的全球资源延伸所驱动,资本在私人手里的集中已经蔚为壮观,使跨国资本的权力开始根深蒂固,能够指挥大部分国家的贸易和金融政策(Bakan,2003)。在全球化新自由主义范式的权柄之中,政治只能对生态和社会可持续性做出有限的妥协,而不能伤害到给予全球资本主义生命气息的内在逻辑。

这一病理处境时不时地被社会运动中公众的强烈抗议和集体行动所减缓。[3] 在其对自我调节的市场经济的动力学说明中,卡尔·波兰尼(1944)观察到,没有规管的资本主义创造出来的不可避免的社会和环境破坏,将产生一个同样不可避免的反抗——一

---

[1] 大卫·哈维争辩说,资本积累之条件的修复,而不是某些理想的自由市场,才是一贯的目标。他指出,自由市场竞争的主要原则,一旦威胁到利润最大化的垄断性企业策略,就会被抛弃得非常之迅速。

[2] 尽管学术界是许多批判性分析和反向话语的来源,作为社会制度的大学,要么对此保持沉默,要么支撑正统话语,尤其是经济话语。

[3] 直到最近,反全球化运动都是这方面的最明显的证明——它们在破坏1999年世界贸易组织西雅图、华盛顿对话时达到顶峰。在2008年全球金融危机的警告中,与占领运动所领导的群体性公民抗命,以及对南欧经济结构性调整的大众抗议一起,公众不满重新出现。2012年以来,公民抗命运动围绕着以下项目展开:加拿大阿萨巴斯卡(Athabasca)塔尔沙漠有关联的管道,包括从阿尔伯塔到德克萨斯运输沥青的启斯东(Keystone)XL管道、从阿尔伯塔到温哥华、英属哥伦比亚的金德摩根(Kinder Morgan)输油管道。反对沉积在页岩中的沼气和石油进行水力压裂法开采的"全球衰降运动"正在扩大其规模和范围(Food & Water Watch,2014),这在加拿大新不伦瑞克的原住民主权声明中,得到了最有力的展示(Schwartz and Gollom,2013)。

种他称为"双向运动"的现象。然而,他警告说,这一双向运动能够像引起破坏性衰退一样,引起建设性的转型,这指向了一个重要的恰当案例,即紧接着第一次世界大战之后兴起的法西斯主义。这种变化采取的方向,有赖于时间和地点的特殊环境,包括在关键位置上是否存在着能够保护脆弱的人群和自然的社会制度,以及替代性话语和进步社会组织的模式是否正在传播,并且易于调用。

尽管过去数十年社会运动有着最好的意图和持续时间,但这些抗议点尚不足以对抗作为公共政策之决定因素的新自由主义话语霸权。在20世纪90年代中期,雷蒙德·罗杰斯(Raymond Rogers)写下了对这一失败的解释:我们缺乏一个足以挑战形塑了工业社会的资本主义关系的反向话语。按照他的说法,我们能够有意义地处理环境问题的唯一方法就是,去"创造一个能够将……资本和市场的结构和过程进行问题化的观点",因为后者"已经如此具有统治力,以至于人们只知道按照这一社会情境来认识他们自己"(Rogers, 1994:1—2)。换句话说,日常生活的社会文化环境——人们遭遇资本的地方,必须成为一个争论的焦点。新千年的帷幕拉开之时,这一点看起来正在发生。21 世纪早期的政治生态学话语,正在被 20 世纪 70 年代对工业社会和限制话语的激进批判所激起和唤醒。[①] 许多作者非常直接地将增长型经济,指为气候变迁和生物多样性损失以及社会失调和文化、精神萎靡的罪魁祸首。[②] 终其一生都在政府内部、联合国系统、非政府组织以及学术界倡导环境政策后,著名学者詹姆斯·古斯塔夫·斯佩恩(James

---

[①] 对 20 世纪 70 年代激进环境运动的话语,以及其发展成可持续发展和生态现代化的进化过程的富有洞见的回顾,请参见哈杰尔(Hajer, 1995)和卡拉瑟斯(Carruthers, 2001)。

[②] 请参见诸如麦克法格(McFague, 2001),纳多(2003),梅多斯(Meadows)、兰德斯(Randers)和梅多斯(2004),霍默-狄克逊(Homer-Dixon, 2006),维克托(2008),杰克逊(2009),福斯特(Foster, 2009),布朗和加弗(2009),麦吉本(McKibben, 2010),斯佩思(2010),柯奥(2009),海因伯格(Heinberg, 2011),吉尔丁(Gildding, 2011),鲁宾(Rubin, 2012),切赫(Czech, 2013)。这只是一批流传在公共领域中的著作的样本,它们要么呼吁,要么预测至终止增长型经济。还有一整套其他大量的经同行评议的文献,普遍只在学术界中流传,尤其是在生态经济学领域,当然也流传于其他社会科学。

Gustave Speth)总结说,如果不挑战资本主义,持续增加的环境退化将不可避免:

> 按照现在的运作方式,现代资本主义系统将产生更加巨大的环境后果,超过了想要管理它的那些努力。确实,系统将极力去削弱那些努力并将它们限制在狭小的限度里。正如当前所设计的,大部分的环境行动都是在系统内进行;但是在系统内的工作,为大部分努力设立了禁令,只能去纠正那些环境恶化的底层驱动……当我们真正需要的是系统本身的转型变化时,只在系统内努力,最终将不会取得任何成功。(Speth,2008:85—86)

这一分析得到了联合国环境署的回应,尽管少了稍许激情。在他们向2012年地球峰会递交的《全球环境展望5》报告中,联合国环境署清晰地将全球人口和经济增长认定为生态衰减的驱动因素:

> 人口增长和经济发展被视为环境变化的驱动因素,且广泛存在着。二者通过如下的几个方面对环境产生压力:能源、运输、城市化、全球化。尽管这份清单可能并不详尽,但它还是实用的。理解这两个驱动因素的增长和二者之间的联系,能够极大地帮助我们处理它们共同造成的影响并找出可能的解决方案,由此保护人类社会和经济赖以维系的环境效益。(UNEP,2012:5)

与2007年的《全球环境展望4》相比,这是一个标志性的变化。《全球环境展望4》将"经济活动"确定为与人口和其他考虑并列的"其中一种"驱动因素;但在倡导以市场为基础的回应方面,其观点非常清晰地属于新自由主义:"经济工具,诸如财产权、市场创造、债券和存款,能够有助于纠正市场失败,将保护环境的代价内部化。估价技术能够用来理解生态系统服务的价值。"(UNEP,2007:5)在2012年,联合国环境署承认,上述路径在传统的经济框架内失败了;尽管并未彻底拒绝它们,联合国环境署相当有策略地提出了另外一种进路,是直接从生态经济学剧本里摘取的:

> 一项源于工业代谢(亦称工业生态学)传统的替代性物理方案期望能明确经济活动中物质流的速率和数量,像物质流核算(Material Flow Accounting,简称MFA)这样的系统被认为能够更加准确地反映资源受到的压力,以及资源生命周期中——资源从开采到燃烧,或转化为可供使用的商品被消费者消费、回收、处置、管理——任何一部分给环境带来的负面影响。(UNEP,2012:11)

可以推测的是,面对着暗示了新自由主义政治经济的失败的环境指数,这一国际机构的话语发生了明显改变,开始强调环境—发展危机。20世纪八九十年代的"调和与改革"的生态政治话语,即可持续发展和生态现代化(比如Carruthers,2001;Hajer,1995),正在被经验证据去除合法性,受到了呼吁资本主义经济结构转变的反向话语的挑战。那些更加与"现实"对齐的话语,正在提供新模型去理解和回应生态危机。如同抗议社会运动的出现一样,这是一个制度性转型的必要条件。然而,它还不够。经济的、政治的、行政的管理制度已经被建构或者改造,使得内在于新自由主义话语的"处方"可以操作化。制度对于挑战者话语的反抗是一个既定条件,而且惰性的力量是结构性的。面对困难,在鼓励"睁大双眼"进路的精神下,我将在下面提及变化所面对的最明显障碍。

4.1 全球化的紧身衣

令人敬畏的跨国资本权力已经如此集中在国家机构和国际机

构中,而全球金融的紧密整合则创造了如此广泛的脆弱性,以至于单一国家没办法在采取一个与主流经济明显偏离的经济政策方向时,而无需担心遭报复和潜在的灾难性的资本迁移之险。2008年全球经济暴跌及其还在持续的残留效应,把我们带进了两个轮廓鲜明的现实:全球金融资本已经变得功能紊乱,颇具破坏性;而且在任一和全部富裕国家内部,都缺乏政治勇气去面对这一病理学结论。对新自由主义化危机的正统解决办法,已经变得更加新自由主义化了。比如说,在希腊,为了向外国债权人支付利息,强加于公共服务和社会工资之上的结构性调整,已经将数以千计的人扔进了贫困陷阱。因为拖欠这些贷款将会动摇整个欧盟银行系统,各成员国表示,为了避免这一可能性,而愿意牺牲任何其他事情。在希腊和意大利,选出的国家领导一度被替换为金融技术官僚。被外部许可的政府转换,揭示了当遭遇金融资本主义的要求时,民主过程的浅薄根基——即使是在西方民主政体中。

4.2 微观经济的紧身衣

增长经济以及运作于其中的那些经济方式之间,同样在病理学方面存在着相互依存关系。每一个都需要其余部分才能生存下去。对于国内生产总值增长的任何降速或者消费方面的任何降低,住所在金融方面都具有即时的脆弱性,这将破坏雇用他们的企业的生存能力、已经投资进去的养老基金,或者社会保障网络的可持续性。为了"绿色"经济中更加令人满意的生计这样一个承诺而抛弃"灰色"经济部门,这种能够感知到的风险,对于绝大多数市民来说,依然是站不住脚的。理由很简单——他们最即时的金融稳定性被投资于增长经济中。可以理解,在当前高消费债务、低储蓄、高生活开销和工作不稳定——晚期资本主义的产物——的情境中,公众对于系统变迁的支持必然是相当低的。自相矛盾的是,系统创造出来的物质不稳定反而将人们与它们绑在了一起。因为,一个持续被官方话语、一意孤行的动机和其他政治干预所激发的内在动力,使系统一天一天地按照其命定轨迹持续前进。长期的福祉和生物圈的完整性,在大量讨好短期的个体贪婪和家庭稳定的日常决定中,被出卖了。

4.3 消费者文化的话语

一些理论家将生态危机嵌入一个更大的"现代性危机"中。他们确认了一个普遍的文化麻痹症,具备以下特征:与个体从传统权威的道德与社会责难中的解放相关的意义丧失;有利于自我参照之个体主义的集体意识萎缩;技术与科学决定论;增长的复杂性和理性化;将所有价值化约为成本—收益分析中的工具性因素;以及内蕴价值之事物的商品化等。[①] 当传统参考点逐渐消逝,物质主义就会兴起,以填补空白。

消费主义的诱惑,扎根在个体走向现金取款机时达到的满足感之中,已经带来了一大波狂热的对高消费、无限制生活方式的大众忠诚。这并非偶然事件。1955 年,市场推广专家维克托·勒博(Victor LeBow)对战后工业产品的过量提出了如下解决方案:"我们巨大的生产经济,要求我们使消费成为我们的生活方式,将我们物品的购买和使用变成仪式,我们在消费中寻求精神的满足、自我的满足。"(转引自 Assadourian,2010:15)这一工程——对一个非常具体的、科学的设计和已经证实的话语所进行的生产、持续的适应和宣传——已经取得了非常广泛的成功(Ewen,1976)。对于工业社会国家的大部分人来说,物质财富和消费已经成为价值和认同的普遍文化源泉。一项针对美国大学一年级学生生活优先考虑之事的年度调查揭示了在这个方向超过 40 年的一个趋势。1970

[①] 请参见诸如:马库塞(Marcuse,1964)、哈贝马斯(1976)、卡顿(Catton,1982)、利奥塔(Lyotard,1984)、温纳(Winner,1986)、亚历山大和斯汤帕(Alexander and Sztompka,1990)、莱希(Lasch,1991)、里夫金(Rifkin,1991)、泰勒(1991)、罗杰斯(1994)、奥菲斯(Ophus,1998)。当然还有很多其他著作。

年,接近80%的学生将"发展一个有意义的生活哲学"作为他们渴望的人生目标,相比之下,选择"生活富裕"的人则低于40%。到2008年,上述评级几乎完全反转(Assadourian,2010:10)。由于消费者阶级在诸如中国、印度和巴西等人口大国中的增长,这类西方人生目标正在不断扩散(Jackson,2008)。

过高的消费债务和始于2008年金融危机的余波,可能正在有所扭转,使这一趋势作为一种必需的功能而不仅仅是选择之一。尽管70%的美国经济依靠零售部门,然而正在崩溃的消费还是有可能带来严重的经济后果。因为政府对货币和金融政策作出了持续但自相矛盾的挑战,去支持"消费信心",去提高零售销量。尽管越来越多的证据表明高消费生活方式的无用和有害,包括在跨越相对低收入门槛(大约在人均15 000美元)之后收入和幸福之间的脱钩;与工作和债务相关的增长压力,以及与节食和生活方式有关的疾病,使消费文化显得问题丛丛,但这在公共意识中依然只是边缘行为。此外,拒绝主流社会的主体和客体双重经验的那些话语虽然具备悠久的传统,但脱离主导文化依然是一种边缘行为。对于将文化从通向悬崖的轨道上拉回来,它无能为力。总之,在战后创造出来并被一个占世界总产值1%的全球每年广告预算——2008年是643亿美元——不断推进的大众消费文化,已经将以增长为基础的主导政治经济,与那些有意义的批评隔绝开来(Assadourian,2010:10)。即使是主流的环境话语,也"屈服于"主导文化,而将"绿色消费"和回收利用作为应对生态危机的可行措施。

4.4 经济增长和消费规范的媒体强化

对当前现状有意义的最后防御,是由大众媒体来运用的,它依然是现代社会中公共话语的主要承办商(Newspaper Audience Databank Inc., 2012)。根据媒体活动家和最畅销的《自求简朴》

(*Voluntary Simplicity*)的作者杜安·埃尔金(Duane Elgin)的说法，"为了控制一个社会，你不需要控制它的法庭，不需要控制它的军队，你要做的全部事情，是控制它的故事。还有它的电视和麦迪逊大街——它们在绝大多数时间对着绝大多数人讲着绝大多数故事"（转引自 Assadourian，2010：13）。考虑到伯纳德·科恩（Bernard Cohen）在他有影响力的《新闻与外交政策》(*The Press and Foreign Policy*)一书中体现的洞察：

> 在告诉人们该去思考什么的时候，（新闻界）可能在大部分时间里不会成功；但它在告诉它的读者该去考虑什么，它能够取得令人震惊的成功……编辑可能相信只有他才在印刷人们想要去阅读的东西，但他也因此在他们的注意力之上放置了一个宣称，强有力地决定着他们将如何去思考，去谈论，直到下一波新闻涌上海岸。
> （Cohen，1963：23）

在这个意义上，媒体选择忽视什么，正和它们选择掩盖什么一样重要。诺曼·费尔克拉夫（Norman Fairclough）将媒体语言描述为"意识形态工作"。它以特定的方式呈现世界，呈现它自己对社会关系和社会认同的特殊建构。此外，作为日益被垄断的私人领域，媒体"引开公众的注意力，避开那些有助于将既有的权力和统治关系从严肃的挑战中隔离开来的政治和社会议题"（Fairclough，2005：12—13）。不同行动者或主要人物在公共话语领域中被媒体所进行的定位，是一种微观权力的实施（借用福柯的术语），能够影响公众对就手议题的理解和解释。全球变暖这个话题就是个很好的例子，媒体的定位最终形成了对此议题的一个潜在的公共麻痹症（参见 Bell，1994；Carvalho，2005；Grundmann，2007）。这并不是偶然的。推动新自由话语进入西方显著地位的霸权化的真正技术

(Harvey，2005)，已经被用来对抗主流气候科学和国际机构的气候变迁话语(Jacques，Dunlap and Freeman，2008)。其影响已经给了政治家们一个自由通道,对公司利益进行公然谄媚,注定使任何能够有效控制温室气体排放的项目,都必然遭受失败。

古尔德纳(Gouldner，1990)为我们提供了关键的洞察,使我们能够看到当代交往形式中内在的权力关系。他在意识形态产品的生产者(知识精英)和这些产品得以分配的媒体之间进行了区分。在工业国家,在"文化机器"与"意识形态工业"之间存在着值得关注的张力。前者很大程度上受到知识界和学术界的影响,后者大部分被利益最大化框架中的技术人员所经营,且现在越来越与政治公职人员和国家机器整合在一起。后者在范围和影响上的增长,已经创造了古尔德纳(1993:310、314)所命名的"意识形态话语危机",因为"现代社会'文化'的生产者不能就他们的工作与大众受众进行交流,除非通过被媒体控制的路线,以及控制着大众媒体和意识形态工业的人"。大众文化被形塑,不是通过公共领域中争辩的意识形态话语或者理想的交往行为(Habermas，1989),而是通过一个被意识形态工业所控制的中介话语。很明显,对媒体作为替代性话语的首选传播者的依赖,呈现了转向生态经济话语的一个实质性障碍。

商业广告、项目化和新闻创造/报告的三位一体组合,构成了一个难以被忽视的社会现实。媒体曝光,大部分增强了消费者文化规范和经济增长话语(Good，2013),占据了人们醒着的三分之一到二分之一的时间(Assadourian，2010:13)。互联网被兜售为公司和意识形态媒体信息化渠道。某种程度上,通过在线资源,人们拥有不受限制的渠道去接近替代性观点——这可能是真的。然而,它有赖于个体四处寻找不同表征的自愿性努力、能够在海量的在线信息中进行筛选的能力,以及最后对所能接触到信息的可信度进行分辨的能力。不过,为了地球转型式变革的任何项目,都必须应对媒体在加强经济增长、消费主义等主流话语方面的功能,尽管它们也能够生产和传播替代性话语。尽管有人可能争辩说,媒体对普通公众的影响依然模糊不清,但我将坚持认为,随着媒体普遍强化了主导经济政策范式,使它们从政治的角度看起来无可置疑,媒体与决策者之间的相互依赖已经越来越清晰。

5. 政治变化或文化变化?

迈向文化变迁的这些障碍看起来令人生畏,甚至是不太可能的。然而,让我们重复查尔斯·泰勒(1991)所言:"我们自由的程度并未为零。存在着某个点,让我们深深地思考什么应当是我们的目标。"通常来说,当我们思考如何达成实质性变化时,我们就能够理解到,民主政治领域是行动的场所。理论上,选举出来的政府是公众和公共利益的服务员;正是如此,他们才要对达成这一使命的成功或者失败而负责。然而,尽管政治行动在坚持政府负责方面很关键,尽管重要的胜利往往是通过倡议和选举参与而获得的,但我们还需要在政治变迁和文化变迁之间做一个很重要的区分(Hunter and Wolfe, 2006)。政治变迁是策略性和过渡性的,(相对而言)容易取得胜利,也很容易失败。加拿大保守党政府在(2011年和2012年)两个年度预算法案文集中,删除了40年环境法律和政策的数据库,这就是一个非常恰当的案例。毫无疑问,在某一时刻,这个趋势将得到扭转,至少这些损失的一部分将会得到偿还。但更多时候,政治收获总是脆弱的。

文化变迁是另外一回事。它发源于信仰系统、规范、伦理和知识中的变化,而最终显现在制度与实践中。不消说,这类变迁是困难的,充满冲突的;而且典型来讲,是历经数十年——而不是数年逐渐发生的。然而,一旦实现,改变了的文化是有弹性的、能持久的——而这正是能够使文化变迁首先变得困难的重要特征

(Hunter，2010）。这样的变迁已经频频发生，贯穿在人类历史之中。经过数十年现在被称为"启蒙时期"的时期，教会才被迫退出，不再被视为知识、社会秩序和道德权威唯一的仲裁者（Wuthnow，1989）。在许多国家里，更晚近的例子包括奴隶制度、种族隔离和分离的废除；妇女从被压迫社会角色中的解放；少数群体权利的建立和保护；以及一些特定的殖民和极权主义政体的垮台。这些变迁都孕育了数十年甚至更长时间，但是当历史条件汇聚创造了一个转型的瞬间，它就能够以明显突飞猛进的速度发生。

上述的每一个案例中，都有新的话语突现出来，去挑战现存统治话语的权威性和合法性。它们提供了一种通用语言，包括隐喻和象征，以供那些围绕着特定议题联结起来的领导者、组织和制度的网络去采用。然而，单单挑战者话语的存在是不够的。其中心原则或要素必须被个体或机构行动者所采用，或者反映在他们的实践或行动中。这是一种自我加强的过程，并立即反映了一个正在变化的文化环境，去促成遍及全社会的新文化价值观的整合（Wuthnow，1989）。

安东尼奥·葛兰西（Antonio Gramsci，1999）从一个政治角度的书写，在这里为我们提供了一个关键的洞察。他并不将霸权理解为一种压迫性力量，而是理解为某个文化内部的意识形态联合体。从监狱这一优势视角[1]，葛兰西对"工人们为何投票给一个法西斯政体"这一问题（与两次战争之间的其他政治难题一起）进行了反思。他总结说：只有在这个文化中的"知识与道德联合体"支持这些目的的情况下，政治目的才能达成。达成并且维持政治—经济霸权，要求一种在政治话语和文化框架之间持续进行的辩证关系，其中，前者通过持续的努力去设定一个与大众意识相得益彰的政治议事日程，对来自后者的线索进行回应。这种复杂的话语

---

[1] 作为意大利共产党的一名领袖，他被墨索里尼政权送进了监狱。

过程,包括隐含着一整套观念、信仰和规范的文化叙事和话语的宣传,而这些观念、信仰和规范又是嵌入使权力运作合法化的意识形态基础的文化叙事和话语中的。目标是通过使大众以为这些话语的意识形态要素是他们自己的,而赢得"被统治者的同意"。[1] 没有意识形态—文化的支持,结构变迁——政府和经济制度中的变迁——只能通过政治命令或强制而达成,并且因而只能是短暂的。

那么,文化变迁,是包括经济在内的制度转型之变迁的前提条件;这一过程从根本上来讲是话语性的。葛兰西(1999)确定了支持挑战者或反霸权话语达成文化变迁的两个区别性条件。首先,它必须在某种程度上与竞争的意识形态或者期待进行和解。尽管这一和解必须是真正的(葛兰西的意思并非犬儒主义的),它不能暗中破坏能够将挑战者与霸权主义话语区别开来的首要意识形态要素。因此,意识形态和解必须受到次级原则的限制。第二,挑战者话语必须在某种程度上与群众文化潜意识下的"常识"进行共鸣或者相互连贯。[2] 在葛兰西那里,"常识"意味着"群众对世界的传统认知"——换句话说,是包含主导文化的世界观的深层次框架。简而言之,新的话语里必须有群众足够熟悉的领地,能够使其被认识到,同时允许它激进地转变方向的新观念能够被建立起来、被散布出去。一旦新观念在文化中获得流通,制度的治理范式就能够被相应地改变。由于制度被改变,支持变迁的各种前提就能够被视为理所当然;它们的假设成为"第二自然"。如果替代性观念变得"不可能的",它们的推广也就成了大逆之罪(Gramsci, 1999: 134—161)。因为,政治—意识形态霸权必须借助于文化—意识形态联合体的形成。

---

[1] 在赢得这些同意方面,话语发起群体以及它们代言人的声誉或者地位,都非常重要。我将在本章稍后解释这一点。
[2] 葛兰西对"常识"的使用,类似于人类学将文化视为精神环境的理解,能够为世界赋予意义。他将其与"判断力强"区别开来,后者是一种基于对相关因素进行仔细考虑之上的有意识的理解。布迪厄的民意和惯习两个概念,看起来类似于葛兰西的常识概念。在两个例子中,因为它们都是潜意识的,它们是非常难以通过话语来进行深思熟虑的检验来接近的。

在他对改变西方世界三次文化转变——宗教改革、文化启蒙和回应19世纪工业资本主义的社会主义思潮的兴起——的经验研究中,罗伯特·伍斯瑙引用了葛兰西的洞见。为了理解这些文化转变,他研究了"文化的历史显现……公共话语的具体表达……演讲者与听众、话语文本、话语嵌入的仪式,以及话语产生的社会环境"(Wuthnow,1989:538—539)。他发现在每一个案例中,被抛弃了的主导话语的那些替代话语,其成功者是那些能够与现存"话语场域"既"相互连贯"(articulated,葛兰西的术语)又"脱节(disarticulated)"的话语。① 话语场域在公共话语之上设定了限制,尤其什么是或者什么不是合法的知识、什么可以或者什么不能提出来讨论等——换句话说,即统治范式。成功的挑战者话语是那些在现实的共同感知中可以辨识的话语,并因而构成了一个看似有理的替代性观点。同时,它们又与公共感知是"脱节的",这样它们才能够将感知转换进一个新的领地,拥抱新的意义符号并因此拥抱新的理解。在一个相对短暂的时间期限(几代人)内,话语和意识形态(他在可以转换的意义上使用这两个词)的新星群取代了旧的星群,话语的范围因此被改变(Wuthnow,1989:12—13)。对伍斯瑙来说,在话语场域本身的转型中,文化变迁是显在的。

在更加当代的语境中,大卫·哈维(2005)用葛兰西赢得"意识形态联合体"的过程的展示,来分析新自由主义话语如何从凯恩斯时代的知识边缘地带逐步移动,而成为20世纪晚期的主导或者霸权主义话语,取代了"嵌入的自由主义"范式,并因此导致了世界大部分地区政治、经济和社会环境的具体制度的重新结构化。他写道:

所以,那么,是否产生了足够的大众同意,能够使新

---

① 在这里,伍斯瑙借用了布迪厄的概念。

自由主义转向合法化?完成这一工作,所历经的渠道是多元的。强有力的意识形态影响,通过企业、媒体,以及构成公民社会的无数制度——诸如大学、学校、教会和职业协会——来循环流通。新自由主义观念在这些机构中的"长征"……(有企业的支持和基金的)智囊团组织,对特定的媒体部门的俘获,以及知识分子对新自由主义思考方式的信奉,创造了一个观点的气候,支持作为自由的排他性保证的新自由主义。通过对政治团体最终乃至国家权力的俘获,这些运动随后得到巩固……此外,一旦国家机器制造了新自由主义转向,它就能够使用劝说、收编、贿赂和恐吓等种种权力,去维持其权力永存所需要的大众共意的气候。(Harvey,2005:40)

根据哈维的分析,新自由主义话语在对个体自由观念的调用中,呼吁着"共同的"感觉。他争辩说,这一价值观不仅被保守主义者而且被"婴儿潮"一代人所广泛持有,在对传统权威结构、角色和身份的个体挑战和集体挑战中,早早地占据了优势地位。尽管社会运动将自由观念与社会正义议程进行了结合,但哈维认为,单独的个体自由观念,更加直接地与嵌入文化潜意识中的价值观进行了接合。[①] 在它将福利国家妖魔化时,在它将自由市场提升为个体福利将得到实现和保护的运载工具时,新自由主义话语就与公共感知"脱节了"。哈维是如此描述其效果的:

(新自由主义)在思考方式上拥有令人信服的效果,已经达到以下程度:它已经整合进我们很多人解释、栖居和理解这个世界的共同感觉方式中。然而,新自由主义

---

① 哈维认为,与社会正义相关的自觉的价值观,不会被新自由主义话语所激活,并因此失去了在政治—文化话语环境中的根基,因为新话语正在机构中招摇过市。

化的过程不仅在先前的制度性框架和权力（甚至挑战国家主权的传统形式），也在劳动分工、社会关系、福利提供、技术混合、生活和思考方式、再生产行为、对土地的依恋和心灵的习性等方面，都已经引起了大量的"创造性破坏"。(Harvey, 2005:3)

尽管这是一个意识形态过程，它也服务于它出现所需要的物质支持，去生产非常真实的物质利益。它被企业部门战略性地、慷慨地促进，但其目标不是一个理想的自由市场，而是去修复有助于在20世纪七八十年代期间衰减的资本主义积累的那些条件。这一点很重要。伍斯瑙发现，那些成功的挑战者话语能够从强大的渠道中引领资源去支持它们在整个社会的散播。无论是从国家、贵族还是从其他强大的捐助者那里，来自高层位置的物质支持和影响最终决定了新的争议性话语中什么话语能够被制度化。最后，成功取决于从国家政权那里获得的支持。(Wuthnow, 1989:577)

回到通过某种文化来散播成员资格、住所和熵节约这个新思潮工程，我们能够从这些学者那里提炼出两个相关观点。第一个是，尽管已经具备病理学特征，主导的增长依赖型的政治经济学，还在被有关"世界如何运行"的那些根深蒂固的、无法反思的信仰、价值观和假设从基础上支持着。这些信仰、价值观和假设深深地嵌入在那些使现存制度和权力关系合法化的文化叙事和话语中，而且同时会使其他的社会认知变得难以置信。主导范式僵化，因为它被制度化了，创造出了系统性的相互依赖。此外，这些结构的强大受益人花费了相当可观的能量和资源来维持他们在系统中的持有部分。文化信仰系统、制度惰性和投资利益的多元保护组合起来，为变迁创造了一个令人畏缩的障碍。

第二个观点是，在这些深层次的文化框架中，同样埋藏着变迁的种子。信仰系统代表了那些价值观的积累，被生活于这一文化之中的世世代代的经验所刺激。系统像一个自我强化的封闭循环那样行动。当人们的直接生活经验开始与"世界如何运行"的共同理解发生冲突的时候,循环才会被打断。当主流话语开始与"常识"、直接生活经验不再产生共鸣的时候,它们就失去权威并最终失去合法性。这就为那些能够更好地解释一个正在变化的世界的新话语,在公共领域提供了一个机会,去激活不同的但早已存在的潜在价值观①,去提出在参照文化框架内看似有道理的替代性话语(Crompton,2010)。这是一个基础,一个新的生态学意识得以建立于其上,并因此为经济制度和政治制度的重新结构化提供必需的文化动力。简而言之,将霸权主义话语与其文化基础分离,是制度/系统变迁的前提条件。

6. 关于范式、系统和历史性分歧

迄今为止,我已经讨论过,文化变迁是要想达成生态经济所要求的那种结构—制度变迁的一个前提条件,然而,能够清晰表达深层次文化框架的挑战者话语的建构和散播,尚不足以推动这一变迁。历史学家理查德·霍夫施塔特(Richard Hofstadter)写道:

> 在一个良好运作的秩序中……的社会拥有一种缄默的、有机的一致性。它们不会培育对其根本性运作安排

---

① 社会认知研究告诉我们,个体拥有那些支持生态伦理所需要的价值观。内在价值观(对大于自我之议题的关注、社群感、高水平同理心、自我价值的内在合法性、对地位与财富的低度关注)与外在价值观(对财富与权力的关注、对金融成功的强烈聚焦、低水平同理心、自我价值的外在合法性)共存。一个人给予每种价值观的相对重量,被一系列因素所决定,比如说教养、社会规范、角色模型、环境与生活经验。通过反复地暴露于那些通过同辈群体、媒体、教育或与社会机构打交道的经验所获得的价值观,个人的价值观得到了练习(或道德身份强化)。持续地暴露于能够引发外在价值观的外部环境刺激物,将强化与内在价值观相关联的那些价值观。同样地,个体在大于自我的内在价值观中暴露得越多,那些价值观与对立的外在价值观的关联,将变得越强烈(Crompton,2010)。无论是不经意,还是精心安排,叙事与话语都被框定着要去促发特定价值观,并带着具体的结果:社会的某些特定概念,靠着它们与之前存在的潜意识信仰体系(而不是与以证据为基础的推理或者"判断力强")的联盟,将变得或多或少地貌似合理(Lakoff,2004)。

有敌意的观点。这些观点可能会出现,但会缓慢地、持续性地被孤立起来,如同一个牡蛎围绕着一个刺激物沉淀出珍珠。它们会被限制在异见者和疏离的知识分子小群体中,而且除了在革命的年代,它们不会在实际的政治人物中流传。(引自 Speth, 2008:66—67)

同样地,斯蒂芬·里斯(Stephen Reese, 2003)观察到,深层次文化框架对变迁具有抵抗力,是因为它们满足了一些重要需求。只要这些需求还在得到满足,就没有强制力去为了一个框架而放弃另一个框架。另一方面,当一个文化框架不再"适合"世界的直接经验时,公共话语中就为新话语创造了一个空间,去为了公共显著性而进行竞争。换句话说,时机的选择(几乎)是全部。

沃勒斯坦(Wallerstein)将特殊的社会—地理政治—经济构型描述为历史性体系,它们全都有一个开始和一个结束;当前的资本主义世界体系也不例外。当一个历史性体系的内部体系参数不再能够容纳新的需求时,它就到了尽头:"总会出现一些时刻,它已经或者即将穷尽其所有方法,也无法包容其矛盾之处,它也因此不再作为一个体系而存在。"(Wallerstein, 1999:124)每一个体系都包含内部矛盾——宣称、期待与生活现实之间的差距。新的信仰体系出现,去挑战旧的信仰体系;内部矛盾和对立的价值体系之间的张力导致系统性压力。这些长期的趋势像"矢量一样,带动着系统偏离它最初的平衡"。一旦一个系统范式——体现在制度、规范和惯例中——失去广泛的社会合法性,那么它必须服从于改变的要求。系统最初通过立法和法律手段,以增加的和解来回应不断增加难度的要求。然而,这些本应将系统带回平衡的负面反馈机制,永不会将系统带回到它与之前完全一样的状态。系统参数是持续变化的——一种"时光之箭"的功能。"最终,社会不稳定累积到系统变得功能障碍或者崩溃的那个点。系统偏离平衡,越来越远,波动也越来越狂野,最终,分歧发生。"(Wallerstein, 1999:124)本质上讲,规则变化得如此之大,以至于处于之前状态的系统无法生存下去。

尽管系统通过它长期的发展,可能不会受干扰的影响,甚至较大的干扰也没有影响,但在分叉的点上,小的干预也会产生大影响(Wallerstein, 1999:129—130)。简单来说,在历史时间中,这样的时刻来临了:作为历史长期趋势和人类能动性作用于无数被历史确定的情境性决定的结果,系统范式被改变了。显然,这个过程是非线性的——向未知的、激进的转型所发生的一种不确定的演变。只有在事实之后,通过"长时段"视角下的历史分析,精确的轨迹才能被发现和解释(Wallerstein, 1999:1—3, 130)。

伍斯瑙对宗教改革、启蒙运动和社会主义兴起的历史分析,证实了沃勒斯坦的理论。在每个案例中,具体的历史并接,使得文化创新成为可能。独一无二的制度环境,影响着意识形态能够发展什么、繁荣什么。作为历史的产物(沃勒斯坦的"时光之箭"),它们不受计划或者控制。在某个确定的时间点,制度对有意的干扰变得脆弱起来。它开始于"对立的运动话语定义了新的边界,以使话语能够在其中被框架……(并因此建构了)一个权威的替代性资源,以此来挑战现在优势观念的权威"。它结束于被选定的意识形态的制度化。社会因此改变。

> 在每一个历史片段,对新文化母题起领导作用的贡献者都能够意识到,某种程度上,他们这个时期的制度性条件是有缺陷的、限制性的、压制性的和武断的。他们对于这些条件的批评,常常是极端的、不屈不挠的。它被一个以话语方式建构起来……的替代性愿景所加剧,一个与已经建立的秩序进行权威性竞争的愿景,不是因为它要取而代之,而是因为它作为一个概念空间,能够让人们

在其中思考新的行为模式。(Wuthnow,1989:582—583)

值得注意的是,它并不是用一种意识形态来替换另外一种意识形态这么简单的事情。成功的新话语的生产者和传播者在各个部门都紧紧地形成网络,而且他们获得了某些有影响力的精英的支持,因此能够渗透进权力的领域。此外,继承者意识形态被转化为实践,使它看起来要去解决一些被它表述出来的问题。伍斯瑙(1989:583)写道:"他们话语的力量就在于超越负面批评,超越理想主义,去确定个体和社会为了未来而行动的工作模式。"

因此我们看到了,系统变迁突生于某个特殊的"历史时刻"中社会行动的同时发生,而这个历史时刻本身又是时光之箭的产物。这个过程是动态的,非线性的,而且很大程度上是机会主义的。聪明的干预,属于预见到、形塑、认识到机遇并在它们出现时抓住机遇的那些人。然而其后果不可预测,因为系统有着它自身的内在动力,而根本没有任何控制可言。行动将总是存在着非预期后果。尽管宇宙可能不会"如它应该的那样"展开,它正在沿着一个历史轨迹展开。这样,社会行动者能够努力去影响它,但不能控制它。

对于本书的目的,我们展望着,伦理—生态话语的生产和传播能够与那些现成的替代性经济模式结合起来;这样,一个新的文化共识能够围绕着这个结合而联合形成。最为重要的是,这些因素必须与一个历史局面——一个系统分裂的时期——同时发生,能够在历史土壤中深耕,使它们能够生根发芽。沃勒斯坦主张说,资本主义世界体系已经"进入一个无可挽回的危机,可能在50年内终结"。生态—气候危机是资本主义没有能力控制、缓解其内在矛盾的一个症候,但只是其中之一。实际上,我们正处于这样一个历史时刻:一个小小的干预就能够引发非常大的变化。

7. 下一步是什么？

> 人类自由进步的整个历史显示，所有的让步——仍然能够达成她威严的宣称，都源于认真的斗争……如果没有任何斗争，将不会有任何进步。那些自称喜爱自由但反对任何激进行动的人，是妄图不劳而获者。他们想要下雨，却不想要电闪雷鸣。他们想要大海，却不想要其拥浪而来的恐怖咆哮。这一斗争可能是一个道德斗争；或者，它可能是一个身体斗争；或者它既是一个道德斗争又是一个身体斗争；但它必须是一个斗争。没有请求，权力将不会有任何退让。它永远不会主动让步，也将永远不会主动让步。找出哪怕任何人想要提出的任何请求，你将会发现施加于他们身上的那些不正义和错误的准确总量；而且这还将持续，直到他们的反抗——无论是用言语还是用打击，或者两者都用。对暴政的限制，是由受他们压迫之人的忍受度，来规定的。（Frederick Douglass, "An Address on West India Emancipation", August 3, 1857）

为避免我们被过分地简单化，詹姆斯·戴维森·亨特（2010）从描绘出一个对文化变迁进行倡导性干预的日程表的角度，对文化变迁理论进行了战略性的质询。在接下来的这一部分，我将展示并检验他有关人类能动性和结构变迁的四个命题。

命题一：文化变迁自上而下，几乎从不会自下而上。

尽管对不可接受之条件起反应的社会动荡能够颠覆威权主义王朝、击败当朝政府，并强迫推进主要政策改革，但这些都是政治变迁，而不是文化变迁。要改变文化，一个理念必须穿透"我们想象的结构、知识和讨论的框架，以及日常生活现实的感知"

(Hunter,2010:41)。这样的穿透几乎从不会通过草根动员来完成;更有可能的是,这些动员是一个正在进行中的更深层次变革的显现。亨特解释说:

> 创造世界和改变世界的事业,大体上来说,是精英们的工作:他们是在社会生活领域内的看门人,提供有创造力的方向和管理。即使改变之动力来自群情激愤,但直到它被精英们拥抱并且宣传之前,它都不会获得真正的动力。理由是这样的……文化是有关社会如何定义现实的——什么是好的、坏的、对的、错的、真的、假的、重要的、不重要的,诸如此类。在一个社会里,这样的能力不会被平均分配,而是集中在某些特定的制度,和对文化生产方式拥有不平衡使用权的某些特定的领导群体之中。这些精英在一个良好发展的网络和强有力的制度里运作它们。(Hunter,2010:41)

根据亨特的说法,文化革新的过程为我们展示了类似的事情。有创造力的思想者和理论家们生成理念;研究者探索、订正、扩展并将理念合法化,创造知识;教育者将理念和知识传递给其他人;推广者为公共消费而将它们转化成更简单的形式;最后实践者将理念转化为具体的应用(Hunter,2010:42)。伍斯瑙描绘了在西欧发生的一个相似过程:理念被形成话语和相关的文化制品;它们经历一个基于它们所设想的合法性和传播方式的选择过程(布迪厄的象征资本);然后与社会环境"相互连贯"得最好的那些观念,最后变成"给定社会中制度结构里一个相对稳定的特征"(Wuthnow,1989:9—10)。举例来说,在启蒙运动的案例中,他发现,在那些政府提供支持,尤其是保证知识和艺术革新之自由的国家里,这一文化革命就能够蓬勃发展。而在那些政府不支持革新的国家,它就萎靡不振。我愿意为这一警告增加一个当代视角。当公众被一个新理念动员起来时,国家才更有可能跟从。公众能够被动员起来并向国家持续施压的程度,取决于那些被吸引到这个工程中来的公民社会和非国家行动者所提供的资源或者象征资本。无论哪种方式,没有重要的资源和知识分子的领导,人类能动性不可能推动系统性变迁。

命题二:变迁通常由那些声望地位中枢之外的精英发起。

这一命题紧跟着第一个。亨特将社会中的影响领域,概念化为"从权力被集中的核心逐渐扩散到权力最弱的边缘的垂直声望等级模型"。系统变迁罕有从权力中枢内部发起。文化变迁精英[①]通常处于核心和边缘之间的区域。正是从这里,挑战者话语被生产出来并且传播开去。当新的话语被广泛散布的时候,发起它的精英们的影响力和声望都增加了,而核心区精英们的影响力和声望则被削减(Hunter, 2010:42—43)。

这里有两个洞见。首先,我们不应指望那些处于文化权力和声望中枢的人来担起翻转世界的领导责任。这看起来像社会转型的一个捷径——以为他们手里掌握着改变方向的方向盘——但通常会以浪费宝贵的时间和资源而告终。除非在某种程度上,这些接纳并不要求当前发展从主要高速公路转道于另一条行人稀少的小路,新的要求才可能得到权力中心的接纳。

其次,中枢之外的精英必须有意愿去调配他们的象征资本——无论它是如何具身化的,去帮助完成转型。约翰·缪尔、奥尔多·利奥波德、蕾切尔·卡森(Rachel Carson)、保罗·恩尔利希(Paul Ehrlich)、安·恩尔利希(Ann Ehrlich)、巴里·康芒纳(Barry Commoner)、丹尼斯·梅多斯、唐奈·梅多斯、弗里茨·舒马赫,以

[①] 确实存在着一些个体,拥有高水平的象征资本,靠的是他们的财富、教育、个人成就,或者在那些各自从事着"文化"或"意识形态"生产的领域、机构中的权威或者领导位置(葛兰西的有机知识分子和伍斯瑚说的处于良好社会地位的抵抗话语的支持者)。

及艾默利·洛文斯（Amoryand Lovins）和亨特·洛文斯（Hunter Lovins）都书写过这一教义，而现代环境运动正是建基于其上。然而，他们同样也是积极分子，以这种或者那种方式参与传播活动之中，将他们的理念散布到公共领域之中，并在那里进行战斗。康芒纳走得更远，甚至要去参加美国总统选举，这也是拉尔夫·纳德（Ralph Nader）所采取的战略。为了同侪受众而去研究、写作和出版，是不够的。反向话语的生产者和传播者需要积极地、公开地参与变革过程之中，要确保反霸权的文化产品在大规模的公众中，与活生生的经验和可能性的感知进行连接，然后将它们移至公共领域。这就要求我们尽可能地召集全部资源。

命题三：当精英的网络与他们领导的机构重叠时，文化变迁最为集中。

伍斯瑙对启蒙运动的研究揭示出，文化革命产生于"一个领导者的替代性网络，提供着替代性的资源基础，定位于发展出一个替代性的文化愿景（一个新的人类学、认识论、伦理、社会性和政治），在某种程度上通过替代性制度而得以建立，全部运作于文化形成的精英中心"（Hunter，2010:75）。这里的新观点指的是"网络"。孤立的个体或机构无法改变文化。相反，只有那些生产替代性话语的精英与无数传播中心的精英们形成网络，经历过提炼、转化和应用等不同阶段的理念的外在之流，才有可能通过文化而广泛散布。其关键就在于在重叠着的社会与文化领域中建立密集的多重网络，它们能够以数十年而不是以数年来计算的持续期内紧密合作。"当文化和象征资本，与社会资本和经济资本——有时候还与政治资本——叠合时，当这些不同的资源被导向一个共同目的的时候，世界才真正改变。"（Hunter，2010:43）正是这些密集的——深思熟虑地建构起来的——网络结构，非常精确地推动了西方民族—国家中的"新自由主义转向"。（Harvey，2005）

许多因素减缓了能够推动反霸权话语向前的密集重叠网络的

发展。各种类型的制度倾向于竞争,而不是合作。社会运动与其"有机知识分子"是各自为政的,有时候甚至是相互对抗的。最值得注意的障碍,是公民社会的进步精英们没能清晰地表达出对共同问题的定义。许多在公民社会中享有一定地位的环境组织,更不用提一些社会正义和劳工群体,都还在逃避关于经济增长的核心问题。直到最近,经济增长(或更准确地说,不经济的增长)才被相当广泛范围的思想家和分析者们——上文已经提及了他们中的许多人,认定为是生态衰退的驱动者。更没几个人准备好公开宣布:资本主义是一个时代错误,无法幸存于一个资源和排放都受限的世界(或者反之亦然)。

对问题的定义是话语建构的第一步,话语的形式和内容都取决于这一初始工作(Hajer, 1995)。没有就问题进行广泛的协商一致,将很难催生出批判的大众,从而在普遍的文化和社会网络中进行理念生产和传播。这一处境使对新的整合型反向话语的需要更加迫在眉睫;因为只有围绕着它,所有进步性变迁的行动者才能够联合起来。[①]

命题四:文化变迁几乎从来无法避开战斗。

这里,我们要援引弗雷德里克·道格拉斯(Frederick Douglass),西方历史中最伟大的文化经济转型中的一位关键领军人物。从定义上来说,文化是一个争议性领域。它包括竞争性的价值观、信仰和理念,尽管它们处于不平等的地位。既得利益将大力捍卫它们的意识形态和制度高地来反对挑战者,所以冲突始终呈现在变迁过程中(Hunter, 2010)。这一点很难接受;因此,建议

[①] 正在浮现的去增长运动,始于欧洲并在最近横跨到大西洋区域,展示了知识分子加入社会运动的一个例子,深化了对霸权主义的经济增长话语的批判,并清晰表达了生态—经济关系的新模型(Martinez-Alier et al., 2010; Schneider, Kallis and Martinez-Alier, 2010)。另外一个充满希望的发展,是环境领袖比尔·麦吉本与社会变迁积极分子、作家娜奥米·克莱因(Naomi Klein)在气候变迁议题上的合作。这一合作开始于他们联合在北美大学和学院校园里推行的化石燃料撤资运动——"还用说吗"巡游(350.org 2013)。2013 年 9 月 1 日,在由加拿大汽车工人和加拿大能源与纸业工人联合会发起的一个新的超级联盟的成立大会上,克莱因在她的演讲中争辩说,气候变迁超越所有其他利益,并应当成为所有社会和环境正义组织的共同焦点(Klein, 2013)。

在环境危机上找到双赢解决方案的话语,其吸引力可想而知。然而,在地球透支这样的阶段,想要达到难以捉摸的利益"平衡",世界上最强大的既得利益已经堆集于其上所形成的天平重端,将不得不被显著减轻。他们才不会心甘情愿地舍弃他们的财货。

因为赌注是如此之高,在某个潜在的有意义的"历史时刻",反抗也以同样的方法进行应对。2011年8月,以及2013年的冬天,为反对从阿尔伯特油砂到德克萨斯冶炼厂和输出终端的一条输油管道,而在白宫外面发生的一场公民不服从行动中,被逮捕者中不乏与地位显赫的机构联系在一起的几位杰出科学家和学者,包括斯佩思,美国国家航空和宇宙航行局气候科学家詹姆斯·汉森(James Hanson)以及本书的一位联合编者——彼得·布朗。在加拿大,马克·杰卡德(Mark Jaccard)——一位学者,联邦、省级和州级的政府顾问;气候变化政府间专家组成员;加拿大皇家学会成员——因为阻止一列驶向温哥华港的运煤列车而被捕(Jaccard,2013)。但加拿大人还是注意到,成百上千的身穿实验服的科学家聚集到国会山以及整个加拿大的其他地方,以反对国会封锁他们的言论、削减他们的环境研究经费,尽管没有任何逮捕发生(Semeniuk, 2013)。这些案例非常值得注意,因为它们将地方精英从他们的典型角色和舒适区中卷进来,与成千上万个积极反对化石燃料经济扩张的其他参与者一起遥相呼应着。

同样值得注意并可能拥有更伟大后果的是,新抵抗话语是从主流文化之外兴起的。尽管土著人民的"不再懈怠"游行示威活动,是围绕着加拿大政府解散环境保护运动而联合起来的,它已经赋权给很多"第一民族"成员,为了主权而奋斗,去捍卫他们的土地和水域(Idle No More, 2014)。2013年9月,在反对页岩气开采和"水力压力试验"的抗议中,新不伦瑞克省东部米克马克人中厄尔斯泼格托格社区的人们,对总部位于休斯顿的SWN资源公司发出了一个"驱逐通知",宣布了他们对未出让领土的管辖权,并且与阿加底亚人、以英语为母语的人等邻居们一起,对该公司所属的地震勘测卡车启动了一次持续数周的封堵行动。而警察的过激反应引爆了遍布全国的团结行动(Martens, 2013),包括沃拉斯托克民族(马力希特人)在政府所在地、正对着新不伦瑞克立法会所建造的传统长屋,宣告他们作为主权民族,反对有害的资源开采(CTV, Altantic, 2013)。

这些行动展示了扎根于新抵抗话语的新联盟和干预模式,预示了两个可能性。首先,叠合的网络开始围绕着一个共同话语而合并起来,以寻求对依赖于化石—石油的增长经济的替代性方案。其次,我们可能正在全球范围内见证着推动着资本主义世界体系"非平衡态"力量的一个强化。土壤正在被深耕,暴风雨正在来临。

对想在资本主义制度参数中达成改革40年努力的历史进行反思后,斯佩思认为,(他认为自己也参与其中的)环境运动的效果,被时间证明最终是徒劳无功的。他写道:"我这一代人,是一代伟大的空谈者,过度地热衷于开会。我们几乎无休无止地分析、辩论、讨论和协商这些全球议题。但是,在行动方面,我们做的还远远不够。"(Speth, 2008:18—19)这一代人将他们的才能和信念都投放给了履行管理角色的国家,指望它们能够处理好猖獗的消费资本主义在环境方面的不良后果。除了能够缓和某些地方化的刺激物,这些试验都已经失败。斯佩思总结说,现在唯一向前的道路,就是直接挑战资本主义制度,因为它们才是增长的需求者和发动机。

如果我们透过沃勒斯坦的棱镜,将资本主义视为一个历时的体系,有其开端和终结,那么我们将意识到,资本主义是否能够无限延续,根本无关乎选择。"增长的极限"理论解释了,能够将这一增长依赖性体系带入其终结的最有效和最棘手的力量。在这里复述《增长的极限》作者之一丹尼斯·梅多斯的话,它不是一个为了增长或者反对增长的问题。在一个有限星球上,物质消费的增长必将终结(Stone,2010)。加拿大帝国商业银行世界市场的前任首席经济学家杰夫·鲁宾(Jeff Rubin)对此表示同意。他说,我们的世界,将要变成许多许多的更小部分。由于不断增长的稀缺而形成的三位数的石油价格将终结经济增长(Rubin,2012)。问题是,从旧的体系到一个新的体系,其转化将如何发生,后续者又将会是什么样的?因为系统变迁是非线性的,并且超出人类掌控,所以其后果也无法预测。但是,如果体现出生态伦理的话语,加上似乎可行的替代性经济生活模式,能够通过公共领域而得到广泛扩散,地球的(以及人性的)机会将有所增加。

支撑着新思潮和新经济的理论框架已经准备好了。世界各地每天都在大量积累用具体术语来提炼、阐明并使理论合法化的诸多研究,而新的话语和叙事也正在建构和试验。尽管许多已经得以概念化了,但在建构和运行测试新的制度模型方面,我们还进展甚少(或者说,至少在复制它们或者将其规模化方面,还少有成功案例)。然而,对教育机构的渗透,依然很低。尽管有教无类法案(No Child Left Inside)正在努力将公共学校体系推出40年环境教育的窠臼(Louv,2008),那些大学依然是主流增长方式的防御堡垒,即使正是它们孵化了对它的挑战。此外,环境研究项目没有能够为它们的学生准备好应对我们面临的结构性挑战(Maniates,2013)。替代性话语的普及和传播,是环境组织的面包与黄油,然而它们的影响力,是随着经济潮流和政治思潮而起起落落的。在全球范围,社会和土著居民主张经济、社会和生态正义的运动,正在扩张而且证据充分,建构着反映全球运动之文化多样性的新话语(Hawken,2007)。有一些信号表明,这些话语的制度化有时候直接受到了国家的影响(比如德国的可再生能源战略,厄瓜多尔和玻利维亚在国家法律中对自然之权利的固化),其他时候则是通过公民社会促进的(比如发达国家的转型城镇和生态村庄运动,肯尼亚的绿色带运动,纨姐娜·希瓦[Vandana Shiva]创建九种基金会,以及其他南方国家的公共财产运动)。

尽管如此,文化转型的过程很大程度上还是不可见的,其后果也是无法确定的。亨特解释说:

> 文化中最深刻的变迁是不可见的,首先是因为它们穿透了社会秩序的语言学和神话学构造。在这样的情况下,它然后又穿透了组织社会生活的奖励与特权、剥夺和惩罚的等级制。它还要重新组织意识与性格的结构,重新整理冲动与禁制的组织化。我们无法看到发生在这些路径上的变化。它无法被感知为当前展开的一个事件或者一系列事件。相反,这个深度的文化变迁只能在转型已经被整合到一个道德控制的新构型中之后,通过回溯来进行观察和描述。(Hunter, 2010:47)

为了交出更有形的短期结果而抛弃这一工程,看起来颇具诱惑力。然而,正是本书作者查尔斯·泰勒、托马斯·贝里以及许多其他人的结论,除非我们已经抵达"道德控制的新构型",否则我们都是在将许多物种驱向灭绝,将地球上人类生命托付给一个悲惨的未来。我们所需要的绝大多数工具和一些条件已经触手可及。创造遍及制度、遍及公民社会的密集网络,是接下来的关键一步。只有通过它们,挑战者话语才能连接起来,并得到扩散。

8. 结论

在本章中,我已经做了一个初步的尝试,去理解可能导致这一新的道德法则的动力学,上述文化转型是如何与迈向新的生态政治经济学的社会制度(机构设置)更新进行交互作用的。我援引了话语理论与世界体系理论,一方面来解释信仰系统、价值观和规范的社会建构,一方面来说明人类能动性的结构—历史限制。其他的理论或者理论构型,也能对变迁过程很好地提供更加令人信服的洞见。相反地,生态政治经济学无须资本主义社会的文化—结构转型就能够实现,这一观点是有争议的。其他的案例中,在问题的分析——生态危机,与解决方案——生态政治经济学之间,存在着一个需要填补的裂缝。这个裂缝,是对解决方案得以实现之过程的系统性考虑:最重要的是,改变代理人能够使用的杠杆和干预手段,以及它们如何被使用才能达到最佳效果。

参考文献

350. org. 2013, "Do the Math Tour"(《"盘算一下"巡游》), Accessed September 10, 2014. http://math.350.org/.

Alexander, Jeffrey C., and Piotr Sztompka. 1990, *Rethinking Progress: Movements, Forces, and Ideas at the End of the* 20*th Century* (《重新思考进步:20世纪之末的运动、力量和观念》), Boston: Unwin Hyman.

Assadourian, Erik. 2010, "The Rise and Fall of Consumer Cultures"(《消费者文化的兴起和衰落》), in *State of the World 2010: Transforming Cultures; from Consumerism to Sustainability*(《2010年世界状态:使文化转型;从消费主义到可持续性》), edited by Linda Starke and Lisa Mastny, Washington, DC: Worldwatch Institute, pp.3-20, http://blogs.worldwatch.org/transforming cultures/contents/.

Bakan, Joel. 2003, *The Corporation: The Pathological Pursuit of Profit and Power* (《公司:对利润与权力的病态追求》), Toronto: Penguin.

Bell, Allan. 1994, "Climate of Opinion: Public and Media Discourse on the Global Environment"(《观点的气候:有关全球环境的公共和媒体话语》), *Discourse & Society* (《话语与社会》)5(1): 33-64. doi: 10.1177/0957926594005001003.

Berry, Thomas. 2006, *Evening Thoughts: Reflecting on Earth as Sacred Community* (《黄昏之思:反思作为神圣共同体的地球》), edited by Mary Evelyn Tucker. San Francisco: Sierra Club Books.

Bourdieu, Pierre. 1989, "Social Space and Symbolic Power"(《社会空间与象征权力》), *Sociological Theory* (《社会学理论》)7(1): 14-25. doi: 10.2307/202060.

Bourdieu, Pierre. 1993, *Sociology in Question* (《被质疑的社会学》),

translated by Richard Nice. London: Sage Publications.

Brown, Peter G., and Geoffrey Garver. 2009, *Right Relationship: Building A Whole Earth Economy* (《正当关系：建立一个整体的地球经济》), San Francisco: Berrett-Koehler Publishers.

Carruthers, David. 2001, "From Opposition to Orthodoxy: The Remaking of Sustainable Development" (《从反对到正统：可持续发展的重新形成》), *Journal of Third World Studies* (《第三世界研究杂志》) 18 (2): 93 – 112.

Carvalho, Anabela. 2005, "Representing the Politics of the Greenhouse Effect" (《温室效应政治的呈现》), *Critical Discourse Studies* (《批评话语研究》) 2 (1): 1 – 29. doi: 10.1080/17405900500052143.

Catton, William Robert, Jr. 1982, *Overshoot: The Ecological Basis of Revolutionary Change* (《超越目标：革命变迁的生态学基础》), Urbana: University of Illinois Press.

Cohen, Bernard Cecil. 1963, *The Press and Foreign Policy* (《新闻与外交政策》), Princeton, NJ: Princeton University Press.

Crompton, Tom. 2010, *Common Cause: The Case for Working with Our Cultural Values* (《共同的事业：与我们的文化价值观一起工作的案例》), Woking, Surrey, UK: WWF – UK.

CTV Atlantic. 2013, "Anti-Fracking Demonstrators Erect Traditional Longhouse near Legislature" (《反水力压裂开采示威者在立法会附近建造传统长屋》), *CTV News*, October 28. Accessed September 10, 2014. http://atlantic.ctvnews.ca/anti-fracking-demonstrators-erect-traditional-longhouse-near-legislature-1.1516713.

Czech, Brian. 2013, *Supply Shock: Economic Growth at the Crossroads and the Steady State Solution* (《供给冲击：十字路口的经济增长和恒温态解决方案》), Gabriola Island, BC: New Society Publishers.

Douglass, Frederick. 1999, *Frederick Douglass: Selected Speeches and Writings* (《弗雷德里克·道格拉斯：演讲与写作文选》), edited by Philip Sheldon Foner. Chicago: Lawrence Hill Books.

Ewen, Stuart. 1976, *Captains of Consciousness: Advertising and the Social Roots of the Consumer Culture* (《意识的队长：消费者文化的广告与社会根基》), New York: McGraw-Hill.

Fairclough, N. 2005, *Media Discourse* (《媒体话语》), London: Edward Arnold.

Fairclough, N., H. Mulderrig, and R. Wodak. 2011, "Critical Discourse Analysis" (《批判性话语分析》), in *Discourse Studies: A Multidisciplinary Introduction* (《话语研究：多学科导论》), edited by Teun Adrianus van Dijk, London: Sage Publications, pp. 357 – 358.

Food & Water Watch. 2014, "Global Frackdown"(《全球压裂》), Accessed September 10, 2014. http://www.globalfrackdown.org/.

Foster, John Bellamy. 2009, *The Ecological Revolution: Making Peace with the Planet*(《生态革命:与地球和平共处》), New York: Monthly Review Press.

Gilding, Paul. 2011, *The Great Disruption: Why the Climate Crisis Will Bring on the End of Shopping and the Birth of A New World*(《大断裂:气候危机为何将终结买买买并催生一个新世界》), New York: Bloomsbury Press.

Good, Jennifer Ellen. 2013, *Television and the Earth: Not A Love Story*(《电视与地球:并非一个爱情故事》), Halifax, NS: Fernwood Publishing.

Gouldner, Alvin. 1990, "Ideology, the Cultural Apparatus, and the New Consciousness Industry"(《意识形态、文化机器和新的文化工业》), in *Culture and Society: Contemporary Debates*(《文化与社会:当代争鸣》), edited by Jeffrey C. Alexander and Steven Seidman, Cambridge, UK: Cambridge University Press, pp. 306–316.

Gramsci, Antonio. 1999, *Selections from the Prison Notebooks of Antonio Gramsci*(《安东尼奥·葛兰西〈狱中札记〉选集》), translated by Quintin Hoare and Geoffrey Nowell-Smith. 11th ed. New York: Inter-national Publishers.

Grundmann, Reiner. 2007, "Climate Change and Knowledge Politics"(《气候变迁与知识的政治》), *Environmental Politics*(《环境政策》)16(3): 414–432. doi: 10.1080/09644010701251656.

Habermas, Jürgen. 1976, *Legitimation Crisis*(《合法化危机》), translated by Thomas McCarthy. London: Heinemann.

Habermas, Jürgen. 1989, *The Structural Transformation of the Public Sphere: An Inquiry into A Category of Bourgeois Society*(《公共领域的结构转型:中产阶级社会范畴的调查》), translated by Thomas Burger. Cambridge, MA: MIT Press.

Hajer, Maarten A. 1995, *The Politics of Environmental Discourse: Ecological Modernization and the Policy Process*(《环境话语的政治:生态现代化和政策过程》), Oxford: Clarendon Press.

Hall, Stuart. 1996, "The West and the Rest: Discourse and Power"(《西方及其他:话语与权力》), in *Modernity: An Introduction to Modern Societies*(《现代性:现代社会导言》), edited by Stuart Hall, David Held, Don Hubert and Kenneth Thompson, Malden, MA: Blackwell, pp. 184–228.

Harvey, David. 2005, *A Brief History of Neoliberalism*(《新自由主义简史》), Oxford: Oxford University Press.

Hawken, P. 2007, *Blessed Unrest*(《神圣的不安》), New York: Viking Press.

Heinberg, Richard. 2011, *The End of Growth: Adapting to Our New Economic Reality*(《增长的终结:适应我们新的经济现实》), Gabriola Island, BC, Canada: New Society Publishers.

Homer-Dixon, Thomas. 2006, *The Upside of Down*: *Catastrophe*, *Creativity and the Renewal of Civilization* (《上下颠倒:大灾难、创造性和文明的复兴》), Toronto: A. A. Knopf.

Hunter, James Davison. 2010, *To Change the World*: *The Irony*, *Tragedy*, *and Possibility of Christianity in the Late Modern World*(《改变世界:现代世界晚期基督教中的反讽、悲剧与可能性》), New York: Oxford University Press.

Hunter, James Davison, and Alan Wolfe. 2006, *Is There A Culture War? A Dialogue on Values and American Public Life* (《是否存在着文化战争?——价值观与美国公共生活的对话》), Washington, DC: Pew Research Center and Brookings Institution Press.

Idle No More. 2014, "Idle No More" (《不再懈怠》), Accessed September 10, 2014. http://www.idlenomore.ca/.

Jaccard, Mark. 2013, "The Accidental Activist" (《偶然的积极分子》), *The Walrus* (《海象》), March 2013. Accessed September 10, 2014. http://thewalrus.ca/the-accidental-activist/.

Jackson, Tim. 2008, "The Challenge of Sustainable Lifestyles" (《可持续生活方式的挑战》), in *State of the World 2008*: *Innovations for A Sustainable Economy*(《2008 年世界状态:可持续经济的创新》), edited by Linda Starke, Washington, DC: Worldwatch Institute, pp. 45 – 60, Available at http://www.worldwatch.org/node/5561.

Jackson, Tim. 2009, *Prosperity Without Growth*: *Economics for A Finite Planet* (《谁说经济一定要成长?——献给地球的经济学》), London: Earthscan.

Jacques, Peter J., Riley E. Dunlap, and Mark Freeman. 2008, "The Organisation of Denial: Conservative Think Tanks and Environmental Scepticism" (《否认的组织:保守主义智囊团和环境怀疑主义》), *Environmental Politics* (《环境政策》)17 (3): 349 – 385. doi: 10.1080/09644010802055576.

Klein, Naomi. 2013, "Overcoming 'Overburden': The Climate Crisis and a Unified Left Agenda" (《克服超负荷:气候危机与统一的左派议程》), *Common Dreams*(《共同的梦想》), Accessed September 30, 2014. https://www.commondreams.org/view/2013/09/04.

Korten, David C. 2009, *Agenda for A New Economy*: *From Phantom Wealth to Real Wealth* (《一种新经济议程:从幽灵财富到真实财富》), San Francisco: Berrett-Koehler Publishers.

Lakoff, George. 2004, *Don't Think of an Elephant! Know Your Values and Frame the Debate* (《别想那只大象! 知道你的价值观,为辩论制定框架》), White River Junction, VT: Chelsea Green.

Lasch, Christopher. 1991, *The True and Only Heaven*: *Progress and Its*

Critics(《真正的、唯一的天堂:进步及其批判》), New York:W. W. Norton.

Leopold, Aldo. 1966, *A Sand County Almanac: With Other Essays on Conservation from Round River*(《沙乡年鉴:来自朗德河的其他保育论文)》), New York:Random House.

Louv, R. 2008, *Last Child in the Woods. 2nd ed.* (《林间最后的小孩》第2版), Chapel Hill, NC:Algonquin Books.

Lyotard, Jean-François. 1984, *The Postmodern Condition: A Report on Knowledge* (《后现代状态:关于知识的报告》), Minneapolis: University of Minnesota Press.

Maniates, Michael. 2013, "Teaching for Turbulence"(《为动荡而教》), in *State of the World 2013: Is Sustainability Still Possible?* (《2013年世界状态:可持续性还有可能吗?》), edited by Linda Starke, Washington, DC: World-watch Institute, pp. 255 – 268.

Marcuse, Herbert. 1964, *One-Dimensional Man: Studies in the Ideology of Advanced Industrial Society* (《单向度的人:发达工业社会意识形态研究》), Boston:Beacon Press.

Martens, Kathleen. 2013, "Elsipogtog Solidarity Is Spreading across Canada" (《Elsipogtog团结正在全加拿大扩散》), *APTN National News*, October 17. Accessed September 10, 2014. http://aptn.ca/news/2013/10/17/elsipogtog-solidarity-is-spreading-across-canada/.

Martínez-Alier, Joan, Unai Pascual, Franck-Dominique Vivien, and Edwin Zaccai. 2010, "Sustainable De-Growth: Mapping the Context, Criticisms and Future Prospects of An Emergent Paradigm" (《可持续的去增长:图绘一个新生范式的脉络、批评和未来前景》), *Ecological Economics* (《生态经济学》) 69(9): 1741 – 1747. doi:10.1016/j.ecolecon.2010.04.017.

McFague, Sallie. 2001, *Life Abundant: Rethinking Theology and Economy for A Planet in Peril* (《丰裕的生命:为处于危险之中的地球重新思考神学与经济》), Minneapolis, MN:Fortress Press.

McKibben, Bill. 1989, *The End of Nature* (《自然的终结》), New York:Random House.

McKibben, Bill. 2010, *Earth: Making a Life on A Tough New Planet* (《地球:新星球上的艰苦生活》), New York:Times Books.

Meadows, Donella H., Jørgen Randers, and Dennis L. Meadows. 2004, *The Limits to Growth: The 30-Year Update* (《增长的极限:30年的更新》), White River Junction, VT:Chelsea Green.

Merchant, Carolyn. 1980, *The Death of Nature: Women, Ecology, and the Scientific Revolution* (《自然之死:女性、生态与科学革命》), San Francisco: Harper & Row.

Milton, Kay. 1996, *Environmentalism and Cultural Theory：Exploring the Role of Anthropology in Environmental Discourse* (《环境保护主义与文化理论：对环境话语中的人类学角色的探讨》), London：Routledge.

Nadeau, Robert. 2003, *The Wealth of Nature：How Mainstream Economics Has Failed the Environment* (《自然的财富：主流经济学如何辜负了环境》), New York：Columbia University Press.

Newspaper Audience Databank Inc. 2012, "Latest Study News" (《最新研究新闻》), Accessed September 10, 2014. http://nadbank.com/en/nadbank-news/latest-study-news.

Ophuls, William. 1998, *Requiem for Modern Politics：The Tragedy of the Enlightenment and the Challenge of the New Millennium* (《现代政治的安魂曲：启蒙运动的悲剧与新千年的挑战》), Boulder, CO：Westview Press.

Polanyi, Karl. 1944, *The Great Transformation* (《大转型》), Boston：Beacon Press.

Reese, S. D. 2003, "Framing Public Life：A Bridging Model for Media Research" (《框定公共生活：媒体研究的桥接模型》), in *Framing Public Life：Perspectives on Media and Our Understanding of the Social World* (《框定公共生活：媒体观点与我们对社会世界的理解》), edited by S. D. Reese, J. O. Gandy and A. E. Grant, Mahwah, NJ：Lawrence Erlbaum Associates, pp. 7 – 31.

Rifkin, Jeremy. 1991, *Biosphere Politics：A New Consciousness for A New Century* (《生物圈政治：新世纪的新意识》), New York：Crown Publishers.

Rogers, Raymond Albert. 1994, *Nature and the Crisis of Modernity：A Critique of Contemporary Discourse on Managing the Earth* (《自然与现代性危机：对管理地球的当代话语之批判》), Montréal：Black Rose Books.

Rubin, Jeff. 2012, *The End of Growth* (《增长的终结》), Toronto：Random House.

Schneider, François, Giorgos Kallis, and Joan Martinez-Alier. 2010, "Crisis or Opportunity? Economic Degrowth for Social Equity and Ecological Sustainability" (《危机还是机遇？为了社会平等和生态可持续的经济去增长》), *Journal of Cleaner Production* (《清洁生产杂志》) 18 (6)：511 – 518. doi：10.1016/j.jclepro.2010.01.014.

Schwartz, Daniel, and Mark Gollom. 2013, "N. B. Fracking Protests and the Fight for Aboriginal Rights" (《新不伦瑞克市水力压裂(开采)抗议和土著权利斗争》), *CBC News*, October 19. http://www.cbc.ca/news/n-b-fracking-protests-and-the-fight-for-aboriginal-rights-1.2126515.

Semeniuk, Ivan. 2013, "Scientists Push Campaign for Evidence-Based Decision Making from Government" (《科学家们推动为基于证据的政府决策而进行的运动》), *The Globe and Mail* (《环球邮报》), September 16. http://

www. theglobeandmail. com/news/national/scientists-aim-to-put-state-of-canadian-research-in-the-public-spotlight-with-demonstrations/article14332546/.

Smelser, Neil J. 1959, *Social Change in the Industrial Revolution：An Application of Theory to the Lancashire Cotton Industry, 1770 – 1840*, International Library of Sociology and Social Reconstruction Series (《社会学与社会重建国际图书馆丛书——工业革命中的社会变迁：1770—1840 年兰开夏郡棉花产业之理论应用》), London：Routledge & Kegan Paul.

Speth, James Gustave. 2008, *The Bridge at the Edge of the World* (《世界边缘的桥梁》), New Haven, CT：Yale University Press.

Speth, James Gustave. 2011, "Off the Pedestal：Creating A New Vision of Economic Growth" (《偏离基础：创造一个经济增长的新视野》), *Yale Environment* (《耶鲁环境》) 360. Accessed September 10, 2014. http：// e360. yale. edu /content/print. msp? id = 2409.

Stone, Robert (director). 2010, *Earth Days* (documentary film) (《地球的日子》纪录片), Arlington, VA：PBS Distribution. DVD, 102 min.

Taylor, Charles. 1991, *The Malaise of Modernity* (《现代性之隐忧》), Cambridge, MA：Harvard University Press.

United Nations Environment Programme. 2007, "Global Environment Outlook 4 (Geo-4)" (《全球环境展望 4》), Accessed September 10, 2014. http：// www. unep. org/geo/geo4. asp.

United Nations Environment Programme. 2012, "Global Environment Outlook 5 (Geo-5)" (《全球环境展望 5》), Accessed September 10, 2014. http：// www. unep. org/geo/geo5. asp.

van Dijk, Teun Adrianus, ed. 2011, *Discourse Studies：A Multidisciplinary Introduction. 2nd ed.* (《话语研究：多学科导论》第 2 版), London：Sage Publications.

Victor, Peter A. 2008, *Managing Without Growth：Slower by Design, Not Disaster* (《无需增长的管理：通过设计而非灾难来减慢速度》), Cheltenham, UK：Edward Elgar.

Wallerstein, Immanuel. 1999, *The End of the World as We Know It：Social Science for the Twenty-First Century* (《我们所知的世界末日：21 世纪的社会科学》), Minneapolis：University of Minnesota Press.

Wallerstein, Immanuel. 2004, *World-Systems Analysis：An Introduction.* (《世界体系分析：导言》), Durham, NC：Duke University Press.

Winner, Langdon. 1986, *The Whale and the Reactor：A Search for Limits in an Age of High Technology* (《鲸鱼和反应堆：在高科技时代寻找极限》), Chicago：University of Chicago Press.

Wuthnow, Robert. 1989, *Communities of Discourse：Ideology and Social*

Structure in the Reformation, the Enlightenment, and European Socialism(《话语共同体:宗教改革、启蒙运动与欧洲社会主义中的意识形态和社会结构》),Cambridge,MA: Harvard University Press.

结论

继续生态经济学的旅程：
重新定向，重新探索

  生态经济学扎根于以下无可逃避的洞见：经济完全嵌入地球的能量和物质流之中，且服从于诸多的宇宙法则。如果我们还要在充满暴风雨的人类世成功航行的话，这一根本性的洞见，必须成为我们思想和行为的基石。然而，如果它不能承受以下两个关键但相互关联的挑战的话，它将不足以提供方向和动力：(1) 其自身的发展——一个内在日程；(2) 推进其扩展日程(已在本书导言中讨论过)，也就是，将生成于其洞见的重新定向，应用于其他领域、其他学科、思想和行动模式，以及更为广泛的人性如何与生命、世界相互关联。正如标准经济学现在是许多此类领域的直接或非直接的试金石一样，我们也如此设想：对于我们的行为镶嵌于地球的物理领域——其条件与限制——之内这一事实的普遍接受，将促成这些领域的基本前提形成一个同等意义的转变。如果我们做不到这些变迁，我们将身处险境，自食其果。

  这一总结性篇章建立在前面所有章节的基础上，列出我们讨论的重新定向，将如何能够被未来的研究机会和人类发展的崭新视野所促进。

1. 被提议的伦理基础

1.1 重新思考伦理

20世纪的伦理和政治哲学,至少在盎格鲁国家,已经很大程度上聚焦于:要强调人权,还是强调实用性?然而,没有哪一种传统已经牢固地扎根于更加成熟的对人类主体性和社会——生态相互依赖性的当代理解中。20世纪早期,柏格森(1911)、施韦泽(1987)、怀特海(1978),还有其他人开始了一个"有机的"反向运动,开始清晰表达出一个对人类自我与世界的相互关系的综合性理解。这一启发人心的反向观点,又回到利奥波德(1949)、卡利科特(1994)、贾米森(Jamieson, 2002)、贝里(1999)、埃利奥特(Elliott, 2005)这些思想家身上,而布朗(2012)已经清晰地寻求将伦理与科学联系在一起。的确,当代科学支持并定位了对自我与世界的理解,而这些理解包含在许多世界伦理和宗教信仰体系以及斯宾诺莎这样的早期哲学家的著作之中。神经科学的洞见,能够帮助我们理解人性如何进入并经历一个创造性的宇宙,并且从底层加固了人性在宇宙之中位置的新叙事的构建(Lakoff and Johnson, 1999; Nadeau, 2013)。调查与理解的新前沿正在逐渐显露,诸如豪泽(Hauser, 2006)和威尔森(2002)。我们必须推进道德哲学与来自当代神经科学、进化生物学和宇宙学(Chaisson, 2006)以及复杂理论(Kauffman, 1995)的诸多洞见之间的对话。

1.2 重新思考能动性

特别是行为经济学,和普遍意义上的进化科学一起,正描绘出一个比建立在新古典经济学之上更加复杂的人类动机图谱。一个清晰的生态行为经济学的日程表开始去确认,作为进化的产物,人类个体——以及尤其是大脑,是如何形塑我们的行为的。然而,这只是一个丰富而深远的日程表的发端:我们必须理解到,人类选择和行为深嵌于能量与物质流之中,深嵌于形塑与指引行为的社会和制度矩阵之中。这一理解如何能够被用来帮助我们面对人类世的挑战?

1.3 重新思考理性

以下几点非常关键:要深化发展和部署一种尊重且提高自然系统的再生产能力的理性;在保护、提高和修复生活的基础结构方面采取多世代的视角;以及理解那些需要将人类与自然系统都涵括进来的决定(Princen, 2005)。"理性"如何能够在一个修正后的能动性概念下得到理解?对于生态经济学来说,一个无可避免的问题就是,能动性是否受到人的限制?我们为"能动性在自然世界中无处不在"等类似来自许多传统文化的洞见,留下的地方是什么?能动性受限于有目的的行动吗?病毒和飓风具有能动性吗?

1.4 重新思考人类

正如多个章节都有提及的那样,在标准经济学中,人的模型是一个非常奇怪、与世隔绝的存在。这一模型是为模拟简单的物理过程而设计的,以便能够进行数学计算。如同在所有人都容易受影响的简单模型中一样,它的危险就在于它吸引人的社会、文化和政治权力。最深层次的危险是,如果人们不满足这些模型,他们需要被改造得满足模型,或者被无视、杀害,或者任其死亡。除此之外,经济学家观点的无处不在,强烈地影响了我们对于自我、客体和自然的基础性感觉(Horkheimer and Adorno, 2002)。"重新思考能动性"的议程仅仅是对当前迈向通过行为科学等应用来重新思考人类这一当前潮流的一个反映。生态经济学的一个具体研究角色,就是在生态矩阵和设置中丰富对人的重新思考。人类偏好依赖于社会环境、个体历史和自觉的偏好发展（Albert and Hadnel，1991）。生态经济学模型吸收了在道德推理的生物学中生根的一种公平感和依社会情况而定的决策过程（Fehr and Fachter, 2002）。诸如"前景理论"（Tversky and Kahneman, 1981）和"有偏见的文化传播"（Henrich, 2004）等一些决策模型，已经被证明，是比"不证自明的理性行动者"模型更好的经济行为预测手段。

1.5 改变我们与存在共同体的关系

新古典经济学很便利地将生命的其他形式以及支撑它的诸多过程，贬低为纯粹的工具主义立场。这能够算得上《创世纪》之书中可以找到的"特殊创造"——人性是在神的形象中制造的——这一教条的继子。按照这一观点，其他动物和地球自身，拥有与人类不同的道德立场。在一个进化的世界观之中，这个观点找不到任何支撑，因此，我们需要更加开放大门，在作为一个整体的存在共同体以及宇宙之中，去重新想象我们的位置。正如斯图亚特·考夫曼（Stuart Kauffman）在《宇宙为家》（At Home in the Universe，1995）之中所提议的：宇宙是我们的共同体吗？

1.6 重新考虑正义和分配

在最根本的层次上，生态经济学是有关正义的。在一个开放于能量、封闭于物质的星球上，什么是地球生命支撑能力的公平份额？在进化论范式中，没有任何理由，认为人类是唯一拥有道德立场的存在。正义从属于全部生物——无论大小，无论现在还是以后。

在人的层次上，生态经济学在世界上的边缘群体中通常具备边际利益，当然也有一些例外（参见 Martinez-Alizer, 2002）；而考虑到最近的精致研究（参见 Banerjee and Duflo, 2011），执行（2015年后）千年发展目标的下一阶段的有关讨论，以及在可持续发展方面的多元案例(参见 Suyanto, Khususiyah and Leimona, 2007),我们也还有更多的工作要去做。边缘群体常常处于森林摧毁、水系匮乏和退化以及生态系统的过度掠夺的"刀锋"之下——生态经济学将如何不仅仅在理论层次进行回应?

1.7 重铸教育

在教育学生理解当前人类危机的多层面本质方面,多学科和交叉学科新方案已经取得了一些进展,但是它们几乎不质疑单个学科在科学意义上是否真实可信、是否健全。然而,许多这样的学科堪称"孤儿"。它们在教育法和实践中是活的,但它们的智识传授者与我们在新千年黎明时所知的宇宙知识和我们在宇宙中的位置,常常无法匹配——因为这个原因,它们应该被称为"孤儿"。

这些框架/学科能够被区分为至少两个群体。首先,它们是多个规范性框架,形塑并调节人性与生命和世界的关系。这些是直接指定的——它们告诉我们应当怎么做。经济学家很高兴去分享他们如何刺激增长的观点;金融去描绘如何发财致富;法律在冲突中的人们以及多元的正义主张中进行裁定;治理限制高悬于个体之上的国家权力,并确保我们自己免受外敌的入侵。伦理学提供如何做一个好人、过一种好的生活的指引。其次,还有一些更广泛的学科设置,同样遭受了深深的本体论错误之苦。工程学想当然地认为世界属于人类,能够被改造——常常是随心所欲地,以迎合我们哪怕多么微不足道的目的。传统农业假定"食物安全"只适用于人类。这一点是需要争辩的:许多社会科学是孤儿学科,因为他们依托于一个极端的自然—文化区分的假定之上(Kohn, 2013)。

2. 测量

2.1 重新思考价格

现在,经济在很大程度上围绕着一个单一信号而定向:价格信号。价格是一个如此卓越、如此成功和无处不在的发明,以至于我们开始相信它是不可避免并内在于事物之中的。价格传递了一个关于资源与欲望之关系的信号:为了我想要的,我将放弃多少或者得到多少?当价格信号通过所有交易而聚集的时候,它在经济中产生了一个关于物品与服务向欲望之满足而进行总体运动的信号。当下,这一运动成了国内生产总值可怜的俘虏。将我们定向于数字,也就是将我们指向了增长,导致生命前景的进一步黯淡。生态经济学已经在调整 GDP 方面做出了实质性贡献,使其能够更好地说明收入分配、经济活动中无法估值的代价和收益,以及更广泛的在有薪劳动和无薪劳动中的权衡(Bagstad, Berik and Gaddis, 2014; Cobb, Halstead and Rowe, 1995; Daly and Cobb, 1994; Lawn, 2003)。然而,这些努力仍然接受价格作为一个可比较的单位,并因此暗示了经济和非经济的人类所需和所求之间的可替换性。瓦坦和布罗姆利(Vatn and Bromley, 1994)鞭策我们去想象"没有标价的选择,无需申辩"。

生态经济将要求价格之外的信号,将我们与我们选择的其他维度关联起来,包括它们的生态影响和社会交易。我们要求进一步的研究,去确定这些信号如何能够从指标范围中被建构出来——我们已经在用这些指标,提供有关我们与地球边界关系的信息。我们能够将其他信号合计为我们全部决定的影响得分吗?它将涉及与金钱功能不一样的一种或多种生态货币吗?新的合计将涉及一种更关注公共利益的经济,而不是一个更关注私人利益的市场经济吗？这些问题正开始在诸如社会网络平台等各种各样的讨论中得到探索,并要求经验调查的坚实底板。

2.2 拥抱多元价值观

一批重要的文献已经批判了成本—收益分析的货币基础,包括:暗含在其中的人造资本与自然资本的可替换性假设(Gowdy,1997);用货币价值观来"挤出"道德行为的现象(Frey and Oberholzer-Gee, 1997);在对经济的、社会的物品和服务以及环境的物品和服务之间的交易进行评估时,使用概念和词汇偏好的重要性(Spash and Hanley, 1995);以及在评估中期到遥远未来的后果时双曲线贴现①的存在(Laibson, 1997)。生态经济学应当继续探索"价值观多元"进路,诸如多准则决策分析,明确强调人类决策行为的生物学的、社会的和复杂的本质特征(Kosoy et al., 2010; Martinerz-Alier, Munda and O'Neill, 1998)。

2.3 将经济生产作为一个生物物理过程来进行测量

新古典经济学将生产视为一个给定资源的配置,而无需顾及生物物理过程。相反,生态经济学以物质和能量的生产能力分析为基础,包括生态足迹的测量和模型(Wackernagel et al., 1996)、净初级产品的人类占用(Haberl et al., 2007),生态系统服务在空间中的外显生成、配送和需求(Kareiva et al., 2011)。宏观生态经济学的模型化正在出现,用来调查增长中立或者去增长经济策略(Jackson, 2009; Kallis, 2011; Victor, 2008)。有意义的研究继续将经济体系中的生产,作为低熵的事务和能量向高熵浪费的一个物理转换来进行测量——这是对反映在乔治斯库-罗根、戴利、克里

---

① 这是1984年,经济学家马祖尔(Mazur)提出的一个双曲线贴现模型,来描述时间贴现:我们大脑难以处理长期的信息,因为里面包含太多不确定性。随着时间推移,我们对收益的感知是下降的,呈现双曲线趋势。所以,决策中,我们倾向于把长期的权重调低:无论是收益还是成本,只要时间够长,我们都倾向认为它不够重要。——译者注

斯滕森（Christensen）以及其他人著作中生态经济学早期目标的一种回归。

3. 含义

3.1 模型化与增长

在一个慢增长或非增长的经济中，资本与劳动之间如何分配才是公平的？皮凯蒂（Piketty, 2014）争辩说，（在资本回报率和储蓄率存在某些特定假设的前提下）慢一点的增长对资本比对劳动更为有利。他正确吗？或者说，慢一点的增长起因于金融上"没有收益的"投资，事实上降低了对资本总额的回报？什么是易，什么是难，使资本能够取代劳动？这些议题如何能够在宏观生态经济学模型中得到强调？

3.2 使经济适应地球

非常有必要去找到一种方法，将科学与其洞见嵌入经济规范以及支撑它们的法律框架的生产中去。我们现在正处于新的生产之路的中途，去生成并回应法律和经济规范。正如写作与出版转变了规范如何生成和传播那样，计算机化了的网络交流产生了规范传递中的革命，大概可以被称为"实时法"。实时法允许我们反思性地生产规范：去实时地调整它们，并实时地回应它们所产生的影响。这是因为，我们能够在网络上搜集资料，规范的表述与依照它行动的影响之间所存在的时延，能够被降至几乎为零。在过去，我们要发布一个规范，需要事前陈述其意义和必要条件，努力在事后增强，并根据不断转变的社会共识来进行定期修正。现在，以上全部都能够提速——而且确实，它需要提速，如果我们还想有任何期待，去避免我们选择所造成的灾难性的集体影响。

3.3 发展生态金融领域

从生态经济学的观点出发,财富是一种能力,可支持那些值得要的、远非平衡的系统,比如人的存在、树木、医院、大学等。现在才刚刚开始去探索的,是这些系统与各类金融工具之间的关系。地球的生命支持能力,正如可以提出证据证明的那样,大约等同于(或者弱于)它过去,比如说20世纪80年代;然而,账面财富和数字财富的总数,已经是那个时候的许多倍。这是一个问题吗?如果真是,又是什么类型、量级、紧迫性和严重性的问题?我们应当如何回应?是否存在着一种方法,系统化地将各种形式的货币,与地球生命支持系统关联起来?我们该如何处理以下事实:那些掌握着货币形式财富的人,却控制着需要进行可能是必要的激烈改变的机构。弗雷德里克·索迪的《货币的角色》(*The Role of Money*, 1935),是一个充满期待的出发之地。是否有路径去穿越丛林?如果有,谁又将愿意冒险一试?

3.4 在"自由"贸易的语言里贸易

当前且令人遗憾地正在扩张的贸易体系,依靠的是"比较优势"、增长的需要、"第三世界"等理念,以及其他在生态学框架中找不到任何足迹的社会建构。的确,这些理念有助于促进在森林、农场中找到的低熵物质以及化石燃料等类似物质的清算和占用,并将其合法化。在一个生态经济学情境中,在人类世的完整世界里,贸易应当如何被理解?在面对一种新鲜而更深刻的财富观时,"发展""第三世界"和"贫穷"等社会想象是否会粉碎和崩塌?生态经济学将如何像阿图罗·埃斯科巴(Arturo Escobar, 2012)所提倡的那样,与"后发展"话语这一需要关联起来?

3.5 重新思考交易

自从亚当·斯密将经济考察一方面划分为道德情操理论,另一方面划分为国民财富之后,就存在一种倾向,割裂着从经济人到互惠人的人类行为图谱。我们需要进一步地研究礼物经济在生态经济中的角色。我们倾向于假定,交换经济的运作将会被延伸至生态经济,尽管会存在着不同的参数。然而,这太简单了。生态经济学的进一步发展所要问的问题变成了:生态经济中,什么是礼物经济和交换经济之间适当的平衡,它又将如何才能达到?

3.6 重建治理与法律

依然支撑着西方民主制度的自由主义政治,一个关键的基本条件就是:人们可以以他们所愿意的方式、在他们所愿意的地点生活,追求约翰·斯图尔特·密尔所说的纯粹的自我关注行动(Mill,[1859] 2011)。然而,生态学和热力学,加上能够表明是人类行为导致了气候变迁和第六次大灭绝的绝大多数证据,清楚地揭示出,纯粹的自我关注行动,即使在最好的意义上也属于用词不当。认识到这一点,我们的计划就是,继续从事罗克斯特伦等人(2009)的建议,找到从地方层次到全球层次都需要的新奇的、适应性的治理进路,并在规定了极限的地球边界的基础上去工作(Galaz et al.,2012)。

在很多自由主义文化中,法律的一个基础就是对私有财产的严格保护。然而,当前科学理解的主要推进,尤其是生态学,直接地挑战了可分割性的观念——自由主义的财产观建立在这个观念之上,并强调了公共利益和私人财产之间的相互连接。此外,人是地球唯一合法的拥有者,这一假定也很难扎根于一个进化的世界观中。我们将需要在诸如罗斯(Rose, 1997)、索兰(Solan, 2002)、霍恩斯坦(Hornstein, 2005)、鲁尔(Ruhl, 2012)、加弗(2013)、卡利南(Cullinan，2011)、博塞尔曼(Bosselmann，2008)、奥斯特罗姆(1990)和奥斯特(Ost，2003)等人著作的基础上，发展出一个更加整体的方法，去形成能够认识到生态的极限和相互依赖性的法律，以及人类与其他生命的协同进化的法则。

作为这雄心勃勃的列表中的最后终结曲，值得指出的是，生态经济学自身提供了如何建立一个人类经济研究的理想例子：(1)既将其视为一个复杂的社会体系，又将其视为一个嵌入生物物理宇宙之中的体系；(2)扎根于物理和生物科学的证据标准之中；(3)建立在广泛地从许多领域借用的方法论多元主义之上，以问题解决方法为框架。(Gowdy and Erickson，2005)

生态经济学的视域的延展，是一个绝对不能被错失的机会。我们不过才刚刚开始一段伟大的旅程，去发现我们在宇宙中的位置——以及这一位置对于我们以及与我们共享遗产和命运的其他生命的含义。其发现将是革命性的、惊世骇俗的、令人不安的，也是充满机会的。

参考文献

Albert, Michael, and Robin Hahnel. 1991, *The Political Economy of Participatory Economics*(《参与式经济的政治经济学》), Princeton, NJ: Princeton University Press.

Bagstad, Kenneth J., Günseli Berik, and Erica J. Brown Gaddis. 2014, "Methodological Developments in US State-Level Genuine Progress Indicators: Toward GPI 2.0"(《美国国家标准真正进步指标的方法论发展:迈向真正进步指标2.0》), *Ecological Indicators*(《生态指标》)45: 474-485. doi: 10.1016/j.ecolind.2014.05.005.

Banerjee, Abhijit V., and Esther Duflo. 2011, *Poor Economics: A Radical Rethinking of the Way to Fight Global Poverty*(《贫穷的本质:我们为什么摆脱不了贫穷》), New York: Public Affairs.

Bergson, Henri. 1911, *Creative Evolution*(《创造性进化》), Translated by Arthur Mitchell. New York: H. Holt and Company. http://www.gutenberg.org/ebooks/26163.

Berry, Thomas. 1999, *The Great Work: Our Way into the Future*(《伟大的工

作:我们进入未来的道路》),New York:Three Rivers Press.

Bosselmann, Klaus. 2008, *The Principle of Sustainability: Transforming Law and Governance*(《可持续性的原则:使法律与治理转型》),Burlington, VT: Ashgate.

Brown, Peter G. 2012, "Ethics for Economics in the Anthropocene"(《人类世中经济学伦理》), in *Teilhard Series*(《德日进丛书》)No. 64, Woodbridge, CT: American Teilhard Association.

Callicott, J. Baird. 1994, *Earth's Insights: A Survey of Ecological Ethics from the Mediterranean Basin to the Australian Outback*(《地球洞察:从地中海盆地到澳洲内陆的生态伦理调查》), Berkeley: University of California Press.

Chaisson, Eric. 2006, *Epic of Evolution: Seven Ages of the Cosmos*(《宇宙简史》),New York: Columbia University Press.

Cobb, Clifford W., Ted Halstead, and Jonathan Rowe. 1995, *The Genuine Progress Indicator: Summary of Data and Methodology*(《真正进步指标:数据与方法摘要》),San Francisco: Redefining Progress.

Cullinan, Cormac. 2011, *Wild Law: A Manifesto for Earth Justice. 2nd ed*(《地球正义宣言:荒野法》第 2 版), White River Junction, VT: Chelsea Green Publishing.

Daly, Herman E., and John B. Cobb. 1994, *For the Common Good: Redirecting the Economy toward Community, the Environment, and A Sustainable Future. 2nd ed*(《为了共同利益:将经济重新导向共同体、环境和可持续未来》第 2 版), Boston: Beacon Press.

Elliott, Herschel. 2005, *Ethics for A Finite World: An Essay Concerning A Sustainable Future*(《有限世界的伦理:关于可持续未来的随笔》),Golden, CO: Fulcrum Publishing.

Escobar, Arturo. 2012, *Encountering Development: The Making and Unmaking of the Third World*(《遭遇发展:第三世界的形成与瓦解》), Princeton, NJ: Princeton University Press.

Fehr, Ernst, and Simon Gächter. 2002, "Altruistic Punishment in Humans"(《人类的利他主义惩罚》), *Nature*(《自然》)415(6868): 137 – 140. doi: 10.1038/415137a.

Frey, Bruno S., and Felix Oberholzer-Gee. 1997, "The Cost of Price Incentives: An Empirical Analysis of Motivation Crowding-Out"(《价格激励的代价:动机排挤效应的经验分析》), *The American Economic Review*(《美国经济评论》)87(4): 746 – 755. doi: 10.2307/2951373.

Galaz, Victor, Frank Biermann, Carl Folke, Måns Nilsson, and Per Olsson. 2012, "Global Environmental Governance and Planetary Boundaries: An Introduction"(《全球环境治理和地球边界:导言》), *Ecological Economics*(《生

态经济学》)81:1-3. doi: 10.1016/j. ecolecon. 2012.02.023.

Garver, Geoffrey. 2013, "The Rule of Ecological Law: The Legal Complement to Degrowth Economics"(《生态的法治:对于去增长经济的法律补充》), *Sustainability*(《可持续性》)5(1): 316-337. doi: 10.3390/su5010316.

Gowdy, John, and Jon D. Erickson. 2005, "The Approach of Ecological Economics"(《生态经济学路径》), *Cambridge Journal of Economics*(《剑桥经济学杂志》)29(2):207-222. doi: 10.1093/cje/bei033.

Gowdy, John M. 1997, "The Value of Biodiversity: Markets, Society, and Ecosystems"(《生物多样性的价值:市场、社会与生态系统》), *Land Economics*(《土地经济学》)73(1):25-41. doi: 10.2307/3147075.

Haberl, Helmut, K. Heinz Erb, Fridolin Krausmann, Veronika Gaube, Alberte Bondeau, Christoph Plutzar, Simone Gingrich, Wolfgang Lucht, and Marina Fischer-Kowalski. 2007, "Quantifying and Mapping the Human Appropriation of Net Primary Production in Earth's Terrestrial Ecosystems"(《将人类对地球陆地生物生态系统中净初级生产力的占用进行量化与图绘》), *Proceedings of the National Academy of Sciences of the United States of America*(《美国国家科学院院刊》)104(31):12942-12947. http://www.jstor.org/stable/25436409.

Hauser, Marc D. 2006, *Moral Minds: How Nature Designed Our Universal Sense of Right and Wrong*(《道德思维:自然如何设计了我们对与错的普遍观念》), New York: Ecco.

Henrich, Joseph. 2004, "Cultural Group Selection, Coevolutionary Processes and Large-Scale Cooperation"(《文化群体选择、共同进化过程与大规模合作》), *Journal of Economic Behavior & Organization*(《经济行为与组织学报》)53(1):3-35. doi: 10.1016/S0167-2681(03)00094-5.

Horkheimer, Max, and Theodor W. Adorno. 2002, *Dialectic of Enlightenment: Philosophical Fragments*(《启蒙辩证法:哲学断片》), edited by Gunzelin Schmid Noerr, translated by Edmund Jephcott. Stanford, Calif.: Stanford University Press.

Hornstein, Donald T. 2005, "Complexity Theory, Adaptation, and Administrative Law"(《复杂性理论、适应与行政法》), *Duke Law Journal*(《杜克法律期刊》)54(4):913-960. doi: 10.2307/40040504.

Jackson, Tim. 2009, *Prosperity without Growth: Economics for A Finite Planet*(《谁说经济一定要成长?献给地球的经济学》), London: Earthscan.

Jamieson, Dale. 2002, *Morality's Progress: Essays on Humans, Other Animals, and the Rest of Nature*(《道德的进步:关于人类、其他动物与大自然其他部分的论文》), Oxford: Clarendon Press.

Kallis, Giorgos. 2011, "In Defence of Degrowth"(《为去增长辩护》),

Ecological Economics（《生态经济学》）70（5）：873 – 880. doi：10. 1016/j. ecolecon. 2010. 12. 007.

Kareiva, Peter, Heather Tallis, Taylor H. Ricketts, Gretchen C. Daily, and Stephen Polasky, eds. 2011, *Natural Capital*：*Theory and Practice of Mapping Ecosystem Services*(《自然资本：图绘生态系统服务的理论与实践》), New York：Oxford University Press.

Kauffman, Stuart A. 1995, *At Home in the Universe*：*The Search for Laws of Self-Organization and Complexity*(《宇宙为家：寻求自组织和复杂性的法则》), Oxford：Oxford University Press.

Kohn, Eduardo. 2013, *How Forests Think*：*toward an Anthropology Beyond the Human*(《森林如何思考：迈向超越人类的人类学》), Berkeley：University of California Press.

Kosoy, Nicolas, Makiko Yashiro, Carlota Molinero, and Anantha Duraiappah. 2010, "Valuation of Ecosystem Services：Methods, Opportunities and Policy Implications"(《生态系统服务的评估：方法、机遇和政策意义》), in *Valuation of Regulating Services of Ecosystems*：*Methodology and Applications*(《调节生态体系服务的估价：方法论和应用》), edited by Pushpam Kumar and Michael D. Wood, Abingdon, Oxon, UK：Routledge, pp. 222 – 234.

Laibson, David. 1997, "Golden Eggs and Hyperbolic Discounting"(《金蛋与双曲线贴现》), *The Quarterly Journal of Economics*（《经济学季刊》) 112（2）：443 – 477. doi：10. 2307/2951242.

Lakoff, George, and Mark Johnson. 1999, *Philosophy in the Flesh*：*The Embodied Mind and Its Challenge to Western Thought*(《肉身哲学：亲身心智及其向西方思想的挑战》), New York：Basic Books.

Lawn, Philip A. 2005, "An Assessment of the Valuation Methods Used to Calculate the Index of Sustainable Economic Welfare (ISEW), Genuine Progress Indicator (GPI), and Sustainable Net Benefit Index (SNBI)"(《可持续经济财富、真正进步指标和可持续净收益指标计算中所使用估价方法的评估》), *Environment, Development and Sustainability*（《环境、发展和可持续发展》) 7(2)：185 – 208. doi：10. 1007/s10668 – 005 – 7312 – 4.

Leopold, Aldo. 1949, *A Sand County Almanac and Sketches Here and There*（《沙乡年鉴》), New York：Oxford University Press.

Martínez-Alier, Joan. 2002, *The Environmentalism of the Poor*：*A Study of Ecological Conflicts and Valuation*（《穷人的环境保护主义：生态冲突与估值研究》), Cheltenham, UK：Edward Elgar.

Martinez-Alier, Joan, Giuseppe Munda, and John O'Neill. 1998, "Weak Comparability of Values as A Foundation for Ecological Economics"(《作为生态经济学基础的价值之弱比较性》), *Ecological Economics*（《生态经济学》)

26(3): 277-286. doi: 10.1016/S0921-8009(97)00120-1.

Mill, John Stuart. (1859) 2011, *On Liberty* (《论自由》), Project Gutenberg. http://www.gutenberg.org/ebooks/34901.

Nadeau, Robert. 2013, *Rebirth of the Sacred: Science, Religion and the New Environmental Ethos* (《神圣的重生：科学、宗教与新环境思潮》), Oxford: Oxford University Press.

Ost, François. 2003, *La Nature Hors La Loi: L'écologie À L'épreuve Du Droit* (《法律之外的自然：法律面前的生态》), Paris: La Découverte.

Ostrom, Elinor. 1990, *Governing the Commons: The Evolution of Institutions for Collective Action* (《公共事物的治理之道：集体行动制度的演进》), Cambridge, UK: Cambridge University Press.

Piketty, Thomas. 2014, *Capital in the Twenty-First Century* (《21世纪资本论》), translated by Arthur Goldhammer. Cambridge, MA: Belknap Press of Harvard University Press.

Princen, Thomas. 2005, *The Logic of Sufficiency* (《充分性的逻辑》), Cambridge, MA: MIT Press.

Rockström, Johan, Will Steffen, Kevin Noone, Asa Persson, F. Stuart Chapin, III, Eric F. Lambin, Timothy M. Lenton, Marten Scheffer, Carl Folke, Hans Joachim Schellnhuber, Bjorn Nykvist, Cynthia A. de Wit, Terry Hughes, Sander van der Leeuw, Henning Rodhe, Sverker Sorlin, Peter K. Snyder, Robert Costanza, Uno Svedin, Malin Falkenmark, Louise Karlberg, Robert W. Corell, Victoria J. Fabry, James Hansen, Brian Walker, Diana Liverman, Katherine Richardson, Paul Crutzen, and Jonathan A. Foley. 2009, "Planetary Boundaries: Exploring the Safe Operating Space for Humanity" (《地球边界：探索人类的安全运行空间》), *Ecology and Society* (《生态与社会》) 14 (2): 32. http://www.ecologyandsociety.org/vol14/iss2/art32/.

Rose, Carol M. 1997, "Demystifying Ecosystem Management" (《揭密生态系统管理》), *Ecology Law Quarterly* (《生态法季刊》) 24: 865-869.

Ruhl, J. B. 2012, "Panarchy and the Law" (《扰沌与法律》), *Ecology and Society* (《生态与社会》) 17 (3): 31. doi: 10.5751/ES-05109-170331. http://www.ecologyandsociety.org/vol17/iss3/art31/.

Schweitzer, Albert. 1987, *The Philosophy of Civilization* (《文明的哲学》), translated by C. T. Campion. Amherst, NY: Prometheus Books. First published 1949.

Soddy, Frederick. 1935, *The Role of Money: What It Should Be, Contrasted with What It Has Become* (《货币的角色：它应该是什么与它已经成为什么之比较》), New York: Harcourt, Brace.

Solan, Lawrence M. 2002, "Cognitive Legal Studies: Categorization and

Imagination in the Mind of Law. A Conference in Celebration of the Publication of Steven L. Winter's Book, *A Clearing in the Forest: Law, Life, and Mind— Introduction*"(《认知法律研究:法律心智中的类型化和想象》,为斯蒂芬·L. 温特的《森林中的旷地:法律、生活与心智》之出版而举行的庆祝会"导言"), *Brooklyn Law Review*(《布鲁克林法律评论》) 67 (4): 941 – 948.

Spash, Clive L., and Nick Hanley. 1995, "Preferences, Information and Biodiversity Preservation"(《偏好、信息与生物多样性保护》), *Ecological Economics*(《生态经济学》) 12 (3): 191 – 208. doi: 10.1016/0921 – 8009(94) 00056 – 2.

Suyanto, S., Noviana Khususiyah, and Beria Leimona. 2007, "Poverty and Environmental Services: Case Study in Way Besai Watershed, Lampung Province, Indonesia"(《贫穷与环境服务:印尼楠榜省瓦伊·贝塞河流域的案例研究》), *Ecology and Society*(《生态与社会》) 12 (2): 13. http://www.ecologyandsociety.org/vol12/iss2/art13/.

Tversky, A., and D. Kahneman. 1981, "The Framing of Decisions and the Psychology of Choice"(《决策的框架与选择的心理学》), *Science*(《科学》) 211: 453 – 458. doi: 10.1126/science.7455683.

Vatn, Arild, and Daniel W. Bromley. 1994, "Choices without Prices without Apologies"(《没有价格的选择,无需道歉》), *Journal of Environmental Economics and Management*(《环境经济与管理学报》) 26 (2): 129 – 148. doi: 10.1006/jeem.1994.1008.

Victor, Peter A. 2008, *Managing without Growth: Slower by Design, Not Disaster*(《无需增长的管理:通过设计而非灾难来减慢速度》), Cheltenham, UK: Edward Elgar.

Wackernagel, Mathis, and William E. Rees. 1996, *Our Ecological Footprint: Reducing Human Impact on the Earth*(《我们的生态足迹:减少人类对地球的影响》), Gabriola Island, BC: New Society Publishers.

Whitehead, Alfred North. 1978, *Process and Reality*(《过程与现实》), Edited by David Ray Griffin and Donald Wynne Sherburne. Corrected ed. New York: The Free Press.

Wilson, David Sloan. 2002, *Darwin's Cathedral: Evolution, Religion, and the Nature of Society*(《达尔文的主教堂:进化、宗教以及社会的本性》), Chicago: University of Chicago Press.

本书作者

彼得·G.布朗,博士,麦吉尔大学环境学院、地理系、自然资源科学系教授。彼得的职业生涯主要致力于有关社会之目标的批判性思考哲学的实践性使用。从20世纪80年代开始,这项工作主要关注地球生命支持能力的衰退,以及促进并将这种衰退合法化的思想体系。他撰写了《重建公共信任:美国进步政府的新视野》(Restoring the Public Trust: A Fresh Vision for Progressive Government in America)、《生命的联邦:繁荣地球的经济学》(The Common Wealth of Life: Economics for A Flourishing Earth),合著关注宏观经济和全球治理的《正当关系:建立一个整体的地球经济》(Right Relationship: Building A Whole Earth Economy),合编《水伦理学:学生和专业人士的基础读物》(Water Ethics: Foundational Readings for Students and Professionals)。他现在是麦吉尔大学、佛蒙特大学和多伦多约克大学合作项目"面向人类世的经济学:重夯人类/地球关系之基础"的首席研究员(PI)。他还是公谊会(贵格会)和罗马俱乐部的会员。

菲利普·杜瓜伊,魁北克政府在马萨诸塞州波士顿市的公众事务顾问,主要集中于六个新英格兰州中的能量、环境和交通政策议题。他持有麦吉尔大学法学院的普通法法学本科学位(LLB)和民法学士学位(BCL),以及达尔豪斯大学的荣誉学士学位。

乔恩·埃里克森,佛蒙特大学环境与自然资源鲁本斯腾学院教授，冈德生态经济学研究中心研究员。他写作范围广泛，涵盖生态经济学、气候变迁政策、可再生能源经济学和环境管理。作为坦桑尼亚的富布莱特学者，多米尼克共和国、冰岛和斯洛伐克的访问教授，他领导着一些国际研究和教育项目。他制作的有关水、能量和食物系统转型的纪录片获得了艾美奖，成立并领导了无数的非营利组织，包括美国生态经济学协会、艾迪龙达克研究联盟、生命的运动俱乐部以及蔚蓝生态媒体等。他现在领导佛蒙特大学团队，参与麦吉尔大学、佛蒙特大学和约克大学"面向人类世的经济学：重夯人类/地球关系之基础"的合作项目之中。

詹姆斯·法尔斯，麦吉尔大学自然资源科学系教授。法尔斯是一位研究生态系统的生态学家，在森林生态、农业生态系统和土地退化方面有着广泛兴趣和专业知识。他成长于英属哥伦比亚的维多利亚，从维多利亚大学获得了学士和硕士学位，并于1986年获得了阿尔伯塔大学土壤科学和植物学的联合博士学位。他在麦吉尔大学拥有森林生态的汤林森主席职位，从2011年开始成为系主任。他是莫尔森自然保护区、摩根植物园、靠近麦克唐纳校园的城市边缘地区保护和研究区域的主任。2004年至2010年间，他担任过包括工业、政府部门、土著群体和非政府组织在内的全国研究网络——卓越可持续森林管理网络中心（SFM—NCE）的科学主任。法尔斯博士的研究兴趣集中于人类行为、有机体、土壤干扰和气候之间的相互关系，尤其是多元尺度中形成生态系统功能的结构化模式的那些。通过在食品安全方面的跨学科工作和卓越可持续森林管理网络中心，他开始对复杂社会—生态系统和科学知识、政策以及自然地景管理之间的关系越来越感兴趣。法尔斯博士已经在科学刊物上发表了80篇以上的论文，并共同撰写了许多知识交流文件。他还获得过麦克唐纳学院的卓越教学奖。

杰弗里·加弗，麦吉尔大学地理系博士候选人。加弗还是麦吉尔大学、佛蒙特大学和约克大学"面向人类世的经济学：重夯人类/地球关系之基础"项目的统筹者。他的学位包括康奈尔大学（1982年）的化学工程学士、密歇根大学法学院（1987）优等成绩毕业的法学博士以及麦吉尔大学（2011）的普通法法学本科学位（LLB）。他的博士学位论文建立在他的法学本科学位论文《生态法的统治：为了人类—地球关系的一个转型式法律和制度框架》（"The Rule of Ecological Law: A Transformative Legal and Institutional Framework for the Human-Earth Relationship"）之上。之前，他在公共服务部门工作了20年，在2000年至2007年担任环境合作委员会执行事务递交主任，更早期则为美国司法部的环境与自然资源司、美国国家环境保护局以及美国地方法院法官康拉德·希尔（Conrad Cyr）工作。加弗先生是《正当关系》（2009）以及部分已经发表的文章和章节的联合作者。2010年至2013年，他是北美环境合作委员会联合公共顾问委员会的成员。

马克·戈德伯格，博士，麦吉尔大学临床流行病学部、医学系、麦吉尔大学健康中心（MUHC）—研究中心教授。戈德伯格拥有麦吉尔大学的流行病学和生物统计学博士学位。他是麦吉尔大学医学系的正教授，麦吉尔大学健康中心皇家维多利亚医院临床流行病学部的成员，以及麦吉尔环境学院、肿瘤学系的联合成员。从2009年到2013年，他都担任学术期刊《环境研究》杂志的联合主编。他主要的研究兴趣在于职业和环境流行病学，特别集中于环境和职业引发的癌症以及污染对于健康的短期和长期影响。他的研究搭起了临床和环境流行病学的桥梁，并在同行评议的杂志上发表了超过135篇论文，领域涵盖了大量主题，包括市政局固态废物点产生的周边沼气暴露所引起的健康影响，疾病的环境与职业成因，乳腺癌、卵巢癌、结肠癌和肺癌的职业与环境调查。这些成果中值得一提的是他最近的发现，在周边空气污染中的慢性暴露能够引起乳腺癌和前列腺癌。他还是加拿大健康科学顾问委员会的成员，拥有美国国家研究院的专家委员会的席位。

贾尼丝·哈维，政策研究硕士，纽布伦斯威克大学数据科学与技术研究院博士候选人，圣托马斯大学讲师。贾尼丝·哈维是纽布伦斯威克大学跨学科博士研究生项目的博士候选人，弗雷德里顿圣托马斯大学环境与社会项目讲师。30 年来，她一直是加拿大环境运动的政策分析师和倡导者，主要是通过与纽布伦斯威克保护委员会的合作。她多次参加 1992 年地球峰会的国际非政府组织预备会议，并参加了与拉丁美洲非政府组织的团结交流项目。她曾在多个非政府组织和联邦政府董事会、指导委员会、顾问委员会等担任管理者职位或任职，并在 1992 年至 2002 年期间为总理环境和经济圆桌会议服务。从 1995 年到 2011 年，她为省级日报《新纽布伦斯威克电信杂志》(New Brunswick Telegraph Journal) 撰写每周公共事务专栏，题为"公民社会"。她还曾数次参加加拿大广播公司(CBC)纽布伦斯威克电台的每周政治座谈，以及在两次大选中担任过 CBC 的"选举之夜"政治座谈会的成员。2010 年，她接受社会科学和人文研究委员会的博士奖学金，以更加深度地检查主导的经济话语以及消费主义的文化语境，如何导致了一个后生态学家的话语——"持续不可持续的"。

蒂姆·杰克逊，博士，英国萨里大学可持续发展项目教授。他最近持有经济与社会研究委员会资助的"绿色经济中的繁荣与可持续"的教授奖学金。20 多年来，蒂姆一直都在国际可持续发展讨论的最前沿。他与英国政府、联合国以及无数私人公司、非政府组织紧密合作，将有关可持续的社会—科学研究带入普通人的理解。他的研究兴趣集中于可持续性和繁荣之间关系的经济与社会维度。在 2004 年至 2011 年期间，他是英国可持续发展委员会的经济学委员，他在那里以极具争议和开创性的著作《谁说经济一定要成长？——献给地球的经济学》(Prosperity Without Growth: Economics for A Finite Planet, 2009)达到顶峰。这本书后来被翻译成 16 种语言。从 2010 年开始，蒂姆从事了极具雄心的合作项目，想要建立一个新的宏观生态经济学。他和彼得·维克托(加拿大约克大学)正在为一种新型经济构建概念与经验基石。在这种新型经济中,稳定性不再依赖于永不停歇的消费增长。现在他们正在以国民经济的系统动力学模型展示这一可能性。除了他的学术工作,蒂姆还是一个屡获殊荣的剧作家,为 BBC 撰写了许多广播作品。

理查德·詹达,博士,麦吉尔大学法学院副教授,麦吉尔环境学院的外籍成员。他曾经执教过环境法和可持续发展,现在领导着麦吉尔社会评分项目,其目的是想要产生一个有别于价格的信号传递机制,涉及将我们的选择造成的与环境和社会的影响实时地传递给我们。

布鲁斯·詹宁斯,硕士,纽约多布斯·费里"人与自然"中心的生物伦理主任。这是一个有关保护、环境经济学和政治学以及环境方面的伦理与政策问题的研究机构。他是该中心电子期刊《想着自然》(*Minding Nature*)的编辑。他拥有耶鲁大学和范德堡大学的教职。他还是哈斯廷中心的高级顾问和当选会员,1991 年至 1999 年,他在那里担任执行主任。他是《生物伦理(第四版)》(*Bioethics*,曾经的《生物伦理百科全书》)的主编,这部六卷本的生物伦理学领域参考文献出版于 2014 年。作为训练有素的政治科学家,他就公共政策中的伦理议题撰写和编辑了无数的书籍和文章,尤其是在健康与环境政策领域。他最近的著作包括《公共健康伦理学:理论、政策与实践》(*Public Health Ethics*:*Theory, Policy and Practice*)和《自主的颠倒:自由社会中的强制与限制》(*The Perversion of Autonomy*:*Coercion and Constraints in A Liberal Society*)等。

理查德·勒恩,民法博士,是麦吉尔大学法哲学与正义理论领域的律师和教员。勒恩获得德国学术交流中心德国学术交换服务奖学金,在法兰克福的约翰·沃尔夫冈·歌德大学师从尤尔根·哈贝马斯,并以对阿多诺的《否定辩证法》(*Negative Dialectics*)

和《审美理论》(Aesthetic Theory)中的非概念真理主张的研究获得文学学士学位。获得文学学士学位之后，勒恩开始在加拿大进行研究生学习，首先完成了民法学士学位/普通法法学本科学位，然后是麦吉尔大学的民法博士学位。他当前的研究主要关注信托的概念在社会转型中的应用。

林奇峯，麦吉尔大学环境伦理学的博士候选人。他的主要研究兴趣有奥尔多·利奥波德、道教和另类世界观及生态系统。他博士论文是《重新思考美国林业中的自我概念》("Rethinking the Concept of the Self in U.S. Forestry")。他大学期间在新加坡国立大学主修统计学，并毕业于耶鲁林学和环境研究学院，获得硕士学位。

南希·梅奥，麦吉尔大学体质与职业治理学院和医学系教授。在麦吉尔，梅奥博士领导一个健康后果研究单位。她还领导着健康后果主轴和麦吉尔大学健康研究中心。她最初被培养成为一名临床理疗师，拥有流行病学和生物统计学的博士学位。她的研究曾经主要集中于测量人群的健康，并为改善脆弱人群的健康状况的方法提供证据。她长期对健康模型、理解健康驱动因素以及健康的历时变化感兴趣。她已经发表了200篇研究论文，并在全世界展示她的报告。梅奥博士还是一位有担当的教育者，执教核心研究方法课程。她在康复科学和流行病学领域已经指导过80多位硕士和博士生。

彼得·蒂默曼，硕士，约克大学环境研究学院副教授。彼得·蒂默曼在环境议题上已经研究多年，从突现与风险研究开始，早期致力于气候变迁、海岸区管理和核废管理。他曾多年担任环境研究/舒立克商学院联合学院以及环境研究文凭课程的统筹人。他现在主要致力于环境哲学和伦理学，包括宗教与生态学，尤其是对南亚、东南亚的佛教和生态学感兴趣。在生态经济学领域，他现在专注于18世纪中的进步、增长和发展等隐喻。

彼得·维克托，约克大学环境研究学院教授。维克托博士是一名生态经济学家,作为学者、顾问和公职人员致力于环境议题超过40年。20世纪60年代,通过将输入—输出模型拓展到包括环境中来来去去的物质流,维克托教授为生态经济学提供了一种实践的定量研究方法,能够将经济与环境联系起来。他最近关于经济增长的替代方案的研究获得了加拿大艺术委员会(2011年)的默尔森奖和国际生态经济学学会的布尔丁纪念奖。

本书译者

本书的翻译分工如下：

第一至五章：中国社会科学院社会学研究所，张劼颖博士。

第六章：中山大学社会学与人类学学院人类学系，2018级硕士研究生徐小妹。

第七章：中山大学社会学与人类学学院人类学系，2018级硕士研究生李敏仪。

第八章：中山大学社会学与人类学学院人类学系，2018级硕士研究生杨慧珊。

其余部分均由中山大学社会学与人类学学院人类学系夏循祥翻译。

中山大学社会学与人类学学院人类学系2020级硕士研究生翟恒庆参与了全书的翻译校对、格式修订、排版等工作。

中山大学社会学与人类学学院人类学系2015级本科生、传播与设计学院2019级硕士研究生俞霏霏负责全书图表的处理。

夏循祥负责校对全书。全书的翻译、校对如果有任何问题，均由夏循祥负责。读者如果有勘误，请告知 xiaxx2000@163.com。译者将不胜感激。

"同一颗星球"丛书书目

01 水下巴黎:光明之城如何经历1910年大洪水
　　[美]杰弗里·H.杰克逊 著 姜智芹 译

02 横财:全球变暖 生意兴隆
　　[美]麦肯齐·芬克 著 王佳存 译

03 消费的阴影:对全球环境的影响
　　[加拿大]彼得·道维尼 著 蔡媛媛 译

04 政治理论与全球气候变化
　　[美]史蒂夫·范德海登 主编 殷培红 冯相昭 等译

05 被掠夺的星球:我们为何及怎样为全球繁荣而管理自然
　　[英]保罗·科利尔 著 姜智芹 王佳存 译

06 政治生态学:批判性导论(第二版)
　　[美]保罗·罗宾斯 著 裴文 译

07 自然的大都市:芝加哥与大西部
　　[美]威廉·克罗农 著 黄焰结 程香 王家银 译

08 尘暴:20世纪30年代美国南部大平原
　　[美]唐纳德·沃斯特 著 侯文蕙 译

09 环境与社会:批判性导论
　　[美]保罗·罗宾斯 [美]约翰·欣茨 [美]萨拉·A.摩尔 著 居方 译

10 危险的年代:气候变化、长期应急以及漫漫前路
   [美]大卫·W.奥尔 著 王佳存 王圣远 译

11 南非之泪:环境、权力与不公
   [美]南希·J.雅各布斯 著 王富银 译 张瑾 审校

12 英国鸟类史
   [英]德里克·亚尔登 [英]翁贝托·阿尔巴雷拉 著 周爽 译

13 被入侵的天堂:拉丁美洲环境史
   [美]肖恩·威廉·米勒 著 谷蕾 李小燕 译

14 未来地球
   [美]肯·希尔特纳 著 姜智芹 王佳存 译

15 生命之网:生态与资本积累
   [美]詹森·W.摩尔 著 王毅 译

16 人类世的生态经济学
   [加]彼得·G.布朗 [加]彼得·蒂默曼 编 夏循祥 张劼颖 等译